全国高等教育自学考试指定教材

小学教育专业（专科）

汉语基础

（附　汉语基础自学考试大纲）

全国高等教育自学考试指导委员会　组编

主编　陈　绂
　　　白　荃

编委（按音序排列）

白　荃　岑玉珍　陈　绂

贺友龄　刘经建　张安生

中国人民大学出版社

图书在版编目（CIP）数据

汉语基础/陈绂，白荃主编.
北京：中国人民大学出版社，1999
全国高等教育自学考试指定教材　小学教育专业（专科）

ISBN 978-7-300-03016-6
Ⅰ．汉…
Ⅱ．①陈…②白…
Ⅲ．汉语-高等教育-自学考试-教材
Ⅳ．H1

中国版本图书馆 CIP 数据核字（1999）第 05413 号

全国高等教育自学考试指定教材
小学教育专业（专科）
汉语基础
（附：汉语基础自学考试大纲）
全国高等教育自学考试指导委员会　组编
主　　编　陈　绂　白　荃
责任编辑　秦桂英
版式设计　王坤杰

出版：中国人民大学出版社
　　（北京海淀路 157 号　邮编 100080）
　　E-mail：rendafx@263. net
印刷：北京市鑫霸印务有限公司

开本：880×1230 毫米　1/32　印张：14. 875
1999 年 11 月第 2 版　2024 年 6 月第 18 次印刷
字数：419 000

定价：19. 00 元

组 编 前 言

当您开始阅读本书时，人类已经迈入了二十一世纪。

这是一个变幻难测的世纪，这是一个催人奋进的时代。科学技术飞速发展，知识更替日新月异。希望、困惑、机遇、挑战，随时随地都有可能出现在每一个社会成员的生活之中。抓住机遇，寻求发展，迎接挑战，适应变化的制胜法宝就是学习——依靠自己学习、终生学习。

作为我国高等教育组成部分的自学考试，其职责就是在高等教育这个水平上倡导自学、鼓励自学、帮助自学、推动自学，为每一个自学者铺就成才之路。组织编写供读者学习的教材就是履行这个职责的重要环节。毫无疑问，这种教材应当适合自学，应当有利于学习者掌握、了解新知识、新信息，有利于学习者增强创新意识、培养实践能力、形成自学能力，也有利于学习者学以致用、解决实际工作中所遇到的问题。具有如此特点的书，我们虽然沿用了“教材”这个概念，但它与那种仅供教师讲、学生听，教师不讲、学生不懂，以“教”为中心的教科书相比，已经在内容安排、形式体例、行文风格等方面都大不相同了。希望读者对此有所了解，以便从一开始就树立起依靠自己学习的坚定信念，不断探索适合自己的学习方法，充分利用已有的知识基础和实际工作经验，最大限度地发挥自己的潜能以达到学习的目标。

欢迎读者提出意见和建议。

祝每一位读者自学成功。

全国高等教育自学考试指导委员会

1999 年 10 月

编　写　说　明

《汉语基础》作为自学考试教材，是根据全国高等教育自学考试小学教育专业（专科）考试计划编写的。本课程的目的是为了提高自学者现代汉语、古代汉语以及汉字的知识水平，培养他们理解、分析和使用汉字汉语的能力，以适应小学教育对教师的要求和实际工作的需要。

为了达到这一目的，同时又符合全国高等教育自学考试教材的体例，我们对这套教材作了这样的安排：

首先，我们在教材的整体设计上采取了现代汉语与古代汉语分开编写的方式，以使学员们对现代汉语和古代汉语的体系有一个清楚的认识和比较。然而，现代汉语和古代汉语虽然是不同时代的语言，但毕竟是同一民族使用的同一种语言，它们之间虽然有种种不同，但也有很多相同的因素，如何在教材的讲述中既充分地体现出古今汉语之间的差异，又最大限度地避免重复，这是我们感到必须处理好而又很难处理好的问题。为了解决这一难题，我们决定，将汉语的语音、语法、语义的主要框架放在现代汉语部分中讲述，分成四章，即语音、语法、词汇、修辞，这样，使学员们能对汉语的基本特点和基本理论有一个较为完整的认识和了解。文字问题则全部放在古代汉语部分中讲解。除了文字之外，在古代汉语部分中，也涉及到了语法和语义问题。但为了避免重复，也为了突出重点，我们只讲述那些与现代汉语不同的语法和语义问题，如：古汉语虚词、古汉语实词的特殊用法、古汉语的特殊句式、古今构词形式的差异、古今词义的异同等等。我们认为，这样既能保证自学应试者们对汉语体系及其主要特征有一个整体的把握，又能使他们了解到从古至今汉语发生了怎样的演变，从而站在历史的角度去审视汉语，从其发展变化中去体会和理解它的特征。同时，这样安排，古今汉语两部分可以形成互补的关系，如现代汉语部分没有涉及文字问题、古代汉语部分没有涉及语音问题，这样既避免了重复，又节省了篇幅。但这并不是说，现代汉语和古代汉语分别不包括文字问题和语音问题，只是由于篇幅和体例的限制，我们将文字和语音分置于两部分了。

此外，古今汉语对一些概念的解释及其用语也存在着不同，对这些，我们的原则是 尽量保持全书的一致性，即尽量用统一的术语。如古今汉语都采用了“短语”这一术语来指称词与词的组合。但对于一些难以统一的内容，我们也只能采用不同的说法。例如古代汉语有一些称为“宾语前置”的句子，在现代汉语中一般分析为主谓语句。对类似这样的情况，我们就采取了遵从传统的原则。

学习古代汉语还有这样一个问题：就是必须同时学习古代汉语理论和古代文献，不断提高自己阅读古代文献的水平。因为我们学习古汉语的目的，最重要的不是会背有关古代汉语的理论条条，而是用理论指导实践，培养阅读古代文献的能力。但同样由于篇幅的限制，我们不可能在本教材中为学员们提供充分的阅读材料。但这并不意味着文选不重要，相反，没有大量阅读文选这一实践性的学习，不可能真正掌握通论部分所讲述的理论。所以，我们特别强调阅读文选的重要性。由于本教材没有编进足够的文选，我们特向学员们推荐几本高等院校的古代汉语教材，希望大家配合学习。

1、《古代汉语》　王力主编　中华书局

2、《古代汉语》　郭锡良主编　北京出版社

3、《古代汉语》　张之强主编　北京师范大学出版社

这三部教材都有通论部分与文选部分，不过，有的是分为上下两册，有的是分单元编写。希望大家在学习时充分利用上述教材，认真对待古代文选，不断提高自己的阅读水平，这样，才算真正学好了古代汉语。

这部教材由陈绂、白荃主编，其中，白荃主编现代汉语部分，陈绂主编古代汉语部分。参加编写的人员具体分工如下：

现代汉语：语音　张安生

词汇　岑玉珍

语法　白　荃

修辞　刘经建

古代汉语：文字　　贺友龄

词汇　　陈　绂

语法　　陈　绂

字典、辞典　　贺友龄

在这部教材的编写过程中，我们得到了自学考试委员会的有关领导、本套教材编写委员会的各位专家教授的关心和指导；杨庆蕙先生也给予了我们许多具体的帮助和指正，这里，我们一并致以深深的谢意。

目　　录

汉语基础

第一编　现代汉语

第二编　古代汉语

通论部分

文选部分

附　汉语基础自学考试大纲

汉语基础

第一编　现代汉语

现代汉语是现代汉民族使用的语言。作为一种语言的名称，它既可以指现代汉民族的共同语（即普通话）及其所有的方言，也可以仅指现代汉民族的共同语——普通话。

现代汉民族共同语是在近代汉语基础上形成的。它最早的雏形，是元、明、清以来随着政治影响逐渐传播到全国各地的北京话——当时叫“官话”。“五四”运动时期兴起的“白话文运动”和“国语运动”促使书面语和以北京话为中心的北方方言结合起来，形成了普通话。1956 年 2 月 6 日，国务院发布的《关于推广普通话的指示》中，正式确定现代汉民族的共同语是“以北京语音为标准音，以北方话为基础方言，以典范的现代白话文著作为语法规范的普通话”。

现代汉语方言主要分为北方话、吴语、湘语、赣语、闽语、粤语、客家话共七大方言。

现代汉语是我国使用人数最多的语言，也是世界上使用人数最多的语言。汉语还是联合国规定使用的六种工作语言之一（此外，还有英语、俄语、法语、西班牙语和阿拉伯语）。可见汉语在国内和国际上都具有很大的影响，处于十分重要的地位。

“现代汉语”是高等院校中文系科的一门基础课，它的教学内容通常包括绪论、语音、文字、词汇、语法、修辞共六个部分。但这本教材是作为高等教育自学考试非中文专业的“基础汉语”教材而编写的，它包括了现代汉语和古代汉语的内容，在内容的深度和教材的篇幅上都有一定的限制，因而我们对现代汉语部分的内容作了适当的压缩和调整：删去了绪论部分，只在上面对现代汉语从整体上作一极其简单的介绍；另外，把文字部分的内容归并到古代汉语部分中去叙述，所以，“现代汉语”部分只包括了语音、词汇、语法和修辞，共四章的内容。

我们认为，通过对“现代汉语”这部分内容的学习，学习者应系统地掌握现代汉语的基础理论知识，提高理解、分析和运用现代汉语的能力，并为学习其他专业课程打下良好的基础。

第一章　语　音

第一节　语音概说

一、语音的性质

语音是语言的物质外壳，人们通过语音形式感知语言，理解语言的内容。语音的性质可以从两方面去认识：一方面，语音同其他声音一样产生于物体的振动，是人的发音器官协调动作的结果，具有自然属性，即物理属性和生理属性；另一方面，语音同自然界的声音又有本质区别，它是载负着语言信息的音波，任何一种语言的语音系统都存在于一定的社会，因而语音又是一种社会现象，具有社会属性。社会属性是语音的本质属性。

（一）语音的自然属性

1. 语音的发生

从物理学的角度看，声音产生于物体的振动。物体在一定动力的作用下发生振动并引起空气（或其他媒介质）的振荡从而形成音波。声音的性质又有乐音和噪音的区别。

语音活动中的主要发音体是声带，由肺部呼出的气流提供了发音的动力。声带是藏在喉头里的两片边缘较薄的唇形肌肉，当呼出的气流引起声带振动时，就可以发出像“ɑ、o、e”这样响亮的声音（即乐音）。除了声带之外，口腔、咽腔的某些临时闭合部位也可以充当发音体，发出像“p、t、k”这样不响亮的声音（即噪音）。例如 p，就是当气流冲出由双唇闭合形成的发音体时发出的。

2. 语音的辨识

从物理学的角度来看，一切声音都表现为一定的音高、音强、音长、音色，都可以从这四个方面去辨识，去分析。语音同样如此。另外，语言还利用音高、音强、音长、音色的变化造成不同的语音形式从而区别语义。这是我们在学习语音时特别应该注意的。

音高，指声音的高低，是由发音体振动的快慢（即频率高低）决定的。发音体振动的快慢取决于发音体自身的大小、粗细、厚薄、长短、松紧等状况。大、粗、厚、长、松的物体振动起来慢，声音低；反之则高。语音的高低则与声带的长短、厚薄、松紧有关。

在有声调的语言里，音高是用来区别意义的重要因素。因为声调的不同主要表现为音高的变化，像“梨子—李子—栗子”三个词语音上的区别，就是通过改变音节“li”的音高造成的。

音强，指声音的强弱，是由发音体振幅的大小决定的。振幅的大小又取决于发音原动力的大小。力量大声音强；反之则弱。

在利用词重音区别词义的语言中，音强是具有区别价值的声音要素。例如英语 'record（记录，名词）—re'cord（记录，动词）的区别就是通过重音位置的移变造成的。

音长，指声音的长短，是由发音体振动时间的久暂决定的。发音体振动的时间长，声音则长；反之则短。

在一些语言和汉语的某些方言里，音长也可以被用来区别词义。像英语“sheep［ʃiːp］羊”和“ship［ʃip］船”、汉语广州话“三［saːm］”和“心［sam］”语音差异就主要表现为元音长短的不同。

音色，指不同声音相互区别的个性色彩。板胡、二胡声音的不同，语音成分中“音素”的不同都表现为音色的不同。

音色的不同从音波看表现为波形的不同；音波波形的不同又是由发音体、发音方法、共鸣器形状的不同造成的。例如：木板和金属板敲击声的不同是由发音体的不同造成的；同一把二胡用弓拉和用手指弹拨音色的不同、用同样的发音体（舌根和软腭）发出的“g”与“h”的不同，是由发音方法的不同造成的；把同样的琴弦绷在板胡和二胡上能拉出不同的音色，又是由各自共鸣器（琴筒）形状的不同造成的。

在人类语音活动中起重要作用的共鸣器是咽腔、口腔和鼻腔。这些共鸣器不仅可以使声带所发出的微弱蜂鸣声得到加强，而且它们形状、容量的改变可以把乐音化的气流“改造”成不同音素。例如：当舌面抬高前伸，双唇展开时，可以发出“i”；保持舌的发音状况并拢圆双唇改变口腔共鸣器的形状，就可以发出“ü”。双唇紧闭，软腭、小舌下降打开鼻腔通路，又可以发出具有鼻腔共鸣色彩的“m”。因而在学习语音时首先要熟悉共鸣器（特别是口腔共鸣器）的各个发音器官和它们的发音作用。

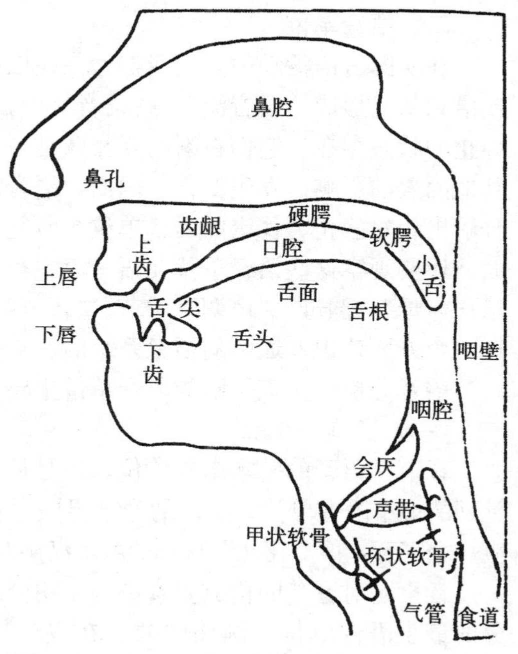

图 1—1　发音器官示意图

在任何语言中，音素的不同排列组合都可以表达不同的意义，例如英语：ride（骑）—rite（仪式）；汉语：bà（爸）—pà（怕）。因而，在声音四要素中，音色无疑是人类利用来区别意义的最重要的声音要素。

（二）语音的社会属性

语音的本质属性是社会属性。语音与其他声音的根本区别就在于它的发生首先是为了表达意义。而用什么样的声音表达什么样的意义，完全是由具体的语言社会约定俗成的，由此造成了不同语言间语音系统的差异。

语音社会性的一个重要表现是：具有相同生理属性、物理属性的声音要素在不同的语音系统中区别意义的作用可能不同。例如在英语和汉语中，音节都有一定的音强和音高表现，但在用词重音区别意义的英语中，音强具有区别价值；而在用声调区别意义的汉语中，音高具有区别价值。又如 n 和 l，在北京话中是不容混淆的两个音素，hěn nán（很难）≠hěn lán（很蓝）；但在某些方言中（例如宁夏隆德话），n 和 l 的差异已没有区别价值，“难”可以发成 nan，也可以发成 lan。

二、语音单位

在实际言语活动中，发音器官往往以连续滑移的方式发出语词或语句从而形成“语音流”。在语音流中，语音成分原本不以孤立、静止的状态存在：它们在瞬间互相联结，并很可能会由于邻近音或其他因素的影响而发生变化。因而，语音分析一方面要从语音流中分解出相对静止、稳定的语音单位，研究它们的性质特点，另一方面，还要观察这些语音单位在语音流中相互组接的特点及变化。本章“声母”“韵母”“声调”三节、“音节”“音变”两节就是分别从这两个方面认识普通话的语音系统的。

语音分析中应该了解的语音单位主要有以下几个。

（一）音节、音素

音节是语音的基本结构单位，也是从听和说两方面可以自然感觉到的最小语音单位。汉语的音节界限比较分明，一个音节基本对应一个字音，像“花儿”这样的两个汉字对应一个音节的情况极少。

音素是对音节的构成要素进一步切分的结果，是从音色角度划分的最小语音单位。例如“敢”在发音的瞬间音色是由“g”向“ɑ”再向“n”流转变化的，将相对稳定的单纯音色切分下来，就可以得到“g、ɑ、n”三个音素。

（二）元音、辅音

元音、辅音是对音素分类的单位。元音是气流振动声带、在口腔、咽头不受阻碍形成的音素；辅音是气流在口腔或咽头受到阻碍形成的音素。元音声音响亮，是乐音，例如 ɑ、o、e。辅音发音时有的声带不振动，声音不响亮，例如 p、c、q，是噪音；有的声带振动，同时气流在口腔里也会“制造”出一定程度的噪音，例如 r、l，是乐音、噪音的混成。

（三）音位

音位是一种语音系统中能够区别意义的最小语音单位。例如 n、l 在普通话中是两个音位，可以区别意义；但在“n、l 不分”的方言中已经不能区别意义，可以归为一个音位。

音位和音素不同。音素是着眼于音与音之间是否有音色差别（即语音的物理属性）所建立的语音单位；音位是着眼于音与音之间的差别是否具有辨义功能（即语音的社会属性）所建立的语音单位。因而，从音色差别的角度看，一种语言或方言中必然有为数众多的音素；但是从音位学的角度看，那些音色接近、音色差异没有区别价值的音素可以归纳为一个单位，这样就可以归纳出音位数量有限的音位系统来。例如在普通话韵母 ai [ai]、ao [ɑu]、a [A] 中的三个 a，音色实际是有细微差别的，并非同一音素；但这种差别不会导致意义的改变，因而可以看作是同一个 a 音位的三个变体。

《汉语拼音方案》中的声母、韵母符号实际上是根据普通话的音位系统设计的。从习惯出发，我们也常常把音位称为“音素”；但在观念上我们应该明确这二者是有区别的。

（四）声母、韵母、声调

“音素分析法”是西方分析音节的方法；我国分析汉语音节的传统方法是“声韵调分析法”，也就是把汉语音节的构成要素分成声母、韵母、声调三部分。

声母，指一个音节开头的辅音。韵母，指声母后面的音。声调，指贯穿于音节的具有辨义作用的高低升降曲直长短的调子。例如“pǔ tōng huà（普通话）”三个音节，p、t、h 是声母；u、ong、ua 是韵母；ˇ、ˉ、ˋ 是声调。

现代分析汉语音节的方法主要还是采用声韵调分析法，但同时也吸收了音素分析法的优点，因而比传统分析法要科学、细致、准确得多。

三、记音符号

语音稍纵即逝，要分析研究它，首先要用一定的符号去记录它。现在，记录汉语的常用符号是“汉语拼音”和国际音标。这两套符号的创制目的不同，功用也不相同。

（一）汉语拼音方案

《汉语拼音方案》是 1958 年 2 月 11 日由第一届全国人民代表大会第五次会议讨论通过并向全国推广的。它的主要用途是给汉字注音，帮助人们识字，并可以作为学习普通话的工具。但由于它是根据普通话的音位系统研制的，其功用不在于语音研究，所以很难用于不同语言或方言语音的精细分析。

（二）国际音标

国际音标是国际语音学协会为标记世界各种语言的语音而专门创制的一套记音符号，它的初稿是该协会 1888 年公布的。国际音标的最大优点是符号完备，它本着“一个符号只代表一个音素”的原则，用一百多个音标来精细区别不同语言中可能包含的各种音素，因而是国际上在语言教学与研究中使用最广的记音符号，并且也被用于我国汉语方言、少数民族语言的调查研究及语言研究的其他领域。

本章的某些部分要用到一些国际音标。本节后附汉语拼音和国际音标对照表，以方便读者对照查检。

附　汉语拼音与国际音标符号对照表

（一）声母

汉语拼音	国际音标	汉语拼音	国际音标
b	[p]	j	[tɕ]
p	[p′]	q	[tɕ′]
m	[m]	x	[ɕ]
f	[f]	zh	[tʂ]
d	[t]	ch	[tʂ′]
t	[t′]	sh	[ʂ]
n	[n]	r	[ʐ]
l	[l]	z	[ts]
g	[k]	c	[ts′]
k	[k′]	s	[s]
h	[x]		

（二）韵母

汉语拼音	国际音标	汉语拼音	国际音标
ɑ	[A]	ɑi	[ai]
o	[o]	ei	[ei]
e	[ɤ]	ɑo	[ɑu]
ê	[ɛ]	ou	[ou]
i	[i]	iɑ	[iA]
u	[u]	ie	[iɛ]
ü	[y]	uɑ	[uA]
-i（前）	[ɿ]	uo	[uo]
-i（后）	[ʅ]	üe	[yɛ]
er	[ər]	iɑo	[iɑu]

续前表

汉语拼音	国际音标	汉语拼音	国际音标
iou	[iou]	uang	[uɑŋ]
uai	[uai]	ueng	[uəŋ]
uei	[uei]	ong	[uŋ]
an	[an]	üan	[yɛn]
en	[ən]	ün	[yn]
ang	[ɑŋ]	iong	[yuŋ]
eng	[əŋ]		
ian	[iɛn]		
in	[in]		
iang	[iɑŋ]		
ing	[iŋ]		
uan	[uan]		
uen	[uən]		

第二节　声　母

一、声母的性质

(一) 辅音声母和零声母

声母是一个音节开头的辅音。普通话语音系统中共有 22 个辅音，其中 21 个可以作声母（见本节后附《声母表》)，1 个（ng）只作韵尾，n 既可以作声母也可以作韵尾。

普通话的音节绝大多数以辅音开头；也有一些以元音开头，如“夜 iè、晚 uǎn、月 üè”。以元音开头的音节称为“零声母音节”。

普通话 21 个辅音字母的发音有“呼读音”和“本音”的区别。所谓“本音”，是辅音的实际音值。普通话声母发本音时大部分声带不振动，声音不响亮，因而为便于教学和称说，声母还有一套用本音拼元音的呼读音。具体是：

唇音声母＋o：bo po mo fo

舌尖中音声母＋e：　de te ne le

舌根音声母 ＋e：　ge ke he

舌面音声母＋i：ji qi xi

舌尖后音声母＋ -i（后）：zhi chi shi ri

舌尖前音声母＋ -i（前）：zi ci si

下面所讲的声母的发音，限于声母的本音。

（二）辅音的发音条件

辅音的发音要受发音条件的制约。了解辅音的发音条件，有助于我们理性地学习普通话的声母，认识普通话声母系统的特点。

辅音是发音时由于气流在声道（口腔或咽腔）受到一定阻碍而形成的音素。所谓阻碍，是由声道某处发音器官的接触或接近造成的。当气流通过形成阻碍的某处发音器官（或者说克服阻碍）时，由于受到一定方式的节制而发出某种色彩的噪音，就形成了辅音。可见辅音的发音与"阻碍"关系很大，具体而言，与阻碍两方面的条件有关。这两方面的条件一般称为"发音部位"和"发音方法"。

发音部位，是辅音发音时气流受到阻碍的部位。发音部位不同，可以造成不同的辅音。例如：p 由双唇构成阻碍，t 由舌尖和上齿龈构成阻碍，k 由舌根和软腭构成阻碍。它们的音色差异取决于发音部位的不同。

发音方法，主要指辅音发音时形成阻碍和克服阻碍的方式。发音方法不同也可以造成不同的辅音。例如 k 和 h，发音部位相同，但发音方法不同。k 阻碍形成的方式是"闭塞"（舌根与软腭接触），阻碍解除的方式是一下子完全打开，气流因此发出"爆破音"；h 发音时阻碍形成的方式是"接近"（舌根接近软腭，留出窄缝），气流到达时就可以从窄缝中挤出，发出摩擦音，然后阻碍解除。可见，k 的"爆破"音色、h 的摩擦音色，是由它们阻碍形成和克服的方式不同决定的。

此外，辅音的发音方法，还包括声带是否振动，送出的气流强弱等情况。例如：sh—r 的区别在于声带振动与否；g—k 的区别则在于气流的强弱不同。

为了更准确地说明辅音的发音特点，语音学还把辅音的发音过程细分为"成阻（阻碍形成）——持阻（阻碍持续）——除阻（阻碍解除）"三个阶段。从以下分析可以看到，不同的发音方法，在阻碍的各阶段的状况可能不同。

二、声母的分类

（一）声母按发音部位分类

普通话 21 个辅音声母，按发音部位可分为三大类七小类。

1. 唇音

发音时唇是造成阻碍的主动器官。又分两小类：

双唇音（b p m）：上唇和下唇闭合构成阻碍。

唇齿音（f）：下唇与上齿构成阻碍。

2. 舌尖音

发音时舌尖是造成阻碍的主动器官，又分三小类：

舌尖前音（z c s）：舌尖与上齿背接触或接近造成阻碍。

舌尖中音（d t n l）：舌尖与上齿龈接触造成阻碍。

舌尖后音（zh ch sh r）：舌尖翘起与硬腭前端接触或接近造成阻碍。

3. 舌面音

发音时舌面是造成阻碍的主动器官，又分两小类：

舌面前音（j q x）：舌面前部抬起，与硬腭前部接触或接近造成阻碍。

舌面后音（g k h）：舌面后部抬起，与硬腭、软腭交界处接触或接近造成阻碍。

舌面前音、舌面后音又可分别称为“舌面音”和“舌根音”。

（二）声母按发音方法分类

声母按发音方法分类可以从三个方面进行。

1. 从形成阻碍和克服阻碍的方式看，声母可分为塞音、擦音、塞擦音、鼻音、边音五大类。

（1）塞音（b p d t g k）：成阻时，发音部位接触呈“闭塞”状；持阻时气流积蓄在阻碍后；除阻时阻碍迅速完全打开，气流爆发成音。

（2）擦音（f h x sh r s）：成阻时，发音部位接近形成狭窄的缝隙；持阻时，气流从窄缝中挤出，摩擦成音；除阻时音已发完。

（3）塞擦音（j q zh ch z c）：是前“塞”后“擦”，兼有塞音、擦音发音特点的辅音。成阻时发音部位接触呈“闭塞”状，与塞音同；持阻时，阻碍打开成狭窄缝隙，气流通过阻碍时在微弱的爆破音后紧接着是摩擦音，与擦音同；除阻时音已发完。

（4）鼻音（m n）：成阻时发音部位接触呈“闭塞”状；持阻

时软腭下垂，打开鼻腔通路，声带振动，乐音化气流到达鼻腔和口腔，形成口腔、鼻腔双重共鸣音；除阻时口腔阻碍打开，发出微弱爆破音。

同一个鼻辅音作声母和作韵尾时的发音略有不同。作声母的鼻辅音要与后面的元音结合，除阻时必然要发出爆破音（即要发“除阻音”）；作韵尾时则不发除阻音。试比较“n”在“nán 南”首尾的发音。

（5）边音（l）：普通话只有一个边音。成阻时舌尖与上齿龈接触堵塞口腔中间通道；持阻时声带振动，乐音化气流从舌两边（或一边）透出成声；除阻时发微弱爆破音。

2. 从声带是否振动看，声母分为清音、浊音两类。

清音：是发音时声带不振动的辅音。

浊音：是发音时声带振动的辅音。普通话声母只有 m、n、l、r4 个是浊音，其余 17 个都是清音。

3. 塞音、塞擦音从气流强弱看又有“送气音”和“不送气音”的区别。

送气音（p t k q ch c）：是除阻时有明显强气流送出的塞音和塞擦音。

不送气音（b d g j zh z）：是除阻时气流较弱的塞音和塞擦音。

下面，我们用发音部位、发音方法的名称来概括每个声母的发音条件，并各举一个包含该声母的词。

b ［p］ 双唇、不送气、清、塞音　　宝贝 bǎobèi

p ［p′］ 双唇、送气、清、塞音　　拼盘 pīnpán

m ［m］ 双唇、浊、鼻音　　弥漫 mímàn

f ［f］ 唇齿、清、擦音　　发奋 fāfèn

d ［t］ 舌尖中、不送气、清、塞音　　到达 dàodá

t ［t′］ 舌尖中、送气、清、塞音　　体贴 tǐtiē

n ［n］ 舌尖中、浊、鼻音　　牛奶 niúnǎi

l ［l］ 舌尖中、浊、边音　　料理 liàolǐ

g ［k］ 舌根、不送气、清、塞音　　改革 gǎigé

k ［k′］ 舌根、送气、清、塞音　　开阔 kāikuò

h［x］舌根、清、擦音　　汇合 huìhé
j［tɕ］舌面、不送气、清、塞擦音　　洁净 jiéjìng
q［tɕ′］舌面、送气、清、塞擦音　　确切 quèqiè
x［ɕ］舌面、清、擦音　　休闲 xiūxián
zh［tʂ］舌尖后、不送气、清、塞擦音　　政治 zhèngzhì
ch［tʂ′］舌尖后、送气、清、塞擦音　　长城 chángchéng
sh［ʂ］舌尖后、清、擦音　　上升 shàngshēng
r［ʐ］舌尖后、浊、擦音　　柔软 róuruǎn
z［ts］舌尖前、不送气、清、塞擦音　　祖宗 zǔzōng
c［ts′］舌尖前、送气、清、塞擦音　　从此 cóngcǐ
s［s］舌尖前、清、擦音　　思索 sīsuǒ

附　普通话声母表

发音方法 声母 发音部位	塞音		塞擦音		擦音		鼻音	边音
	清 不送气	清 送气	清 不送气	清 送气	清	浊	浊	浊
双唇音	b	p					m	
唇齿音					f			
舌尖前音			z	c	s			
舌尖中音	d	t					n	l
舌尖后音			zh	ch	sh	r		
舌面音			j	q	x			
舌根音	g	k			h			

第三节　韵　　母

一、韵母的性质

（一）韵母的构成

韵母是声母后面的音。普通话有 39 个韵母，从中可以分解出 10 个元音 ɑ、o、e、ê、i、u、ü、-i（前）、-i（后）、er 和 2 个鼻辅音 n、ng。

从每个韵母所包含的音素看，39 个韵母中有 23 个完全由元音构成；由元音和鼻辅音作韵尾构成的韵母有16个，因而元音是韵母中的主要成分。要掌握韵母的发音，首先应了解元音的发音条件。

（二）元音的发音条件

元音的音色主要受制于口腔共鸣器的形状。声带振动、乐音化气流通过口腔时，便被不同形状的口腔共鸣器“塑造”成了不同的元音。口腔共鸣器的形状主要是由唇、舌、下腭的协调动作造成的，其中又以舌的活动最为重要。

语音学根据元音发音时舌的活动特征，将元音分为舌面元音、舌尖元音、卷舌元音三类。人类语言中最多的是舌面元音，下面我们就从舌面元音入手，分析元音的发音条件。

任何一个舌面元音发音时，舌面总有一处呈隆起状态。这个距上腭最近的隆起部位就称为“舌位”。元音发音的不同，首先表现为舌位前后高低的变化，同时也与唇形圆展有关，具体来讲，是由以下三方面条件决定的：

1. 舌位前后

当元音发音、舌做前伸后缩运动时，舌位也会相应地改变。根据舌位前后的不同，元音可以分为前元音、央元音、后元音三类。前元音发音时舌向前伸，舌面前部隆起，例如 i。后元音发音时舌向后缩，舌面后部隆起，例如 u。央元音发音时舌居中，舌面中部隆起，例如 ɑ。

2. 舌位高低（开口度大小）

下腭的升降，可以改变口腔的开度以及舌位的高低，发出不同的元音。根据舌位高低，可以把元音粗略地分为高、半高、半低、低元音四类。高元音发音时舌位最高（与上腭距离最小），开口度最小，例如 i、u。低元音舌位最低，开口度最大，例如 ɑ。由高元音到低元音舌位下降两个等高的位置，就可以得到半高元音和半低元音，例如 ei 中的 e [e] 和 o [o]、e [ɣ] 是半高元音，ê [ε] 是半低元音。

3. 唇的圆展

唇是否有主动拢圆动作可以造成音色的改变。唇有主动拢圆动作的元音称为圆唇元音，例如 u、o；唇展开或呈自然状态的元音称为不圆唇元音，例如 i、ɑ。

每个元音的发音都是由以上三方面条件决定的，例如 i，是舌面前元音、高元音、不圆唇元音；我们可以把“i”称为“前、高、不圆唇元音”。这个名称概括了“i”的发音条件。

要进一步理解元音的发音条件，准确把握元音的发音，还应学会运用“元音舌位图”。本节元音舌位图上标示了包括普通话 7 个舌面元音韵母和常用国际音标的发音条件，可作为学习普通话语音的参考。

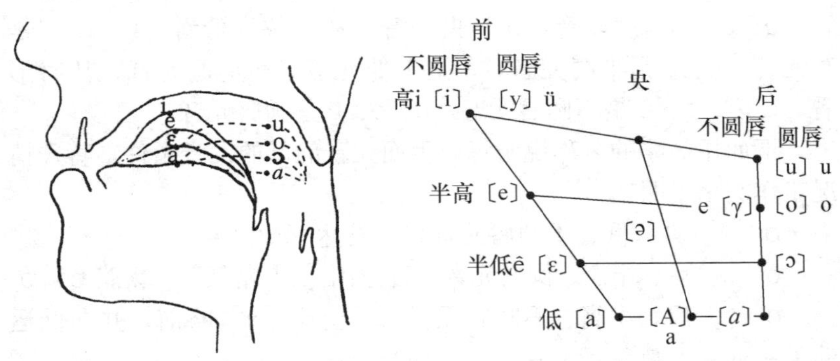

图 1—2 八个标准元音的舌位图　　　　图 1—3 元音舌位图

从元音舌位图上可以看出，［i］［a］［ɑ］［u］是舌位处于极端状况的元音：［i］最前最高，［a］最前最低，［ɑ］最后最低，［u］最后最高；把这四个元音的舌位点用线联接起来，就能得到一个可以表示所有舌面元音舌位活动范围的图形（比较《八个标准元音舌位图》和《元音舌位图》），这就是元音舌位图的由来。在舌位图上，元音舌位的前后用竖线表示，高低用横线表示；唇形规定为：不圆唇元音写在竖线左边，圆唇元音写在竖线右边。

在所有舌面元音中，有 8 个元音的舌位具有坐标性，它们是前元音［i］［e］［ε］［a］，后元音［u］［o］［ɔ］［ɑ］。因为它们的舌位处于前元音和后元音舌位等距离升降的舌位点上，所以被称为“标准元音”。掌握了 8 个标准元音的发音，其他元音的舌位就可以通过比较确定下来了。

二、韵母的分类

普通话的韵母根据音素构成可以分为单韵母、复韵母、鼻韵母三类。

（一）单韵母

单韵母是由单纯元音构成的韵母。普通话的单韵母有 10 个，包括 7 个舌面元音 ɑ、o、e、ê、i、u、ü，2 个舌尖元音-i（前）、-i（后），1 个卷舌元音 er。

1. 舌面元音韵母

普通话的 7 个舌面元音韵母，从舌位前后看，i、ü、ê 是前元音，u、o、e 是后元音，ɑ 是央元音；从舌位高低看，i、ü、u 是高元音，o、e 是半高元音，ê 是半低元音，ɑ 是低元音；从唇形看，i、ê、ɑ、e 是不圆唇元音，u、o、ü 是圆唇元音。

下面用简略的名称说明每个舌面元音韵母的发音条件，特殊情况略作文字说明。

ɑ［A］央、低、不圆唇元音。　发达 fādá

o［o］后、半高、圆唇元音，舌位比［o］略低。　薄膜 bómó

e［ɤ］后、半高、不圆唇元音。舌位比［ɤ］略前，并向低运动了一下。　割舍 gēshě

ê［ɛ］前、半低、不圆唇元音，舌位比［ɛ］略高。元音 ê 作单韵母只出现在应答词、叹词“欸”里，但可以同 i、ü 结合成复韵母 ie、üe。

i［i］前、高、不圆唇元音。　奇迹 qíjì

u［u］后、高、圆唇元音。　武术 wǔshù

ü［y］前、高、圆唇元音。　雨具 yǔjù

2. 舌尖元音韵母

舌尖元音的发音，与舌尖的活动有关，同时也受唇的圆展的影响。

-i［ɿ］舌尖前、不圆唇元音。发音时舌尖前伸接近上齿背，但要留有足够缝隙使气流经过时不发生摩擦，唇展开。将 zi ci si 拖长发，尾音就是-i（前）。如：私自 sīzì。

-i［ʅ］舌尖后、不圆唇元音。发音时舌尖翘起接近硬腭前端，但要留有足够缝隙使气流经过时不发生摩擦，唇展开。将 zhi chi shi ri 拖长念，尾音就是-i（后）。如：支持 zhīchí。

舌尖元音拼写时与 i［i］同形，如果要与 i 相区别，可以写作 -i［ɿ］、-i［ʅ］或-i（前）、-i（后）。

3. 卷舌元音韵母

由于舌尖的卷翘而带上卷舌色彩的元音是卷舌元音。普通话有一个卷舌元音韵母。

er［ər］不圆唇卷舌元音。发音时舌不高不低，舌面中部隆起，像发［ə］的样子；同时舌尖对着硬腭前部卷起，并向前向上稍稍运动一下。如：耳 ěr、二 èr。

（二）复韵母

复韵母是由复合元音构成的韵母，发音有两个特点：(1) 复合元音是在舌位、唇形由一个元音的发音状况向另一个元音的发音状况的运动过程中形成的，因而发音有“动程”。(2) 一个复韵母中的几个元音“地位”不相等，其中有一个是主要元音，发音时开口度大、清晰、响亮；其他的是次要元音，发音轻、短，开口度小，甚至音色模糊。

普通话的复韵母有 13 个，其中二合元音 8 个，三合元音 5 个。根据主要元音的位置可分为 3 组。

1. 前响二合元音

ɑi［ai］　白菜 báicài　　ei［ei］　黑煤 hēiméi

ɑo［ɑu］　报告 bàogào　　ou［ou］　收购 shōugòu

这一组韵母主要元音在前，后面的次要元音轻短，舌位不稳定，音色模糊，i、o、u 只表示舌位移动的方向。注意 ɑi 里的 ɑ 舌位靠前；ɑo 里的 ɑ 舌位靠后；ou 里的 o 舌位比［o］靠前，唇不太圆，介于［ə］、［o］之间。

2. 后响二合元音

iɑ［iA］　加价 jiājià　　ie［iɛ］　贴切 tiēqiè

uɑ［uA］　花袜 huāwà　　uo［uo］　过错 guòcuò

üe［yɛ］　约略 yuēlüè

这一组韵母的主要元音在后，前面的次要元音发音轻短，但音色清晰。iɑ、uɑ 中的 ɑ 舌位居中。ie、üe 中的 e 是省略了“ˆ”的

ê，舌位比［ε］略高。uo 中的 o 舌位比［o］略低。

3. 中响三合元音

iao［iau］　巧妙 qiǎomiào　　iou［iou］　绣球 xiùqiú

uai［uai］　外快 wàikuài　　uei［uei］　回归 huíguī

这一组韵母主要元音在中间，是韵头 i、u 和前响二合元音的结合。

（三）鼻韵母

由元音和鼻辅音韵尾复合而成的韵母叫鼻韵母。普通话作韵尾的鼻辅音有 n、ng［ŋ］两个。n 是舌尖中音，又称“前鼻音”；ng 是舌根音，又称后鼻音。

鼻韵母的发音特点是：(1) 由元音的发音状况逐渐向鼻辅音过渡，鼻音成分逐渐增加，最后完全变成鼻辅音。(2) 作韵尾的鼻辅音不发除阻音。

普通话的鼻韵母有 16 个，可以按鼻辅音韵尾分成两类：

1. 前鼻尾韵

以前鼻音 n 收尾，有 8 个：

an［an］　展览 zhǎnlǎn　　ian［iεn］　前线 qiánxiàn

uan［uan］　转换 zhuǎnhuàn　　üan［yεn］　源泉 yuánquán

en［ən］　认真 rènzhēn　　in［in］　亲近 qīnjìn

uen［uən］　昆仑 kūnlún　　ün［yn］　均匀 jūnyún

2. 后鼻尾韵　以后鼻音 ng 收尾，有 8 个：

ang［ɑŋ］　苍茫 cāngmáng

iang［iɑŋ］　想象 xiǎngxiàng

uang［uɑŋ］　窗框 chuāngkuàng

eng［əŋ］　风筝 fēngzhēng

ing［iŋ］　平静 píngjìng

ueng［uəŋ］　嗡嗡 wēngwēng

ong［uŋ］　共同 gòngtóng

iong［yuŋ］　汹涌 xiōngyǒng

下面说明一些韵母中元音的实际发音。

a 在 an、uan 里发前元音［a］，在 ang、iang、uang 里发后元音［ɑ］；在 ian、üan 里由于韵头、韵尾的影响舌位升高，发成半低元音［ε］。ong、iong 中的 o 舌位接近 u，比 u 略低；iong 中的 i 发音实际上是 ü［y］，因而在韵母表中，ong 排在合口呼里，iong 排在撮口呼里。

三、韵母的“四呼”和结构分析

韵母的“四呼”，就是开口呼、齐齿呼、合口呼、撮口呼，是根据韵母开头音素发音时的口形特点对韵母的分类。开口呼指不以 i、u、ü 开头的韵母；齐齿呼指以 i 开头的韵母；合口呼指以 u 开头的韵母；撮口呼指以 ü 开头的韵母。普通话韵母的四呼分类详见韵母表。了解四呼分类有助于掌握声母和韵母的组合关系。

韵母的结构成分可以分析为韵头、韵腹、韵尾三部分。韵腹是韵母的主干，指韵母中的主要元音或仅有的元音；韵腹前的元音是韵头，又称介音；韵腹后的音素是韵尾。普通话充当韵头的是 i、u、ü 三个元音；充当韵尾的有 i、u、n、ng 四个音素。普通话韵母的结构类型见第五节《普通话音节结构表》。

附　普通话韵母表

韵母结构分类 \ 四呼分类	开口呼	齐齿呼	合口呼	撮口呼
单韵母	-i［ɿ］［ʅ］ a o e ê er	i ia ie	u ua uo	ü üe
复韵母	ai ei ao ou	iao iou	uai uei	
鼻韵母	an en ang eng	ian in iang ing	uan uen uang ueng ong	üan ün iong

按照实际发音，ong［uŋ］排在合口呼，iong［yuŋ］排在撮口呼。

第四节 声　调

声调是音节里具有区别意义作用的音高变化。在有声调的语言里，声调是与声母、韵母（或者说与元音、辅音）同等重要的音节结构要素。

一、调值和调类

分析声调离不开调值、调类这两个基本概念。

调值就是声调的实际读法，即声调高低、升降、曲直、长短的变化形式。调值的不同，主要表现为音高的不同，包括音高值的变化和调形（升降曲直）的变化两个方面。例如：普通话和南京话的阳平都是升调，调形相同，但音高值不同：普通话是由中音（3 度）升到高音（5 度）的高升调；南京话是由低音（1 度）升到中音（3 度）的低升调，例如“平”字。其次，调值的不同还表现为音长的不同，例如方言中入声与非入声的促舒差异，实质上是音长的差异。

语音学上，能够比较准确地标记调值的是“五度标记法”。具体作法是：用一条竖线等分为四格五度，从下向上用 1、2、3、4、5 度分别代表“低、半低、中、半高、高”的音高值；调形及音高值的变化幅度在竖线左边用线条表示（见本节普通话调值示意图）。

调类是声调的种类，即一种语言或方言根据调值的异同对“字调”的归类。例如济南话有 4 种字调，可以归纳为 4 个调类；广州话有 9 种字调，可以归纳为 9 个调类。

现代汉语各方言的调类系统与古四声之间一般都呈现规律性的演变关系，为了便于古与今、方言与方言之间声调的比较，现在普通话与方言的调类一般仍沿用古调类名称“平、上、去、入”来称说。例如：普通话、兰州话的阴平、阳平对应古代的平声；银川话的阳平上对应古代的平声的一部分和上声的大部分；上海话的入声对应古代的入声。

二、普通话的声调

普通话有四个调类：阴平、阳平、上声、去声，它们的调值用五度标记法描写如图 1—4。

1. 阴平(第一声),是从 5 度起音到 5 度收音的高平调,调值˥55。例如:春天花开。

2. 阳平（第二声），是从 3 度到 5 度的高升调，调值˧˥35 。例如：和平人民。

3. 上声（第三声），是从 2 度降到 1 度再升到 4 度的降升调，调值˨˩˦214。例如:美好理想。

4. 去声（第四声），是从 5 度降到 1 度的全降调，调值˥˩51。例如：胜利闭幕。

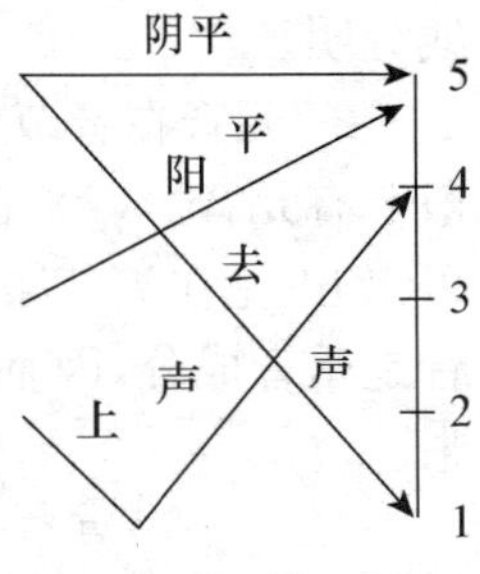

图 1—4 普通话调查

《汉语拼音方案》规定用：ˉ ˊ ˇ ˋ 作为拼音的声调符号，分别表示阴平、阳平、上声和去声。声调符号与四种声调的调形特征基本一致。

用国际音标标记音节的调值，可以用微缩的五度标记法表示，也可以用数字直接表示。下面是“中华语调”四个字汉语拼写标调法和国际音标标调法的对照。

	中	华	语	调
汉语拼音	zhōng	huá	yǔ	diào
国际音标	tʂuŋ˥55	XUA˧˥35	Y 214	tiauv51
	tʂuŋ	XUA1	Y	tiauv
	tʂiŋ55	XUA35	Y214	tiau51

第五节 音 节

一、普通话的音节结构

音节是语音的基本结构单位。普通话 21 个声母和 39 个韵母不同形式的排列组合可以构成 400 多个基本音节形式。从《普通话音节结构表》中可以看出普通话音节的结构有以下几个特点：

1. 普通话音节一般由 1～4 个音素和声调构成，结构简单，界线分明。

2. 元音在音节中占优势。(1) 一个音节可以没有辅音，但一般要有元音。(2) 音节里有复合元音，但没有复合辅音。(3) 元音可以出现在音节的任何位置上，辅音只出现在首尾两端。元音是乐音成分,因而普通话音节中乐音比重大，听起来响亮清晰。

3. 一个最复杂的音节是由声母、韵头、韵腹、韵尾、声调五部分构成的。在一个音节里，声母、韵头、韵尾可以没有，但韵腹、声调一般不能缺少。声调具有一定的音乐性，这使得普通话音节听起来抑扬顿挫，富于音乐美感。

普通话音节结构表

结构方式 / 例字	声母	韵母				声调
		韵头（介音）	韵腹（主要元音）	韵尾（元音）	韵尾（辅音）	
江 jiāng	j	i	a		ng	阴平
外 wài		u	a	i		去声
抽 chōu	ch		o	u		阴平
雪 xuě	x	ü	ê			上声
云 yún			ü		n	阳平
亚 yà		i	a			去声
史 shǐ	sh		-i			上声
鹅 é			e			阳平

二、普通话声韵组合规则

声母和韵母如何组合成基本音节不是任意的，表现出一定的组合规则。这种规则从声母角度看与声母的发音部位有关。即：发音部位相同的声母，与韵母的组合关系往往一致；从韵母的角度看，与韵母的"四呼"有关，即：同一"呼"的韵母，与声母的组合关系往往一致。

普通话的声韵组合规则详见下表，从表中可以看出普通话声韵组合方面的一些重要特点：

普通话声韵组合关系简表

<table>
<tr><th colspan="2">组合关系 韵母
声母</th><th>开口呼</th><th>齐齿呼</th><th>合口呼</th><th>撮口呼</th></tr>
<tr><td>双唇音</td><td>b、p、m</td><td>+</td><td>+</td><td>只拼 u</td><td></td></tr>
<tr><td>唇齿音</td><td>f</td><td>+</td><td></td><td>只拼 u</td><td></td></tr>
<tr><td rowspan="2">舌尖中音</td><td>d、t</td><td rowspan="2">+</td><td rowspan="2">+</td><td rowspan="2">+</td><td></td></tr>
<tr><td>n、l</td><td>+</td></tr>
<tr><td>舌面音</td><td>j、q、x</td><td></td><td>+</td><td></td><td>+</td></tr>
<tr><td>舌根音</td><td>g、k、h</td><td>+</td><td></td><td>+</td><td></td></tr>
<tr><td>舌尖后音</td><td>zh、ch、sh、r</td><td>+</td><td></td><td>+</td><td></td></tr>
<tr><td>舌尖前音</td><td>z、c、s</td><td>+</td><td></td><td>+</td><td></td></tr>
<tr><td>零声母</td><td></td><td>+</td><td>+</td><td>+</td><td>+</td></tr>
</table>

+表示可全部或部分组合，空白表示不能组合。

1. 双唇音和舌尖中音 d、t 与韵母结合面较宽，能拼开口呼、齐齿呼、合口呼，但不拼撮口呼。

2. 唇音声母与合口呼结合面很窄，只能拼 u。

3. 舌尖前音、舌尖后音、舌根音能拼开口呼、合口呼，不拼齐齿呼、撮口呼；舌面音恰恰相反，能拼齐齿呼、撮口呼，不拼开口呼、合口呼，与前三组声母构成互补分布关系。

4. 舌尖中音 n、l 与韵母结合面最宽，与四呼都能相拼；四呼韵母也都有零声母形式。

5. 开口呼、合口呼与声母结合面较宽，除了舌面音声母，与其他声母都能相拼。

6. 撮口呼韵母与声母的结合面较窄，只拼舌面音和 n、l。

三、音节拼写规则

《汉语拼音方案》制定了拼写音节的若干规则，是我们应该遵循的。

（一）y、w 的使用

i 行、u 行、ü 行韵母不拼声母而自成音节（作零声母音节）时使用 y、w。具体规则是：

1. i 行韵母使用 y。（1）当 i 后还有元音时，用 y 代替 i；（2）i 后没有元音时，i 前加 y。例如：

ia—ya（压）　　ie—ye（耶）　　iao—yao（腰）
iou—you（优）　ian—yan（烟）　iang—yang（央）
iong—yong（拥）
i—yī（依）　　in—yīn（因）　　ing—yīng（英）

2. u 行韵母使用 w。（1）当 u 后面还有元音时，用 w 代替 u；（2）u 后面没有元音时，u 前加 w。例如：

ua—wa（挖）　uo—wo（窝）　uai—wai（歪）
uei—wei（威）　uan—wan（弯）　uen—wen（温）
u—wu（屋）

3. ü 行韵母使用 y。无论 ü 后有无元音，一律在 ü 前加 y。例如：

ü—yu（鱼）　üe—yue（月）　üan—yuan（冤）
ün—yun（晕）

使用 y、w 的目的是为了避免以 i、u、ü 起头的零声母音节与其他音节连写时界限混淆，例如：义务 iu—yìwù　金鱼 jīnü—jīnyú　y、w 是标志音节开头、起隔音作用的字母，不是声母，可以称为“头母”。它们的名称音分别是 ya、wa。

（二）隔音符号的使用

以 a、o、e 起头的零声母音节拼写在其他音节后时，如果音节界限发生混淆，可以使用隔音符号“’”。例如：

皮袄 pí’ǎo≠piao（漂）

西欧 xī’ōu≠xiou（修）

企鹅 qǐ’é≠qie（茄）

（三）iou、uei、uen 的省写

iou、uei、uen 与声母相拼时，中间的元音符号可以省写；但在零声母音节里不能省写。例如：

揪 jiū　　　归 guī　　　春 chūn

有 yǒu　　　伟 wěi　　　问 wèn

iou、uei、uen 的省写，一是为了简化拼写式，同时也符合普通话的语音实际。因为这三个韵母在与声母结合时（特别是在阴平、阳平字里），中间的元音 o 或 e 已变得不明显。

（四）ü 上两点的省略

ü 行韵母（ü、üe、üan、ün）能与 j、q、x、n、l 声母相拼，还能自成音节。当 ü 行韵母与 j、q、x 相拼或自成音节时，ü 上的两点可以省略。例如：

jú（菊）　　　quē（缺）　　　xuan（宣）

jùn（俊）　　　yù（玉）　　　yuán（园）

但是，ü 行韵母与 n、l 相拼时，不能去掉两点，否则会与 u 相混。例如：

nǚ（女）≠nǔ（努）　　　lǜ（绿）≠lù（路）

这样规定 ü 行韵母的拼写，是基于 j、q、x、n、l 与韵母的组合规则。因为 j、q、x 能拼齐齿呼、撮口呼，不拼开口呼、合口呼，因而 ü 行韵母（撮口呼）去掉两点不会被误认作合口呼；而 n、l 能与四呼相拼，ü 行韵母省去两点必然与 u 行韵母相混。

（五）声调符号的标写

1. 调号要标在韵母的主要元音上。例如：

叫 jiào　　　决 jué　　　黑 hēi　　　广 guǎng

2. 省写式 iu、ui 拼写时，调号标在韵尾 u、i 上。例如：

秋 qiū　　　扭 niǔ

队 duì　　　随 suí

3. 调号标在 i 上时，i 上小点应省略。例如：

技 jì　　　请 qǐng

迟 chí　　　资 zī

4. 轻声音节不标调。例如：

房子 fángzi　　　　姐姐 jiějie　　　　耳朵 ěrduo

（六）音节的连写

同一个词的两个或几个音节要连写。不同的词要分开写。例如：

gěi háizi de lǐwù　　　　shùxuéjiā he wù lǐ xuéjiā
给 孩子 的 礼物　　　　数 学 家 和 物 理 学 家

（七）音节字母的大写

1. 句子开头的第一个字母要大写。例如：

Wèi le shìyìng shídài de yāoqiú,
为 了 适 应 时 代 的 要 求，
wǒmen bìxū nǔlì xuéxí。
我 们 必须 努力 学习。

2. 专有名词和专用短语中每个词开头的字母要大写。例如：

Dèng Xiǎopíng　　　　Guǎngdōng Shěng
邓 小平　　　　广东 省

Zhōngguó Rénmín Zhèngzhì Xiéshāng Huìyì
中国 人民 政治 协商 会议

3. 标题可以全部大写，也可以只大写每个词开头的字母。声调可以标出也可以省略。例如：

XIANDAIHUA YU ZHONGGUO DE JIAOYU
xiàndàihuà yǔ Zhōngguó De Jiàoyù
现代化 与 中国 的 教育

附：普通话声韵组合表（见下页）

附 普通话声韵组合表(一)

例字 韵母 / 声母	开口呼														齐齿呼					
	-i	ɑ	o	e	ê	ɑi	ei	ɑo	ou	ɑn	en	ɑng	eng	er	i	iɑ	ie	iɑo	iu	iɑn
b		bɑ 巴	bo 玻			bɑi 白	bei 杯	bɑo 包		bɑn 般	ben 奔	bɑng 帮	beng 崩		bi 逼		bie 别	biɑo 标		biɑn 边
p		pɑ 趴	po 坡			pɑi 拍	pei 胚	pɑo 抛	pou 剖	pɑn 潘	pen 喷	pɑng 旁	peng 烹		pi 批		pie 撇	piɑo 飘		piɑn 篇
m		mɑ 妈	mo 摸	me 么		mɑi 埋	mei 眉	mɑo 猫	mou 谋	mɑn 蛮	men 闷	mɑng 忙	meng 盟		mi 迷		mie 灭	miɑo 苗	miu 谬	miɑn 棉
f		fɑ 发	fo 佛				fei 飞		fou 否	fɑn 翻	fen 分	fɑng 方	feng 风							
d		dɑ 搭		de 得		dɑi 呆	dei 得	dɑo 刀	dou 兜	dɑn 单	den 扽	dɑng 当	deng 登		di 低		die 爹	diɑo 雕	diu 丢	diɑn 颠
t		tɑ 他		te 特		tɑi 胎		tɑo 滔	tou 偷	tɑn 摊		tɑng 汤	teng 疼		ti 梯		tie 贴	tiɑo 挑		tiɑn 天
n		nɑ 拿		ne 讷		nɑi 奶	nei 内	nɑo 恼	nou 耨	nɑn 南	nen 嫩	nɑng 囊	neng 能		ni 泥		nie 捏	niɑo 鸟	niu 妞	niɑn 年
l		lɑ 拉		le 勒		lɑi 来	lei 雷	lɑo 劳	lou 楼	lɑn 兰		lɑng 郎	leng 冷		li 利	liɑ 俩	lie 列	liɑo 了	liu 流	liɑn 连
g		gɑ 嘎		ge 哥		gɑi 该	gei 给	gɑo 高	gou 沟	gɑn 干	gen 根	gɑng 刚	geng 更							
k		kɑ 咖		ke 科		kɑi 开	kei 剋	kɑo 考	kou 口	kɑn 看	ken 肯	kɑng 康	keng 坑							
h		hɑ 哈		he 喝		hɑi 海	hei 黑	hɑo 好	hou 猴	hɑn 寒	hen 痕	hɑng 杭	heng 哼							

续前表

例字 韵母 / 声母	开口呼														齐齿呼					
	—i	ɑ	o	e	ê	ɑi	ei	ɑo	ou	ɑn	en	ɑng	eng	er	i	iɑ	ie	iɑo	iu	iɑn
j															ji 基	jiɑ 家	jie 街	jiɑo 交	jiu 究	jiɑn 坚
q															qiɑ 欺	qi 恰	qie 切	qiɑo 敲	qiu 秋	qiɑn 千
x															xi 希	xiɑ 瞎	xie 些	xiɑo 消	xiu 休	xiɑn 先
zh	zhi 知	zhɑ 渣		zhe 遮		zhɑi 窄	zhei 这	zhɑo 招	zhou 周	zhɑn 毡	zhen 真	zhɑng 张	zheng 争							
ch	chi 吃	chɑ 插		che 车		chɑi 拆		chɑo 超	chou 抽	chɑn 搀	chen 陈	chɑng 昌	cheng 称							
sh	shi 诗	shɑ 沙		she 奢		shɑi 筛	shei 谁	shɑo 烧	shou 收	shɑn 山	shen 伸	shɑng 伤	sheng 生							
r	ri 日			re 热				rɑo 绕	rou 柔	rɑn 然	ren 人	rɑng 让	reng 扔							
z	zi 资	zɑ 杂		ze 则		zei 灾	zei 贼	zɑo 遭	zou 邹	zɑn 咱	zen 怎	zɑng 脏	zeng 增							
c	ci 雌	cɑ 擦		ce 策		cɑi 猜		cɑo 曹	cou 凑	cɑn 参	cen 岑	cɑng 仓	ceng 层							
s	si 私	sɑ 撒		se 色		sɑi 腮		sɑo 搔	sou 搜	sɑn 三	sen 森	sɑng 桑	seng 僧							
∅		ɑ 啊	o 喔	e 鹅	ê 欸	ɑi 哀	ei 欸	ɑo 熬	ou 欧	ɑn 安	en 恩	ɑng 昂	eng 鞥	er 儿	yi 衣	yɑ 呀	ye 耶	yɑo 腰	you 优	yɑn 烟

注:表中的汉字没有适当阴平字可用的,则选用其他声调的字。

普通话声韵组合表（二）

续表

例字 韵母 / 声母	齐齿呼			合口呼										撮口呼				
	in	iang	ing	u	ua	uo	uai	ui	uan	un	uang	ueng	ong	ü	üe	üan	ün	iong
b	bin 滨		bing 冰	bu 不														
p	pin 拼		ping 乒	pu 铺														
m	min 民		ming 明	mu 木														
f				fu 夫														
d			ding 丁	du 都		duo 多		dui 堆	duan 端	dun 蹲			dong 东					
t			ting 听	tu 秃		tuo 脱		tui 推	tuan 团	tun 吞			tong 通					
n	nin 您	niang 娘	ning 宁	nu 奴		nuo 挪			nuan 暖				nong 农	nü 女	nüe 虐			
l	lin 林	liang 凉	ling 零	lu 炉		luo 锣			luan 滦	lun 轮			long 龙	lü 驴	lüe 略			
g				gu 姑	gua 瓜	guo 锅	guai 拐	gui 规	guan 关	gun 滚	guang 光		gong 工					
k				ku 枯	kua 夸	kuo 阔	kuai 快	kui 亏	kuan 宽	kun 昆	kuang 筐		kong 空					
h				hu 呼	hua 花	huo 火	huai 怀	hui 灰	huan 欢	hun 婚	huang 荒		hong 轰					

续前表

例字　韵母 / 声母	齐齿呼			合口呼										撮口呼				
	in	iang	ing	u	ua	uo	uai	ui	uan	un	uang	ueng	ong	ü	üe	üan	ün	iong
j	jin 今	jiang 江	jing 京											ju 居	jue 决	juan 捐	jun 军	jiong 窘
q	qin 亲	qiang 腔	qing 清											qu 区	que 缺	quan 圈	qun 群	qiong 穷
x	xin 新	xiang 香	xing 兴											xu 虚	xue 靴	xuan 轩	xun 勋	xiong 兄
zh				zhu 珠	zhua 抓	zhuo 桌	zhuai 拽	zhui 追	zhuan 专	zhun 准	zhuang 庄		zhong 中					
ch				chu 初	chua 欻	chuo 戳	chuai 揣	chui 吹	chuan 川	chun 春	chuang 窗		chong 充					
sh				shu 书	shua 刷	shuo 说	shuai 衰	shui 水	shuan 栓	shun 顺	shuang 双							
r				ru 如		ruo 若		rui 瑞	ruan 软	run 润			rong 荣					
z				zu 租		zuo 昨		zui 最	zuan 钻	zun 尊			zong 宗					
c				cu 粗		cuo 错		cui 催	cuan 蹿	cun 村			cong 聪					
s				su 苏		suo 索		sui 虽	suan 酸	sun 孙			song 松					
∅	yin 因	yang 央	ying 英	wu 乌	wa 蛙	wo 窝	wai 歪	wei 威	wan 弯	wen 温	wang 汪	weng 翁		yu 迂	yue 约	yuan 冤	yun 晕	yong 用

第六节　音　变

在话语活动中，语音成分单个儿出现的机会很少，一般要结合成语流。在语流中，一个音受所处语音环境、在词或句中的位置、语速等因素的影响，往往会发生变化。这种变化叫作“语流音变”。普通话的语流音变现象很多，应该注意的是变调、轻声、儿化以及语气“啊”的变化。

一、变调

变调，又称“连读变调”，指音节在连读时调值所发生的变化。一种声调如果出现变调现象，它就会有两种性质的调值存在。一是“本调值”，又称“单字调值”，是一个字在单念时的调值表现；一是“变调值”，是一个字存在于音节连读中的与本调值相异的调值表现。例如：普通话的上声字“雨”，单念时调值是［214］，这是它的本调值，在“雨水”一词中，发音像阳平字“鱼”，调值变作［35］，这是它的变调值。

变调是汉语各地方言中普遍存在的现象。这里学习普通话上声以及“一、不”二字的变调。

（一）上声的变调

上声字的本调值是［214］。但是在语流中，上声字读本调值的机会很少，一般只出现在单说或停顿前的情况下。只要后面有连读音节，上声字都要变调。

上声经常出现的变调值有［35］、［21］两个。在两字组中，它们的出现受后接字声调的影响。

1. 上声在上声前变［35］，调值像阳平。例如：

旅馆　　展览　　解渴　　彼此

2. 上声在非上声（阴平、阳平、去声）前变［21］，即“半上声”。例如：

饼干　　海拔　　雨露

取经　　语言　　感谢

3. 上声在源自非上声的轻声字前，也变［21］半上声。例如：

点心　　　暖和　　　使唤

嘴巴　　　老实　　　脑袋

4. 上声在源自上声的轻声字前，有的变［35］，有的变［21］。例如：

变［35］调值的：老鼠　小姐　写写　洗洗

变［21］调值的：剪子　好了　奶奶　耳朵

三个上声字连读时，首字、中字的变调还与三字组的结构特征有关。当三字组属于“XX—X”结构（双单格）时，首字、中字都变［35］调。例如：

展览馆　　　洗脸水　　　虎骨酒　　　考古所

当三字组属于“X—XX”结构（单双格）时，中字变［35］，首字变［35］、［21］两可。例如：

很勇敢　　　买雨伞　　　好领导　　　小老虎

（二）“一”的变调

“一”是阴平字，本调值是［55］。“一”在单说、停顿前、序数词中读本调。例如：“你拍一，我拍一”，“一月大，二月小”。与后面音节连读时，“一”要变调。“一”的变调值有［35］和［51］两种，各有自己的出现条件。

1. “一”在去声前变［35］，与阳平同。例如：

一倍　　　一件　　　一共　　　一再

2. “一”在非去声（阴平、阳平、上声）前变［51］，与去声同。例如：

一般　　　一人　　　一手

一天　　　一年　　　一把

（三）“不”的变调

“不”是去声字，本调值是［51］；在去声前变［35］，变调值与阳平同。例如：

不但　　　不会　　　不去　　　不是

二、轻声

一些字在特定的语词中变得又短又轻，并失去了原来的调值，这种音变现象就是轻声。

（一）轻声的语音变化

从物理学的角度看，一个字由非轻声到轻声的变化主要表现为音长变短，音强变弱，失去原来的调值但又产生了一定的音高形式。普通话轻声的音高形式取决于前接音节的调值。一般的规律是：在高平、高升、高降调后，即在阴平、阳平、去声本调和上声［35］变调音节后读偏低短调（其调值可统一记为2度），在低降调后，即上声［21］变调音节后读偏高短调（其调值约为4度，可记作［4］）。例如：

阴平［55］＋轻声［2］吃的　金子　妈妈　工夫

阳平［35］＋轻声［2］蓝的　银子　爷爷　头发

上声变调［35］＋轻声［2］老鼠　小姐　想想　晌午

去声［51］＋轻声［2］做的　凳子　弟弟　骆驼

上声变调［21］＋轻声［4］买的　领子　姐姐　喜欢

此外，轻声音节的韵母和声母也可能会发生一些变化。韵母的变化比较明显，主要表现在三个方面：（1）主要元音央化（舌位趋向央元音［ə］）。例如：哥哥［kɤ→gə］、儿子［tsɿ→dzə］、棉花［xuA→xuə］。（2）复合元音单元音化。例如：奶奶［nai→nɛ］、眉毛［mɑu→mɔ］、牲口［k′ou→k′o］。（3）韵母脱落。例如：豆腐［fu→f］、东西［ɕi→ɕ］、意思［sɿ→s］。

声母的变化主要是清音浊化，就是不送气的清塞音、清塞擦音变为相应的浊音。例如：爸爸［PA→bə］、拿着［tʂə→dʐə］（［dʐ］是与［tʂ］发音部位、发音方法基本相同的辅音，区别在于［tʂ］是清辅音，［dʐ］是浊辅音）

（二）轻声词

轻声不仅是一种语音现象，同时也与语法、词汇密切相关。普通话里，读作轻声的一般来讲是具有后附性的语素或词、重叠成分、老资格口语词中的成分等。具体包括以下几类：

1. 助词“的、地、得、着、了、过”和语气词“吧、吗、呢、啊”等。例如：

他的书　　慢慢儿地走　　冷得很

说着话　　吃了饭　　读过书

走吧　　　　在吗　　　　　　去呢　　　是啊

2. 虚语素"子、头、么、们"等。例如

桌子　　　木头　　　什么　　　咱们

3. 附着于名词、代词后的方位语词和附着于动词、形容词后的趋向动词。例如：

路上　　　村里　　　那边　　　后面

进来　　　过去　　　夺回来　　热起来

4. 重叠式名词和动词重叠式。例如：

姐姐　　　奶奶　　　星星　　　　　饽饽

想想　　　坐坐　　　商量商量　　　讨论讨论

5. 一些老资格口语词。例如：

太阳　　　骆驼　　　耳朵　　　机灵　　　糊涂

（三）轻声的作用

轻声对有些词来说，具有区别词义或词性的作用。例如：

东西（方位，东和西）　　　　大意（名词）
东西（名词）　　　　　　　　大意（形容词）

自然（名词）　　　　　　　　下水（动宾短语）
自然（形容词）　　　　　　　下水（名词，动物内脏）

三、儿化

（一）什么是儿化

"儿化"是后缀"儿"与前一音节连读合音、并使这个音节的韵母带上卷舌色彩的音变现象。由于儿化而产生卷舌色彩的韵母就是"儿化韵"。例如：女孩儿 nǚ hár，"孩 hái"儿化后韵尾脱落，主要元音 a 卷舌成为儿化韵。儿化韵在拼写时无需表示实际语音变化，只要在"儿"前的音节后加上表示卷舌动作的"r"就行了。例如：女孩儿 nǚháir。

在北方话里，"儿"后缀与前一音节的合音经历了很长的历史过程。在明中叶以前，"儿"还可以独立成音节，由于是轻声并与前一音节流利地连读，便逐渐丧失了独立性，与前一音节"急读合一"了。但是，在文学作品中，后缀"儿"还可以独立成轻声音节。例如："月儿弯弯照九州"；"云儿飘在海空，鱼儿藏在水中"。

（二）儿化韵的音变规则

普通话 39 个韵母除 ê、er 外，都可用于儿化语词。这 37 个韵母的儿化音变主要表现在韵尾和韵腹上，其基本音变规则可以归纳为以下五条：

1. 有韵尾－i、－n、－ng 的韵母，韵尾脱落，各类韵腹按以下规则发生变化；－ng 尾脱落后形成的儿化韵具有鼻音色彩。

2. 韵尾或韵腹是 u 的韵母（包括 u、ou、iou、ao、iao、ong、iong），u 变成卷舌元音 ur。

3. 韵腹是 a、e、ê、o 的韵母，韵腹变成卷舌元音 ar、er、or。

4. 韵腹是 i、ü 的韵母，韵腹后增加卷舌元音 er。

5. 韵腹是－i（前）、－i（后）的韵母，韵腹被卷舌元音 er 替换。

普通话 37 个韵母儿化后可以归并为 23 个儿化韵。这些儿化韵中包含了 ar、er、or、ur 四个卷舌元音。下面以卷舌元音为韵目，将儿化韵分为 4 组，列表说明它们与基本韵母的关系，并用国际音标表示儿化韵的实际发音。

普通话儿化韵母表

<table>
<tr><td rowspan="2">ar</td><td>ar [ɐr]
a 打杂儿
ai 小孩儿
an 地盘儿</td><td>iar [iɐr]
ia 人家儿
ian 河沿儿</td><td>uar [uɐr]
ua 开花儿
uai 一块儿
uan 小碗儿</td><td>üar [yɐr]
üan 圆圈儿</td><td rowspan="2">① [ɐ] 是舌位比 [ə] 略低的央元音。
② ~ 是鼻音色彩符号。</td></tr>
<tr><td>ãr [ãr]
ang 菜邦儿</td><td>iãr [iãr]
iang 唱腔儿</td><td>uãr [uãr]
uang 蛋黄儿</td><td></td></tr>
<tr><td rowspan="2">er</td><td>er [ər]
－i（前）有字儿
－i（后）树枝儿
e 唱歌儿
ei 摸黑儿
en 墙根儿</td><td>ier [iər]
i 小鸡儿
ie 台阶儿
in 今儿</td><td>uer [uər]
uei 土堆儿
uen 打滚儿</td><td>üer [yər]
ü 木鱼儿
üe 名角儿
ün 围裙儿</td><td rowspan="2">①韵腹 i、u、ü 儿化后仍发得较长。
②e 儿化后是 [ɤr]。</td></tr>
<tr><td>ẽr [ə̃r]
eng 麻绳儿</td><td>iẽr [iə̃r]
ing 人影儿</td><td>uẽr [uə̃r]
ueng 瓮儿</td><td></td></tr>
<tr><td>or</td><td>or [o̜r]
o 一拨儿</td><td></td><td>uor [uo̜r]
uo 一窝儿</td><td></td><td>[o̜] 是舌位比 [o] 略低的后元音。</td></tr>
</table>

续前表

ur			ur [ur] u 小吴儿		[u] 是舌位比 [u] 略低的后元音。
	aor [ɑɔr] ao 花招儿	iaor [iɑɔr] iao 高调儿			
	our [our] ou 就手儿	iour [iour] iou 没救儿			
			õr [ũr] ong 胡同儿	iõr [yũr] iong 小熊儿	

（三）儿化的作用

儿化不单纯是一种音变现象，它同词汇、语法、修辞都有一定的联系，在表情达意方面具有一定的积极作用。

1. 可以表示温和、喜爱的感情色彩。例如：女孩儿、脸蛋儿、金鱼儿、花篮儿。

2. 可以强调细小轻微的性质、状态。例如：小猫儿、窄缝儿、竹棍儿、一会儿。

3. 可以区别词义和同音词

{眼（眼睛）
眼儿（小孔）　　{头（脑袋）
头儿（首领）　　{心（心脏）
心儿（中心部分）

{一点（一点钟）
一点儿（少量）　　{一块（一元钱）
一块儿（一起）　　{向前看
向钱儿看

4. 可以区分词性

儿化词大部分是名词。因而，口语中常常借助儿化手段将名词和动词、形容词、量词等区别开来。例如：

{盖（动）
盖儿（名）　　{滚（动）
滚儿（名）　　{冻住了（动）
肉冻儿（名）

{尖（形）
尖儿（名）　　{黄（形）
蛋黄儿（名）　　{清（形）
蛋清儿（名）

{个（量）
个儿（名）　　{粒（量）
粒儿（名）

四、语气词“啊”的变化

语气词“啊 ɑ”由于读轻声，在与前一音节连读时，受前一音节收尾音素的影响要发生种种变化，有 ya、wa、ra [ʐa]、na、nga 六种变体。“啊”的音变规则是：

1. 当前一音节收尾音素是 a、o、e、ê、i、ü 时，“啊”变成 ya，也可以写作“呀”。例如：

这么多瓜呀！　你快说啊！　这是什么歌啊！　大姐啊！　要注意啊！　我得去啊！

2. 当前一音节收尾音素是 u 时，“啊”变成 wa，也可以写成“哇”。例如：

这是家乡的沃土啊！　还得打报告啊！

3. 当前一音节的韵母是舌尖后元音 -i [ʅ]、er 或儿化韵时，“啊”读作 ra。例如：

多好的诗啊！　我的女儿啊！　多美的花儿啊！

4. 当前一音节的韵母是舌尖前元音 -i [ɿ] 时，“啊”读作 [za]。例如：

我就是您的亲生儿子啊！

5. 当前一音节的收尾音素是 n 时，“啊”读作 na，也可以写作“哪”。例如：

这么深啊！

6. 当前一音节的收尾音素是 ng 时，“啊”读作 nga。例如：

快点上啊！

第七节　方音辨正

汉语，是共同语与方言并存并以方言复杂著称的语言。现代汉语方言一般分为七种（七大方言区），即：北方话、吴语、湘语、赣语、闽语、粤语、客家话。其中，北方话分布面积最广，使用人口最多，是汉民族共同语的基础方言。北方话内部还可以大致划分出四种次方言，即：华北方言、西北方言、西南方言、江淮方言。

方言与普通话相比，在语音、词汇、语法方面都有差异，尤以语音差异最为明显。下面谈谈方言区人学习普通话在声、韵、调方面普遍存在的一些问题。

一、声母辨正

（一）zh、ch、sh 和 z、c、s 的分辨

普通话的 zh、ch、sh、r 声母是方言区人学习的一个难点。主要问题是将 zh、ch、sh 和 z、c、s 混同了。即：

知＝资

潮＝曹

诗＝丝

多数方言是将 zh、ch、sh 并入 z、c、s，例如西南方言和吴语；也有的地方将 z、c、s 并入 zh、ch、sh，例如东北的一些方言。纠正这类方音，首先应把 zh、ch、sh 声母字同 z、c、s 声母字区别开来，同时还要注意 zh、ch、sh 与 z、c、s 发音的不同之处。zh、ch、sh 是舌尖后音（翘舌音），发音时舌尖应翘起抵住硬腭前端；z、c、s 是舌尖前音（平舌音），发音时舌尖应前伸抵住上齿背（或下齿背）。

普通话的 zh、ch、sh、r 在方言里还有其他读法。例如，部分 zh、ch 声母字在有的闽语里声母发成了 d、t，像漳平话：超＝挑。zh、ch、sh、r 的合口呼字在有的方言里声母发成了唇齿音，像西安话：署＝斧，有的方言则把这部分字的声母发成了 j、q、x，像长沙话：署＝许。纠正这类方音，同样可以参照上述方法，注意将相混的字区别开来，注意舌尖后音的发音要领。

（二）n 和 l 的分辨

“n、l 不分”在方言中相当普遍。据粗略统计，这样的地区占整个汉语区的一半，像北方话中的西南、西北、江淮方言以及湘、赣、闽语里都有这种现象。n、l 相混的情况主要有两种：

1. 在开口呼、合口呼前相混，在齐齿呼、撮口呼前不混。即：

南＝兰　农＝隆

年≠连　女≠吕

2. 在四呼前都相混。从读音看，n、l 相混的多数方言里，n、l 可以自由变读。

n、l 的分辨要从两方面入手：第一，将两类字区分开来；第二，认识 n、l 的发音区别。发 n 音时，软腭、小舌要下降，打开鼻腔通路，让气流从鼻腔出来，发出鼻腔共鸣音；发 l 音时，软腭、小舌上

升，关闭鼻腔通路，让气流从舌两边出来，发出纯粹的“口音”。

（三）f 和 h 的分辨

在湘、赣、闽、粤语、客家话以及西南、江淮方言中都存在 f、h 在合口呼前相混的现象。例如：

夫＝呼　　飞＝灰　方＝荒

一般的情况是 h 读成 f，闽方言则相反，是 f 读成 h（读书音）。

f 和 h 都是清擦音，区别在于发音部位。f 是唇齿音，发音时上齿轻触下唇；h 是舌根音，发音时舌根抬起接近软腭，并应注意不要让上齿接触下唇。此外，还要将 f 声母字同 h 声母字区分开来。

二、韵母辨正

（一）前鼻尾韵和后鼻尾韵的分辨

普通话有 16 个鼻韵母，其中韵尾－n、－ng 对立的有七对：

第 1 组　en－eng　in－ing　uen－ueng/ong　ün－iong

第 2 组　an－ang　ian－iang　uan－uang

这七对鼻韵母在吴、湘、戆、闽语、客家话、以及北方话西北、西南、江淮方言中大面积地存在合并现象，即所谓“不分前后鼻尾韵”。这两组韵母中，以第 1 组的合并更为普遍，又以 en－eng、in－ing 两对的合并最多，例如苏州、南昌、梅县、长沙、南京、昆明话。第 1 组四对都合并的多见于西北方言，例如太原、兰州、银川话：深＝升、因＝英、昏＝轰、运＝用。第 2 组韵母里，an－ang、uan－uang 两对的合并比较多见，例如长沙、南京、昆明话：班＝邦、关＝光。两组七对韵母都合并的方言也有，例如福州话、武威话。

方言里鼻韵母合并以后多读－n 尾韵，例如苏州、南昌、梅县、长沙、兰州话；读－ng 尾韵的如太原、银川、武威、福州话；有的方言则读成鼻化元音，例如昆明话。

纠正这一类方音，一要注意把混读的前后鼻尾韵字区别开来；二要注意找准－n 韵尾和－ng 韵尾的发音部位。发－n 尾韵时，舌尖最后要抵住上齿龈；发－ng 尾韵时，舌根最后要抵住软腭。

（二）撮口呼的发音

南方的有些方言里没有撮口呼。普通话的撮口呼韵母（ü、

üe、üan、ün、iong）或者被读成齐齿呼（i 行韵母），例如昆明、梅县话；或者被读成合口呼（u 行韵母）以及开口呼韵母，例如厦门、潮州话。比较“雨云”二字在这些方言里的读法：

	普通话	昆明话	梅县话	厦门话	潮州话
雨	ü	i	i	u	hou
云	ün	ĩ	iun	hun	huŋ

学习普通话撮口呼韵母的关键在于掌握前、高、圆唇元音“ü”的发音要领：舌面前伸，同时唇要撮圆。

（三）o、uo、e 的分辨

普通话 o、uo、e 三个韵母在方言里读音复杂，普遍存在着一对多或多对一的关系。例如普通话的 e、uo 两韵与西安话都是一对三的关系：

	歌	客	唱	多	说	国
普通话	ge	ke	he	duo	shuo	guo
西安话	ge	kei	huo	duo	fo	guei

而普通话的 o、uo、e 与武汉话的 o 又是三对一的关系：

	玻	摸	多	火	歌	河
普通话	bo	mo	duo	huo	ge	he
武汉话	bo	mo	do	ho	go	ho

像武汉话这样 o 韵对应普通话几个韵母的现象在西南、江淮方言，在湘、赣、闽、粤语、客家话里都很普遍。

纠正的方法，首先应该知道普通话里哪些字的韵母是 o、uo、e，然后分类正音。特别应注意的是，普通话的 o 韵字不太多，o 韵只拼唇音声母 b、p、m、f。因而，凡方言里 o 与非唇音声母相拼的字，都应改读其他韵母。

三、声调辨正

方言和普通话的声调差异表现在调类、调值两方面。从后面的“声调比较表”可以看出，北方话与普通话的调值差异比较突出；其他方言与普通话的调类、调值差异都比较突出。

北方话以外各方言的调类比普通话多，一般为 6—10 个不等，与普通话的差异体现在两方面：第一，有入声，入声一般读为有塞音韵尾的短调（湘语除外）；普通话里入声已经消失。第二，古平、上、去三声依声母的清浊分化出的阴调、阳调比普通话多。例如广州话有阴平、阳平，阴上、阳上，阴去、阳去；普通话只有平声分化出阴平和阳平。

北方话大部分与普通话一样，有阴平、阳平、上声、去声四个调类，但调值差异较大。例如同是去声字“放”，普通话是全降调［51］，济南话是低降调［21］，西安话是高平调［44］，兰州话是低升调［13］。

北方话与普通话的调类也有差别。其一，不少地方都发现了一些三声调方言，调类比普通话少。例如普通话的阳平、去声烟台话里合并为阳平去；普通话的阳平、上声在银川话里合并为阳平上。其二，古入声的分派不同。普通话派入四个声调，西安话派入阴平、阳平，济南话派入阴平、阳平、去声，兰州话派入阳平、去声，成都话派入阳平，银川话主要派入去声等等。

了解了方言与普通话声调的差异所在，就可以从本方言与普通话声调的对应关系出发，从调类、调值两方面用类推法去学习普通话，这样可以收到事半功倍的效果。

附　汉语方言声调比较表（见下页）

附　汉语方言声调比较表

<table>
<tr><td colspan="2" rowspan="2">古调类 / 例字 / 调类和调值 / 方言</td><td colspan="2">平声</td><td colspan="3">上声</td><td colspan="2">去声</td><td colspan="4">入声</td><td rowspan="2">调类数</td></tr>
<tr><td>天</td><td>平</td><td>古</td><td>老</td><td>近</td><td>放</td><td>大</td><td>急</td><td>各</td><td>六</td><td>杂</td></tr>
<tr><td rowspan="11">北方话</td><td>北京（普通话）</td><td>阴平 55</td><td>阳平 35</td><td colspan="2">上声 214</td><td colspan="3">去声 51</td><td colspan="2">阴平、阳平、上声、去声</td><td>去声</td><td>阳平</td><td>4</td></tr>
<tr><td>沈阳</td><td>阴平 44</td><td>阳平 35</td><td colspan="2">上声 213</td><td colspan="3">去声 41</td><td colspan="2">阴平</td><td>去声</td><td>阳平</td><td>4</td></tr>
<tr><td>济南</td><td>阴平 213</td><td>阳平 42</td><td colspan="2">上声 55</td><td colspan="3">去声 21</td><td colspan="2">阴平</td><td>去声</td><td>阳平</td><td>4</td></tr>
<tr><td>烟台</td><td>阴平 31</td><td>阳平去</td><td colspan="2">上声 214</td><td colspan="3">阳平去 55</td><td colspan="2">上声</td><td colspan="2">阳平去</td><td>3</td></tr>
<tr><td>洛阳</td><td>阴平 33</td><td>阳平 31</td><td colspan="2">上声 53</td><td colspan="3">去声 412</td><td colspan="3">阴平</td><td>阳平</td><td>4</td></tr>
<tr><td>西安</td><td>阴平 21</td><td>阳平 24</td><td colspan="2">上声 53</td><td colspan="3">去声 44</td><td colspan="3">阴平</td><td>阳平</td><td>4</td></tr>
<tr><td>兰州</td><td>阴平 31</td><td>阳平 53</td><td colspan="2">上声 442</td><td colspan="3">去声 13</td><td colspan="3">去声</td><td>阳平</td><td>4</td></tr>
<tr><td>银川</td><td>阴平 44</td><td colspan="3">阳平上 53</td><td colspan="3">去声 13</td><td colspan="4">去声</td><td>3</td></tr>
<tr><td>成都</td><td>阴平 44</td><td>阳平 41</td><td colspan="2">上声 52</td><td colspan="3">去声 13</td><td colspan="4">阳平</td><td>4</td></tr>
<tr><td>南京</td><td>阴平 31</td><td>阳平 13</td><td colspan="2">上声 22</td><td colspan="3">去声 44</td><td colspan="4">入声 5</td><td>5</td></tr>
<tr><td>太原</td><td colspan="2">平声 11</td><td colspan="2">上声 53</td><td colspan="3">去声 45</td><td colspan="3">阴入 2</td><td>阳入 54</td><td>5</td></tr>
</table>

续前表

调类和调值 / 古调类 / 例字 / 方言		平声		上声			去声		入声				调类数
		天	平	古	老	近	放	大	急	各	六	杂	
吴语	苏州	阴平 44	阳平 13	上声 52	阳去	阴去 412		阳去 31	阴入 5		阳入 2		7
吴语	绍兴	阴平 41	阳平 15	阴上 55	阳上 22	阴去 44		阳去 31	阴入 5		阳入 32		8
吴语	上海	阴平 54	阳平 24	上声 33				阳平	阴入 5		阳入 2		5
湘语	长沙	阴平 33	阳平 13	上声 41		阴去 45		阳去 21	入声 24				6
赣语	南昌	阴平 42	阳平 24	上声 213		阴去 55		阳去 31	入声 5				6
客家话	梅县	阴平 44	阳平 11	上声 31		去声 42			阴入 21		阳入 44		6
闽语	福州	阴平 44	阳平 52	上声 31		阳去	阴去 213	阳去 242	阴入 23		阳入 4		7
闽语	厦门	阴平 55	阳平 24	上声 51		阳去	阴去 11	阳去 33	阴入 32		阳入 5		7
粤语	广州	阴平 53	阳平 21	阴上 35	阳上 13		阴去 33	阳去 22	上阴入 55	下阴入 33	阳入 22		9
粤语	南宁（亭子）	阴平 41	阳平 21	阴上 33	阳上 24	阴去 55		阳去 22	上阴入 55	下阴入 33	上阳入 24	下阳入 22	10

第八节　异读词的规范问题

异读词，一般是指字同、义同而读音不同的词或语素，它与用不同的读音区别词义或词性的“多音字”不同。例如：

异读词	多音字
教室 shì　shǐ	好人 hǎo—爱好 hào
暂时 zàn　zǎn　zhàn	恶劣 è—厌恶 wù
角色 jué　jiǎo	膏（名）gāo—膏（动）gào

北京话里存在着一定数量的异读词，需要搜集、研究，审订其读音，确立明确、一致的读音标准并进行推广，这就是异读词的审音、规范工作。异读词的规范是现代汉语语音规范化工作的重要内容。

一、异读词产生的原因

任何方言都有异读词的存在。北京话里异读词产生的原因主要有以下几条。

（一）语音演变

语言的语音系统处于不间断的变化之中。语音演变的一种方式是：某些词率先出现新读法，通过新旧读音的共存、竞争、替换完成一个演变过程。当新旧读音处于共存阶段时，就会形成一些异读词。共存阶段或长或短，像普通话下面这些词或词里某个字的旧读基本已被新读所代替：

	窄	暴露	滑稽	我	麦	钥匙	脚
旧读	zé	pù	gǔ	ě	mò	yuè	jué
新读	zhǎi	bào	huá	wǒ	mài	yào	jiǎo

（二）文白异读

文白异读就是读书音和口语音的区别。文读指读书音，一般用于书面语和具有书面语色彩的语词；白读，指口语音，一般用于口语和具有口语色彩的语词。例如：

吓 xià（白）：～唬、～人
hè（文）：恐～、恫～

剥 bāo（白）：把皮～下来
bō（文）：盘～、～削、～落

削 xiāo（白）：～皮
xuē（文）：～减、剥～

雀 qiǎo（白）：小～儿、～盲眼
què（文）：～斑、麻～

角 jiǎo（白）：三～、拐～
jué（文）：～色、～斗、口～

血 xiě（白）：流了点儿～
xuè（文）：鲜～、流～事件

露 lòu（白）：～出来了
lù（文）：暴～、～天

嚼 jiáo（白）：～烂了
jué（文）：咀～

应该说明的是，文白异读如果用于不同语词，即“异音异词”，不属于规范对象；如果是“异音同词”，则需要规范。试比较：

异音异词　下落 luò——落色儿 lào

异音同词　落笔 luò bǐ——lào bǐ

（三）方音渗透

普通话常常要从方言中吸收一些语词，包括生活语词、专用语词等等。这些语词在进入普通话的时候往往带有方音特点，这就造成了一些词的异读。例如，“瘪三”、“弄堂”是从上海话借入的，“瘪”、“弄”在这两个词中的特殊读音来自上海话：

瘪 biě——瘪三 biē　　　弄 nòng—弄堂 lòng

而“百”、“番”两字在地名“百色”、“番禺”中的特殊读音来自这两地方言：

百 bǎi——百色 bó　　　番 fān—番禺 pān

“巷”、“迫”在“巷道”、“迫击炮”中的特殊读音又与矿工、战士的方音特点有关：

巷 xiàng—巷道 hàng　　　迫 pò—迫击炮 pǎi

此外，京师一带向来人口流动较大，居民五方杂居，口音南腔北调，某些语词也可能会受到不同方音的影响而形成异读。

（四）讹误

有些字，由于种种原因被错读，并且以讹传讹，从而形成异读。例如：

妊娠 shēn—chén　　　　龋齿 qǔ—yǔ

讹误产生的一个重要原因是受了形声字字形结构的影响。即：用形声字声旁的读音推求字的读音；当声旁与字音不合时则可能推错。上面“娠、龋”的误读就是这样造成的。再如：

正　误	正　误
倾 qīng—qǐng（顷 qǐng）	械 xiè—jiè（戒 jiè）
酵 jiào—xiào（孝 xiào）	俱乐部 jū—jù（具 jù）
谊 yì—yí（宜 yí）	弦 xián—xuán（玄 xuán）

还有一些讹误是由于字形相似将甲字读成了乙字。例如：

即使 jí—jì（既 jì）　　　　棘手 jí—là（辣 là）

二、异读词的审音工作

异读词的规范历来受到国家的高度重视。1956 年，以审订异读词为主的普通话审音委员会成立。1957 年、1959 年，该委员会先后发表了《普通话异读词审音表初稿》正续两编；1962 年，发表了《普通话异读词审音表初稿》第三编；1963 年将这三次发表的审音表的内容汇辑成了《普通话异读词三次审音总表初稿》。《初稿》自公布以来，受到文教、出版、广播等部门的广泛重视，对现代汉语的语音规范和普通话的推广起了积极作用。但是，随着语言的发展，《初稿》中原审的一些语词和读音需要重新审定，同时，《初稿》也需要定稿。因此，国家在 1982 年重建了普通话审音委员会，着手《初稿》的修订工作。审订稿经国家语言文字工作委员会、国家教育委员会、广播电视部审核通过，1985 年 12 月 27 日以《普通话异读词审音表》的名称公布，并规定自公布之日起，普通话异读词的读音、标音都以此表为准。

这次修订本着严肃、谨慎的态度，对原《初稿》所审的某些语词的读音作了改动并增补了若干词条。例如：

	统读	取消		统读	取消
从容	cóng	cōng	咆哮	xiào	xiāo
呆板	dāi	ái	驯服	xùn	xún
骨头	gǔ	gú	河沿	yán	yàn
成绩	jì	jī	穿凿	záo	zuò、zuó
麦芒	máng	wáng	指甲	zhǐ	zhī
缠绕	rào	rǎo	卓见	zhuó	zhuō
胜任	shèng	shēng	自作自受	zuò	zuō

我们应该注意这些变动，掌握异读词的规范读音。

第九节 语　调

语调有狭义、广义两种所指。狭义的语调指的是句子升降曲直的变化形式，即句调；广义的语调指的是由于表情达意的需要在语句层面所出现的语音的抑扬顿挫、轻重缓急的变化形式。这里用的是语调的广义，主要讲讲停顿、重音和句调问题。

一、停顿

停顿是语句、段落之间的长短不等的间歇。间歇既是呼吸的需要，也是表达的需要。在时间的空白里，听者可以感受、体味、理解或等待语意的转折。根据停顿的表意作用，可以分出两种性质的停顿。

（一）结构停顿

结构停顿是具有划分语音段落、语言层次作用的停顿。结构停顿像是口头的标点符号、层段标志；因而在朗读时，可以根据标点符号、篇章结构确定停顿的位置和时间长短。段落层次、标点符号停顿的时间长短的一般规律是：

顿号（、）＜逗号（，）＜分号（；）＜句子间的句号、问号、感叹号（。?!）＜层次＜意段

结构停顿还是揭示句子语法关系的有效手段。例如：

咬死了猎人的｜狗　（偏正结构，猎人死）

咬死了｜猎人的狗　（动宾结构，狗死）

一句话内部，由停顿间隔开的意义的整体称为“意群”。在较大的意群内，还可以用停顿划分出更小的意义整体——“节拍群”。诗句中的节拍群称为“音步”。诗歌的音步处理得好，可以增强诗句的节奏感，造成和谐整齐的韵律美。例如：

我喜欢｜下雨｜下雪，
因为｜雨雪｜是你的名字。
我喜欢雨｜和雨中的｜小花伞，
我可以把脸｜在伞下｜藏着；
我可以｜仔细比比｜雨丝｜和你的头发，
还可以｜大胆一点｜偷看｜你的眼睛。　（金克木《雨雪》）

（二）心理停顿

心理停顿是为了表达一定的情感或心理活动而使用的停顿。心理停顿的位置及时间长短不受结构、标点的制约，因而既可以和结构停顿一致，也可以不一致。例如话剧《雷雨》中的一段对白：

周朴园　侍萍，侍萍，对了。这个女孩子的尸首，说是有一个穷人见着埋了。你可以打听到她的坟在哪儿么？

鲁侍萍　老爷问这些闲事干什么？

周朴园　这个人跟我们有点｜亲戚。

在“有点”和“亲戚”之间，从结构上看，本不应有停顿；但这里用一个心理停顿，就可以把周朴园此时那种剪不断、理还乱，思念、愧疚、无奈、虚荣的矛盾、尴尬心态表现得恰切而生动。

停顿的处理还和语速密切相关。一般而言，语速快，停顿应适当减少；语速慢，停顿则可适当增加。

二、重音

用重读的方法特别强调的语词就是重音。所谓“重读”的方法，不仅表现在音强加重，还表现在音长延续和音域扩大上。因而重读的语词听起来响亮、清晰。有时，重音还可以在语词前后配合停顿来表现。例如：

我家的后面有个园，相传叫作｜百草园。

从意义角度看，重读的语词一般是语句的意义重心所在。因而，重音处理得好，可以使情感和意义的表达明晰、准确，具有感染力；反之会影响表达效果，甚至会造成误解。

重音可以分为结构重音和逻辑重音两种。

（一）结构重音

结构重音是在一般情况下表现语句的语法关系的重音。结构重音出现的位置有一定规律。

1. 在主谓结构中，谓语常常重读。例如：

山朗润起来了，水涨起来了，太阳的脸红起来了。

她又冷又饿，样子很悲惨。

2. 在主谓宾结构中，宾语常常重读。例如：

小明去学校了。

我买了件毛衣。

3. 在偏正、补充结构中，状语、补语常常重读。例如：

我真的没说

天冷极了

4. 疑问代词、指示代词常常重读。例如：

这个人你还不知道？

他什么时候去的？

（二）逻辑重音

从一定的语境出发，为了意义、意图、情感等方面的表达目的而特别重读的词语就是逻辑重音。逻辑重音没有固定的位置，它可能和结构重音一致，也可能不一致。例如，同样是“他会打篮球”这句话，在不同的语境中重音的位置不同：

谁会打篮球？	他会打篮球。
他会不会打篮球？	他会打篮球。
他会打篮球还是排球？	他会打篮球。

因而，在朗读他人作品时，只有深入把握作品的主题思想，体会内容、情感的发展脉络以及所处语境，才能准确地找到逻辑重音。

此外，当一个句子或意群中有几个语词都挺重要时，要注意找到那个最能集中表明本句中心意义的语词并处理成逻辑重音；如果重音太多，语意中心就可能会被诸多重音所淹没。例如，话剧《屈原》“风雷电独白”的首段里，只有把其中带“·”的语词处理成逻辑重音，才能强有力地表现出作者对黑暗社会以及麻木灵魂的鞭挞，对光明和正义力量的呼唤和歌颂：

风！你咆哮吧！咆哮吧！尽力地咆哮吧！在这暗无天日的时候，一切都睡着了，都沉在梦里，都死了的时候，正是应该你咆哮的时候，应该你尽力咆哮的时候！

逻辑重音的声音强度一般来讲要大于结构重音。

三、句调

句调是一句话升降曲直的变化形式。句调一般来说贯穿于全句，但主要表现在句子后半部特别是最末的一个音节上。句调是表情达意的重要声音手段，一句话带上不同的调子可以表达不同的语气和情感。例如：

好极了！（降调）　　表由衷赞叹
好极了？（升调）　　表怀疑
好极了！（曲折）　　表嘲讽、否定
好极了！（曲折、低沉）　　表阴暗的内心活动

基本的句调有四种：平调、降调、升调、曲折调，表达功能各不相同。

（一）平调

句子没有特别的升降变化或者有意拉长音节就是平调。平静的叙述、说明以及冷漠、倨傲的情感、态度可以用平调。例如：

从前有座山，山上有座庙。　　（叙述）
在一定温度的作用下，鸡蛋可以变成小鸡。　　（说明）
进来吧。（“吧”拉长）　　（冷漠、倨傲）

（二）降调

一般用来表示肯定、感叹、请求、号召、命令等语气。例如：

蜜蜂是渺小的，蜜蜂却又多么高尚啊！　　（肯定、感叹）
奶奶，请把我带走吧！　　（请求）
让暴风雨来得更猛烈些吧！　　（号召）
你这混蛋，把手放下来！用不着把手指头伸出来！　　（命令）

（三）升调

一般用来表示疑问、反问、招呼等语气。例如：

船？八叔的船不是回来了吗？（疑问、反问）

他来不来？（疑问）

小王，到这儿来！（招呼）

（四）曲折调

是先升后降或先降后升或全句起伏变化较大的调子，常用来表示惊讶、震惊、嘲讽等语气。例如：

是吗？（先升后降）我怎么没听说？（惊讶）

“祥林嫂？怎么了？”我又赶紧问。“老了。”“死了？”（先降后升）（震惊）

“你是多么美丽呀，可爱的鸟！那脖子，啃，那眼睛，美丽得像个天堂的梦！”（各句起伏都较大）

（嘲讽狐狸对乌鸦不怀好意的奉承）

除了停顿、重音、句调之外，在口语表达和朗读时，还应注意声音的高低快慢等变化。一般来说，表现紧张、急迫、惊惧、激动、争辩等情状时语速应快一些；表现平静、庄重、沉思、悲伤、嘲讽等情状时语速应慢一些；表现热烈、激昂、兴奋、喜悦、专横、愤怒、质问、斥责时，语调应高一些；表现沉痛、安静、迟疑、轻快时，语调应低一些。总之，我们应该学会调动种种语调手段，增强有声语言的表现力，力求获得最佳的表达效果。

第二章　词　汇

第一节　词与词汇

词是语言中能独立运用的最小的语言单位。例如：

我的书在哪儿呢？

这句话可以分出“我”、“的”、“书”、“在”、“哪儿”、“呢”共6个词，它们都有固定的声音和意义。

所谓“能独立运用”，指的是可以单说或单用。单说就是可以单独作为一句话来说，比如可以单独回答问题。单用就是单独作句子成分，或单独表示某种语法意义或句子的语气。像上面这个例句中的“我”、“书”、“在”、“哪儿”既可以作各种句子成分，又可以单独回答问题或提问。“的”和“呢”不可以单说，但可以单用，前者可以表示词语间的语法关系，后者可以表示全句的疑问语气。能否“独立运用”是词与构词的单位——语素的区别所在。

所谓“最小的语言单位”，指的是词本身是一个整体，表示一个固定而专指的意义，不能再被分割，即中间不能插入别的词或短语。如果分割的话，或者不成话，或者分割后就会改变原来的基本意思。例如，“基本”、“伟大”无法扩展为“基的本”、“伟和大”，“白菜”、“老虎”不等于“白的菜”、“老的虎”，所以“基本”、“伟大”、“白菜”、“老虎”都是词。“白纸”、“做饭”、“人多”能扩展为“白的纸”、“做早饭”、“人很多”，并且保持了原有的语法结构关系，可见它们不是“最小的语言单位”，所以“白纸”、“做饭”、“人多”不是词，而是短语。词和短语的区别就在于是不是能独立运用的“最小的”语言单位。

词汇是语言中所有词的总汇，是许多词的集合体。词和词汇的关系是个体和整体的关系。词是构成词汇的基本成分。除了词以外，成语、谚语、歇后语、惯用语等熟语在语言中的作用相当于词，因而也是构成词汇的成分。

“词汇”这个术语，也可以用来指某个局部范围内词的总汇。如一个人所掌握的词，或一本书、一篇文章中的词，总汇起来就是这个人或这本书、这篇文章的词汇，例如老舍的词汇、《骆驼祥子》的词汇。语言中个别的词，一篇文章中部分的词，不能称为词汇。

第二节 词的构成

一、构词单位——语素

语素是最小的语音语义结合体，是语言里最小的构词单位。例如“水”是一个语素，它可以独立成词，这时词由一个语素构成；“学生”是一个词，由“学”和“生”这两个语素构成；而“半封建”这个词中，“半”是不能再分析的最小的构词单位，是一个语素；“封建”不是最小的构词单位，因为它还可以分析成“封”和“建”两个语素。

语素不能分解成更小的有意义的单位，如单音节语素“生”若分解成声母“sh”和韵母“eng”，双音节语素“玻璃”若分解成音节“玻”和“璃”，都没有意义，只是语音上的分解。所以，语素是语言中最小的表义单位。

语素可以从不同的角度进行分类。

（一）根据音节的多少，可以分为单音节语素、双音节语素和多音节语素

只有一个音节的语素是单音节语素，如“天”、“走”、“小”、“子”、“化”。有两个音节的语素是双音节语素，如“玻璃”、“参差”、“琵琶”、“蝙蝠”、“坦克”。有三个或三个以上音节的语素是多音节语素，如“迪斯科”、“巧克力”、“歇斯底里”、“奥林匹克”、“阿尔巴尼亚”。汉语的单音节语素在所有语素中占绝大多数，是汉语语素的基本形式。

（二）根据所含意义的多少，可以分为单义语素和多义语素

只含一个意义的是单义语素；含有几个意义，并且几个意义之间有密切联系的是多义语素。双音节语素、多音节语素一般都是单

义语素，如“葡萄”、“萨其马”。单音节语素有的是单义的，如“汗”、“割”、“癫”；有的是多义的，如“丁（（1）成年男子。(2)指人口。(3）称从事某些职业的人。(4）姓)”，“减（（1）由原有的数量中去掉一部分。(2）降低；衰退)”。

（三）根据构词能力，可以分为自由语素、半自由语素和不自由语素

自由语素指能独立成词的语素。其中包括两种：一种是既可以独立成词，又可以跟别的语素或比语素大的语法单位合起来构词的，例如“人（人才、工人、人民币)”，“做（做法、做作)”，“大（大家、大多数、大杂院儿)”；另一种是只能独立成词，不能跟别的语素或比语素大的语法单位合起来构词的，例如“很”、“从”、“了”、“吧”。半自由语素指不能独立成词，但是能够跟别的语素或比语素大的语法单位合起来构词的语素。半自由语素在构词时，位置不固定，如“机（机器、班机、发动机)”、“伟（伟大、雄伟)”、“语（语法、标语、世界语)”。不自由语素指不能独立成词，而且在跟别的语素或比语素大的单位合起来构词时，位置固定、只表示附加意义的语素，如“阿（阿哥、阿姨)”、“第（第一、第十二)”、“者（记者、独裁者)”、“子（桌子、胖子、命根子)”。

在以上几种分类中，最重要、最有实用价值的是根据构词能力进行的分类。

二、语素、词和字的关系

语素和词是语言的结构单位，字是语言的书写形式。汉语的书写形式是汉字，一个汉字一般代表一个音节，因此单音节语素的书面形式就是一个汉字，例如“眼”、“写”、“了”、“吧”等，这时，一个字记录的是一个语素，语素和字是一致的。但语素和字并不总是表现为一致的情况。如果语素是两个音节的，那么，这个语素的书面形式就是两个字，例如“惆怅”、“仿佛”。如果语素是多音节的，就表现为几个汉字，例如“迪斯科”、“歇斯底里”等。标记双音节或多音节语素的几个汉字中，每个字都不表示意义，而只代表一个音节。在这种情况下，语素和字是不一致的。

词和字的关系跟语素和字的关系既有相同之处又有不同之处。

由单音节的自由语素构成的词，其书写形式就是一个字，如“雨”、“走”、“红”这几个字，既是语素，又是词。由双音节或多音节语素构成的词，要用几个字来表示，如“葫芦”、“托拉斯”，但其中的每一个字都既不是语素，也不是词，只代表一个音节。由两个或几个语素合成的词，也要用几个字来表示，如“艺术”、“大扫除”、“大众化”，其中的每个字都不代表词，而只代表语素。

三、词的构造

（一）单音词、双音词、多音词

每个词都有固定的语音形式，根据构成词的音节多少，可以把词分为单音词、双音词和多音词。单音词是只有一个音节的词。例如：

龙、水、六、你、那、听、打、热、远、更、不、和、着、呢

双音词是由两个音节组成的词。例如：

老师、国家、美丽、轻松、支持、保护、居然、特别、因为、所以

多音词是由三个以上的音节组成的词。例如：

高压锅、电视机、艾滋病、资本主义、经济学家、布尔什维克

双音词和多音词合称为复音词。

在古汉语中，单音词占多数，而在现代汉语中，双音词则显示出越来越大的优势，多音词随着外来词的增加也越来越多了。

（二）单纯词与合成词

根据构成词的语素多少，词又可以分为单纯词和合成词。

1. 单纯词

单纯词是由一个语素构成的词。单纯词可以分为两种，一种是单音节的单纯词，如“牛、雨、岛、打、听、大、黑”等。单音词都是单纯词。另一种是双音节或多音节的单纯词，如“琵琶、玻璃、麦克风、白兰地、歇斯底里、奥林匹克、布尔什维克”等。

汉语的双音节单纯词有几种特殊的形式：

（1）叠音词。叠音词是由两个相同的音节重叠构成的词，如：

猩猩、饽饽、区区、往往、依依、孜孜、冉冉、熊熊、潺潺、栩栩

(2) 连绵词。连绵词是指两个音节连在一起才表示一个意义，分开后每个音节都不表示意义的词。连绵词有三种：

a. 双声词。双声词是两个音节的声母相同的词。如：

琵琶、蟾蜍、秋千、蜘蛛、崎岖、吩咐、踌躇、尴尬、拮据、仿佛

b. 叠韵词。叠韵词是两个音节的韵母或韵母中的主要元音及韵尾相同的词。如：

徘徊、叮咛、荡漾、从容、彷徨、窈窕、糊涂、啰嗦、蜻蜓、蟑螂

c. 不是双声、叠韵的，如：

妯娌、芙蓉、牡丹、茉莉、葡萄、蝴蝶、蝙蝠、蜈蚣、玛瑙、玻璃

2. 合成词

合成词是由两个或两个以上的语素构成的词。合成词内部体现基本意义的语素，叫做词根；加在词根前边或后边表示附加意义的语素，叫做词缀（加在词根前边的叫前缀，加在词根后边的叫后缀）。合成词的构造方式包括复合式、附加式和重叠式等三种基本类型。

(1) 复合式

复合式合成词由至少两个不相同的词根组合构成。它们的结合方式又可以分为几种类型：

联合式：由两个并列的词根组成，两个词根的意义或相近、或相关、相反。例如：

a.（相近的）朋友、语言、道路、学习、爱护、生动、恭敬、根本

b.（相关的）江山、国家、领袖、手足、笔墨、风浪、穿戴、封存

c.（相反的）安危、东西、出入、买卖、取舍、忘记、反正、始终

偏正式：以后一个词根的意义为主体，前一个词根修饰、限制后一个词根。例如：

飞机、铅笔、皮带、英语、暑假、唐诗、儿科、粉碎、热爱、火热

补充式：以前一个词根的意义为主体，后一词根补充说明前一词根。如：

抓紧、说明、提高、扩大、推迟、减少、诗篇、船只、纸张、人口

述宾式：前一个词根表示动作、行为，后一个词根表示动作、行为所支配或涉及的对象。例如：

司机、理事、吹牛、生气、出版、伤心、示威、动员、如意、失望

主谓式：前一个词根是陈述对象，后一个词根是对前一词根进行陈述的。例如：

夏至、花生、兵变、地震、民主、国营、性急、头疼、眼红、瓦解

(2) 附加式

附加式合成词是在表示词汇意义的词根前后加前缀或后缀的方法构成的词。

在词根之前附加前缀的：

阿姨、阿爸、阿伯、阿妹

老李、老弟、老婆、老师

小姐、小王、小吃、小贩

第一、第二、初三、初伏

在词根之后附加后缀的：

摊儿、盖儿、鸟儿、玩儿

本子、孩子、骗子、扳子

编者、读者、记者、能者

木头、苗头、看头、甜头

老化、美化、简单化、机械化

女性、人性、个性、创造性

歌手、老手、扒手、选手

职员、队员、店员、成员

(3) 重叠式

重叠式合成词由两个相同的词根重叠而成。例如：

妈妈、家家、天天、说说、坐坐、轻轻、远远、刚刚、偏偏

第三节　词义、词与词之间的意义联系

一、词义的性质

词有一定的声音和意义，前者是词的形式，后者是词的内容，也就是词义。词义常常表示概念，与概念有密切的关系。但二者又不是等同的，因为有些词如“了、吧、与、可是”等并不表示概念；其次，概念除了用词来表示外，也可以用短语来表示，如“民警”与“人民警察”；再者，词义除了表示事物的客观意义外，还带有感情色彩、语体色彩，如“聪明”与“狡猾”、“故乡”与“老家”，而概念不具备这些色彩意义。

词义具有以下四种性质：

（一）客观性

词义是以客观存在的事物或现象为基础的。如“大熊猫”的词义指的是一种动物，如果没有这种动物，就不会有这种词义。有的词像“神仙”、“妖怪”的词义所指的对象虽然并不存在，但这些词的意义反映的却是人们对客观对象错误、扭曲、愚昧的认识，是一种客观的社会现象，因而，可以说这种词义的产生同样离不开自然和社会的现实。

（二）主观性

客观存在的事物或现象并不就是词义，只有经过人们对客观对象的认识、理解和概括，词义才会逐渐形成。如“病毒”这种事物在被人们认识之前就已经客观存在着，那时还没有形成“病毒”这个词以及它的词义，后来人们认识到了这种客观存在，“病毒”这个词才产生并有了特定的词义——“比病菌更小、用显微镜才能看见的病原体”。另一方面，人们对词义的理解也会由于人们的年龄、经历、文化程度等条件的不同而有深浅正误的差别。例如医生和艺术家对“病毒”的词义的理解肯定会有所不同。甚至同一个词在不

同的词典、字典里的解释（也就是概括出的词义）也可能不同。例如上面所引的“病毒”的词义出自《现代汉语词典》，而在《词海》里的解释则是“一类没有细胞结构但有遗传、复制等生命特征的微生物”。

（三）概括性

词义概括地反映了某一类事物或现象的本质特征，而舍弃了这一类事物或现象中个别的、具体的、非本质的属性。如“山”的词义是“地面形成的高耸的部分”，这是对所有山的共同特征的概括，至于不同的山所具有的高、低、大、小、形状不同等特点等，则不在词义概括的范围之内而被舍弃了。虽然有的词表示的只是某一个而非某类现象，这些词的词义仍然是概括的，例如专有名词“鲁迅”的词义是对这位伟大的文学家一生各种本质特征的概括。

（四）社会性

词的声音和意义的联系并不是必然的。也就是说，某个词在产生的时候，其意义并非只能用这个而不能用那个声音来表示。词的音义的结合是在某个社会里通过语言实践逐渐约定俗成的。因此，在不同的语言中，相同的意义可以用不同的语音形式来表示。例如“山”的词义在汉语中用“shan”这个声音来表示，在英语中用“mountain”来表示，在日语则用“yama（やま）”来表示。当词的音义关系一旦确立，全社会的成员就必须依照这种确定的关系去理解这个词义并使用这个词，否则就不可能进行正常的交际。

二、词义的发展变化

词义不是一成不变的，它总是随着社会历史的发展而不断变化的。词义的发展变化有下面几种情况：

（一）词义的扩大

即一个词所概括的意义范围由小变大了。例如：

猪：在古代专指生下来不久的小猪，而现在所指的猪则不论大小都包括在内。

师傅：原来是对有技艺的人或传授技艺的人的尊称，现在也用来称呼做一般体力工作的人，成为对象很广的称呼用语。

航行：原来只有船在水中前进的意思，现在也指飞机在空中飞行。

（二）词义的缩小

即一个词所概括的意义范围由大变小了。如：

禽：古代是鸟兽的总称，现代一般只指鸟类动物。

丈人：古代泛指一般老年男子，现在缩小到指妻子的父亲。

扬弃：原来有“发扬”和“抛弃”两个意思，后来一般用“抛弃”的意思。

（三）词义的移位

即词义的内容由指甲事物变为指乙事物。例如：

消息：古代指生长消灭或者兴衰，现在指音信、新闻。

牢：古代指关养牲口的地方，现在指关押犯人的监狱。

闻：原来指用耳听，现在一般指用鼻子感觉气味。

三、多义词

（一）词的多义性

语言中，有的词只表示一个单一的意义，叫单义词。例如“中国”、“台风”、“汽车”、“肺病”、“耳朵”、“鞋”等都是单义词。有的词包含着相互联系而又有所不同的几个意义，称为多义词。如“浅”这个词有下面几个意义：

（1）从上到下的距离小，不深：这口井很浅。

（2）程度、难度不高：这道理很浅。

（3）感情不深：他们交情很浅。

（4）颜色淡：颜色很浅。

又例如，“家”这个词的意义有下面几个：

（1）家庭、人家：我家有三口人。

（2）家庭的住所：我刚回家。

（3）指部队或机关中某个成员工作的处所：我找到连部，刚好连长不在家。

（4）学术流派：这是一家之言。

（5）量词：这儿有几家饭馆。

多义词是在单义词的基础上形成的。人们在长期的生活、生产实践中，对客观事物的认识不断深化，并且不断发现、创造新事物，也就不可避免地运用原有的词表示相关的事物、概念，词义就不断丰富、扩大，多义词就形成了。

多义词虽然是一词多义，但由于每个词在使用时都有上下文，所以，要表达哪一个意思通常是明确的。在具体语言环境中，每个词的意义都具有单一性，一般不会引起歧义。例如“他们终于扑灭了这场大火”这句话中，“火”只有“燃烧时发出的光和焰”这个意思；而在“这个饭店买卖很火”这个句子中，“火”则只能解释为“兴旺”。

客观事物是无限的，而词汇是有限的。多义词的产生合乎造词的经济原则，它使原有词的内容丰富了，扩大了词的意义范围，提高了词的利用率。

（二）多义词的基本义、引申义和比喻义

1. 基本义

多义词包括的几个意义之中，有一个意义是基本的、最常用的，称为基本义。例如，“推”的基本义是“向外用力使物体或物体的某一部分顺着用力的方向移动”（推车）；“香”的基本义是“气味好闻”（这兰花真香）。

要注意，基本义是就应用来说的，不是就来源说的，所以不一定都是词源学上说的词的本义（即词的初始的意义），如“兵”的本义是“兵器、武器”（短兵相接），基本义是“士兵、战士”（当兵）。

2. 引申义

由基本义或本义推演、发展而来的意义，叫引申义。例如，在“向外用力使物体或物体的某一部分顺着用力的方向移动”这个基本义之外，“推”还有下面一些引申义：

（1）用工具贴着物体的表面向前剪或削：推了光头。

（2）使事情展开：把剧情推向高潮。

（3）推委：把责任推给别人。

（4）推选：同志们推他当代表。

从“香”的“气味好闻”的基本义也引出了下面的引申义：

（1）食物味道好：饭菜很香。

（2）胃口好：吃得不香。

（3）睡得好：睡得很香。

3. 比喻义

通过借用词的基本义来打比方的方式产生的词义叫做比喻义。例如，“嫩”的基本义是“初生的、娇嫩的”（这韭菜真嫩），它有一个比喻义“不老练”（他做这种事还嫩点儿）。“火”的基本义是“物体燃烧时发出的光和焰”，它有下面两个比喻义：

（1）暴躁、愤怒：心头火起。

（2）兴旺：生意做得很火。

词的比喻义和修辞上的比喻是有差别的。词的比喻义是经过长时间的演变逐渐固定形成的，它已成为词义中的一项，不必依赖特定的语境而存在；而修辞上的比喻是临时性的打比方，不是词义中的一部分，离开了比喻的语境，这临时的意义就不再存在了。例如“饭碗”这个词，在表示“盛饭的碗”这个基本义之外，已经具有“职业”这个比喻义，如“由于公司裁员，他的饭碗丢了”。而在“家庭是人生的避风港”这个句子中，“避风港”只是用作打比方，是一种临时性用法，在“避风港”这个词中并没有“家庭”这个义项。

恰当地使用词的比喻义可以使表达生动形象，增强语言的感染力。

四、同音词

（一）什么是同音词

同音词是指语音完全相同，而意义完全不同的一组词。同音词在书面上有两种形式：同形同音词和异形同音词。

同形同音词是指书写形式一样的同音词，例如“分号”是标点符号的一种，它和“这个商店有三个分号”这句话中表示分店的“分号”就是书写形式一样而意思各不相关的同音词。还有表示服装的“制服”和表示使驯服义的“制服”，“别吃了”和“别在胸前”中的两个“别”都是同形同音词。

异形同音词是指书写形式不同的同音词，如“绝迹”和“决计”、“绝技”，“树木”和“数目”，“形式”和“形势”等等。

（二）同音词和多义词的区别

同音词和多义词有相同之处，它们都是用相同的语音形式表示不同的意义内容。但它们也有明显的区别，同音词是几个词同音，但几个词的意义是互无联系的，比如，表示“奇怪”意义的“怪”（如“这事真怪”）和表示“责备”意义的“怪”（如“这事不能怪他”）是两个不同的词，两个词的意思没有关联。多义词则是一词多义，几个意义之间有联系。比如“亮”这个词有几个意义：

(1) 光线强：灯光很亮。

(2) 发光：探照灯亮了一下。

(3)（声音）响亮：她的歌声脆而亮。

(4) 显露：把底牌亮出来。

“亮”的这几个意义虽然不同，但却互有联系，后面几个意义是在第一个意义的基础上引申出来的，因而“亮”是多义词。

（三）同音词在语言中的作用

同音词可以构成“双关”、“拈连”等修辞方式，运用得当，可以使语言表达显得新鲜活泼，蕴含丰富，表现力强。例如刘禹锡的《竹枝词》中的“东边日出西边雨，道是无晴却有晴”，其中的“晴”看上去是指天气的晴朗，实际上指男女之情；毛泽东的诗句“我失骄杨君失柳，杨柳轻扬直上重霄九”中的“杨柳”字面上是指杨柳的花絮，实际上指杨开慧、柳直荀二位烈士。《红楼梦》第六十二回中，史湘云的打油诗句“这鸭头不是那丫头，头上哪有桂花油”用同音词构成拈连，幽默风趣。

同音词可以用于构成歇后语，例如“咸菜拌豆腐——有盐（言）在先”，“外甥打灯笼——照舅（旧）”等。

同音词有可能引起意义上的混淆，特别是词类相同的词、属于同一应用范围的词、常在相同上下文里出现的词。比如“期中”和“期终”、“出版”和“初版”、“粤剧”和“越剧”等。因此在运用时需要加以注意，避免引起误解。

五、同义词

（一）什么是同义词

意义相同或者相近的一组词叫同义词。同义词包括下面两种情况：

1. 意义完全相同的，又称为等义词

这种词为数不多。例如：

爷爷——祖父　　洋灰——水泥　　　讲演——演讲
大夫——医生　　土豆——马铃薯　　嫉妒——妒忌
衣服——衣裳　　维他命——维生素　互相——相互

2. 意义相近，但存在差异的词，也称为近义词

这类词的数量很大。例如：

传染——感染　　起源——来源　　烦恼——苦恼
讨论——议论　　亲热——亲切　　常常——往往
告诉——倾诉　　强烈——剧烈　　究竟——到底
功劳——功勋　　快乐——愉快　　而且——并且

（二）同义词的辨析

同义词大部分都是同中有异的，这些差异可以从下面几方面分析辨别：

1. 从词义方面进行辨析

（1）词义的轻重有差别，例如：

A	B
希望	渴望
请求	恳求
感动	激动
责备	斥责
改良	改革

A组中的词和B组中相对应的词所表示的意义是相近的，但从词义上来说，B组词的词义比A组词的词义重。如“希望”和“渴望”，都表示心里有某种愿望，“希望”只是表示一般的想望，“渴望”则表示十分迫切地希望。“责备”和“斥责”，都有批评、指责之意，但“责备”的词义相对较轻，指对错误或犯了错误的人加以批评，而“斥责”语义重，指严厉地批评训斥。又如“改良”和“改革”都有改变旧的事物，使之变好的意思，但“改良”只是在原有的基础上进行一些改变，而“改革”则往往指带根本性的改变。

（2）词义范围的大小不同。例如：

A	B
食粮	粮食

常识	知识
时期	时代
战斗	战役
边境	边疆

以上两组词的词义也是很接近的，但B组词的词义范围比A组词的大。如“粮食”是泛指所有的谷类，而不管其用途如何，而“食粮”则专指人用来食用的某一种粮食，“粮食”的意义范围比“食粮”大。“知识”指人们在改造世界的实践中所获得的知识和经验的总和，而“常识”则是指普通知识。“战斗”是指具体的一次武装冲突，而“战役”是指一定时间内进行的一系列战斗的总和。

（3）词义对事物的指称有个体和集体之分。例如：

A	B
人	人口
纸	纸张
河	河流
车	车辆
马	马匹

以上A、B两组同义词中对应的两个词都指称一种相同的事物，A组的词可以指概括的、抽象的集合体，也可以指具体的、个别的事物，而B组的词则只能表示一种概括的集合体。例如“人”可以指抽象的人，也可以指单个的人，而“人口”则是一定数量的人的合称，不能指单个的人。“车”可以指很多车，也可以指一辆车，“车辆”则是各种车、多辆车的总称。

（4）词义的侧重点不同。

有些同义词在共同意义的基础上，各自具有不同的侧重点。例如“才华”、“才干”、“才能”这一组同义词，都表示人的能力，其中“才华”侧重指文学艺术方面的能力，“才干”侧重指办事的能力，“才能”侧重指知识和能力。又如“隐藏”、“隐瞒”、“隐蔽”这一组词，它们都有“不让人发现、觉察”的意思，“隐藏”侧重于“藏”，不让人发现；“隐瞒”侧重于“瞒”，不让人知道真实情况，“隐蔽”侧重于“蔽”，不让人看见。

2. 从风格色彩方面来辨析

(1) 感情色彩不同

同义词中，有些词的词义含有赞许、肯定、喜爱的感情色彩，叫褒义词；有些词含有憎恶、否定的感情色彩，叫贬义词；有的词没有以上两种感情意味，不褒不贬，是中性词。比如“拥护”、“支持”、“附和”三个词，都有同意、赞成的意思，但“拥护”一般用于积极的方面，是一种正面的态度，属于褒义词；“附和”通常指追随持错误观点的人的态度，含批评意味，是贬义词；“支持”则既可用于积极方面，也可用于消极方面，是中性词。下面还有一些例子：

褒义词	中性词	贬义词
鼓励	鼓动	怂恿
成果	结果	后果
教诲	教训	教唆
团结	联合	勾结
夸奖		恭维
粗犷		粗野
顽强		顽固

(2) 语体色彩不同

同义词中，有些词比较庄重，适用于正式场合，有些词比较通俗，适用于日常生活；有些词常出现于书面，有些词多用于口语，这就是语体色彩的不同。例如，“父亲”、“母亲”多用于书面、公众场合，“爸爸”、“妈妈”则多用于日常生活口语中。“故乡”常出现于文学作品中，而“老家”则比较通俗，常见于口语。“盗窃”和“偷”所表示的意思完全一样，“盗窃”多用于报导、告示等文体，“偷”则多用于口语对话。下面这几组同义词的语体风格都是有差异的：

恐吓——吓唬　　马铃薯——土豆
怯懦——胆小　　逝世——死
思考——捉摸　　愚昧——笨
美丽——漂亮　　诞生——出生

3. 从用法方面来辨析

（1）词的适用对象、搭配习惯不同

同义词在适用于人或是物、适用于这种事物或是那种事物、适用于他人或是自己方面，在与哪些词可以搭配方面，存在着差异，这些搭配习惯往往带有约定俗成的性质。比如“搀”和“扶”都有用手支持人、物使之不倒的意思，“扶”可以用于人也可以用于物，如“把老人扶起来”和“把小树扶起来”，而“搀”则只能用于人，不能用于物。“赡养”和“抚养”，前者适用于对长辈，常常与“父母、老人”等词搭配，后者适用于对晚辈，常与“儿女、孩子”等词搭配。“丰盛”和“丰富”，前者一般只限于形容物质，特别是食物，而“丰富”不论物质财富、精神财富都可以形容。下面几组同义词都是适用对象不同或不完全相同的例子：

尊敬（师长）——尊重（师长/学生）

爱戴（领导人）——爱护（孩子/财物）

到达（地点）——达到（目的/目标）

雄壮（的歌声/队伍）——雄伟（的建筑物/高山）

憧憬（未来的生活）——向往（过去、未来的生活/地方）

（2）词性和句法功能不同

有些词虽然意义相近，但各自的词性却不一样。比如“勇气”和“勇敢”都表示有胆量，不畏惧困难、危险，而前者是名词，后者是形容词；“适合”和“合适”都表示符合实际情况或客观要求，但前者是动词，后者是形容词；“但是”和“却”都表示转折，前者是连词，后者是副词；“愿望”和“希望”都表示心里的意愿，前者只是名词，而后者兼为动词、名词。

词性不同，句法功能自然也不同。比如，“勇气”常常在句中充当主语、宾语，而“勇敢”则一般充当谓语、状语、定语等；“适合”可以带宾语，“合适”则不可以带宾语。

还有些词的词性虽然相同，但各自的句法功能也有差异。例如“问”和“打听”都是心里有疑问，想请别人解答的意思，都是动词，但“问”可以带双宾语，如“问你件事儿”，而“打听”只能带一个宾语，如“跟您打听件事儿。“充足”和“充分”虽然 都是形容词，但“充足”只可以作定语（如“充足的阳光”）、谓语（如

“营养充足”），不可以作状语；而“充分”除可以作定语、谓语之外，还可以作状语（如“充分地说明了自己的意见”）。

（三）同义词在语言中的作用

1．绝大多数同义词之间在表义上存在着细微差别，如果选用得当，可以使表达精确、细致。比如在《水浒传》的武松打虎这一段里，对老虎动作的描写就运用了“跳、扑、蹿、纵、掀”等一组同义词，生动而又准确细致的描写出老虎各种各样的腾跃动作，活生生地“画”出了老虎凶狠的样子。

2．同义词的交替使用，可以避免词语的单调重复，使语言表达生动活泼，富有变化。例如在“人无完人，张三会有缺点，李四可能有毛病，王五也可能有错误”这个长句中，“缺点”、“毛病”、“错误”都表示“不正确的地方”，但使用了一组同义词就避免了行文上同一词语的重复出现。

3．同义词连用时，可以加强语气，使语义更加鲜明突出。例如：“中国人民为有周恩来这样的总理而骄傲、自豪”；“一个人掌握的词语丰富了，写起文章来才能够生动活泼，栩栩如生，纤毫毕现”。前一句中的同义词“骄傲、自豪”的连用，后一句中的同义词“生动活泼”连用，都使要表达的意思更明显，也更有力。

4．同义词的选用，可以使表达的语气委曲婉转。例如，用“误会”比用“曲解”给人的刺激性低，用“耳背”比用“聋”显得对人有礼貌，用“卫生间”比用“厕所”显得文雅。

六、反义词

（一）什么是反义词

词义相对或者相反的一组词，叫反义词。例如：

大——小	幸福——痛苦
高——低	热情——冷淡
输——赢	喜欢——讨厌
进——出	增加——减少
前——后	南方——北方

（二）关于反义词要注意的几个问题

1．反义词是一组属于同一意义范畴的词，彼此间互有联系。

例如，“男”和“女”都属于性别范畴，“冷”和“热”都表示温度，“认真”和“马虎”都表示人的态度。而“短”和“大”一个表示高度，一个表示体积，不同属一个意义范畴，不能构成反义词。

2. 反义词是就词与词的关系而言，因而一个词与它自己的否定式不能构成反义词，因为一个词的否定式通常是短语，而不是词。例如“高兴”与“不高兴”、“甜”与“不甜”、“亲属”与“非亲属”等等都不是反义词。

3. 反义词不完全是一对一的、固定不变的关系。反义词中有些词是多义的，属多义词，它的几个意义都可能有反义词，即一个词可能有几个词与其构成反义关系。例如“老”和“进”都有不止一个反义词：

/ 少——一老一少走过来了。
老 — 新——他们卖了老屋，建了新房。
\ 嫩——这菜嫩极了。

/ 退——逆水行舟，不进则退。
进
\ 出——每天进站和出站的列车达500多列。

另外，由于同义词的存在，一个词可能有几个反义词，几个同义词也可能有同一个反义词。例如：

拥护 \ 愚蠢 \
同意 — 反对 愚昧 — 聪明
赞成 / 笨 /

在一定的语言环境中，一些本来没有明显反义关系的词可以临时构成反义词，例如在“他有时心情轻松，有时情绪低落，让人难以把握”这个句子中，“轻松”和“低落”就是临时构成的一组反义词。

（三）反义词在语言中的作用

1. 利用反义词可以揭示出事物的对立方面，形成鲜明的对比或映衬，使语义更为明确突出。下面的句子都利用了反义词的对比作用，突出了要说明的意思：

① 这样的婚姻继续下去，双方得到的只能是痛苦，而不是幸福。

② 人民的公仆应该是大公无私的，而不是自私自利的。

③ 坦白从宽，抗拒从严。

2. 几组反义词的连续运用，可以增强语势，丰富表达的内涵，收到很好的表达效果。例如：

① 我以这一丛野草，在明与暗，生与死，过去与未来之际，献于友与仇，人与兽，爱者与不爱者之前作证。(鲁迅《野草 题辞》)

② 劳动可以使人摆脱愚昧，变得聪明，劳动可以使人脱离贫穷，走向富裕，劳动是辛苦的，却又是充满希望的。

3. 反义词可以构成精辟而又含蓄的俗语、格言、警句，揭示深刻的哲理，例如："兼听则明，偏听则暗"；"祸兮福之所倚，福兮祸之所伏"；"虚心使人进步，骄傲使人落后"等等。许多成语也是利用反义词来构成的，例如"本末倒置"、"深入浅出"、"避重就轻"、"眼高手低"、"吐故纳新"等都是。

第四节　现代汉语词汇的构成

现代汉语词汇是在长期的历史发展中形成的一个复杂的系统。按照词在词汇系统中的地位、所起的作用，可以划分为基本词汇和一般词汇；按照词的来源，可以划分为古语词、方言词、外来词等。

一、基本词汇

(一) 什么是基本词汇

词汇中有些词是生活中最必须、使用最普遍、生命力最强、为全民所理解的，这样的词叫基本词。基本词汇是由所有的基本词共同构成的，虽然它所包括的词只占词汇的一小部分，但却是词汇这个大系统中的主要部分。对于语言来说，基本词汇是很重要的，它和语法共同构成语言的基础。

基本词表示的是生活中最基本、最常见的概念，比如：

表示自然界事物、现象的：天、地、日、月、雨、雪、山、水、火

表示人体各部分的：头、心、身、眼、耳、手、脚、血、皮

表示亲属关系的：妈妈、爸爸、爷爷、丈夫、妻子、哥哥、姐姐

表示生活和生产资料等的：田、粮、菜、刀、锅、布、衣、帽、床、车、纸、笔

表示时间、方位的：春、冬、年、月、早、晚、东、南、前、后、左、右、上、下

表示动作、行为的：唱、跳、跑、吃、读、睡、坐、来、去、流、飞

表示动物的：牛、羊、马、猪、狗、鸟、虫、狼、虎

表示事物性质、状态的：大、小、好、坏、冷、暖、红、绿、酸、甜、高兴、错误

表示数量的：一、二、十、百、千、万、个、只、斤、元、尺、盏

表示称代的：你、我、他们、这、那、什么、怎么

表示语气、程度、范围、关联等的：吗、吧、很、最、只、和、跟、因为、但是

基本词汇中那些意义最原始、结构最简单（一般为单音节）、构词能力最强的词又叫根词，例如“天、地、人、马、树”都是基本词汇中的根词。根词与词根不同，根词是独立的词，词根是构词的语素，是合成词中体现词的基本意义的部分。根词在同别的语素组合起来共同构词时，就变成了语素，成为合成词中的词根。众多的双音节合成词就是以这些根词为基础构成的。

（二）基本词汇的特点

1. 全民常用性

基本词汇表示的是生活中最基本、最常见的概念，社会全体成员在日常交际中都普遍理解、掌握、经常使用这部分词汇，不受地域、行业、年龄、文化程度等方面的限制。离开这部分词汇，日常交际任务就难以完成。例如，“人、马、米、菜、东、西”这些词是所有的人都经常用到的，而“道具、能源、放射线、形容词”等只为社会一部分人掌握、运用，不具有全民性，因而前一组词属于基本词汇，后一组词则不属于基本词汇。

2. 历史稳固性

汉语的许多基本词在三千多年前的甲骨文中就已经存在了，例

如“山、水、风、土、一、二、雨、家、手、百、刀”等，这些词千百年来一直为汉民族所使用，活跃在一个个历史时代而且流传下来，变化不大。基本词汇有这么强的稳固性，主要是因为它们表示的事物、概念生命长久，非常稳定。

但基本词汇也不是一成不变的。随着社会的发展变化，一些基本词消失了，如“耒、豕、寡人、社稷”等；有些词不再属于基本词的范围，退到了一般词汇的行列，如“弓、箭、矛、戈”等；有些原有的单音节基本词被新的单音节基本词代替而退出了基本词汇的行列，如“首”被“头”代替了，“履”被“鞋”代替了，“视”被“看”代替了，等等。有些单音节的基本词复音化，跟别的语素一同构成新词，因而，这些基本词也就变成了构词的语素（词根），不能单独造句了，例如“月”为“月亮”代替，“民”为“人民”代替，“耳”为“耳朵”代替，因此，我们说，基本词汇是稳中有变的。

3. 能产性

基本词多数都有较强的构词能力，是产生新词的基础。社会生活中的新概念、新事物需要大量新词来反映，基本词正好提供了构造新词的材料。例如“手”是基本词，通过它，可以构成许多新词。以它为前一个语素构成的合成词有“手心、手背、手指、手术、手迹、手势、手法、手段、手下、手巾、手腕”等，以它为后一个语素构成的合成词有“帮手、新手、打手、歌手、能手、选手、拉手、炮手、毒手、助手、射击手、刽子手”等。

现代汉语词汇中，由“水、火、土、大、小”等基本词（主要是根词）构成的新词都很多，由每个基本词产生的一系列词，可以看成一个“词族”，许许多多“词族”汇集起来，形成以根词为核心的词汇系统。

基本词的构词能力是不平衡的，多数基本词的构词能力强，如上面所举的“手、水、火”等，但也有一些基本词的构词能力很弱，例如“谁、我、你、也、都”等。

二、一般词汇

基本词汇以外的都是一般词汇，又叫非基本词汇。它在词汇系统中占大部分，比基本词汇的词量多得多。下面将要谈到的古语词、方言词、外来词和行业词语中的绝大部分，都属于一般词汇，只有极少数进入了基本词汇。

社会生活是复杂多样的，很多复杂的事物、概念需要用一般词汇来表示，所以，一般词汇的重要性是不可忽视的。

和基本词汇相比，一般词汇的特点之一是具有比较大的灵活性，经常处于变化之中。社会生活日益丰富，人的认识能力不断提高，大量新词便源源产生，大部分新词一出现便首先进入一般词汇，扩大了一般词汇的队伍；而另一些词则因历史的变化逐渐被淘汰，使一般词汇的队伍不断地发展变化着。例如“电视、电脑、艾滋病、导弹、激光、卫星、光盘、多媒体”等等都是在最近几十年间进入一般词汇的；而“地主、贫农、红卫兵”等词随着历史发展就逐渐消失了。其次，一般词汇数量很大，不一定是社会全体成员普遍都掌握的。

基本词汇和一般词汇是密切联系、互相渗透着的。一方面，基本词汇是构造新词的基础，它创造出许许多多的新词，不断丰富扩大一般词汇，同时，一些基本词由于历史演变而退出基本词汇，转化为一般词汇；另一方面，一般词汇中的一些词在发展过程中可以转化为基本词，补充、扩大了基本词汇。例如“治”在过去只有“治理水患”的意思，是一般词，由于它的词义不断扩大，构词力不断增强，产生了“治学、治安、治疗、治标、自治、法治、人治”等新词，已经成为了基本词。

三、古语词

古语词包含文言词和历史词。

文言词是指现代汉语普通话从古代书面语中吸收过来的还带有文言色彩的词语。这些词语所代表的事物或现象还存在于现实当中，只是为新产生的词所代替，因而它们在口语中已不常出现，但在书面语和某些特定的场合中仍有着特殊的作用，不能为口语词所替代。例如在外交场合、公众仪式、书函、文学作品中常出现的“拜谒、诞辰、逝世、拂晓、忘却、赋闲、兄长、凯旋、诚然、如此、其、之、谨、所、而”等，都是文言词。

历史词是指那些表示历史上曾经存在而在现实生活中已经消失

的事物的词语。如“儒生、秀才、君主、大臣、酋长、妃子、社稷、中举、驸马”等都属于历史词。这些词一般出现在涉及历史问题的作品或谈话里。

古语词在语言表达中具有以下几种作用：

1. 可以使表达带有文雅、严肃、庄重的色彩。例如：

① 在纪念孙中山先生诞辰100周年学术讨论会上，与会者们缅怀革命先行者孙先生的伟大功绩，共同切磋学术问题。

② 大作阅毕，获益匪浅，不胜感激。

2. 可以使表达含有幽默、讽刺的色彩。如：

③ 过去他穷困潦倒，谁也不认识他，可谓门可罗雀，他颇为颓丧；如今位居高官，门庭若市，他的得意之情溢于言表。

3. 可以使语言简洁、匀称、深刻。如：

④ 我谨以最虔诚的信念向殉道者默誓：心不死，志不绝，和平可期，民主有望，杀人者终必覆灭。

⑤ 灯红酒绿，价格不菲的酒吧，令囊中羞涩的学生们望而却步。

运用古语词，一定要考虑对象、内容、场合、文体、感情色彩等方面的需要，适当选用。如果用得不合适，或者使用过滥，半文半白的，反而会影响表达效果。

四、方言词

这里说的方言词并不是指那些属于某个方言并且只在那个方言区的人群内使用的词语，而是指从方言中吸收进来并已成为普通话词汇一部分的词语。

汉语普通话是在北方方言的基础上形成的，它也一直不断地从各种方言中吸收一些词语，丰富自己。有些方言词因为能表示方言区特有的事物或某些特殊的意义，在普通话里没有意义相当的词而被吸收，如“椰子、摆设、搞、整、别扭、尴尬、垮”等。还有些方言词语生动、形象、富有表现力，如“磨蹭、蹩脚、巴结、瘪三、草包、打摆子”等，也很容易被全民族接受，从而进入普通话的词汇里。

方言词进入普通话，常常是通过电视、报纸、文学作品等途径。在口语或书面语，特别是在一些文学作品、文艺表演中，为了描写风土人情、表现人物特点，适当地运用一些为大家所理解的方言词，会收到很好的表达效果。

但是，在语言运用中应尽量使用规范化的普通话词语。过度地追求语言表达的地方色彩、过多地使用方言词语会影响普通话的推广，有时还会造成语言障碍，影响交际的正常进行。

五、外来词

外来词是从其它民族语言（包括本国其它民族的语言和外国语言）中吸收进来的词语。如“咖啡、巧克力、比基尼、奥林匹克”等都是外来词。

外来词不是指那种完全意译的词。例如“电话、扩音器、足球、面包、飞机、激光”等词在出现时是吸收了外族语所表示的概念或意义，但是，它们是用汉语中已有的构词材料、按照汉语的构词方式造出的新词，这些词一般不看作外来词。

外来词主要有以下几种类型：

（一）音译

这一类词是按照外族语词的语音形式直接翻译过来的。例如“咖啡”一词就是英文词“coffee”的音译词。这类词还有许多：

吨　摩托　弥撒　哈达　沙龙　马克　沙发　卡通

英格兰　迪斯科　喜马拉雅　莎士比亚

（二）音译兼意译

这类词是把一个外语词分为两个部分，一半音译，一半意译（这个意义是本来就包含在外语词之内的）。例如“冰淇淋”一词是把英文词“ice-cream”前半部分“ice”的意义“冰”翻译出来，再根据后半部分“cream”的读音翻译成“淇淋”，合二为一即为“冰淇淋”。而“马克思主义”从“Marxism”译过来时，前半部分是音译，后半部分是意译。下面的词都是这一类的例子：

浪漫主义（romanticism）　摩托车（motorbike）　爱克司光（X—ray）

因特网（internet）　华尔街（Wall Street）

（三）音译加表义的汉语语素

这类词是即在对外语词进行音译之后，再另加一个标志词的义类的汉语语素形成的。例如“啤酒”一词，“啤”是英文词“beer”的音译，“酒”是表示词的义类的汉语语素。下面的词都是这一类的例子：

沙丁鱼　吉普车　芭蕾舞　艾滋病　莱茵河　卡片

（四）借形词

这类词是指直接借用日语词的书写形式的词。例如：

破产　手续　引渡　取缔　经济　干部　情报

汉民族从外民族语言里吸收词语古已有之，近现代，尤其是近年来，外来词的采用呈现越来越多的趋势，这对丰富、扩大本族语词汇有着积极的意义。但是在吸收外来语的过程中，应尽量考虑语言的规范化要求，如果一个词既有普通话译名又有方言译名，应以普通话译名为准；如果一个词同时存在意译和音译，以取意译为宜。

六、行业词语

行业词语是指应用于各行各业或专业技术领域的词语。社会的各行各业都有自己熟悉、经常使用的词语，比如：

工业用语：齿轮、轴承、焊接、发动机、模具、车床

农业用语：尿素、麦苗、嫁接、秧苗、田垄、灌溉、栽培

商业用语：本钱、销路、定价、核销、毛利、盘点、利润

教育界用语：生源、师资、课程、教材、答辩、学位、结业行业词语中很重要的一个部分是社会科学、自然科学的各个学科所使用的术语。如：

化学专业：氧、氢气、元素、中和、化合物、二氧化碳

数学专业：积、开方、小数、方程式、有理数、微积分

文学专业：风格、押韵、形象、创作手法、小品文、浪漫主义

语言学专业：韵母、词根、虚词、状语、声训、甲骨文

行业词语主要服务于社会的某个行业、专业，这些词虽然不是全民都掌握运用的，但是它不受地域的限制，分布于各地区的同一行业人员都普遍使用这些词语。随着社会的发展、科学知识的普及，有的行业词语日益为全民所了解掌握，使用范围不断扩大，其中一些转化为全民通用的词语。因此，行业词语在丰富普通话词汇方面也发挥着不可轻视的作用。

第五节 熟 语

语言中有一些经过长期习用而定了型的短语和句子，这样的短语和句子叫做熟语。熟语跟一般的短语和句子有所不同，一般的短语和句子是临时自由组合起来的，而熟语则具有结构的固定性、意义的整体性、使用的现成性，是语言中的建筑材料和词汇的组成部分。熟语包括成语、谚语、歇后语、惯用语等。

一、成语

（一）成语的性质、特征

成语是长期形成的一种精辟简洁的固定短语，是熟语中最值得注意的一种。例如：

一衣带水 守株待兔 光阴似箭 唇齿相依 枪林弹雨 风调雨顺

狐假虎威 阳春白雪 舔犊情深 发奋图强 山盟海誓 望洋兴叹

成语具有如下特征：

1. 成语的结构具有凝固性，和一般临时组合起来的短语不一样，它的结构是固定的，其内部成分不能随意更换或增减，其组成顺序也不能任意更改。例如，“手足情深”不能改成“手脚情深”，“南腔北调”不能改成“南北腔”，“大公无私”也不能改成“无私大公”。

2. 成语的意义具有整体性。和一般的固定短语不同，成语的意义往往不等于其结构成分意义的简单相加，而是在字面意义的基础上形成的一个不可分割的整体意义。如“掩耳盗铃”，从字面上理解是“捂着耳朵去偷铃”，其整体意义是“自己骗自己”；“白玉无瑕”的字面意思是“白玉上没有疵斑”，其整体意义是“比喻人或事物十全十美，毫无缺点”。

（二）成语的结构类型

汉语成语大多数由四个语素构成，“四字格”是成语的基本格式。其主要的结构类型有下面几种：

1. 主谓结构

螳臂当车　肝胆相照　贼喊捉贼　万众一心　塞翁失马
众星捧月　毛遂自荐　榜上无名　鹤立鸡群　旁观者清

2. 联合结构

南腔北调　人山人海　枪林弹雨　你死我活　情深义重
粗枝大叶　悲欢离合　清词丽句　七上八下　高风亮节

3. 偏正结构

背道而驰　袖手旁观　娓娓动听　依依不舍　沾沾自喜
空中楼阁　不速之客　雨后春笋　近水楼台　鱼米之乡

4. 述宾结构

不辨菽麦　远走他乡　大显身手　改换门庭　饱经风霜
纵情酒色　另起炉灶　颠倒黑白　傍人门户　包藏祸心

5. 连谓结构

借刀杀人　画蛇舔足　援古证今　握手言欢　损人利己
闻鸡起舞　拍案叫绝　投笔从戎　卖国求荣　鸣锣开道

6. 兼语结构

请君入瓮　利令智昏　指鹿为马　有口皆碑　有目共睹
发人深省　化险为夷　调虎离山　令人神往　引人入胜

成语也有非“四字格”的，不过为数不多，例如“莫须有”、“坐山观虎斗”、“太岁头上动土”、“一朝天子一朝臣”等。

（三）成语的来源

1. 出自古代的寓言、神话故事，多数是通过对故事的内容综合概括而成的。例如，“鹬蚌相争”出自于《战国策·燕策二》，“塞翁失马”出自于《淮南子·人间篇》，“东施效颦”出自于《庄子·天运》，“自相矛盾”出自于《韩非子·难势》。来源于寓言神话故事的成语是很多的，下面还有一些例子：

天衣无缝　望洋兴叹　揠苗助长　庖丁解牛　杯弓蛇影
愚公移山　守株待兔　百发百中　八仙过海
此地无银三百两

2. 出自于历史事件、历史传说，是这些事件、传说的概括。下面的成语都见于史书的记载：

负荆请罪（《史记·廉颇蔺相如列传》）

图穷匕见（《战国策·燕策三》）

鸡鸣狗盗（《史记·孟尝君列传》）

望梅止渴（《世说新语·假谲》）

草木皆兵（《晋书·苻坚载记》）

只许州官放火，不许百姓点灯（《老学庵笔记》）

3. 出自于古代诗文，是由古诗文语句摘录或改造而成。例如“他山之石”出自于《诗经·小雅·鹤鸣》的“他山之石，可以攻玉”，“庐山真面目”出自于宋代苏轼《题西林壁》诗的“不识庐山真面目，只缘身在此山中”，“望眼欲穿”是由白居易《江楼夜吟元九律诗成三十韵》中的“白头吟处变，青眼望中穿”改造而成的。下面的成语都是出自古代诗文的例子：

孤陋寡闻　鸦雀无声　成人之美　循循善诱　鞠躬尽瘁

锲而不舍　窈窕淑女　青梅竹马　大器晚成　煮豆燃萁

4. 来自民间口语。例如：

风平浪静　七零八落　说三道四　三长两短　不痛不痒

唇亡齿寒　投鼠忌器　见钱眼开　一见钟情　一针见血

成语经朝历代，相沿相习，其形式、意义、感情色彩虽然非常稳固，但也不是完全没有变化的。有的成语内部的语素变换了，例如“取长补短”，出自《孟子》，原为“绝长补短”；“信口开合”后来演变为“信口开河”，它们内部的语素变换了。有的成语意义有所改变，例如“如火如荼”在古代用来形容军队的阵容强盛，现在用来形容气势强大，气氛热烈。有的成语感情色彩有了变化，如“闭门造车”原来不含贬义，而现在一般用来比喻做事主观，脱离实际，成了贬义成语。

（四）成语的作用

1. 使表达言简意赅。成语作为一种现成的固定短语，用字不多，表达的内容却非常丰富，有的浓缩了一个故事，有的概括了一个历史事件，有的包含着极为深刻的思想哲理。恰当地运用成语，可以使表达扼要、简练，行文尖锐有力，收到较好的表达效果。例如“守株待兔”这个成语，用一个简单的故事，不仅批评了死守经验、不会变通的愚蠢行为，也讽刺了妄想不劳而获的懒汉思想。

“排山倒海”仅仅四言，不仅描绘了巨大的力量，而且传达了声势浩大的气氛。又如“上行下效”，是对“上面的人怎么做，下面的人就跟着怎么做，领导起示范作用”这个意思的简要概括。“悲欢离合”是对生活中最普遍的现象“悲哀、欢乐、分离、团聚”以及人生的种种境遇、心情的高度浓缩。

2. 使语言生动形象。很多成语是利用形象的比喻和描绘构成的，运用得当，会收到很好的修辞效果。例如“千钧一发”义为“一根头发上系着千钧重量”，比喻情况万分危急，使人有惊心动魄之感。又如“杯水车薪”意为“用一杯水去救一车柴烧起的大火”，比喻力量微小之极，无济于事；“万紫千红”形容百花盛开，色彩缤纷，使人如见一幅绚丽多彩的图画；“鼠目寸光”形容眼光非常短浅，缺乏见识，非常形象、贴切，容易唤起人的联想。

3. 反义成语的对举，可以形成鲜明对照，使语义更加突出。例如，下面的句子都是运用了成语对举的方法，使要说明的意思更加显豁：

① 三心二意只会失败，一心一意才能成功。

② 对于他们来说，现在需要的不是“锦上添花”，而是“雪中送炭”。

③ 为了避免那样的经济危机，我们应该未雨绸缪，而不是临渴掘井。

（五）运用成语需要注意的问题

1. 应该在准确理解意义和感情色彩的基础上使用成语，才不至于用错。比如“莘莘学子”的意思是“众多的学子”，如果用这个成语来描写某一个学生（如“作为一个莘莘学子”）就错了。“滥竽充数”这个成语故事是写一个人不会吹“竽”这种乐器而混在乐队中充数，从而批评那些没有才干却冒充有才干的人，因此写成“滥芋充数”或“滥鱼充数”都是错误的。还有的成语含有特定的色彩，若理解得不准确，会把褒义的用成贬义的，贬义的用成褒义的。比如“瞻前顾后”用于批评做事前怕狼，后怕虎，过于小心，带有贬义，不能用在表扬做事认真仔细的方面。

2. 成语的结构是约定俗成的，有比较固定的词形和语音形式，在使用时，一般不能随意更改其用字及读音。比如，不能把“如火如荼”的“荼”写成“茶”，“相形见绌”的“绌”不宜写成“拙”，“一暴十寒”的“暴 ”应读“pù”，不应读成“bào”，“莘莘学子”的“莘”应读“shen”，不能读成“xīn”。

二、谚语

谚语是广泛流传于民间口头的固定语句。它用洗练、通俗、生动的语言，总结了生活中的种种经验教训，说明了许许多多朴素而又深刻的道理。

谚语主要有以下两个方面的内容：

（一）总结农业、气象经验的：

① 庄稼长得好，粪肥是个宝。

② 水是稻的命，又是稻的病。

③ 要想明年害虫少，今年火烧田边草。

④ 早看东南，晚看西北。

⑤ 雷公先唱歌，下雨也不多。

（二）总结生活哲理，教育劝戒后人的：

① 一寸光阴一寸金，寸金难买寸光阴。

② 尺有所短，寸有所长。

③ 愚者千虑，必有一得。

④ 耳听为虚，眼见为实。

⑤ 磨刀不误砍柴工。

⑥ 良药苦口利于病，忠言逆耳利于行。

谚语在世代传诵中，经过反复的锤炼，通俗形象，语句工整，和谐动听，例如“一人栽树，万人乘凉”，“三个臭皮匠，顶个诸葛亮”，“ 众人拾柴火焰高”等都广为流传，深受喜爱。

谚语和成语都具有语言精炼、生动形象、结构固定、用起来现成的特点。它们的主要区别是：成语多为四字格的短语，谚语多数是句子；成语多出自古典著作，谚语多流传于口头；成语的书面性强，比较典雅，谚语的口语性强，显得通俗。

三、歇后语

歇后语是汉语特有的一种语言形式：由两个部分组成一句话，

前一部分说出一种事物、现象或一个比喻，后一部分是从这一事物、现象、比喻引出的道理。比如：

① 哑巴吃黄连——有苦说不出。

② 小胡同里赶猪——直来直去。

③ 冬天的扇子——受尽冷落。

④ 老鼠进风箱——两头受气。

这种语言形式近似于谜语，前一部分是谜面，后一部分是谜底，是说话人所要说明的道理。在使用时，后一部分可以说出来，也可以不说出来，让听者去意会、猜想。例如“这番话，说得我‘丈二金刚——摸不着头脑’。”“这样做只能是‘竹篮打水’。”

歇后语主要包括两种类型：喻意歇后语和谐音歇后语。

（一）喻意歇后语

前一部分是比喻，后一部分是解释说明。例如：

⑤ 擀面杖吹火——一窍不通。

⑥ 八仙过海——各显神通。

⑦ 瞎子点灯——白费蜡。

⑧ 黄鼠狼给鸡拜年——没安好心。

以上四句都是后一部分直接地解释前一部分的例子。还有些歇后语后一部分对前一部分的解释不是直接的，而是通过后一部分词语的转义或言外之意来表示的，例如：

⑨ 老鼠掉进书箱里——咬文嚼字（表示抠字眼）。

10 没有骨架的伞——撑不开（表示维持不了）。

11 墙上挂帘子——没门（表示没有门路）。

（二）谐音歇后语

后一部分是借助音同或音近现象造成双关，从而表明要说明的意思。例如：

12 外甥打灯笼——照舅（照旧）。

13 和尚打伞——无发无天（无法无天）。

14 飞机上挂暖瓶——高水瓶（高水平）。

15 梁山泊的军师——吴用（无用）。

16 孔夫子搬家——尽是书（输）。

许多精彩的歇后语具有喻义贴切、形象生动、风趣活泼的特点，运用得当，可以收到特殊的表达效果。

四、惯用语

惯用语是人们在口头上经常使用的比较短小、定型的短语。例如：

开夜车　露马脚　泼冷水　回老家　拆墙脚　捅马蜂窝

吹牛皮　迷魂汤　鬼把戏　笔杆子　戴高帽　吃哑巴亏

惯用语是由几个词构成的短语，但其意义却是整体化了的，构成惯用语的几个词的意义加合起来并不就是这个惯用语的意义。比如“戴高帽”并不是“戴一顶高的帽子”的意思，而是“奉承别人”之义；“喝西北风”不是指“喝从西北方向刮来的风”，而是指“没有东西吃”。

惯用语和成语都是固定短语，从结构上看，成语多为四字格，不可分拆、加字；惯用语则多数是三音节的动宾短语，结构比较灵活，很多惯用语可以拆开、加词使用。比如“碰钉子”可为“碰了个钉子”，“戴高帽”可为“戴一顶高帽子”，“拉后腿 ”可为“拉别人的后腿”。和成语相比，惯用语的含义比较单纯，口语色彩比较浓，在感情色彩方面，惯用语多为贬义的。

第三章 语 法

第一节 语法概说

一、什么是语法

语法是语言中词、短语、句子的结构规律，是人们用语言进行交际时必须遵循的语言组织规则。语言的结构规律是客观存在的，而人们对这种规律认识的角度、深度以及得出的结论都会有所不同，因而也就产生了不同的语法学。这样，语法这个术语就具有了两个含义：一个是指客观存在的语法规律本身，另一个是指反映语法学者对语法规律认识的语法学或语法书。语法学包括两个部分：词法和句法。就现代汉语而言，词法主要讲词的语法分类，以及各类词的语法特点和用法等；句法主要讲词与词的组合，句子的构成，句子的成分和类型等。

二、语法的性质

语法具有抽象性、稳固性、民族性和系统性。

所谓抽象性，是指语法规律是从大量的语法现象中归纳概括出来的，它不是说明具体的词、短语或句子的含义，而是说明存在于词语、句子当中的使用规则和格式，因而它适用于同一类别的各个具体的语法单位。例如从“好书、高个子、老实人、重要的问题”等这一类现象中，我们可以概括出一条语法规则：名词前边可以受形容词的修饰或限制。学汉语的外国留学生根据这条规则就可以造出“好老师、老北京、美丽的校园”等短语来。

所谓稳固性，是说在语言的发展变化过程中，相对于语言的另外两个要素：语音和词汇，语法的变化是比较缓慢的。例如从古代汉语到现代汉语，语音、词汇变化很大，就是在今天，新的词语也在不断产生；而语法规则则相对变化不大，许多语法规则和格式千百年来一直在沿用着。如现代汉语中常见的“主一谓”格式在三千多年前的甲骨文中就已普遍存在。当然，我们说语法具有稳定性，并不等于说它是一成不变的，只是相对而言，它变化缓慢，变动不大。

所谓民族性，是说各民族语言的语法都有自己的特点。比如汉语缺少印欧语那样严格意义上的形态变化。例如汉语中的“我喜欢他”和“他喜欢我”中的人称代词“我”和“他”作主语和作宾语时都是一个样。可在英语中，作主语的“I”（我）到了宾语的位置上就变成了“me”（我）；作主语的“he”（他）和作宾语的“him”（他）也不一样。印欧语的语法关系和语法意义主要靠词的形态变化来表示，而汉语的语法关系和语法意义则主要靠语序和虚词来表示。

所谓系统性，是说各个语言中的语法本身是作为一个整体而存在的。在这个体系中的各级语法单位、各种语法格式、各条语法规则都处在一种相互联系、相互制约的关系之中。例如现代汉语中的主谓、述宾、偏正、联合、述补这五种基本的结构关系，在词、短语、句子这几级语法单位中都有体现。语法学中对某个词或某种格式用法的研究，常常会牵涉到词法句法的许多方面。因此，我们在学习用法时，要注意把握语法的系统性以及语法各部分之间的联系。

三、语法单位

语法单位一共有四级，由小到大依次为语素、词、短语、句子。

（一）语素

语素是最小的语音语义结合体，是最小的语法单位。语素的功能是构词。

（二）词

词是能独立运用的最小的造句单位，由语素构成。它的功能是构成短语或句子。词有别于句子，它是造句的材料；有别于短语，它不可再分割，一旦分割就不成其为词了；它也有别于语素，可以独立运用，也就是在造句时能到处作为一个单位出现。

（三）短语

短语是两个或两个以上的词按照一定的语法规则构成的造句单位。

（四）句子

句子是语言的使用单位，由词或短语构成，具有特定的语调，表达一个相对完整的意思。句子可以分为单句和复句。单句是由具有语调的一个或几个词或短语构成的句子，复句是由两个或两个以上的分句组成的句子。

综上所述，在四级语法单位中，句子是交际中最基本的语言使用单位，它有语调；词和短语没有语调，不是语言的使用单位，而是备用单位，不过词或短语若加上了语调，具备了交际功能，就由备用单位转为使用单位，成为句子了；语素是更低一级的构词单位。

四、古今汉语语法的差异

虽然汉语语法具有稳定性，但汉语经过几千年的发展到今天，在古代汉语（主要指文言）和现代汉语之间，也多少有了一些差别。下面就从词法和句法两个方面谈谈其中一些主要的不同之处。

（一）在词法方面

1. 在古代汉语中，词的用法较灵活，词类活用现象相当常见。如“旦日飨士卒，为击破沛公军”和“沛公军霸上，未得与项羽相见”同出于《鸿门宴》一文，前一例中的“军”是名词，在后一例中则用作动词。现代汉语中也有词类活用现象，但远不如古代汉语中那么普遍。

2. 在古代汉语中，数词一般都直接用于它所修饰的名词之前，如“一夫不耕，或受之饥；一女不织，或受之寒”（《论积贮疏》），“十五犬，十五羊，十五豚”（《殷虚书契前编》）；而现代汉语中数词一般都要先与量词组合，再修饰名词，如“一条狗”、“两辆车”、“十五本书”。

3. 现代汉语中常把“们”、“些”用于代词或名词之后表示多数，古代汉语中则没有这种表示多数的用法。

4. 现代汉语中的动词后边常用动态助词“了”、“着”、“过”分别表示动作的完成，动作正在进行以及有过某种经历。这几个助词都是由古汉语动词虚化而来的，但在文言文中却没有现代汉语的这种用法。

（二）在句法方面

1. 相对于现代汉语，古代汉语的语句更简短明快。这是由于古汉语中单音节词占绝大多数，而现代汉语中双音节词已大量发展，而且用法也更趋精密复杂。

2. 现代汉语判断句中一般要用判断动词“是”，而古汉语也有用“是”的，但不用“是”的更多，如“刘备天下枭雄”（《赤壁之战》），“廉颇者，赵之良将也”（《史记》）。

3. 古代汉语的疑问句、否定句中，代词宾语通常要直接用在动词、介词之前，如“吾谁欺?”（《论语》）“我无尔诈，尔无我虞。”（《左传》）“王谁与为不善?”（《孟子》）除了表示强调的少数句式（如“我哪儿也不去”）与此相似外，现代汉语中已没有这样的用法。而且对这种句式的结构分析，目前现代汉语语法学界普遍的观点也跟古汉语界有所不同（参看第六节“一、主谓谓语句”部分）。

4. 现代汉语中的主谓短语可以充当句子成分，如“我希望他来”的“他来”是作宾语的主谓短语。这类说法，在古代汉语中则要在“主”和“谓”之间加上“之”，使其变成偏正短语，如“欲勿予，即患秦兵之来”（《史记》），“不知东方之既白”（《赤壁赋》）。

第二节 词 类

一、词类和词性

词类是词在语法上的分类，是以全部词为对象，根据词的语法特点划分出来的类别。例如“大”、“小”、“好”、“坏”、“认真”、“流利”等这样一些词，都可以跟“很”、“非常”、“特别”、“最”、“更”等表示程度的副词组合，可见它们具有共同的语法特点，因此，它们是同一类词（形容词）。

划分词类的目的是为了指出词的用法，说明语句的结构规律，从而为讲授、学习和研究语法提供便利条件。

词性是指词的词类属性，是对个别的词进行语法归类的结果。例如现代汉语中有名词类，而“人”这个词具有名词这一类词的各种属性（如受数量短语修饰，不受副词修饰，经常作主语或宾语等），因而它的词性就是名词。有的词同时兼有两种或两种以上词类的语法特点，但在一定的语言环境中通常只反映出某一类词的属性来，因而这些词的词性就要根据它们所在的语言环境来确定，如“参谋”在“你给我参谋参谋”中是动词，在“他是团部的参谋”中是名词。

二、划分词类的标准

上面说了词类是根据词的语法特点划分出来的类别。词的语法特点包括词的词法特点和词的句法特点。由于语法具有民族性，语言不同，语法特点不同，划分词类的标准也就有所不同。印欧语划分词类主要依据词法特点，即词的形态变化。如有格、数变化的是名词，有人称、时态变化的是动词，有程度级别变化的是形容词。汉语缺少词的形态变化，因而划分词类主要依据词的句法特点，同时兼顾词法特点。具体说来，现代汉语划分词类的标准包括以下几条：

1. 词与词的组合能力：这指的是能与哪些词组合，不能与哪些词组合。

2. 词的句法功能：这指的是能否充当句子成分，能充当什么句子成分。

3. 词的广义形态：包括词的重叠形式以及词缀等。如双音节动词与双音节形容词的重叠形式不同，又如带后缀“子”、“儿”、“头”的一般都是名词，带后缀“化”的都是动词。

4. 词汇的类别意义：这是指由一个个词的词汇意义概括出来的更高一层的类别意义。如“一”的词汇意义是“最小的整数”，“第一”的词汇意义是“排在最前的序数”；而它们的类别意义则是“表示数目”，也就是数词的类别意义。有时光凭词义，不易确定其类别意义，从而难以给词分类。如“战争”和“打仗”词汇意义很近，似应归入同一类别意义，但根据组合能力和句法功能，它们却应分属名词和动词。

以上所说划分词类的四个标准中，第1、2个属于句法方面的标准，是划分词类的主要标准。第3个属于词法方面的标准，因普遍性较差，只能作为次要的标准。第4个，严格地说，只能作为划分词类的参考，因为凭意义划分，各人的结论往往不同，主观随意性较大。

三、实词和虚词

汉语的词首先可以分为实词和虚词两大类。划分的标准是能否单独充当句子成分（指一般成分）。能单独充当句子成分的是实词；不能单独充当句子成分，只能帮助实词构成短语或句子，或表示句子语气的词，叫虚词。

从意义上看，实词有实在的词汇意义，只有副词的词汇意义比较空灵；虚词没有实在的词汇意义，但有语法意义，即表示语法关系或语气。

现代汉语的实词分为8类：名词、动词、形容词、代词、数词、量词、副词、象声词，虚词分为4类：介词、连词、助词、叹词。

（一）实词

1. 名词

表示人或事物的词叫名词。例如：

书　汽车　周恩来　长城　人口　车辆　传统　语言

名词的语法特点：

（1）可受数量短语的修饰，如“一个人”、“两种风格”。

（2）一般不受副词修饰，如不能说“也米饭”、“不面条”。

（3）经常作主语、宾语，如“老师‖教｜学生”。

（4）一般不能重叠。少数单音节名词可以重叠，重叠后带有量词的性质，如“人人”、“天天”。

汉语名词里还有比较特殊的两类——时间词和方位词。时间词就是表示时间的名词，如“今年”、“前天”、“春节”、“清晨”。

方位词就是表示方向、位置的名词，包括单纯方位词，如“东、上、前、右、里、旁、间、边、头”等，和合成方位词，如“以南、之后、外边、下面”等。

单纯方位词一般很少单独使用，通常要成对连用，或构成合成方位词，或附在名词性词语之后，才用作造句单位。例如“左右”、“前后”、“东边”、“校外”、“桌子上”、“两座楼之间”。

时间词和部分合成方位词可以修饰动词，作状语。如“我们〔下午〕开会。”“您〔屋里〕坐。”“我〔以前〕不认识他。”

2. 动词

表示动作、行为、存在、消失、变化或心理活动的词叫动词。例如：

走 拿 学习 执行 躺 有 出现 转变 发展 爱 讨厌 想

动词的语法特点：

（1）能受副词修饰，但多数动词不能受程度副词修饰。如可以说“明明看见”、“连忙说”，不能说“很看见”、“比较说”。不过心理动词和助动词可以受程度副词修饰，如“非常希望”、“最担心”，“更愿意”、“太应该了”。

（2）一般能带动态助词“着”、“了”、“过”，如“站着”、“看了”、“去过”。

（3）经常作谓语、谓语中心或述语，如“我‖同意”，“她‖也同意”，“同意｜你的意见”。其中能带受事宾语（指动作、行为的接受者或结果）的叫及物动词，不能带宾语和不能带受事宾语的叫不及物动词。如“打球”的“打”、“写字”的“写”是及物动词，“指正”、“闭幕”和“去广州”的“去”、“是学生”的“是”、“有能力”的“有”是不及物动词。

（4）部分动词可以重叠。单音节动词按 AA 式重叠，双音节动词按 ABAB 式重叠，重叠后表示动作时间短暂，或带有“尝试”、“轻松”、“随便”等附加意义。如“想想”、“穿穿（看）”、“休息休息”、“表演表演”。

趋向动词和助动词是比较特殊的两类动词。趋向动词是表示动作的趋向的动词。包括“来、去”和“上、下、进、出、过、回、起、开”以及它们配合构成的“上来”、“进去”、“过来”、“回去”等。除了像一般动词一样能作谓语或谓语中心以外，趋向动词更常用在动词或形容词之后作趋向补语，如“伸〈出〉手”、“走〈回去〉”、“好〈起来〉”。

助动词是表示可能、意愿、应该、必须等意思的动词，如“能、可能、会、可以、应该、得（děi）、必须、敢、肯、要、愿意”等。多数助动词可以单独作谓语或谓语中心，如“这‖可能吗?”“你去‖也可以。”但助动词最主要的句法功能是用在一般动词、形容词前边，作状语。如“他‖〔会〕来的。”、“我‖〔必须〕这么做。”另外，这类动词不能重叠，后边不能带助词“着、了、过”，也不能带名词。

3. 形容词

表示性质、状态的词是形容词。例如：

表示性质的：好　香　美　硬　高　热　坚强　老实　简单　安全　客气

表示状态的：大　亮　短　黄　快　粗　鲜红　冷清清　赤裸裸　黑不溜秋　糊里糊涂

形容词的语法特点：

（1）能受副词的修饰，如“很安静”、“不清楚”、“已经衰老”。

（2）经常作定语、谓语或谓语中心，部分形容词也可作状语或补语。作定语如“（好）书”、“（普通）的人”，作谓语或谓语中心如“天气‖炎热”、“意志‖很坚强”，作状语如“〔快〕跑”、“〔仔细〕看”，作补语如“拉〈长〉”、“打得〈好〉”。少数表示属性的形容词不能作谓语或谓语中心，只能作定语，如“（男）学生”、“（彩色）胶卷”、“（慢性）病”，这种形容词一般叫作非谓形容词或区别词。

（3）不能带宾语。有些形容词，如“缓和”、“健全”、“繁荣”、“严肃”等兼属动词。在不同的组合中，有可能表现出不同的词性来，如“缓和矛盾”是使矛盾缓和的意思，“健全组织”是使组织健全的意思。这里的“缓和”、“健全”带上了宾语，有使动意义，是动词。如果这样的词后边没有宾语，就是形容词，如“矛盾缓和了”，“他们的组织很健全”。

（4）部分形容词可以重叠：单音节形容词按 AA 式重叠，双音节形容词按 AABB 式重叠；重叠后的形容词作状语或补语时，大多数表示程度深，如“〔深深〕地鞠了一躬”、“摆得〈整整齐齐的〉”。单音节形容词重叠形式修饰名词时，主要表示喜爱的感情色彩，如“（黑黑）的头发，（圆圆）的脸”。

名词、动词、形容词是三种主要词类，它们有某些共同之处，特别是动词和形容词的句法功能相近，语法特征相似，因而容易混淆。下面是区分名、动、形的几种方法：

A. 用“不”鉴别名词和动词、形容词。能受“不”否定的是动词或形容词，不能用“不”否定的是名词。

B. 用“很”鉴别形容词和动词。能受“很”修饰的一般是形容词或表示心理活动的动词，不能受“很”修饰的是其他动词。

C. 用重叠形式区分双音节的动词和形容词。一般双音节动词重叠形式为ABAB，双音节形容词重叠形式为AABB。

D. 用能否带宾语区分动词和形容词。大多数动词都可以带宾语，形容词则不能带宾语。

4. 代词

具有代替、指别作用的词叫代词。代词分为三类：

甲. 人称代词：我　咱　我们　咱们　自己　你　您　你们　他　它　他们　别人　大家　人家　大伙儿　彼此

乙. 指示代词：这　那　这里　那里　这儿　那儿　这样　那样　这么　那么　这些　那些　这么样　那么样　这会儿　那会儿　每　各　别　某　一切　所有　其余

丙. 疑问代词：谁　什么　哪　哪里　哪儿　哪些　几　多少　怎么　怎样　怎么样　多会儿

代词的语法特点：

(1) 能代替各类实词。一般来说，代词代替某一类实词，就具有该类实词的语法特点及用法。

(2) 人称代词一般不受其他词语的修饰，偶尔受其他词语修饰则带有明显的书面语色彩。如“身为班长的我”、“小小年纪的她”。

代词除了指代具体确定的人或事物以外，还可以指代不确定的对象，这就是代词的虚指用法。例如“你一言，我一语，讨论得真热烈”、“谁愿意去谁去”，“你想吃什么就吃什么”。

5. 数词

表示数目、次序的词叫数词。数词又分为基数词和序数词，前者表示数目多少，如“一、零、千、亿”；后者表示次序先后，通常由词头“第”、“初”加基数词构成，如“第一”、“初三”，也有用基数词表示序数的，如“1998年”、“二月”、“三哥”、“四楼”、“五层”、“六路公共汽车”。

数词主要的语法特点就是经常与量词组合成数量短语后作为一

个整体使用，如“两本”、“四次”。现代汉语中数词一般不直接用于名词之前，只有文言格式和成语中，数词才可直接修饰名词，如“三言两语”、“千军万马”。

倍数只用于数量的增加，不用于数量的减少，如可以说“增加了三倍”，不能说“减少了三倍”；分数既用于数量的增加，也用于数量的减少，如“增加了二分之一”，“减少了百分之五十”。

6. 量词

表示事物或动作计量单位的词是量词。其中表示人、事物计量单位的词叫物量词，如：

个 位 本 只 条 把 座 张 片 块 句 段 篇 章 首 些 点

尺 寸 米 升 斗 两 斤 磅 吨 亩 公顷 元 角 分 杯 碗 头 口 挑 截

表示动作、行为或变化次数单位的词叫动量词，如：

次 回 遍 趟 下 阵 场 顿 番 人次 架次

量词的语法特点：

（1）一般不单独使用，要和数词或指示代词“这”、“那”等组合成短语后才能作定语、状语或补语，如“（一支）笔”、“（这位）先生”、“（那片）土地”、“〔几次〕降价”、“跑〈两趟〉”。

（2）部分单音节量词可以重叠，重叠后便带上了“每”的意思，如：

朵朵红花＝每朵红花　　场场比赛＝每场比赛

7. 副词

用来修饰、限制动词、形容词的词是副词。根据所表示的意义可将副词分为六类：

程度副词：极 顶 最 很 非常 分外 挺 更 太 比较 多么 特别 越 有点儿 几乎

范围副词：都 全 总 统统 共 凡 凡是 只 仅仅 光 就 才

时间、频率副词：刚 才 正 正在 已经 就 马上 立即 曾经 快要 一同 常常 经常 又 再 重新 一再 仍然

屡次　不断　永远

肯定、否定副词：一定　必　必定　当然　的确　必须　不　没　没有　未　别　莫

情状副词：明明　仍然　公然　猛然　亲自　互相　特地　仿佛　赶紧　其实　怪不得　不禁

语气副词：难道　究竟　毕竟　反正　简直　也许　偏偏　竟然　居然　反而　索性　宁愿　何必　无非　或许　就　绝　倒

副词的语法特点：

（1）一般不能用来修饰名词，而只能修饰动词、形容词；在句中主要用作状语，只有“很”、“极”除了作状语外，还作补语，如“大〈极〉了”、“好得〈很〉”。

（2）除少数副词（“不”、“也许”等）外，副词一般不能单独回答问题。

（3）部分副词能单独或与连词配合起关联作用，如“改了就好”，“越说越激动”，“非去不可”，“无论下不下雨，我都去”。

8．象声词

用语音来摹拟事物、动作或自然界的声音的词是象声词。例如：

砰　铃铃　嘀嘀　哗哗　唰唰　霍霍　扑通　稀里哗啦　叽叽喳喳

象声词可以用作状语、定语、谓语和独立语等句子成分，如：

①大雨“哗哗”地下个不停。（“哗哗”作状语）

②门外响起一阵噔噔噔的脚步声。（“噔噔”作定语）

③枪声阵阵，炮声隆隆。（“隆隆”作谓语）

④“扑通”，青蛙跳进了水里。（“扑通”作独立语）

（二）虚词

1．介词

用在名词、代词或某些短语前面，组成介宾短语以修饰、限制动词、形容词的词，叫介词。介词大致可分为七种：

表示时间的：从　自　自从　由　在　当　于　趁　到　至

表示处所、方向的：在　于　从　自　由　打　向　朝　往　冲　沿　沿着　顺　顺着　当

表示对象、范围的：对　对于　跟　同　和　与　给　为　把　被　叫　让　连　关于　至于

表示依据、方式的：按　按照　照　依　依照　据　根据　凭　以　本　本着　通过　经　经过

表示原因、目的的：由于　因　因为　为　为了　为着

表示比较的：比　跟　同　和　与

表示排除的：除　除了　除开　除去

介词的语法特点：

（1）不能单独回答问题，也不能单独充当句子成分，只有跟后边的名词、代词或短语组成介宾短语后，才能充当状语、补语、定语等句子成分，如“〔从国外〕回来”、“开〈往广州〉”、“（关于能源）的问题”。介宾短语不能作谓语。

（2）不能重叠，也不能带动态助词“了”、“着”、“过”。“为了”、“为着”等词中的“了”、“着”不表动态，不是动态助词，而是构词成分。

现代汉语的介词大都由古代汉语中的动词虚化而来，有的介词跟动词界限清楚，有的则仍保留着动词的意义和用法。依据上述介词的语法特点，可以鉴别出某个词是动词还是介词，如：

①他在家。　　　　　（“在”作谓语，是动词）

②他在家休息。　　　（“休息”作谓语，“在”是介词）

③咱俩比比。　　　　（“比”重叠，作谓语，是动词）

④我比他高。　　　　（“高”作谓语，“比”是介词）

⑤我给了他一支笔。　（“给”作谓语，后面还带“了”，“给”是动词）

⑥我给他买了一支笔。（“买”作谓语，“给”后不能带“了”，是介词）

2. 连词

连接词、短语、分句、句子，并表示某种关系的词是连词。例如：

常用来连接词或短语的：和　同　跟　与　或　及　以及

常用来连接分句或句子的：不但　而且　或者　还是　就是

无论　虽然　但是　因为　所以　如果　那么　只要　只有　既然　为了　否则

连词的语法特点：

（1）不表示实在的词汇意义，没有修饰作用，只起连接作用，同时表示所连接的两个语法单位之间的各种关系。例如“和”常用来连接名词或名词性短语，表示并列关系，如“父母和孩子”。“可是”常用来连接分句，表示转折关系，如“我去过香港，可是在那儿只呆了两天。”

（2）不能充当句子成分，不能单独回答问题。

“和”、“同”、“跟”、“与”这四个词有时是连词，有时是介词，例如：

①
我和他都去过那里。（连词）
我曾经和他去过那里。（介词）

②
北京同上海都是大城市。（连词）
这件事本来就同你没关系。（介词）

③
我跟那几个朋友全都干了商业这一行。（连词）
我先跟我朋友商量商量。（介词）

④
老师与学生同唱一支歌。（连词）
我们要与困难作斗争。（介词）

鉴别的办法：首先可以采用“换位法”。“和”、“同”、“跟”或“与”连接的成分如果可以互换位置而基本语义不变，“和”等和是连词；换位后若语义改变，“和”等和是介词。其次是“省略法”。“和”等在句中若能省略或以顿号代替的，是连词；作介词时，则不能省略。第三是“前加副词法”。连词前不能加上副词或其它修饰成分，而介宾短语前（也就是介词前）则可以加上这类成分。最后，如果句中谓语动词或形容词前有“都”、“全”的，前面的“和”等是连词。

3. 助词

附着于词、短语或句子之后或之前，起辅助作用的词叫助词。助词分为三类：

（1）结构助词：的　地　得

（2）动态助词：了　着　过

（3）语气助词：啊　吗　吧　呢　了　啦　的　嘛　么　罢了

（4）其他助词：所　似的　被　给

助词的共同特点是独立性差，附着性强。既不能单独充当句子成分，也不能单独回答问题或单独成句，只能附着于别的词语前后，表示某种语法意义或某种语气。助词的数目不多，使用频率却很高，而且各类助词都有各自的功能和特点。

结构助词表示附加语与中心语之间的结构关系。“的”用在定语之后，是定语的标志；“地”用在状语之后，是状语的标志；“得”用在补语之前，是补语的标志。如“（雄伟）的长城”、“〔不停〕地挥手”、“来得〈很早〉”。另外，“的”还可以附在词或短语之后构成名词性的“的”字短语，如“我的”、“他买的”（详见“第三节 短语”）。

动态助词表示动态，也就是表示动作的进程和状态的变化。“了”、“着”、“过”主要附在动词之后，有时也附在形容词之后。“了”表示动作完成，或有了某种性状，如“买了一本书”、“大了一点”。“着”表示动作正在进行或状态在继续，如“人们唱着，跳着”、“灯还亮着”。“过”表示曾经有过某种经验或经历，如“去过上海”、“好过一阵子”。

语气助词用在句末表示某种语气。“了”、“啦”、“罢了”、“嘛”、“的”常用于陈述句末，“吗”、“呢”常用于疑问句末，“吧”常用于陈述句、祈使句末，“啊”常用于感叹句末。

“所”用于动词之前，构成名词性短语，如“所说”就是说的话，“所做”就是做的事情。

“似的”、“似地”附着在词或短语之后，构成形容词性短语，表示比喻，如“铁塔似的身躯”、“雪片似地飞来”。

“被”直接用在动词前表示被动，如“敌人被打垮了”，“孩子被救活了”。

“给”用在动词前表示加强语气，如“他把水龙头给修好了”，“劳驾您给开开门”。“给”主要用于口语，可以省掉而不改变句子的基本意思。

4. 叹词

表示强烈的感情或呼唤、应答的词是叹词。例如：

啊 唉 哈哈 哎哟 哎呀 哼 呸 嗨 哎 喂 哦 嗯 噢

叹词是比较特殊的一类词，这类词没有确切的词汇意义，但独立性很强，可作句子的独立语，甚至能独立成句，一般出现在句子的前面，有时也插在句子中间或出现在句子之后，例如：

①啊，真漂亮！ （“啊”作独立语）

②喂，你上哪儿去呀？ （“喂”作独立语）

③这事儿，唉，不说了。 （“唉”作独立语）

④你呀！哼！ （“哼”单独成句）

四、词的兼类与活用

（一）词的兼类

某些词经常具备两类或两类以上词的性质而词义上有密切联系，这种现象叫词的兼类，这样的词叫兼类词。汉语中大部分的词都归属于某一词类，只有一部分词是兼类的。例如：

一位领导　　领导人民

爱科学，用科学　　不太科学

请大家安静安静　　安安静静的教室

“领导”作名词时，可受数量短语修饰；作动词时可带宾语。“科学”作名词时，可充当宾语；作形容词时可受程度副词修饰。“安静”能按动词或形容词的方式重叠，说明它兼有两类词的性质。

要注意同音词与兼类词的区别。在意义上是否有密切联系是区分的标准。同音词读音相同，词形相同，但意义上毫无联系。如“开会”的“会”和“会说英语”的“会”，是同音词；“把着方向盘”的“把”和“把它扔了”的“把”，是同音词。

（二）词类活用

词类活用，指由于表达上的需要，甲类词临时当乙类词用。例如：

①这一切等等，都是十分堂·吉珂德的了。

“堂·吉珂德”是人名，在这里是名词活用作形容词，是“像堂·吉珂德那样”的意思。

②咱们总算夫妻了一场吧！

“夫妻”是名词，在这里活用为动词，作谓语，意思是“做夫妻”。

第三节 短　语

一、什么是短语

短语是两个或两个以上的词按照一定的语法规则构成的造句单位。既包括实词与实词的组合，也包括实词与虚词的组合。短语可以充当句子成分，也可以单独构成句子，大多数短语加上一定的语调就可以成为句子。组成短语的语法手段主要是语序和虚词。

二、短语的结构类型

按照内部结构成分之间的语法关系对短语进行分类，分出的类就叫做短语的结构类型，其中“联合短语”、“偏正短语”、“述宾短语”、“述补短语”和“主谓短语”是五种最基本的类型。此外，还有其他类型的短语。下面逐一介绍各种结构类型的短语。

（一）联合短语

由两个或几个部分组成，各部分之间不分主次，是并列的关系。并列的部分可以直接组合，也可以由顿号隔开，有时借助一些连词或副词来组合。例如：

干部群众　　　　衣、食、住、行
老师和学生　　　明天或后天
又整齐又干净　　讨论、研究并通过。

（二）偏正短语

由两部分组成，前一部分是“偏”，叫修饰语；后一部分是“正”，叫中心语，两部分之间有修饰、限制与被修饰、限制的关系。根据短语的功能和中心语的性质，偏正短语又分为定中短语和状中短语两类：

1. 定中短语是名词性短语，前一部分叫定语，后一部分叫中心语。中心语一般由名词充当，有时中间加“的”。例如：

新政策　　　　　重要的文件
数学教授　　　　他的决定

一辆汽车　　　　　讨论的问题

2. 状中短语

状中短语是谓词性短语，前一部分叫状语，后一部分叫中心语。中心语一般由动词、形容词充当，有时中间加“地”。例如：

马上出发　　　　　比较好

不同意　　　　　　不难

怎么解决　　　　　这么简单

很喜欢　　　　　　非常紧张

谦虚地表示　　　　格外地清新

（三）述宾短语

由两部分组成，前一部分是动词，表示动作或行为，叫述语；后一部分是该动词所表示的动作行为支配或涉及的对象，叫宾语。两部分之间是支配与被支配、涉及与被涉及的关系。例如：

学文化　　　　　　振作精神

保持清洁　　　　　进行调查

希望参加　　　　　开始讨论

是作家　　　　　　来了客人

姓王　　　　　　　有进步

（四）述补短语

由前边的述语和后边的补语两部分组成，述语一般由动词或形容词充当，补语对述语起补充、说明作用。有的补语和述语之间必须用“得”。例如：

救活　　　　　　　走过去

听得懂　　　　　　收拾得干干净净

念两遍　　　　　　休息几天

热起来　　　　　　巧得很

大一点　　　　　　可爱极了

（五）主谓短语

由两部分组成，前一部分叫主语，后一部分叫谓语，前后形成陈述与被陈述的关系。例如：

你去　　　　　　　他们表演

我同意　　　　　比赛开始
情绪饱满　　　　重点突出
明天中秋节　　　面积七十平方米

（六）同位短语

前后两部分所指相同，有互相注释或称代的作用，在句中作同一句子成分。例如

茅盾先生　　　　我自己
国庆节这一天　　你们俩
电影《红高粱》　他们三位

（七）连谓短语

由两个或两个以上的谓词（谓词是动词和形容词的合称）或谓词短语连用构成，中间没有语音停顿，没有关联词语，不存在联合、动宾、主谓等结构关系。连动短语大多表示接连发生的几个动作。例如：

去问老师　　　　回家看父母
有资格参评　　　笑着说
站着不动　　　　见到你很高兴

（八）兼语短语

由前边的述宾短语和后边的主谓短语套接而成，述宾短语中的动词一般含有使令意义，它的宾语兼作后边主谓短语的主语，这一成分叫兼语。例如：

使人进步　　　　让他进来
请客吃饭　　　　选她当班长
有个孩子叫李平　是老张提醒了我

（九）"的"字短语

由词或短语后边加上"的"构成，表示人或事物，是名词性短语，一般只能用作主语或宾语（包括介词的宾语）。例如：

① 你说的‖我都明白。
② 自己做的‖更好吃。
③ 金属的‖比塑料的结实。
④ 你‖要|什么颜色的？

⑤ 这种艺术形式‖是｜群众喜闻乐见的。

（十）介宾短语

由前边的介词和后边的名词、代词或某些短语充当的宾语构成。例如：

从北京（来）　　　　　　　　　比他（高）

把里屋的窗户（关上）　　　　　被许多人（误解）

对提高教师的业务水平（很重视）　向雷锋同志（学习）

（十一）方位短语

由前边的词或短语加上后边的方位词组成，用来表示处所、时间、范围等。例如：

教室里　　　　　　心中

二十年前　　　　　改革开放后

六十岁以上　　　　长江与黄河之间

（十二）数量短语

由数词和量词连用而构成。有的数量短语是表物量的，有的是表动量的。例如：

表物量的：一只 两张 三台 四种 五套 六吨 七米 八箱 九国 十天

表动量的：一次 两遍 三趟 四回 五下

另外，指示代词“这”、“那”或“哪”加上量词构成的指量短语，以及指示代词加数量短语构成的指数量短语，与数量短语的语法功能基本相同，所以也可包括在数量短语的范围内。例如：

这本　那两天　哪一个

（十三）固定短语

不是临时组合而是经常作为一个整体来使用，其内部结构比较固定，不能任意更换其中的构成成分或改变它们的位置，这样的短语叫固定短语。例如：

中华人民共和国　　北京师范大学

万紫千红　　　　　雪中送炭

吃一堑，长一智　　三天打渔，两天晒网

三、短语的功能类型

短语的功能体现在两个方面：一是大多数短语加上一定的语调（有时还要加上相应的语气助词），就可以单独构成句子。二是跟词一样，短语具有造句功能。短语的功能类型，主要就是根据短语在句中充当句子成分的能力，仿照词的分类划分出来的，主要有名词性短语、动词性短语和形容词性短语，其中动词性短语和形容词性短语又合称为谓词性短语。

名词性短语包括由名词构成的联合短语、以名词为中心语的偏正短语、同位短语、“的”字短语、方位短语、数量（物量）短语、名词作谓语的主谓短语。名词性短语的造句功能跟名词一样，主要是作主语、宾语和定语（“的”字短语不能作定语）。

动词性短语包括由动词构成的联合短语、以动词为中心语的偏正短语、述宾短语、述补（动＋补）短语、连谓短语、兼语短语、动词作谓语的主谓短语。动词性短语的功能跟动词一样，主要是作谓语，还可以作补语，在一定条件下也可以作宾语、主语和定语、状语。

形容词性短语包括由形容词构成的联合短语、以形容词为中心语的偏正短语、述补（形＋补）短语、数量（动量）短语、形容词作谓语的主谓短语。形容词性短语跟形容词一样，经常用作定语、状语、补语和谓语，有时也可以作主语和宾语。

此外，介宾短语的造句功能与上述三类短语不同，主要是作状语，有的可以作定语、补语或宾语；固定短语情况复杂，比如其中的成语就能充当实词所能充当的各种句子成分。因此，这两类短语都不宜归入以上几种功能类型。

四、复杂短语

复杂短语是相对于简单短语而言的。前面介绍的短语大多为只有一个结构层次的短语，由词直接组成，这样的短语叫简单短语。复杂短语是有两个或几个层次的短语，它的构成成分由短语充当，即短语中包含着短语。例如“小学中学的教师”从整体来看，是个偏正短语，而其中的定语“小学中学”又是个联合短语。又如“参观科技展览”从整体看，是个述宾短语，其中作宾语的“科技展览”又是个偏正短语。

判断一个短语是简单短语还是复杂短语，根据就是看这个短语的层次是一个还是几个，而不考虑构成短语的词有多少个。例如“调整、改革、整顿、提高”这个短语比较长，包含了5个词，但只有一个层次，因而是简单短语；“快回家”这个短语很短，只有三个词，但却有两个层次，所以是个复杂短语。

短语一般由两个部分组成，分析短语多采用二分法，只有对多项的联合短语采用多分法。要注意的是切分出来的两个部分必须具有明确的句法关系，如主谓、述宾、偏正等关系；同时两个部分都必须是合乎规则的一级语法单位（词或短语）。

分析复杂短语时，要看清整个短语的意思和各层次的结构关系，按照二分法，由大到小，逐层切分下去，同时用文字标明各层次上分开的两部分之间的语法关系，最后切分到词。例如：

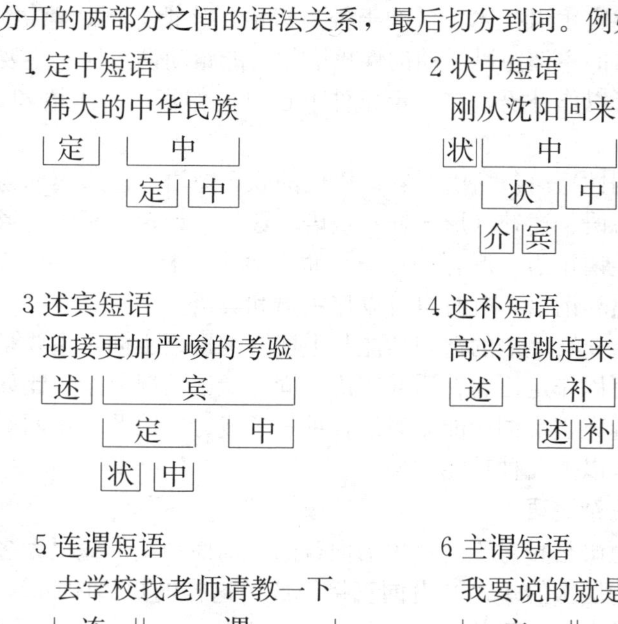

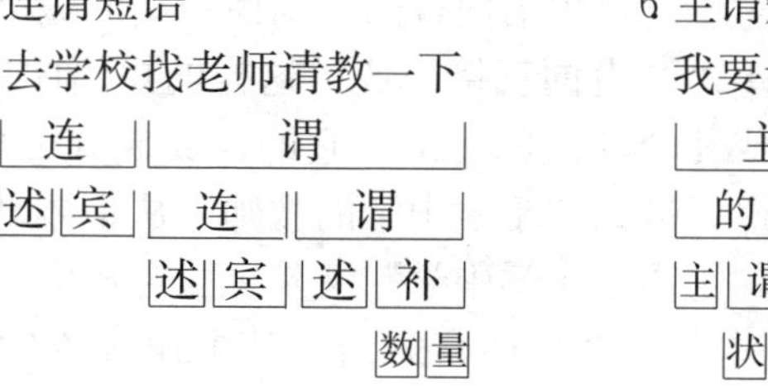

7. 联合短语

保持国家的安定团结和继续实行改革开放

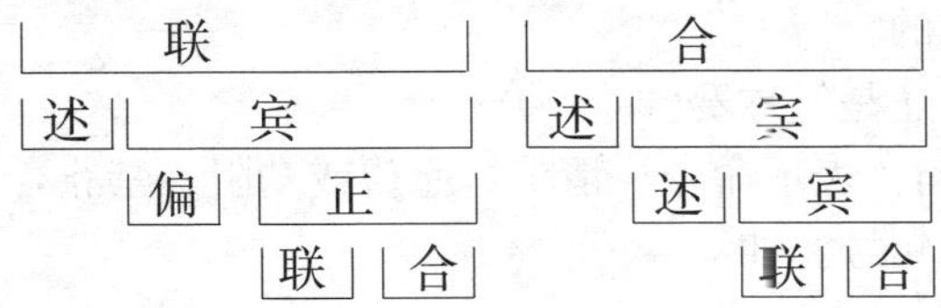

8. 兼语短语

兼语短语的结构比较独特，是由一个述宾短语和一个主谓短语套接而成的。如“请朋友吃饭”第一层的两个直接成分是“请朋友”和“朋友吃饭”，但“朋友”兼任处在两个层面的宾语和主语，因此，分析时要采用下面的图解方式：

请朋友吃饭

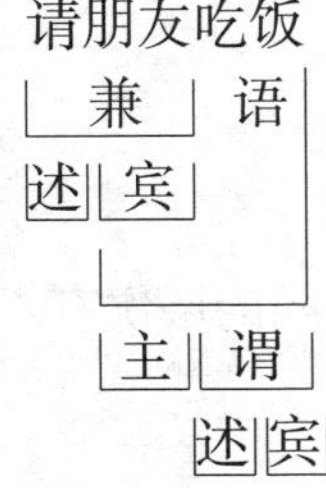

第四节　句子的类型

按照不同的标准可以把句子分为不同的类型。

一、句子的语气分类

按照语气句子可以分为陈述句、疑问句、祈使句和感叹句四种类型。

（一）陈述句：叙说一件事情或对某种事物、情况进行说明、描写，带平调或降调，句末用句号。如：

①李先生明天到北京。

②他是大夫。

③那小伙子个子很高。

（二）疑问句：用来提出问题，用升调，句末用问号。如：

①你来吗?

②今晚你去不去看电影?

③谁告诉你的?

④是足球赛还是篮球赛?

（三）祈使句：表示命令、请求、愿望或劝阻、禁止，用降调，句末用感叹号或句号。如：

①站起来!

②让我想想。

③车厢内禁止吸烟!

（四）感叹句：表示强烈的感情，也带降调，句末常用感叹号，语气弱时用句号。如：

①真棒!

②这个主意太好了!

③她女儿的命好苦呵。

二、句子的结构分类

根据结构划分出来的句子类型叫句型。在不同的层次有不同的句型。

（一）单句和复句

按结构，句子首先可以分为单句和复句。单句是由词和短语构成的，它的组成成分叫句子成分；复句是比单句高一个层次的语法单位，由失去了独立性而在意义上有联系的两个或两个以上的单句形式——分句构成，分句与分句之间必须有一定的语音停顿。试比较：

① 今天没下雨。

② 明天可能下雨。

③ 今天没下雨，但明天可能下雨。

例①和②是单句，例③是复句。

（二）主谓句和非主谓句

单句按结构又可以分为主谓句和非主谓句。主谓句是由主谓短语构成的，也就是包含了主语和谓语这两个直接成分的句子。

根据谓语的性质，主谓句还可以分为以下四种：

1. 动词谓语句：谓语为动词性词语。如：

①她的孩子在北师大读书。

②你把这封信交给他。

③他像他爸爸。

2. 形容词性谓语句：谓语为形容词性词语。如：

①你们好！

②这几天真冷。

③孩子们高兴得跳起舞来。

3. 名词谓语句：谓语为名词性词语。如：

①鲁迅，浙江绍兴人。

②今天星期六。

③那个人黄头发。

④弟弟才三岁。

4. 主谓谓语句：谓语为主谓短语。如：

①他数学很好。

②我什么都不想吃。

③西瓜多少钱一斤？

像上面这些主谓俱全的主谓句，又叫完全句；在一定的上下文或对话中，主谓句的主语或谓语也可以省略。省略了主语或谓语的句子叫省略句。例如：

① 人才问题是百年大计，[　] 又是需要花大力气认真解决的紧迫问题。

②[　] 下了班，我就回家。

③ 甲：谁写的？

乙：我 [　]。

例①和②是在上下文中省略了主语，例③是在对话中省略了谓语。

非主谓句是由单个的词或主谓短语以外的短语构成。这种句子并不是省略了主语或谓语，也补不出明确的主语或谓语，但具有一定的语调，在一定的语言环境中能表达一个相对完整的意思。

非主谓句包括无主句和独语句。

无主句是没有主语的句子。这种句子的主语无法确定，或在任何情况下都无需说出来。无主句多用于表示天气等自然现象以及命令、禁止、号召、祝愿等，一些谚语、格言及动词“是”、“有”在句首的句子，也是无主句。例如：

①下雨了！

②随手关灯。

③请勿触摸展品。

④向孔繁森同志学习！

⑤饮水不忘挖井人。

⑥是他告诉我的。

⑦有人来了！

独语句是由一个词或一个名词性偏正短语构成的句子。独语句多用于表示应答、敬语、称呼、感叹、祈使、发现并提醒出现了某种新情况，以及说明事情发生的时间、处所等。例如：

①行。

②谢谢！

③赵老师！

④我的天哪！

⑤（邮递员说：）信！

⑥流星！

⑦1976 年 4 月 5 日。北京天安门广场。

第五节　单　　句

一、句子成分概说

句子成分是句子（指单句）的组成成分。词和短语在句子结构中处于不同的地位，具有不同的作用，有的表示被陈述，有的表示陈述；有的表示支配，有的表示被支配；有的表示修饰，有的表示被修饰。句子成分就是表示词和短语种种地位和作用的一套术语。根据词和短语在句子里的位置、作用和结构关系，可以把句子成分（指一般成分）分为八种，即主语、谓语、述语、宾语、补语、定语、状语和中心语。这八种成分并不是处在一个平面上，而是由两两相对的几对直接成分逐层组合起来的。主语和谓语是相对的直接成分，述语和宾语或补语是相对的直接成分，定语和名词性中心语是相对的直接成分，状语和谓词性中心语是相对的直接成分。

前边讲短语的结构类型时，五种短语的基本类型中也出现了主语、谓语、宾语、补语、定语、状语和中心语，那是短语成分，跟句子成分是完全一致的。这是由于汉语句子的构造方式跟短语的构造方式是基本相同的，大多数短语加上一定的语调就成了句子，因而短语的组成成分也就成了句子成分。某个词或短语是句子成分还是短语成分，是从不同的角度讲的。

除了这八种句子成分以外，句子还有一种特殊成分——独立语。

分析句子可以像前面分析复杂短语那样采用加方框的图解法，一层一层地分析出每一层上相对的两个直接成分（多项联合结构可以分析出多个直接成分），并用文字表示两个直接成分之间的语法关系。例如：

那个老中医曾经治好几个癌症病人。

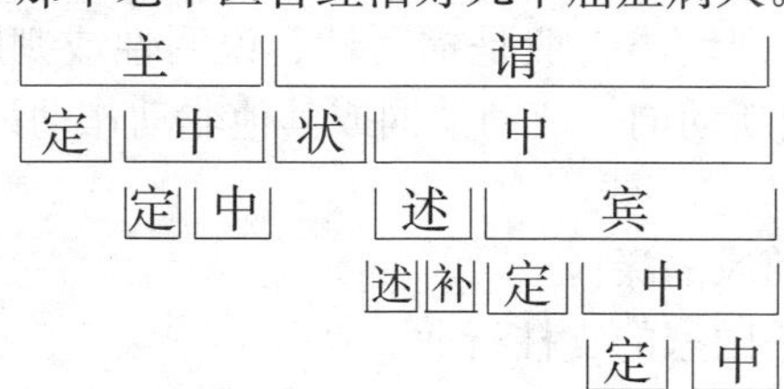

这种分析方法最大的好处就是能揭示语言的层次性。但还有一种简易的划线法，就是用线条、括号来表示各种句子成分以及成分之间的关系：首先在全句的主语和谓语之间用“‖”隔开，如果谓语是述宾短语，在述语和宾语之间用“|”隔开。然后找出主语、述语、宾语里的附加成分、补充成分及中心语，用（ ）表示定语，〔 〕表示状语，〈 〉表示补语；主语、述语和宾语里的中心语分别用 ═ 、— 、～～ 来表示。例如：

（那个）（老）中医‖〔曾经〕治〈好〉|（几个）（癌症）病人。

二、主语和谓语

主语和谓语是构成主谓句的一对直接成分。主语是陈述的对象，提出“谁”、“什么”等话题；谓语是对主语的陈述，说明陈述对象“怎么样”、“做什么”或“是什么”。通常主语在前，谓语在后。

（一）主语的构成

1. 单词充当主语

① 票‖卖完了。

② 谁‖愿意参加？

③ 一百‖是五十的二倍。

④ 个个‖都很努力。

⑤ 笑‖比哭好。

⑥ 虚心‖使人进步。

上面这些句子的主语分别是名词、代词、数词、量词、动词和形容词。在实际语言当中，只有名词、代词作主语是经常的，自由的，其他词类作主语的机会较少，而且往往受到一定条件的限制。量词作主语的情况极少，仅限于某些量词的重叠形式。数词（还有数量短语）作主语，大多出现在表示数量关系的句子里。动词、形容词作主语也是有条件的，即谓语一般是描写性、说明性或判断性的，谓语中常用形容词、判断动词、使动动词或其他非动作动词。

2、短语充当主语

⑦ 金色的麦浪‖随风荡漾。

⑧ 工业和农业‖是国家的支柱行业。

⑨ 著名导演张艺谋‖应邀到意大利导演这部歌剧。

⑩ 两个人‖一组。

⑪ 窗台上‖放着一盆兰花。

⑫ 绿色的‖好看。

⑬ 少说‖为佳。

⑭ 辱骂和恐吓‖决不是战斗。

⑮ 打太极拳‖有益于健康。

⑯ 写好‖不容易。

⑰ 太笼统‖不行。

⑱ 孤独、寂寞和惆怅‖笼罩着我的心。

⑲ 大一点儿‖没关系。

⑳ 孩子吃点儿苦头‖对他成长有好处。

例⑦～⑫ 是名词性短语作主语，包括偏正短语、联合短语、同位短语、数量短语、方位短语和“的”字短语。例 ⑬～⑲ 是谓词性短语作谓语，其中 ⑬～⑯ 是动词性短语，包括偏正、联合、述宾、述补等短语；⑰～⑲ 是形容词性短语，包括偏正、联合、述补等短语。20是主谓短语作主语。名词性短语作主语跟名词、代词作主语的情况大致相同，谓词性短语、主谓短语作主语的条件也跟动词、形容词作主语的条件大致相同。

（二）主语的意义类型

从主语和谓语的意义（指逻辑意义）关系看，主语可以分为以下三种意义类型：

1. 施事主语

主语是谓语所表示的动作的发出者。例如：

① 父亲‖在中学教书。

② 警犬‖扑向了罪犯。

2. 受事主语

主语是谓语所表示的动作的承受者。例如：

③ 黑板‖擦干净了。

④ 大地‖被阳光照亮了。

3. 中性主语

指施事、受事以外的主语，一般是谓语判断、说明或描写的对象。例如：

⑤ 科学技术‖是生产力。

⑥ 教师的工作‖很有意义。

⑦ 晚会‖热闹极了。

（三）谓语的构成

1. 单词充当谓语

① 甲：谁‖要？

乙：我‖要！

② 客厅‖大，卧室‖小。

③ 今天‖阴天。

④ 你的身体‖怎么样？

以上四个例句中作谓语的分别是动词、形容词、名词和代词。不过单个的词作谓语较为少见，而且大多得有一定的条件。比如单个动词、形容词作谓语，通常见于对话中，如例①；或出现在对比着说的复句中，如例②。名词作谓语一般限于说明天气、日期、节令、处所、职业。能单独作谓语的代词只有“怎么样”、“怎么”、“这样”等少数几个。总之，单词充当谓语的情况较少，充当谓语的大都是短语。

2．短语充当谓语

⑤ 我‖爱我的祖国。

⑥ 那位大夫‖姓李。

⑦ 她‖唱得真好。

⑧ 妈妈‖难过得直掉泪。

例⑤⑥是述宾短语作谓语，例⑦⑧是述补短语作谓语。这两类短语常作谓语。

⑨ 我‖马上就去。

⑩ 他的成绩‖最好。

⑪ 孙中山先生，‖广东香山人。

这三例分别是动词性、形容词性和名词性偏正短语作谓语。前两种偏正短语作谓语很常见。名词性偏正短语作谓语的句子通常用来说明人物的籍贯、容貌、类属或事物的情况、价值等。

⑫ 你们‖参加不参加？

⑬ 这孩子‖又聪明又勤奋。

⑭ 那姑娘‖大眼睛，长头发。

这是联合短语作谓语的例子。先后依次为动词性、形容词性和名词性联合短语。这类短语作谓语跟偏正短语作谓语的情况大致相同。

⑮ 作业‖我已经做完了。

⑯ 他‖年纪还小嘛。

⑰ 鸡蛋‖三块钱一斤。

以上三例作谓语的是主谓短语。这类短语作谓语的情况比较复杂，详见本章第六节“几种特殊的单句句型”部分。

（四）主语和谓语的位置

主语在前，谓语在后，这是汉语句子一般的语序，前面所举的例句都是这样的语序。可是有时候为了表达的需要，强调谓语，可以把谓语提到主语之前。在这种情况下，主谓之间要有停顿。这样的语序一般出现在疑问句、感叹句和祈使句中。例如：

① 怎么了，你？

② 说什么呀，他？

③ 多狠毒哇，那家伙！

④ 快去吧，你！

⑤ 前进吧，战士们！

三、述语和宾语、补语

（一）述语及其构成

述语是跟宾语或补语相对的直接成分，或者说是带宾语、补语的成分，说明动作、行为或性状的变化。在一个句子里，有宾语、补语，前边就一定有述语；反过来，没有宾语、补语，这个句子也就没有述语。例如：

① 我学了。

② 我学了几个单词。

③ 我学会了。

在例①中，没有宾语、补语，“学”不是述语；在例②③中分别有宾语和补语，“学”是述语。

带宾语的述语一般是动词、动词性联合短语或述补短语，其中的动词大多是及物动词，不及物动词也可以作述语，但受到一定的限制，比如述语动词后边要带上补语或助词，或宾语须是施事宾语。例如：

④ 我买二斤苹果。

⑤ 这个四合院里住着三户人家。

⑥ 大会审查并通过了五项决议。

⑦ 我学了四年英语。

⑧ 会议室里坐满了人。

在例④⑤中，作述语的分别是单个的及物动词、不及物动词。例⑥中作述语的是动词性联合短语。例⑦⑧中作述语的是述补短语，其中例⑦的“学”是及物动词，例⑧的“坐”是不及物动词。

带补语的述语可以是动词性词语，也可以是形容词性词语。如：

⑨ 伤员救活了。

⑩ 我也听不懂。

⑪ 他的病好多了。

⑫ 大伙儿都急死了。

例⑨⑩是动词性述语带补语，例⑪ ⑫是形容词性述语带补语。

（二）宾语及其构成

宾语是述语的连带成分，表示动作的对象等。能够充当主语的词语，大都能充当宾语。

1. 单词充当宾语

① 我们要力争冠军。

② 你们去哪里？

③ 一加一等于二。

④ 刘斌特别喜欢游泳。

⑤ 科学要讲究精细。

以上句子充当宾语的分别是名词、代词、数词、动词和形容词。数词、动词和形容词作宾语的情况不多。

2. 短语充当宾语

⑥ 各国人民都关注中东局势。

⑦ 考试的科目包括语文、数学、外语。

⑧ 大家都很关心他老人家。

⑨ 现在就剩两本了。

⑩ 他们都在屋里。

⑪ 那篇文章是他写的。

⑫ 我希望马上开始。

⑬ 我还不知道去得成去不成呢。

⑭ 领导干部应该避免挫伤群众的积极性。

⑮ 他答应考虑一下。

⑯ 我觉得挺好。

⑰ 她感到既轻松又愉快。

⑱ 天气开始暖和起来了。

例⑥～⑪ 是名词性短语作宾语，例 ⑫～⑮ 为动词性短语作宾语，例 ⑯～⑱ 是形容词性短语作宾语。

（三）宾语的意义类型

根据述语和宾语的意义关系，汉语宾语可以大致划分为三大类：受事宾语、施事宾语和中性宾语，但实际上述语和宾语之间的意义关系是复杂多样的。在上述宾语的三大意义类型下，还包含着小的意义类型。

1．受事宾语

这是最大也最复杂的一类宾语，表示动作的对象、结果、工具、目的、原因、处所、方式、角色、数量等。例如：

① 他每天都看报。　　　　　　（“报”是对象宾语）

② 市里许多地方都建了立交桥。（“立交桥”是结果宾语）

③ 那时候爷爷抽烟斗。　　　　（“烟斗”是工具宾语）

④ 今天下午全校师生打扫卫生。（“卫生”是目的宾语）

⑤ 我真后悔相信了他的话。　　（“相信了他的话”是原因宾语）

⑥ 李教授明天回南京。　　　　（“南京”是处所宾语）

⑦ 我游蛙泳。　　　　　　　　（“蛙泳”是方式宾语）

⑧ 个子最高的郑海霞一直打中锋。（“中锋”是角色宾语）

⑨ 我借了三本。　　　　　　　（“三本”是数量宾语）

受事宾语前边的述语动词大多是表示动作、心理的动词。

2．施事宾语

施事宾语表示动作行为的发出者，这类宾语主要出现在存现句中。例如：

⑩ 商场里挤满了前来购物的人。

⑪ 突然从门里蹿出一条大黄狗来。

3．中性宾语

不能归入以上两类的宾语，或难以判断是施事还是受事的宾语叫中性宾语。这类宾语的述语一般为非动作动词，述语和宾语合起来构成谓语，对主语加以判断和说明。例如：

⑫ 珠穆朗玛锋是世界最高峰。

⑬ 工地上的灯火好像布满天空的星星。

⑭ 他的父亲叫闰土。

⑮ 他现在已经成了专家了。

⑯ 中国科学院有许多著名的科学家。

（四）补语的构成和类型

补语是用于述语后面对述语起补充说明作用的成分。充当补语的主要是动词、形容词性词语，副词“很、极”，介宾短语和数量短语，另外，代词、主谓短语也可以作补语。例如：

① 你把这些水果带〈回去〉。（“回去”是趋向动词）

② 车修〈好〉了。（“好”是形容词）

③ 那儿的水深得〈很〉。（“很”是副词）

④ 中国队踢得〈怎么样〉？（“怎么样”是代词）

⑤ 老先生在国外住了〈三十年〉。（“三十年”是数量短语）

⑥ 她表演得〈非常出色〉。（“非常出色”是形容词性偏正短语）

⑦ 他的故事讲得〈生动、感人〉。（“生动、感人”是形容词性联合短语）

⑧ 脚被磨得〈起了泡〉。（“起了泡”是述宾短语）

⑨ 我累得〈都散了架了〉。（“都散了架了”是动词性偏正短语）

⑩ 中国人民正以崭新的姿态迈〈向 21 世纪〉。（“向 21 世纪”是介宾短语）

补语可以从许多方面对述语所表示的动作、行为、性状等进行补充说明。下面根据补语和述语的语义关系把补语分出 6 种类型。

1. 结果补语

表示动作行为的结果。由形容词或动词充当，直接用在作述语的动词后边，两部分结合很紧密。例如：

⑪ 你来〈晚〉了。

⑫ 我刚送〈走〉了一批客人。

需要加动态助词“了”、“过”时，只能加在补语后边。如“建成了一座大桥”，“说起过他”。

2. 趋向补语

表示动作行为的趋向或性状变化的趋向。由单音节趋向动词充当的叫简单趋向补语，由双音节趋向动词充当的叫复合趋向补语。例如：

⑬ 把手放〈下〉。

⑭ 大伙儿都笑〈起来〉了。

⑮ 晚上他就把车开〈到〉停车场〈去〉。

3. 程度补语

表示动作行为、性质状态的程度，或与动作有关的人或事物的情态。程度补语和述语之间一般要用“得”，有时用“得个”、“个”。形容词性词语、动词性词语、副词“很、极”或数量短语“一些、一点儿”可以充当这类补语。其中“极”、“一些”、“一点”是直接用在述语后边，中间不需要用“得”。例如：

⑯ 小李跑得〈最快〉。

⑰ 那孩子现在长得〈又高又大〉。

⑱ 听到这好消息后，他兴奋得〈睡不着觉〉。

⑲ 他紧张得〈两腿直发抖〉。

⑳ 我们单位懂外语的人多得〈很〉。

㉑ 战士们把敌人打得个〈落花流水〉。

㉒ 来，今天咱们要喝个〈痛快〉！

㉓ 那首曲子好听〈极〉了。

㉔ 这儿比市区里要安静〈一点〉。

4. 可能补语

表示是否存在某种可能性。包括三种类型：

（1）由“得/不＋结果补语/趋向补语”构成。例如：

㉕ 我看〈得见〉。

㉖ 这种事他绝对作〈不出来〉。

（2）由“得/不＋了（liǎo）”构成，但大多用“不＋了”的格式。例如：

㉗ 这事靠你一个人办〈得了〉吗？

㉘ 我永远忘〈不了〉他对我的关怀和教导。

(3) 由“得/不得”构成。例如：

㉙ 这种事急〈不得〉。

㉚ 和尚动〈得〉，我动〈不得〉？（鲁迅）

5．数量补语

数量补语分两种。一种表示动作、行为的次数，叫动量补语，由表示动量的数量短语充当。例如：

㉛ 这电影我就看过〈一次〉。

㉜ 我不小心碰了〈一下〉。

㉝ 我都不敢看她〈一眼〉。

还有一种表示动作、状态延续了多长时间，也就是时段，叫时量补语，由表示时段的数量短语充当。例如：

㉞ 我在学校里等了你〈一个上午〉。

㉟ 昨天的大会开了〈几个小时〉？

6．时地补语

这类补语由介宾短语充当，在意义上主要表示动作行为发生的时间（时点）或处所，也表示方向、来源、对象、起点等。例如：

㊱ 故事发生〈在战争年代〉。

㊲ 周恩来出生〈于 1898 年〉。

㊳ 春节期间，他们仍然坚守〈在生产第一线〉。

㊴ 这条大路通〈向县城〉。

㊵ 这个观点出〈自吕叔湘先生的一篇论文〉。

（五）补语和宾语并存时的位置

句子的谓语里既有补语，又有宾语时，就有个排列顺序的问题。现代汉语句子中补语和宾语的排列顺序主要有以下四种类型。

1．补语在前，宾语在后。这是最常见的顺序。结果补语、可能补语都在宾语之前，一些趋向补语、数量补语也可以位于宾语之前。例如：

① 在那里，他学〈会〉了法语。

② 我听〈不懂〉他们说的话。

③ 爸爸给你带〈回来〉什么礼物了？

④ 我看了〈一会儿〉电视。

这类句子中的补语先跟前边的述语组合成一个述补短语，再跟后边的宾语组合成述宾短语。

2. 宾语在前，补语在后。宾语为人称代词时，数量短语要用在宾语之后；宾语为名词时，有的数量补语也可以放在宾语之后。另外，趋向补语“来、去”、“出来、出去、过来”等有时也放在补语之后。例如：

⑤ 我见过他〈一次〉。

⑥ 她照顾患病的父亲〈七、八年〉了。

⑦ 你给我捎封信〈去〉，好吗？

⑧ 下班时你顺便买点菜〈回来〉。

这类句子中的宾语先跟前边的述语组成述宾短语，再跟后边的补语组成述补短语。

3. 宾语插在复合趋向补语中间。表示处所的宾语，常常位于复合趋向补语中间，表示一般事物的宾语也可以处在这个位置。例如：

⑨ 上个周末他把孩子带〈回〉奶奶家〈去〉了。

⑩ 院子里走〈出〉两个人〈来〉。

4. 当述语动词带了宾语，同时又带了数量补语或程度补语时，通常要重复这个述语动词。这时，宾语用在第一个动词后，第二个动词前；补语用在第二个动词后：

⑪ 他昨天打球打了〈一个下午〉。

⑫ 郭兰英唱民歌唱得〈特别好〉。

（六）鉴别宾语和补语的方法

1. 看能回答什么样的问题。宾语回答“谁”、“什么”一类的问题，补语回答“怎么样”、“多少”、“多久”一类的问题。例如：

① 工人们打了一口井。

② 玻璃打破了。

两例谓语中的述语动词都是“打”，“打”后的成分“一口井”和“破”都是表示动作“打”的结果，但例①的“一口井”可以回答“什么”，是宾语；例②的“破”回答的是“怎么样”，所以是补语。

2. 看词性。作宾语的大多是名词性词语，也有一些谓词性词语。作补语的除了数量补语外，其他基本上是谓词性词语。对于述语后边的谓词性词语，通过上述提问方式一般就可以辨明其“身分”。比较难以区分的是述语后边的数量短语的性质。一般来说，如果数量短语中的量词是物量词，整个短语表示事物的数量，那就是宾语；如果数量短语中的量词是动量词，整个短语表示动作行为的次数或延续的时间，那就是补语。例如：

A. a 我看了一本。　　　B. a' 我看了一遍。

b 我吃了一碗。　　　b' 我吃过一回。

c 我用了一天。　　　c' 我做了一天。

A 组的数量短语都是宾语，B 组的数量短语都是补语。其中 A 组 c 句的“一天”表示所用时间的数量，所以是宾语。B 组 c'句的“一天”表示“作”这一行为延续了多长时间，因而是补语。但要注意，如果 A 组的数量短语后边分别加上“小说”、“牛肉面”、“时间”等名词性词语，“一本”、“一碗”、“一天”就成了定语，表示事物的数量；但如果 B 组的数量短语后边分别加上“那本小说”、“牛肉面”、“临时工”等名词性词语，这些名词性词语是宾语，数量短语“一遍”、“一回”、“一天”仍然是补语。

3. 要注意区分“得”的不同性质。结构助词“得”是补语的标志，它后边是补语。但“获得、取得、值得、觉得、记得、懂得、晓得、显得、使得、赢得、舍得、舍不得”等都是动词，其中的“得”只是构词成分，它后边的是宾语。试比较下面两组句子：

C. a 他觉得不对。　　　D. a' 他说得不对。

b 试验获得了成功。　　　b' 试验做得很成功。

c 我舍不得扔掉。　　　c' 她高兴得直笑。

C 组的“得”是构词成分，后边是宾语；D 组的“得”是结构助词，后边是补语。

四、定语和状语

名词性偏正短语里的修饰、限制成分，是定语；谓词性偏正短语里的修饰、限制成分，是状语。在汉语的句子中，名词性偏正短语经常作句子的主语和宾语，因而短语中的定语也就成了句子的定语；谓词性偏正短语经常作谓语，所以短语中的状语也就成了句子的状语。

（一）定语的构成和类型

一般除了副词以外，各类实词和各种短语都可以充当定语。

根据定语和中心语的意义关系，可以把定语分为限制性定语和描写性定语两大类型。限制性定语的作用是给中心语所代表的人或事物分类或划定范围，指明是“这个”而不是“那个”。一般由名词性词语、动词性词语、介宾短语和表示性质的形容词充当。例如：

①（科技）人员还不够多。（名词作定语）

②（我们）的任务非常艰巨。（代词作定语）

③ 在部队里，他们受到了（严格）的训练。（形容词作定语）

④（一）年有（三百六十五）天。（数词作定语）

⑤（休息）的时间到了。（动词作定语）

⑥ 我们系里新来了（一位）博士。（数量短语作定语）

⑦（文科和理科）的习题集都很多。（名词性联合短语作定语）

⑧（市场经济）的特点之一就是竞争。（名词性偏正短语作定语）

⑨（军队里）的纪律是很严明的。（方位短语作定语）

⑩ 战士们都经历过（磨、爬、滚、打）的锻炼。（动词性联合短语作定语）

⑪ 这是（新开发）的产品。（动词性偏正短语作定语）

⑫（教育孩子）的方法应该得当。（述宾短语作定语）

⑬（坐在前排）的老教授们都是各学科的带头人。（述补短语作定语）

⑭（她主演）的几部电影都得了奖。（主谓短语作定语）

⑮ 我谈谈（对当前形势）的看法。（介宾短语作定语）

例①～⑤中作限制性定语的是各类实词，在例⑥～⑮中则是各种短语。

描写性定语的作用是对中心语所表示的人或事物的状态或情况进行描绘，说话者的着眼点主要在所描绘的事物本身是“什么样的”。描写性定语主要由表示状态的形容词、形容词的重叠形式和各种形容词短语充当。例如：

⑯ 当年那个（可爱）的小男孩现在也当爸爸了。

⑰ 山坡上长满了（嫩绿）的小草。

⑱（好好）的一个玩具一会儿就让这小家伙给弄坏了。

⑲ 他们都是些（老老实实）的庄稼人。

⑳ 我们曾经有过一段（十分美满）的日子。

㉑ 你瞧他那（兴高采烈）的样子。

㉒ 小姐，有没有（便宜点儿）的彩电？

（二）定语和结构助词“的”的使用

定语后边经常带结构助词“的”。“的”是定语的标志。但并非所有的定语都必须带“的”。定语后是否用“的”，跟充当定语的词语的性质和所表示的语法意义有关，跟定语和中心语的音节数量有关，也跟修辞的需要，如强调、对比等有关。

名词作定语，表示性质、行业、职业的一般不加“的”，如“塑料袋、木头房子、商品社会、天气预报、农业政策、文化部门、体操教练、数学教师”。表示性质的名词偶尔带“的”作定语，如“木头的房子、玻璃的杯子、牛皮的靴子”则是为了强调。方位词作中心语时，它前边由名词充当的定语后一般也不加“的”，如“桌子上、路北、教室前边”。表示领属关系或时间、处所的名词作定语一般要加“的”。如“妹妹的同学、北京的胡同、今天的任务、北方的气候”。

代词作定语，表示领属关系的，一般要带“的”，如“我的眼镜、你的责任、他们的成绩、这儿的风俗”。如果中心语表示亲属称谓或集体单位的名称，或是方位词，或人称代词后边还有其它定语时，作定语的人称代词后边经常不加“的”，如“我妈妈、他爷爷、我们班、你们厂、她旁边、你那本小说”。

形容词作定语，用不用“的”主要与音节的数量有关。单音节形容词作定语，一般不加“的”，如“蓝天、白衬衫、老先生、高个子”。有时单音节形容词作定语，为了强调，可以带“的”，例如“我要找一个空的盒子。”“你有什么好的主意吗？”双音节形容词作定语一般要加“的”，如“勤奋的学生、蔚蓝的天空、匆忙的脚步、厚厚的木板”。

动词作定语，一般要带“的”。如“写的作业、讨论的问题、研究的结果”。如果在意义上不会让人把偏正关系误解为述宾关系，或在一些习惯的组合中，也可以不加“的”，如“考试成绩、发展水平、创作人员、烤白薯、炒鸡蛋”。

短语作定语，一般要带“的”，如“集体和个人的关系、石油工人的情怀、最美丽的地方、宽阔笔直的大街、特别邀请的嘉宾、统一祖国的大业、嫁出去的女儿、人民创造的历史、关于这个问题的讨论”等。量词短语作定语，起限制作用的不用“的”，起描写作用的要用“的”。如“一把椅子、五十公斤大米”，“二十平米的客厅、十几岁的孩子”。

（三）多层定语的分析和排列顺序

有的偏正短语中的定语不止一层，或定语本身是一个复杂的短语，这种现象叫短语的复杂化。例如：

① 这是一本很有意思的武打小说。

② 这是一位留学回国的朋友送给我的礼物。

例①“小说”前的短语有三层：最外一层的定语是“一个”，它的中心语“很有意思的武打小说”是个定中短语；其中的“很有意思”是中间一层的定语，它的中心语“武打小说”又是一个更小的定中短语；其中的“武打”是最里一层首先跟“小说”组合起来的定语。换句话说，例①有三个定语，每个都跟最后一个中心语“小说”有关，但又分别处在不同的层次上。分析复杂的定中短语的层次，应该按照从左到右、从大到小的顺序来进行：

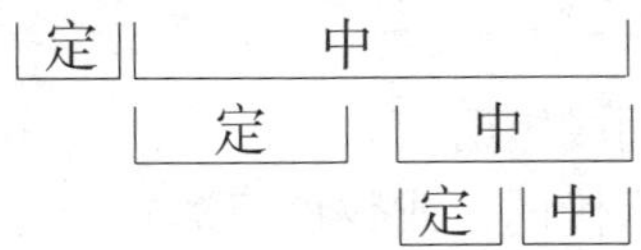

用简易的划线法，应该这样分析：

（一本）（很有意思）的（武打）小说

例②的“礼物”前的定语只有一层，但其内部结构复杂。对这种只有一个层次的定语内部，可不再分析。所以例②应这样分析：

一位留学回国的朋友送给我的礼物

定	中

或：（一位留学回国的朋友送给我）的礼物

分析复杂定语时，要注意两点：一是从结构上说，分析出来的每一层的定语以及它后边的中心语都必须是一个词或短语（简单的或复杂的）；二是从意义上说，分析出的每一层次的定语和中心语之间必须搭配得拢，并且符合句意。否则，就是错误的分析。例①若像下面这样分析就是错误的：

分析一：（一）（本很有意思）的（武打）小说

分析二：（一本很有意思的武打）小说

"分析一"中的"本很有意思"和"分析二"中的"一本很有意思的武打"都不是合乎语法的短语，也不成话。再看下面对例②的分析：

分析一：（一位）（留学回国的朋友送给我）的礼物

分析二：（一位）（留学回国的朋友）（送给我）的礼物

这两种分析中每一对圆括号里的词语都是合乎语法的短语，但"分析一"中的"一位"指的只能是那"朋友"而不是"礼物"，不能作为一个独立的定语去修饰它后面的中心语"留学回国的朋友送给我的礼物"；"分析二"中的"一位"、"留学回国的朋友"也都不是说明"礼物"的，因而也都不能作为独立的一层定语去限制后边以"礼物"为中心语的偏正短语。

多层定语有个排列顺序的问题。排列不当，会使人感到别扭、费解，甚至误解。一般来说，从离中心语最远的算起，多层定语排列的顺序是：

1. 表示领属的（名词、代词或短语）；
2. 表示指示或数量的（指示代词、或数量短语）；
3. 表示性状的（动词性词语、形容词性词语）；
4. 表示属性的（名词或不用"的"的形容词）。

例如：

①（我们学校）（三名）（优秀）的（青年）教师得了奖。
　　　1　　　2　　3　　　4

② 我们去看望了(那位)(跟歹徒英勇搏斗而负伤)的(农村)青
2 3 4
年。

在多层定语中，数量短语充当的定语位置相对比较灵活。可以说“他选择了一种最简单的办法”，也可以说“他选择了最简单的一种办法”。但也正因为位置相对比较灵活，数量短语也往往容易被放错位置而产生歧义。例如“两个师范大学的学生”中的“两个”既可以理解为限制“师范大学”，又可以理解为限制“学生”，因而整个短语的意思不清楚。如果“两个”指的是“学生”，那么“两个”放在“师范大学”之前的位置就是不对的。改正的办法就是变换一下“两个”的位置，即改为“师范大学的两个学生”；如果“两个”指的是“师范大学”，最好把量词“个”改为“所”，那样就可以避免歧义了。所以，用量词短语作定语时，要尽量避免让它同后边的两个名词都有偏正关系。如果碰到上述这种有歧义的偏正短语，可以通过变换语序或更换适当的量词来加以改正。

(四) 状语的构成和类型

经常充当状语的有副词、形容词、动词里的助动词、代词、名词里的时间词、方位词。普通名词除“历史”、“部分”等极少数带“地”后可作状语外，绝大部分都不能作状语。动词作状语也比较少，个别作状语时要加“地”。例如：

① 我们〔终于〕完成任务了！ (副词作状语)

②〔快〕跑！ (形容词作状语)

③ 你〔怎么〕回来了？ (代词作状语)

④ 我们〔明天〕考数学。 (时间词作状语)

⑤ 你们〔以前〕见过面吗？ (方位词作状语)

⑥ 我〔可以〕照顾她。 (助动词作状语)

⑦ 这一措施〔部分〕地解决了春旱的问题。(普通名词作状语)

⑧ 我们应该〔批判〕地吸收西方文化。 (动词作状语)

能作状语的短语有介宾短语、数量短语、方位短语、偏正短语、联合短语、述宾短语、主谓短语、固定短语。例如：

⑨ 老张〔对人〕很热情。 (介宾短语作状语)

⑩ 我〔一次〕也没去过。　　　　　　　（数量短语作状语）

⑪〔那场大病之后〕，他就变成了聋哑人。（方位短语作状语）

⑫ 父亲〔很仔细〕地看了一遍那篇课文。（偏正短语作状语）

⑬ 我们要〔完全彻底〕地消灭一切火灾隐患。（联合短语作状语）

⑭ 姑娘〔满怀深情〕地看了小伙子一眼。（述宾短语作状语）

⑮ 老头儿〔目光呆滞〕地站在那儿。　　（主谓短语作状语）

⑯ 我们走进办公室时，李老师正〔聚精会神〕地备课呢。（固定短语作状语）

根据状语和中心语的意义关系，可以把状语分为限制性状语和描写性状语。限制性状语可以从许多方面对中心语加以限制。这些方面包括：

（1）时间：我〔一会儿〕〔就〕去。

（2）频度：他〔经常〕去图书馆看书。

（3）处所：昨晚我们〔在那个饭馆〕吃饭。

（4）方向：〔往前〕走二百米就到了。

（5）目的：〔为人民〕服务。

（6）依据：市政府〔根据群众的要求〕设立了举报电话。

（7）对象：他〔给我〕打了个电话。

（8）范围：各班的班主任老师〔都〕来了。

（9）估量：〔恐怕〕他来不了了。

（11）程度：这就〔挺〕好。

（12）比较：今年的高考题〔比去年的〕难。

（13）肯定：这种情况〔必然〕导致严重后果。

（14）否定：我〔没〕参加那次比赛。

（15）允许：你〔可以〕回去了。

（16）可能：今天〔会〕下雨吗？

（17）语气：你〔到底〕想不想去？

描写性状语主要是对动作或动作者的情态加以描写。主要由形容词性词语、象声词、表示情态、方式的副词以及数量短语、动词性词语、固定短语充当。例如：

（1）描写动作的：

①〔热烈〕欢迎新同学！

② 列车〔飞快〕地驶过了大桥。

③ 春雨〔淅淅沥沥〕地下个不停。

④ 我们应该〔互相〕帮助。

⑤ 饭得〔一口一口〕地吃，事情得〔一件一件〕地做。

⑥ 他〔不停〕地向外张望。

(2) 描写动作者的：

⑦ 他〔犹豫〕地把东西接了过去。

⑧ 老人家〔笑眯眯〕地问孩子："你几岁了?"

⑨ 那汉子〔怒气冲冲〕地闯进屋来。

⑩ 每天吃完晚饭，他就在那儿〔目不转睛〕地看电视。

限制性状语一般不带结构助词"地"，描写性状语大多要带"地"，只有表情态、方式的副词充当描写性状语可以不带"地"或不能带"地"，如例①中的"热烈"后可以不带"地"，例④中的"互相"后不能带"地"。另外，单音节形容词充当的描写性状语也不带"地"，如"快跑"、"慢走"。

(五) 多层状语的分析和排列顺序

状语不止一个层次或状语本身是一个复杂短语，就形成了状语的复杂化现象。例如：

① 当我和大家在放映间又一次看银幕上那一个个熟悉的面孔时，我感到好像 又回到了 1997 年秋天在美国度过的难忘的八天。

② 他那时候已经完全从昏迷中清醒过来了。

例①的状语"当……时"的内部结构很复杂，但作为这个句子的状语，这只是一个层次的状语。在分析这样的句子时，可以不再分析状语的内部结构。例②"清醒"前从左到右有四层状语，前三层状语后边的中心语都是一个"状＋中"结构的偏正短语。多层状语也是按照从左到右、从大到小的顺序来进行。所以例②应这样分析：

用简易的加线法应分析为：

他〔那时候〕〔已经〕〔完全〕〔从昏迷中〕清醒过来了

跟分析多层定语一样，分析多层状语也是既要注意结构，又要注意意义。从结构上说，分析出来的每一层的状语以及它后边的中心语他那时候已经完全从昏迷中清醒过来了。

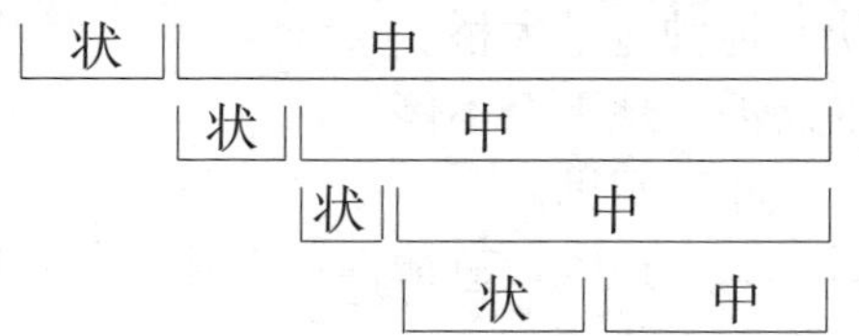

都必须是一个词或短语（简单的或复杂的）；从意义上说，分析出的每一层次作状语和中心语的词语必须搭配得拢，并且符合句意。否则，就是错误的。例②如果像下面这样分析：

他〔那时候已经完全从昏迷中〕清醒过来了。

那就是不对的，因为其中的“那时候已经完全从昏迷中”不是一个合乎语法的短语。又如：

③他十分焦急地等待着。

如果认为“十分”和“焦急”是这个句子的两个状语，那也是不对的。虽然“十分”和“焦急”都是能独立运用的词，但从语义上看，“十分”跟“焦急”的关系更密切，二者应该先组合成一个偏正短语，然后才去修饰中心语“等待”，即：

他〔十分焦急〕地等待着。

也就是说这个句子只有一个层次的状语“十分焦急”。

多层状语的排列顺序不同，意思往往不同，如“他们都不去”和“他们不都去”。排列顺序不当，会让人感到别扭，如“我把这件事可以做好”。这是学汉语的一个外国学生造的句子，虽然意思可以明白，但我们听起来总觉得不自然。这是由于句子中作状语的介宾短语“把这件事”错误地放在了充当另一个状语的助动词“可以”之前。总之，多层状语的排列顺序受表意的需要和结构的规则制约，同时又有较大的灵活性。一般说来，多层状语从左到右排列的顺序大致是：

1. 表示条件或关涉对象的（介宾短语）；
2. 表示时间的（名词、副词、方位短语、介宾短语）；
3. 表示语气、关联的（副词）；
4. 表示处所的（介宾短语、方位短语、名词、代词）；

5. 表示范围、方式、对象的（介宾短语、副词）；

6. 表示情态、程度的（形容词、动词、副词）。

例如：

①〔在双方的共同努力下〕，中美两国〔去年以来〕
　　　　　　1　　　　　　　　　　　　2
〔在政治、经济、文化等各个领域〕〔都〕进行了广泛的交流。
　　　　　　　4　　　　　　　　　5

② 我们公司〔今年〕〔又〕〔在北京、上海等大城市〕
　　　　　　2　　3　　　　　　4
〔通过多种方式〕〔对产品和服务的质量〕〔认真〕地作了调查。
　　　5　　　　　　　　5　　　　　　　6

上述顺序并不是绝对的，例如例②中的“又”也可以放在“在北京、上海等大城市”之后；“认真（地）”也可以放在“对产品和服务的质量”之前，尽管意思有些细微的变化。

（六）状语的位置和句首状语同主语的区别

状语一般只能用于中心语之前，偶尔为了修辞上的需要，可以用于中心语之后，如：

① 如果我能够，我要写下我的悔恨和悲哀，为子君，为自己。

像这样状语后置的情况一般仅见于文学作品中。

中心语之前的状语又有两种位置：一种是在谓语中心之前，主语之后，叫句中状语；另一种是在主语之前，叫句首状语，也叫全句修饰语。许多状语既可以用于句中，又可以用于句首。但有的状语只能用于句中，像由“把、被、给、管、替、离”等介词构成的介宾短语、否定副词、程度副词、范围副词充当的状语就只能用于句中。例如：

② 她〔没〕回来。

③ 中文系的学生〔最〕多。

④ 我父母〔都〕〔很〕喜欢她。

⑤ 他〔被老师〕批评了。

⑥ 我〔替你〕拿着。

有的状语只能用于句首，像由“关于、至于”构成的介宾短语充当的状语只能用于句首。例如：

⑦〔关于安置下岗职工的问题〕，我谈几点看法。

⑧〔至于具体如何进行〕，我等会儿再谈。

时间词语、处所词语（包括表示时间、处所的名词、代词、方位短语、定中短语，以下简称“时间词”、“处所词”）在句首时，是作主语还是作状语，需要认真辨别清楚。辨别的基本依据就是看其是否作为陈述对象。如果它们在句中是陈述对象，就是主语；如果它们的前后有其它词语可以看作主语，句首的时间词或处所词就是状语。再具体点说，可以通过观察谓语的性质、构成以及句首时间词、处所词可否后移等方法来加以判断。下列情况中句首的时间词、处所词是主语。

（1）谓语是名词或名词性短语，句首时间词、处所词表示说明的对象。例如：

⑨ 今天星期六。

⑩ 这个月三十一天。

⑪ 一个房间两张床。

⑫ 码头上一片繁忙的景象。

（2）谓语是形容词或形容词短语，句首时间词、处所词表示描写的对象。例如：

⑬ 昨天比较凉快。

⑭ 三月底还很冷。

⑮ 那里特别安静。

⑯ 屋子里很干净。

（3）谓语是动词“是”、“像”、“成”、“成为”、“变成”，或谓语动词前有助动词作状语，句首时间词、处所词表示判断、评价的对象。例如：

⑰ 明天是我的生日。

⑱ 今天真像过节。

⑲ 这一带成了经济特区。

⑳ 桂林早已成为世界闻名的旅游胜地。

㉑ 驾驶室里可以坐三个人。

（4）谓语是主谓短语，而时间词、处所词又不能后移到主谓短语的谓语前。例如：

㉒ 大年初一锣鼓喧天。

㉓ 晚上灯火辉煌。

㉔ 铁路沿线地质情况非常复杂。

㉕ 广场上锣鼓声、欢呼声响成一片。

(5) 谓语是一般的动词性短语，但句中补不出其它确定的主语来，句首的时间词、处所词表示谓语动词的施事主体。例如：

㉖ 雨季常常给这地区带来洪灾。

㉗ 21 世纪将把世界推向一个高科技的时代。

㉘ 家里对我要求很严。

㉙ 厂里派人到南方几省进行市场调查。

(6) 存现句句首的处所词表示陈述对象，应看作主语。例如：

㉚ 桌子上摆满了酒菜。

㉛ 口袋里只有两块钱。

㉜ 前边走过来两位执勤的武警战士。

㉝ 他们家死了一头牛。

不属于上述几种情况的句首时间词、处所词都应看作状语。例如：

㉞ 周末我们班同学有个聚会。

㉟ 在那儿，他见到了丁肇中博士。

㊱ 刚才听到一阵脚步声。

㊲ 晚上，图书馆里坐满了人。

㊳ 中午以前走了三位客人。

例㉞的时间词“周末”和例㉟表示处所的介宾短语“在那儿”，可以分别移到它们各自后边的主谓短语的谓语之前，即可以说成“我们班同学周末有个聚会”，“他在那儿见到了丁肇中博士”；“周末”、“在那儿”是状语。例㊱的谓语是动词性短语，但句首的时间词“刚才”并不表示谓语动词“听”的施事主体，而是表示动作发生的时间。这是个对话中的句子，动作的施事主体被省略了，但听话者是清楚谁是施事的。例㊲㊳都是存现句。存现句中处所是主要的陈述对象，处所词语一般是不可缺少的；而时间不是主要的陈述对象，时间词语不是存现句必须有的成分。如例㊲中若删去“晚上”，剩下的“图书馆里坐满了人”仍然是个语义完整的句子；但如果删去“图书馆里”，剩下的“晚上坐满了人”听起来就觉得缺少了个“什么地方”。如果没有上下文或一定的语言环境，这句话的意思是不清楚的。所以例㊲中的时间“晚上”是状语，方位短语“图书馆里”是主语。有的存现句中只有时间词，没有处所词，但实际上这些句子都是在一定的上下文或语言环境中隐含了处所词语，所以仍然可以说处所是陈述对象。不过在这种句子中处所词往往不出现，所以从结构上说，这样的句子应看作是无主句。如例㊳中只有表示时间的方位短语“中午以前”，但实际上隐含了“店里”、“旅馆里”之类的处所词语。“中午以前”作状语，这个句子是个无主句。

五、中心语

中心语是偏正短语里的中心成分，即被修饰、限制的成分。中心语可以处在不同的层次上，可以是词，也可以是短语。例如：

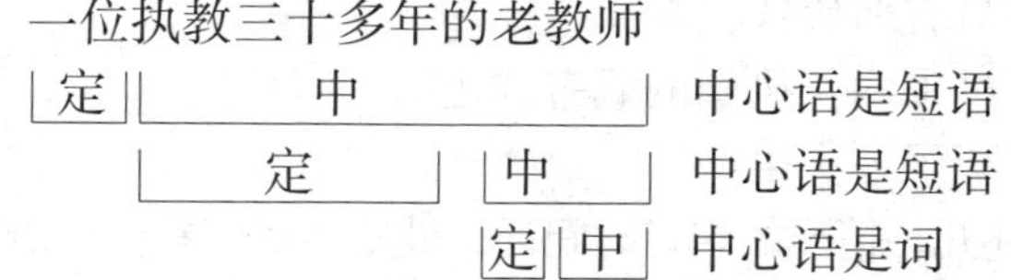

根据中心语所在的短语以及中心语前修饰、限制成分的性质，可以把中心语分为两种：1. 定语后的中心语，2. 状语后的中心语。根据中心语在句中出现的不同位置，则可以把中心语分为三种：1. 主语中心语，2. 宾语中心语，3. 谓语中心语。

1. 主语中心语

主语中心语属于定语后的中心语，一般由名词或名词性短语充当。例如：

① 我们的事业必定会胜利。

② 广大干部群众都非常关心房改的问题。

③ 那个村子里聚居着汉、壮两个民族的群众。

谓词或谓词性短语也可以充当主语中心语，但在结构上一般要求在定语和谓词性中心语之间用上结构助词“的”。这时中心语虽然是谓词性的，但整个结构则是名词性的偏正短语。例如：

④ 作品中对人物心理的描写非常细腻。

⑤ 我精神上的痛苦你是很难理解的。

⑥ 孩子的迟迟不归使母亲焦虑万分。

谓词性的主语中心语用得较少，而且一般限于书面语。

2. 宾语中心语

宾语中心语跟主语中心语一样，也属于定语后的中心语，所不同的只是在句中的位置。充当宾语中心语的词语也是以名词性词语为主，定语和谓词性宾语中心语之间也要用“的”。例如：

① 这是我的座右铭。

② 鲁迅是伟大的思想家、革命家和文学家。

③ 联合国应该尽力调停波黑穆、塞两族的冲突。

④ 他们等待着增援部队的陆续到来。

⑤ 最让我担心的就是他的不安分。

例①至⑤的宾语中心语依次为名词、名词性联合短语、动词、动词性偏正短语和形容词性偏正短语。

3. 谓语中心语

谓语中心语是谓语中状语后的中心语，大多由谓词性词语充当，例如：

① 您慢慢地说。

② 大家都忙起来了。

少数名词性词语也可以用作谓语中心语，但有一定的条件：(1) 这类句子的谓语大多数是说明时间、年龄或价格、长度、重量等与主语有关的数量方面的特征，或描写主语的状况的。(2) 谓语中心语前的状语由“刚”、“已经”、“都”、“就”、“只”、“才”、“净”等少数副词充当，表示时间或范围。例如：

③ 现在刚两点。

④ 我已经二十岁了。

⑤ 一碗面才一块五。

⑥ 你那鞋子上净泥。

六、独立语

独立语是独立于一般的句子成分之外，并且不同那些句子成分发生结构关系的特殊成分。独立语的位置比较灵活，可以出现在句首、句中或句末。独立语具有特殊的表意作用，在表达上，常常是全句意义不可缺少的一部分。

从表意作用看，独立语可以分为以下四种类型：

(一) 插入语

插入语表示说话人的语气、心情和各种与句子有关的附加意义，一般用于句中或句首，有时也用于句末。插入语又可以分为以下几种：

1. 引起对方注意

常用的词语有“瞧”、“你瞧”、“看”、“你看”、“你听”、“大家听听”、“你说”、“你想”、“你们想想”、“你知道”、“你猜怎么着”等。例如：

① 你瞧，谁来了？

② 那个时候，你知道，正是文化大革命时期。

2. 表示对情况的推测和估计

常用的词语有“看来”、“看起来”、“看样子”、“想来”、“我想”、“算起来”、“充其量”、“少说一点”、“往少里说”、“说不定”等。例如：

③ 看来这事不太好办。

④ 从这儿到西单，少说一点，也有五公里。

⑤ 他的腿已经没事了，看样子。

3. 表示肯定或委婉的语气

常用的词语有“不用说”、“不用问”、“没问题”、“毫无疑问”、“不可否认”、“十分明显”、“严格地说”、“不错”、“老实说”、“应该说”、“说真的”、“按理说”、“一般说来”等。例如：

⑥ 严格地说，这样的文章算不上科学论文。

⑦ 取得这样的成绩，应该说，还是很不容易的。

⑧ 按理说，大家都应该有这样的学习机会。

4. 表示强调

常用的词语有“尤其是……”、“特别是……”、“主要是……”。例如：

⑨ 亚洲许多国家，特别是泰国、印尼、韩国和日本，都受到了此次金融风波的严重冲击。

⑩ 我很喜欢音乐，尤其是古典音乐。

5. 表示消息的来源或依据

常用的词语有“听说”、“据说”、“据……说”、“据悉”、“据了解”、“据我所知”、“据报道”、“据统计”、“据可靠消息”、“据有关人士透露”等。例如：

⑪ 据说，这次到巴黎观看世界杯足球决赛的外国人就有十几万。

⑫ 据可靠消息，北京市今年将取消小学升初中的入学考试。

6. 表示注释、补充、举例

常用的词语有“即……”、“也就是……”、“包括……”、“正如……”、“例如……”、“比如……”等。例如：

⑬ 昔日皇帝居住的紫禁城，即故宫，已被联合国确定为世界文化遗产之一。

⑭ 许多教师，包括一些老教授，都参加了今天的运动会。

7. 表示预料不到

常用的词语有“不料”、“不想”、“谁知”、“谁料到”、“哪想到”、“哪知道”、“不知怎么的”等。例如：

⑮ 谁知道阿Q采用怒目主义之后，未庄的闲人便愈喜欢玩笑他。（鲁迅）

⑯ 今天下午我正在备课，不知怎么的，突然感到一阵头晕。

8. 表示总结或承上启下

常用的词语有“总之”、“总而言之”、“总的来说”、“简而言之”、“一句话”、“一言以蔽之”、“由此可见”、“换言之”、“反之”、“此外”等。例如：

⑰ 总之，我们必须使自己尽快适应改革和发展的要求。

⑱ 由此可见，过去那种全靠国家包起来的福利分房制度有很多弊端。

要注意的是，必须把各类插入语和非插入语区别开来。例如：

⑲你知道校长办公室在哪儿吗？

⑳ 他这个人哪，你知道，就是这种脾气。

例 ⑲ 中的“你知道”是句子结构中必不可少的组成部分——“你”是主语，“知道”是作谓语的述宾短语中的述语，它跟后面的宾语之间有结构上的关系，“你知道”在这个句子中不是插入语。例 ⑳ 中的“你知道”前后有停顿；去掉它后，该句的基本结构没有变化，可见这是个插入语。

（二）呼应语

表示称呼或应答，可用于句首或句末，前后有语音停顿，书面上用逗号表示出来。例如：

① 张老师，什么时候交作业呀？

② 好，我一定转告他。

③ 他的病严重吗，大夫？

（三）感叹语

表示惊讶、感叹等语气，用叹词表示，语音上有停顿，书面上用逗号与句子的其他部分隔开。例如：

① 啊，原来是你。

② 哎呀，这条鱼多大呀！

要注意：如果用叹词表示的感情色彩非常强烈，停顿较长，书面上要用感叹号，这时就不是独立语中的感叹语，而是非主谓句中的独语句了。

（四）象声语

由象声词充当，用来摹拟事物的声音。例如：

① 咔嚓，他脚下的树枝突然断裂了。

② 嘟嘟——，外面传来了汽车的喇叭声。

第六节　几种特殊的单句句型

在第四节中，我们谈到，根据结构可以把句子分为单句和复句，单句分为主谓句和非主谓句两类，主谓句又分为动词谓语句、形容词谓语句、名词谓语句和主谓谓语句。在第五节介绍各种词、短语作谓语时，实际上也就更具体地介绍了主谓句的各种下位句型。比如：

① 他研究中国哲学。

② 他的病好一点了。

例①是述宾短语作谓语，这种句子就叫带宾语的动词谓语句，例②是形容词性述补短语作谓语，这样的句子就叫带补语的形容词谓语句。这都是一般的单句句型。

这一节要介绍的是几种特殊的单句句型，这些句型或者以作谓语的某种短语结构为特征，或者以宾语的数量为特征，或者以某个代表字为特征。掌握这几种特殊而又常见的句型是语法学习的一个重要内容，可以帮助我们更好地认识汉语的句子格式。

一、主谓谓语句

主谓短语作谓语的句子，叫主谓谓语句。

（一）主谓谓语句的基本格式

大主语＋大谓语（小主语＋小谓语）

大主语即全句主语；大谓语即全句谓语，由小主语和小谓语组合而成。

（二）主谓谓语句有以下几种类型

1. 大主语和小主语之间有领属关系，即小主语是大主语的所属部分。例如：

① 我头疼。

② 那种树，叶子特别大。

这种句子的大主语和小主语之间可以加上“的”，但有“的”无“的”，句子的结构和陈述对象都不一样。如例①加“的”成了“我的头疼”，是偏正短语作主语的一般的动词谓语句，陈述对象是“我的头”而不是原来的“我”了。

2. 大主语是受事，小主语是施事。例如：

③ 那个人我见过。

④ 语文作业我还没做完。

3. 大主语是施事，小主语是受事。这种句式带有强调意味。例如：

⑤ 安娜一句汉语也听不懂。

⑥ 他什么都知道。

4. 大主语是大谓语所关涉的对象，大谓语对它进行叙述或描述。例如：

⑦ 这个问题，我想再说几句。

⑧ 这事啊，我有自己的看法。

这种句子前往往能加上介词“关于”或“对于”，但如果加上了介词，句子就由主谓谓语句变成了一般的动词谓语句了，原来的大主语就变成了在句首的状语了。

5. 大主语与小主语或小宾语（主谓谓语中的宾语）有复指和被复指的关系，用来复指的一般是指示代词或人称代词。例如：

⑨ 青春，这是多么美好的时光啊！

⑩ 那位老先生，我好像在哪儿见过他。

6. 小主语是动词性词语，在意义上跟大主语有施事与动作的关系。例如：

⑪ 这孩子学习特别认真。

⑫ 王老师教毕业班很有经验。

7. 小谓语是名词性词语，一般出现在口语里。例如：

⑬ 可口可乐 5 块钱一瓶。

⑭ 咸鸭蛋 5 个 4 块 5。

8. 其他类型的。例如：

⑮ 他们个个都是好样的。

⑯ 洪湖水浪打浪。

二、连谓句

连谓短语作谓语的句子叫连谓句。例如：

① 我们去看电影。

② 他背上书包走出了教室。

③ 她完全有能力做好这项工作。

④ 我爸爸妈妈听了这个消息都很开心。

连谓句中连用的两个谓词大多数是动词，所以又叫连动句。有的连谓句中后一个谓词是形容词，如例④中的“开心”。连谓句的特点是：连用的两个或几个谓词性词语共有一个主语；这些谓词性词语之间没有联合、述宾、述补、主谓等结构关系；句中没有语音停顿，在书面上不能有逗号；也不能有关联词语；连用的谓词性词语之间的次序不能掉换。否则，就不是连谓句。例如：

⑤ 他们在那儿大吵大闹。

⑥ 我们俩打算下个月结婚。

⑦ 大夫把他救活了。

⑧ 老人家慢慢地站了起来，颤颤悠悠地走出了房间。

⑨ 你有什么事就说吧。

这五个句子都不是连谓句。例⑤谓语中的“大吵大闹”是联合关系，例⑥的“打算下个月结婚”是述宾关系，例⑦的“救活”是述补关系，例⑧中间有逗号，是个复句，例⑨中有表示关联的副词“就”，是个表示假设关系的紧缩复句。

连谓句主要有以下几种类型：

1. 连用的几个谓词表示连续发生或先后发生的几个动作或情况，前一个动作结束了，后一个动作或情况才开始。例如：

⑩ 昨晚我们吃了晚饭出去散步了。

⑪ 他打开电视机看了一会儿新闻联播。

⑫ 我听了这个报告很受启发。

2. 前面的谓词性词语表示后一动作进行的方式。例如：

⑬ 您坐着说。

⑭ 我用左手写字。

3. 后面的谓词性词语表示前一动作的目的。例如：

⑮ 我去医院看病。

⑯ 半夜三更，你起来干什么？

4. 前后两个谓词性词语分别表示肯定和否定的意思，从正反两个方面对主语加以陈述。例如：

⑰ 前面的汽车又停下不动了。

⑱ 我们不应该对别人的缺点抓住不放。

5. 前面的谓词为“有”（或“没有”）的连谓句。例如：

⑲ 我有决心考上大学。

⑳ 她没有钱请律师。

6. 后面的动词是前一个动词的重复。例如：

㉑ 她打字打得特别快。

㉒ 我学英语学了四年。

三、兼语句

兼语短语作谓语的句子叫兼语句。例如：

① 大夫让我休息。

这个句子中的主语是“大夫”，谓语是述宾短语“让我”和主谓短语“我休息”套接在一起构成的。“我”既是“让”的宾语，又是“休息”的主语，是个身兼二职的“兼语”。句中的第一个动词“让”具有使令意义，第二个动词“休息”跟全句主语“大夫”之间没有主谓关系，它陈述的是兼语“我”。

根据兼语句的第一个动词的性质，兼语句可以分为以下几种类型：

1. 表示使令意义的兼语句，这是最典型的兼语句。在这种兼语句中，第一个动词是表示使令意义的动词，如“使、叫、让、派、求、托、选、找、留、命令、派遣、要求、禁止、阻止”等。例如：

② 领导派他先去联系。

③ 他托我给你带来一封信。

④ 他留我吃饭。

⑤ 你应该阻止他做这样的蠢事。

2. 有一些动词如“扶、买、起、吹、骂”等，通常没有使令义，但一进入这种句式的第一个动词的位置上，就含有了一定的使令义，从而构成了兼语句。例如：

⑥ 我扶你站起来。

⑦ 他买了一条狗看门。

⑧ 我给她起了个中国名字叫贺佳丽。

⑨ 风吹尘土满天飞扬。

⑩ 别人都在背后骂他是汉奸。

3. 第一个动词是“有”的兼语句。例如：

⑪ 李老师有个孩子在北大上学。

⑫ 有人叫你。

4. 第一个动词为“是”的兼语句。例如：

⑬ 是刘大夫救了我。

⑭ 是谁叫我？

兼语句在形式上与连谓句和主谓短语作宾语的句子比较相似，要注意区别开来。

兼语句和连谓句的谓语都采取了“动＋名＋动”的格式，两者的主要区别是：

（1）兼语句的两个谓词分别陈述句子的主语和兼语，而连谓句的两个谓词陈述的是同一个主语；

（2）兼语句的头一个动词通常具有使令意义，而连谓句通常则不是这样。例如：

⑮ 我找他帮个忙。

⑯ 我找他问个事儿。

例 ⑮ 的“找”含使令义，“找”和“帮个忙”分别是“我”和“他”的行为，该句是兼语句。例 ⑯ 的“找”无使令义，“找”和“问个事儿”都是“我”的行为，该句是连谓句。

兼语句和主谓短语作宾语的句子的区别主要在以下几个方面：

（1）兼语句的第一个动词含使令义，或是“有”、“是”；而主谓短语作宾语的句子的第一个动词一般不含使令义，而是表示心理或感知等其他意义的动词，如“希望、知道、认为、看见、听见、感到、相信、指出、证明”等。

（2）兼语句的语音停顿只能在兼语之后，不能在第一个动词之后，如“我叫他｜回来”可以成立，“我叫｜他回来”不能成立。主谓短语作宾语的句子，语音停顿一般在第一个动词之后，如“我希望｜他回来”。

（3）主谓短语作宾语的句子，宾语可以前移，如“我相信他能干好”可以说成“他能干好，我相信”。而兼语句中兼语和它后面的部分不能移位，如“我让他想一想”这个兼语句，如果说成“他想一想，我让”就不成话。

四、双宾句

有的述语动词后边常常带两个宾语，一个指人，一个指事物。

具有这种宾语的句子叫双宾句。例如：

① 我给你一样东西。

② 吕老师教我们班物理。

指人的宾语紧跟在述语动词之后，叫近宾语或间接宾语；指事物的宾语在近宾语之后，叫远宾语或直接宾语。

能带双宾语的述语动词一般是具有“给予”、“取得”或“叙说”义的，如“给、送、赠、交、还、退、赔、收、罚、偷、借、求、赢、问、教、骂、告诉、通知、叫”等。例如：

③ 结婚时，他送我一个金戒指。

④ 我借了老吴二十块钱。

⑤ 我求你件事。

⑥ 巴西队赢了智利队三个球。

⑦ 他问我去天安门怎么走。

⑧ 小周告诉我他下周要去上海出差。

⑨ 我们都叫她小王。

五、存现句

表示某个处所存在、出现或消失了什么事或人的句子叫存现句。

存现句的基本格式为：

处所词语＋动词＋名词性短语

根据所表达的意义，存现句可以分为存在句和隐现句两类。存在句表示某个处所存在着什么事物或人。例如：

① 窗台上摆着一盆仙人掌。

② 床上躺着一个人。

③ 她的眼里闪动着泪花。

④ 那个男孩的脖子上系着一条红领巾。

⑤ 车上挤满了人。

⑥ 大门两旁有两个石狮子。

⑦ 广场西边是人民大会堂。

隐现句表示某个处所或某一时刻出现或消失了什么事物或人。例如：

⑧ 前面来了一位老太太。

⑨ 头顶上飘过几朵白云。

⑩ 草丛里突然钻出一条蛇来。

⑪ 昨天，他们家死了一头牛。

⑫ 刚才跑过去一个男孩儿。

存现句具有以下特点：

1. 句首表示处所的名词性词语是陈述的对象，作句子的主语。句首的时间词语表示动作的时间，只能作状语，如例 ⑪ 中的“昨天”。如果存现句中没有处所词语，只有时间词语，时间词语也是作状语，这个句子是无主句，如例 ⑫ 。

2. 存在句中的述语动词除了“有”、“是”以外，大都要加“着”表示以某种方式、姿态存在，如例①②③，有的动词后边带结果补语及动态助词“了”，如例⑤。存在句大多具有较强的描写性、说明性，经常用于景物、人物或人物的衣着、姿态的描写。隐现句的述语动词后经常带动态助词“了”或趋向补语，如例⑧⑪和例⑨⑩⑫。

3. 存在句的宾语一般是不定指的，宾语中心语前常有数量短语充当的定语，这是不定指的标志。即使有时是专有名词作宾语中心语，它前面也往往要加上“一个”或“个”，如：

⑬ 中国出了个毛泽东。

六、“有”字句

由动词“有”作谓语中心语和述语的句子叫“有”字句。

动词“有”不表示动作行为，它主要表示“领有”和“存在”义。

“有”与一般动词在语法上的共同点是：

1. 前边可以加副词充当的状语。例如：

① 我〔也〕有这种看法。

② 他〔很〕有经验。

2. 后边可以带助词“了”、“过”，有时也可以带“着”。例如：

③ 我有了自己的住房。

④ 在这方面，我们有过沉痛的教训。

⑤ 我们两国之间有着良好的关系和共同的利益。

“有”与一般动词不同的语法特点是：

1. “有”的前边不能加否定副词“不”。它的否定形式是在“有”前边加“没”或单用“没”、“无”。如“我没有笔”，“我没笔”，“此地无银三百两”。

2. “有”后面常常带宾语，但不能带补语。

3. “有”不能重叠，即不能说“有有”。

根据所表示的意义，“有”字句可以分为以下几种：

1. 表示“领有”。例如：

⑥ 他有一辆小汽车。

⑦ 她有一付好嗓子。

⑧ 这孩子很有数学天赋。

⑨ 我有两个妹妹。

例⑥的宾语表示主语所领有的对象，例⑦的宾语表示的是主语所表示的事物的一部分，例⑧的宾语表示主语的某种特点或属性，例⑨表示与主语所代表的事物有某种关系的事物。

2. 表示“存在”，一般用于存在句中。例如：

⑩ 屋顶上有只喜鹊。

⑪ 现在那井里已经没有水了。

例⑩⑪ 的处所词语“屋顶上”、“那井里”是句子的主语，例 ⑪ 的时间词“现在”作状语。

3. 用几个“有……”来表示列举。例如：

⑫ 参加世界杯足球决赛的有德国队、意大利队、英格兰队等足球列强，有巴 西队、阿根廷队等南美劲旅，还有北美洲、亚洲和非洲的代表队。

⑬ 早晨，操场上锻炼的人真多，有跑步的，有打球的，有打太极拳的，还有 练气功的。

4. 表示发生或出现，“有”的宾语中心语由动词充当。例如：

⑭ 改革开放后的今天，人民生活水平有了很大的提高。

⑮ 经过联合国特使的斡旋后，波黑地区的紧张局势有所缓和。

5. 表示性质、数量达到某种程度，多用于估量或比较。例如：

⑯ 客厅的面积大约有 15 平米。

⑰ 那孩子已经有他爸爸那么高了。

动词“有”可以构成连谓句，也可以构成兼语句。区分的办法就是看“有”和它后边的谓词（包括动词和形容词）是否共有一个主语。共有一个主语的，是连谓句；不共有一个主语的，是兼语句。例如：

⑱ 她有很多机会练习英语口语。

⑲ 早晨，校园里有很多学生在练习英语口语。

例 ⑱ 中的“有很多机会”和“练习英语口语”都是陈述同一个主语“她”的，这个“有”字句是个连谓句。例 ⑲ 中的“有很多学生”陈述的是“校园里”，“在练习英语口语”陈述的是“很多学生”，二者不共有一个主语，这个句子是兼语句。

七、“是”字句

由动词“是”构成的表示判断、说明、强调或肯定的句式叫“是”字句。

（一）“是”的语法特点

作为动词，“是”具有一般动词的一些特点，如可以受副词修饰（都是、也是），可以前加助动词（学得最好的应该是小黄），可以用“X 不 X”的形式提问（他是不是下周一回来），可以单独回答问题（你是中文系的吗？——是）。除此之外，“是”还有与一般动词不同的特点：

1. “是”的后边不能带动态助词“了”、“着”、“过”。

2. “是”的后边不能带补语。

3. “是”不能用“没”或“没有”否定，其否定形式是“不是”。

4. “是”不能重叠。表示答应时说的“是是”并不表示量少、时间短、尝试、轻松等意义，所以跟一般的动词重叠不同，而是“是”的连用。

5. “是”在句中主要用作谓语中的述语，但谓语的重点是在“是”后面的部分。

（二）“是”字句的类型

根据表意作用，“是”字句，可以分为以下几种类型：

1. 表示判断的“是”字句。其中又可以分为两类：

（1）表示等同

①《骆驼祥子》的作者是老舍。

② 北京的故宫是明、清两代的皇宫。

这类“是”字句的主语和宾语所指的是同一个对象，二者可以互换位置而意义不变。

（2）表示归类

③ 小陈是上海人。

④ 氢是气体。

⑤ 我的自行车是永久牌的。

⑥ 我哥哥是学化学的。

这类“是”字句的主语和宾语是种属关系，即主语表示的事物属于宾语所表示的这一类事物。主宾的位置不能掉换。“的”字短语经常用作这类“是”字句的宾语。

2. 表示说明的“是”字句。其中又可以分为：

（1）说明特征

⑦ 王伟是大高个。

⑧ 掌柜的是一副凶脸孔。

（2）说明时间

⑨ 商店开门是九点。

⑩ 我买这套房子是在去年九月。

（3）说明地点

⑪ 我们两个村子，一个是河东，一个是河西。

⑫ 我们上课是在这个楼里。

（4）说明衣着

⑬ 夏天别人都穿T恤衫短裤了，他还是长衣长裤。

（5）说明扮演什么角色

⑭ 好，咱们就演这一段，我是祥子，你是虎妞。

（6）说明手段、方式

⑮ 古时候打仗是长矛大刀，现代战争是飞机大炮。

（7）说明目的

⑯ 精简机构是为了提高效率，减少开支。

(8) 说明原因

⑰ 我昨天拉肚子，就是吃了那个小摊儿上的东西。

(9) 表示存在

⑱ 大厅里都是人。

⑲ 窗外是两棵枣树。

(10) 表示比喻

⑳ 顾客就是上帝。

㉑ 人是铁，饭是钢。

以上所列十种用于说明的“是”字句，只是举例性的，实际上还可以列出很多。这一类“是”字句的一个共同特点，即“是”联系的主语和宾语不是同一类事物，谓语并非对主语加以判断，而是从某个方面对主语加以说明。

3. 表示强调的“是”字句

㉒ 他写的毛笔字是漂亮。

㉓ 这次的考试是难一些。

㉔ 听了他那一番话，我是生气了。

㉕ 看来是得好好考虑这个问题了。

这类“是”字句中“是”字后面是谓词性词语，“是”表示强调、肯定，含有“的确”、“确实”的意思，在句中作状语。

4. “是……的”形式的句子

“是……的”形式的句子包括两种类型，一种是“的”字短语作宾语的句子，一种是“是……的”结构作谓语的句子。为叙述方便，我们分别称为甲类和乙类。首先请看甲类的例句：

㉖ 这个盒子是塑料的。

㉗ 这支笔是我的。

㉘ 那个孩子是男的。

㉙ 这些汽车都是进口的。

㉚ 那篇获奖的文章是小余写的。

这一类“是……的”形式的句子，跟前面的例⑤⑥一样，是表示判断的“是”字句，具有归类的作用。其中的“的”是结构助词，跟它前边的名词、代词、形容词、动词或主谓短语等组成“的”字短语，作述语“是”的宾语。“的”字后面一般都能补出跟主语相同或在意义上相应的词语来，如“这个盒子是塑料的盒子”，“这些汽车都是进口的汽车”，“那篇获奖的文章是小余写的一篇散文”。

乙类句子实际上包括两种句子，请看例句：

A组：

㉛ 住在那儿是挺方便的。

㉜ 他这么说是有道理的。

㉝ 我是不愿意这么做的。

㉞ 她的内心是很痛苦的。

㉟ 能做到这一点是很不容易的。

B组：

㉞ 香港是九七年七月一日回归祖国的。

㉟ 我是在那儿认识他的。

㊱ 他是坐出租汽车去的。

A组的句子一般用来表示说话人的看法或态度，“是”和“的”配合起来表示强调、肯定、委婉或态度坚决等语气。B组的句子表示的动作行为已在过去实现或完成，“是……的”格式用来强调动作的时间、地点或方式。

乙类句子的共同特点是：

（1）作谓语的是整个“是……的”格式，句末的“的”是语气助词，表示某种语 气；

（2）“是……的”格式中，只能出现动词性词语或形容词性词语；

（3）“是”和“的”可以省略，省略后句子的基本意思不变，只是强调的意味差 了，语气减弱了。

八、“把”字句

由“把”构成的介宾短语充当状语的动词谓语句叫“把”字句。“把”字句是汉语中一个特殊而又常用的句式。它的作用主要是表示对某人或某事物加以处置或影响。这种处置和影响使“把”的宾语发生某种变化，产生某种结果，处于某个位置或某种状态。例如：

① 我们要把祖国建设成为一个繁荣、昌盛的国家。

② 我得赶紧把房间收拾干净。

③ 他把大衣挂在了门后的衣帽钩上。

④ 空调很快就把屋里的温度降低了。

“把”字句具有以下几个特点：

（1）主语是施事，也就是谓语动词所表示的动作的发出者，如上面四个例句中的主语“我们”、“我”、“他”、“空调”分别是“建设”、“收拾”、“挂”、“降低”这四个动作或行为的发出者。

（2）介词“把”的宾语在意义上是谓语动词或谓语动词及其连带成分所表示的动作的受事，即动作支配、涉及或关涉的对象，而且一般是定指的、已知的。例如：

⑤ 她把椅子挪了挪。

⑥ 王师傅把窗户都打开了。

例⑤中的“椅子”是“挪”的受事，例⑥中的“窗户”是“打开”的受事；而且“椅子”和“窗户”都不是随意任指的，而是具体定指的。所以例⑤⑥也可以稍加改动，说成“她把那把椅子挪了挪”，“王师傅把教室的窗户都打开了”，但不能说成“她把一把椅子挪了挪”，“王师傅把一些窗户都打开了”。

由于“把”的宾语在意义上是谓语动词的受事，所以多数“把”字句的宾语可以移到谓语动词之后，使句子变为带宾语的主谓谓语句，如例⑤⑥可以转换为：

她挪了挪椅子。

王师傅打开了窗户。

但也有一些“把”字句中“把”的宾语不能移到动词之后去。这些“把”字句的谓语动词后，另有宾语或较复杂的补语。如：

⑦ 我把他当作最好的朋友。

⑧ 妈妈把房间收拾得干干净净的。

这两例中“把”的宾语“他”和“房间”都不能移到谓语动词的后面去。

（3）谓语动词一般必须是表示动作行为的及物动词，而且能支配或影响“把”的宾语。那些不具有支配或影响人或事物作用的动词不能用作“把”字句的谓语动词。例如：

a. 表示判断、状态的动词，如“是”、“有”、“像”、“属于”等。

b. 表示感知或心理活动的动词，如“知道”、“认识”、“觉得”、“看见”、“听见”、“同意”、“相信”、“希望”、“怕”、“喜欢”等。

c. 表示趋向的动词，如“来”、“去”、“进”、“出”、“上”、“下”等。

(4) 谓语动词前后必须有说明动作的状况或处置结果的其它成分。这些成分包括：

a. 状语。例如：

⑨ 你不应该把责任〔往别人身上〕推。

b. 各种补语。例如：

⑩ 大家把桌子摆〈好〉了。（“好”是结果补语）

⑪ 他们把新娘打扮得〈真漂亮〉。（“真漂亮”是程度补语）

⑫ 你明天把那本书带〈来〉,好吗？（“来”是趋向补语）

⑬ 老师把课文读了〈一遍〉。（“一遍”是数量补语）

⑭ 小明把书包放〈在课桌的抽屉里〉。（“在课桌的抽屉里”是时地补语）

c. 宾语。例如：

⑮ 我要把这件礼物送给她。

d. 助词“了”、“着”。例如：

⑯ 我把那些废纸烧了。

⑰ 你把介绍信带着。

e. 动词的重叠式。例如：

⑱ 你把手洗洗。

有些述补结构的双音节动词中后一个语素跟补语的作用相近，并含有结果或完成义，所以这样的动词可以在“把”字句中单用，如“把比赛取消”，“把队伍解散”。

九、“被”字句

由“被”构成的介宾短语充当状语或“被”附于谓语动词前表示被动的句子，叫“被”字句。“被”字句表示某人或某事受到某个动作的处置或影响而发生变化，或产生某种结果。“被”字句的谓语大多表示主语不愿发生的不愉快或受损害的情况。近几十年来，受印欧语的影响，汉语的“被”字句使用范围逐渐扩大，少数

“被”字句也可以用来表达并非不如意的意思了。口语中常用“叫”、“让”代替“被”表示被动。用“叫”、“让”表示被动的句子，跟“被”字句在表意功能和语法特征上都基本相同，所以也可以归入“被”字句。

“被”字句的几种格式

1. 受事主语＋被＋宾语（施事）＋谓语动词＋其他成分

① 德国队被克罗地亚队打败了。

② 圆明园被侵略者破坏得只剩下一片废墟。

③ 那个违犯纪律的队员被教练批评了一顿。

④ 这样的话很容易被人误解。

⑤ 他曾几次被罪犯威胁过。

2. 受事主语＋被（助词）＋谓语动词＋其它成分

⑥ 他的钱包被偷了。

⑦ 伤员已经被送到医院去了。

⑧ 天安门城楼被涂上了一层红色。

3. “被……所……”式

这种格式是从古汉语的“为……所……”格式转化而来的，多见于书面语。

⑨ 这个观点已被实践所证明。

“被”字句具有以下几个特点：

（1）主语是受事，也就是谓语动词所表示的动作的接受者，并且是定指的。如例②的“圆明园”是“破坏”的对象，例⑥的“他的钱包”是“偷”的对象。“圆明园”和“他的钱包”所指的对象都是明确清楚的。

（2）介词“被”的宾语是施事，即谓语动词所表示的动作的发出者。如例②的“破坏”这个行为是由“被”的宾语“侵略者”发出的，例③的“批评”是由“被”的宾语“教练”发出的。

（3）谓语动词一般为表示动作行为的及物动词，并且在意义上能支配和影响主语。非动作动词、不及物动词、表示存在、趋向的动词，如“在”、“是”、“有”、“像”、“属于”、“来”、“去”、“接近”、“上去”、“下来”等，不能作“被”字句的谓语动词。不过，不能用于“被”字句的动词比不能用于“把”字句的要少一些。

(4) 跟“把”字句一样，“被”字句谓语动词的前后也要有其它成分，不能只是一个光杆动词。“其它成分”包括各种补语，如例①②③；状语，如例④；宾语，如例⑦⑧；助词，如例⑤⑥。

“被”字句和“把”字句是关系密切的两种句型，它们的主要结构和语义成分都有着对应的关系，因而往往可以互相转换。例如：

⑩ 收录机被他弄坏了。—— 他把收录机弄坏了。

⑪ 他被公司派到香港去了。—— 公司把他派到香港去了。

选用哪种句式，决定于说话人把受事还是施事当作陈述对象。

第七节　复　句

一、复句的定义和特点

由两个或两个以上在意义上互相联系、结构上互不包含的单句形式组成的句子，叫复句。组成复句的单句形式通常称为分句。例如：

① 小王考得很好，小李考得也不错。

② 只要你肯下功夫，就一定能学好外语。

③ 在学校，他是个优秀教师；在家里，他是个模范丈夫。

④ 四凤在中间窗户前面站着：背向观众，对窗外不停地望着。

⑤ 刮风了，下雨了。

⑥ 雄伟的天安门，宽阔的广场。

从以上例句，我们可以看出复句具有以下特点：

(一) 组成复句的单位是分句。单句是由词和短语组成的，而复句是由单句形式，也就是分句组成的。所谓单句形式，就其结构形式来说，跟单句一样，具有一套句子成分；但由于进入了复句中，它就失去了单句原有的独立性，成了复句的一个分句，即成了句子内部的组成成分。单说一个分句，句子就不完整，必须两个或几个分句组合起来，才能体现出句子的交际功能——表达一个完整的意思。

(二) 构成复句的分句之间在意义上必须互相联系。也就是说分句之间要有一定的逻辑关系，如并列关系、条件关系、因果关系等。如例①的两个分句之间具有并列关系，例②的两个分句之间具有条件关系。如果两个单句形式在意义上毫无联系，就不能组成复句。如“他很勇敢，那里的风景特别美丽。”像这样把两个毫不相干的单句形式放到一块儿，只能让人感到不知所云，所以我们不能说这是一个复句。

（三）两个分句在结构上互不包含，即任何一个分句不作另一个分句的句子成分。如例①的“小王考得很好”不是“小李考得也不错”的句子成分，反之亦然。

（四）组成分句的语法手段是关联词语和语序。大多数复句中几个分句的组合要借助关联词语。所谓关联词语并非一个独立的词类，而是指用来连接分句，表示分句间逻辑关系的连词、副词和其他词语。如例②的“只要……就……”，例①的“也”。也有一些复句中的分句，是采用“意合法”，通过语序（指分句排列的顺序）组合起来并表示出分句间的关系的，如例④⑤⑥。

（五）作为一个句子，复句具有一个统一全句的语调，句末有较大的语音停顿，书面上用句号、问号或感叹号表示。分句间要有一定的停顿，在书面上大多用逗号表示，有时也用分号或冒号表示。如例①②⑤⑥的分句间用逗号，例③的分句间用分号，例④第一分句和第二分句间用冒号。

（六）组成复句的分句可以是主谓句，如例①③；也可以是主谓句的省略形式——省略句，如例②④；还可以是非主谓句，如例⑤⑥。

二、区分单句和复句的标准

（一）看结构上有几套句子成分。这是区分单、复句的主要标准。只有一套句子成分的是单句，有两套或两套以上句子成分的是复句。例如：

① 母亲那种勤劳俭朴的习惯，母亲那种宽厚仁慈的态度，至今还在我心中留有深刻的印象。（朱德）

② 我希望父亲到这里来，好好休息一段时间。

③ 在掌声中，在笑声中，在人们的注视中，焦航——这个脆弱的生命，仍在惊涛骇浪中延续、延续……

④ 你去，我就去。

⑤ 我做到了，可是他呢?

例①②③虽然都相对较长，但都是单句。例①“至今”前是作主语的联合短语，例② 的述语“希望”的宾语由一个复句形式充当，例③的主语“焦航——这个脆弱的生命”之前是状语。这三个例句都只有一套句子成分。例④有两套句子成分，例⑤的“他”后省略了谓语，所以可以说同样是有两套句子成分。虽然这两例都比前三个例句短，但都是复句。

（二）看是否有语音停顿。一般复句的分句间必须有语音停顿，因而它是区分单、复句的一个重要标志。例如：

⑥ 他背起书包走出了教室。

⑦ 他背起书包，走出了教室。

⑧ 她有个孩子在国外留学。

⑨ 她有个孩子，在国外留学。

例⑥⑧句中没有语音停顿，前者是单句中的连谓句，后者是单句中的兼语句。例⑦⑨句中有语音停顿，后一分句的主语分别承前一分句的主语和宾语省略，这两个例句都是复句。但是，有的单句句子成分之间甚至句子成分内部也可以有语音停顿，如例① ②③。所以，单凭语音停顿不一定能准确地判断是单句还是复句，必须结合其他标准来进行判断。

（三）看有无关联词语对区分单、复句具有一定的作用。例如：

⑩ 他吃了饭上学校去了。

⑪ 他一吃了饭就上学校去了。

例⑩句中没有关联词语，是单句中的连谓句，表示先后发生的两个动作，全句语意贯通。例 11 句中用了关联词语“一……就”将“吃了饭”和“上学校去了”分成两件事来说，并强调前一件事情结束后紧接着发生后一件事情，这是一个紧缩复句。看句中有无关联词语可以把连谓句和紧缩复句区分开来。

复句中常用关联词语来连接分句，表示各种不同的关系，但有关联词语的句子不一定是复句，因为关联词语也可以连接单句中的词语或句子成分，有的在单句中还表示强调。例如：

⑫ 我们应该而且必须抓好这件事情。

⑬ 只有与他相濡以沫几十年的妻子，才最能体会和理解他此刻的心情。

例 ⑫ 中的“而且”连接的是两个词。例 ⑬ 中的“只有”和“才”分别用在主语和谓语之前，相互配合，强调主语。这两个句子都只有一套句子成分，所以都是单句。

单句和复句是句子的结构上的分类，因此区分单句和复句，最主要的依据还是要看结构上有几套句子成分，一个部分是否可以被划定为另一个部分（指分句）的组成成分（即句子成分）。语音停顿和关联词语的有无只能作为辅助的标准。

三、分句主语的异同和隐现

有的复句中各分句主语相同，有的复句中各分句主语不同；有的分句主语可以省略，有的不可以省略。诸如此类的情形大致有以下几种：

（一）各分句主语相同时，主语一般只在一个分句出现，其余分句的主语省略。主语出现在前一分句，后面分句的主语省略，这叫“承前省”；主语出现在后一分句，前面分句的主语省略，这叫“蒙后省”。例如：

① 几个年轻的姑娘赤着脚，提着裙子，嘻嘻哈哈追着浪花玩儿。（杨朔）

② 看看身上的破衣，再看看身后的三匹脱毛的骆驼，他笑了笑。（老舍）

这两例中各分句主语相同，例 1 后面两个分句的主语承前省，例 2 前面两个分句的主语蒙后省。

（二）有时各分句主语相同，但为了取得某种修辞效果，各分句的主语可以都出现，例如：

③ 我们以我们的祖国有这样的英雄而骄傲，我们以生在这个英雄的国度而自豪。（魏巍）

④ 我们的目的一定要达到，我们的目的一定能够达到！（毛泽东）

（三）各分句主语不同时，一般都应该出现，例如：

⑤ 白杨树实在是不平凡的，我赞美白杨树。（茅盾）

⑥ 母亲笑了，我也伏在她的膝上羞愧地笑了。（冰心）

（四）各分句主语不同，但有的分句主语仍可承接前一分句中的宾语或定语等主语之外的成分而省略。例如：

⑦ 每块板上满是蜜蜂，蠕蠕地爬着。（杨朔）

⑧ 反对派的样子是可怕的，但是实际上并没有什么了不起的力量。（毛泽东）

⑨ 我省吃俭用把他送进学校念书，不过也只念了三年。（马烽）

⑩ 这故事很使我觉得做人之险，夏夜乘凉，往往有些担心，不敢去看墙上，而且极想得到一盒老和尚那样的飞蜈蚣。（鲁迅）

⑪ 跑了一阵，他又叫牲口慢下来，迈着小步走。（周立波）

例⑦至⑩都是后一分句的主语承前一分句的某个成分而省略，其中例⑦是承前分句宾语“蜜蜂”省，例⑧是承前分句定语“反动派”省，例⑨是承前分句中作状语的介宾短语里“把”的宾语“他”省，例⑩是后面几个分句都承第一分句中的兼语“我”省。例⑪第一分句中省略的主语，正是后一分句中的兼语“牲口”。

四、复句的类型

复句的分句间的语法关系各有不同，语义关系也是多种多样的。根据分句间的语法关系，首先可以把复句分为联合复句和偏正复句两大类型。

（一）联合复句

联合复句又叫等立复句。其特点是各个分句在语法关系上是平等并立，不分主次的。按照分句间的语义关系，联合复句又可分为5个小类。

1. 并列复句

各分句分别叙述或描写相关的几件事情、几种情况或同一事物的几个方面，它们之间可以是相同的、相近的，也可以是不同的、相反的或相对的，这样的复句叫并列复句。

这类复句可以不用关联词语，例如：

① 他们去颐和园，我们去长城。

② 海是动的，山是静的。（冰心）

③ 妻在屋里拍着闰儿，迷迷糊糊地哼着眠歌。(朱自清)

这类复句也常用关联词语来连接，有的单用于后一分句中，有的成对搭配地使用于两个（或几个）分句中。单用的关联词语有“也”、“还”、“又”、“同时”、“同样”等，成对搭配使用的关联词语有“又……，又……”、“也……，也……”、“既……，又……”、“一边……，一边……”、“一面……，一面……”、“一方面……，（另）一方面……”、“有时……，有时……”、“一会儿……，一会儿……”、“不是……，而是……”、“是……，（而）不是……”等。例如：

④ 牛奶没有了，面包也没有了。

⑤ 参加演出的大都是群众熟悉的著名歌唱家，还有几位歌坛新秀。

⑥ 我拿下来打开看时，很吃了一惊，同时也感到一种不安和感激。(鲁迅)

⑦ 这一改革措施既节省了开支，又提高了效率。

⑧ 他一边诅咒自己，一边把那块瓶塞子或小抽屉似的石头拔了下来。(刘恒)

⑨ 一方面，我们要有冲天的干劲，另一方面，我们也必须有实事求是的科学态度。

⑩ 他本人如今再不是什么摊贩，而是堂堂的万利进出口公司总经理。(欧阳山)

2. 连贯复句

连贯复句又叫承接复句。几个分句一个接一个地叙述连续的动作或相关的情况，各分句次序固定，不能颠倒。

连贯复句中可以不用关联词语，例如：

① 祥子进去，把铺盖放在地上，就势儿坐在地上。(老舍)

② 他戴着平顶硬草帽，帽檐下端正地露着长圆的小脸。(朱自清)

常用于连贯复句的关联词语有“就”、“便”、“才”、“接着”、“然后”、“于是”、“后来”、“首先……，然后……”、“起先……，然后……”、“刚……，就……”、“一……，就……”等。例如：

③ 一想起来，他心中就觉得发堵。(老舍)

④ 我站立起来转过身去，才看见洗菜的是个女孩子，也不过十六、七岁。(孙犁)

⑤ 他们先在门口看看广告，再到店堂里瞧瞧热闹，俯下身去看看大众菜，鼻子吸了那么几吸，然后带着不屑一顾的神情走出去。(陆文夫)

⑥ 我和安然一前一后迂回着穿过"夜路"，刚拐上楼梯，就听到一阵忽高忽低的争吵声。(铁凝)

3. 递进复句

后面分句的意思比前面分句的意思在程度、范围等方面更进一层，这样的复句叫递进复句。递进复句的分句一般要用关联词语来连接。

常用的关联词语包括单用的"更"、"还"、"况且"等，和成对使用的"不但（不仅、不光、不只、不单、非但）……，而且（并且、还、也、更、甚至）……"、"不但不（不但没有）……，反而……"、"尚且……，何况……"、"连……，还……"、"别说（不要说）……，连（就是）……也……"等。成对的关联词语也可以拆开来，在后面的分句中单用"而且"、"并且"、"还"、"甚至"等，但不能只在前面的分句中单用"不但"、"不仅"等。一般来说，成对地使用关联词语比单用关联词语所表示的递进的语意更强。例如：

① 我佩服他的学问，更敬重他的人品。

② 为什么语言要学，并且要用很大的力气去学呢？(毛泽东)

③ 他不但会说英语，而且说得很流利、很地道。

④ 他不仅不欢迎，反而觉得不胜其烦。(陆文夫)

⑤ 一个婴儿的诞生，尚且要经过几次阵痛，何况一个新社会？(茅盾)

如果要表示连续递进，就可以在几个分句中分别用上关联词语，如"不但……，还……，还……"、"不但……，而且……，甚至……"。例如：

⑥ 我们不但要研究一般战争的规律，还要研究特殊的革命战争的规律，还要研究更加特殊的中国革命战争的规律。(毛泽东)

4. 选择复句

两个或两个以上的分句分别说出几种情况，从中加以选择，这样的复句叫选择复句。选择复句可以分为三种：

（1）任选句

表示在两种或几种情况下，任选其一，有或此或彼的意思。在陈述句中常用“或者”、“或者……，或者……”、“或……，或……”，在疑问句中用“还是”、“是……还是……”。例如：

① 明天我到你那儿去，或者你到我家来。

② 你究竟是装蒜，还是真傻？（张天翼）

（2）限选句

表示非此即彼，二者必居其一，排除其他的可能性。常用的关联词语有“不是……就（便）是……”、“要么……，要么……”、“要就是……，要就是……”。例如：

④ 收了车，大家不是坐着闲谈，就是蒙头大睡。（老舍）

⑤ 他要么到隔壁王山家下棋，要么就到阅览室里剪剪报去了。（陈建功）

（3）决选句

表示对两种情况或两件事情，经过比较选取其中之一，舍弃另一项，即取此舍彼，或取彼舍此。常用的关联词语有“宁可（宁肯、宁愿）……，也并不（决不、不愿、不）……”、“与其……，不如（宁肯、宁可、宁愿、无宁、毋宁）。例如：

前一组关联词语表示选取前者舍弃后者，后一组关联词语表示选取后者舍弃前者。例如：

⑥ 他宁可独立支持一家人的生活，也不愿再和老二多罗嗦。（老舍）

⑦ 与其徒费唇舌，不如经过法律手续干得干脆。（叶圣陶）

5. 解说复句

一部分分句对另一部分分句进行解释、说明或总括，这样的复句叫解说复句。解说复句中一般不用关联词语，而是靠分句的次序和意义来体现分句间的解说关系。

解说复句可以分为两种类型：

(1) 总分式

第一个分句总提，后面的分句分述；或前面的分句分述，最后一个分句总括。例如：

① 历史上的战争分为两类，一类是正义的，一类是非正义的。(毛泽东)

② 在我的后园，可以看见墙外有两株树，一株是枣树，还有一株也是枣树。(鲁迅)

③ 同学们来自祖国的四面八方，有辽宁的，有四川的，有上海的，还有新疆的。

④ 当面说得好听，背后又在捣鬼，凡是两面派都这样干的。

⑤ 或者把老虎打死，或者被老虎吃掉，二者必居其一。(毛泽东)

⑥ 她一手提着竹篮，内中一个破碗，空的；一手拄着一支比她更长的竹竿，下端开了裂：她分明已经纯乎是一个乞丐了。(鲁迅)

例①②③是前面总提，后面分述的例子，例④⑤⑥是前面分述，后面总括的例子。

(2) 解证式

后面的分句对前面的分句作具体的解释或进一步的说明。例如：

⑦ 我们都认为这是个太大的损失：一个人类的正直者悄悄地离开这世界了。(唐　)

⑧ 这些兄弟民族对解放军真是爱护得很，有时成群结队敲着象脚鼓，老远来给军队送东西。(杨朔)

⑨ 我们中华民族的摇篮在黄河中上游，那里绵亘的是一望无际的黄土高原。(秦牧)

(二) 偏正复句

偏正复句又叫主从复句。这类复句的特点是分句间的语法关系是不平等的，有主有从；表示主要意义的分句是正句，处于从属地位，对正句进行修饰、限制的分句是偏句。一般偏句在前，正句在后。按照偏句与正句间的语义关系，偏正复句又可分为 6 个小类。

1. 转折复句

前面的偏句叙述一种意思，后面的正句不是顺着这个意思说下去，而是说出一个相反或相对的意思，这样的复句叫转折复句。根据转折意味的轻重，转折复句又可以分为：

（1）重转式

偏句先承认某个事实或情况，正句再转到一个明显相反的意思上去。常用成套的关联词语“虽然（虽、虽说、尽管、固然、诚然）……，但是（但、可是、然而、却、而）……”等。例如：

① 这几年来，村里别的干部虽然换了好几个，而他两个却好像铁桶江山。（赵树理）

② 尽管李四爷是年高有德的人，可是不大有学问。（老舍）

（2）轻转式

偏句和正句的意思不是明显地对立，转折的意味较轻。偏句中没有导致转折的关联词语，只在正句中用“然而”、“却”、“而”、“但”、“但是”、“可”、“可是”，或者用转折意味更轻的“不过”、“只是”、“倒”等。例如：

③ 他曾经强迫自己忘了这一段日子，然而遗忘并不是一件容易的事。（程乃珊）

④ 手术后他恢复得很快，不过还得过两天才能出院。

⑤ 淋点雨，倒凉快。（冯德英）

2. 因果复句

一个分句表示原因或依据，一个分句表示结果或结论，这样的复句叫因果复句。因果复句又分为：

（1）说明因果句

偏句说明原因，正句指出由这个原因产生的结果。常用的关联词语是“因为……，所以……”、“由于……，所以……”、“因此”、“因而”、“从而”、“以致”等。例如：

① 人们因为能忘却，所以自己能渐渐地脱离了受过的苦痛，也因为能忘却，所以往往照样地再犯前人的错误。（鲁迅）

② 由于现时中国的革命是世界无产阶级社会主义革命的一部分，因而现时的中国新文化也是世界无产阶级社会主义新文化的一部分。（毛泽东）

③ 张军长被联军各将领推举为军事首领，从而又做了政治的

领袖。（巴金）

④ 刚才她没有想得那么明确，以致失去了提出自己意见的机会。（陈学昭）

有时也可以不要关联词语。例如：

⑤ 祥子昏昏沉沉的睡了两昼夜，虎妞着了慌。（老舍）

⑥ 白杨树实在不是平凡的，我赞美白杨树！（茅盾）

有时候，前一个分句表示结果，后一个分句表示原因，形成“（之）所以……，是因为（由于）……”或“……，因为……”的格式。但“（之）所以……，是因为……”这种格式强调的是原因，因而正句是表示原因的后一分句，而“……，因为……”的格式是先说出某种情况（结果），然后补充说明原因，正句是表示结果的前一分句。例如：

⑦ 农业发展之所以慢，是因为投入少。

⑧ 不久，我只得把她送到河间去了，因为我要到别处去工作。（孙犁）

（2）推断因果句

偏句提出一个事实作为依据，正句由此推断出某个结论来。有的是由原因推出结果，有的是由结果推出原因。常用的关联词语是“既然……，就（便、也、更、那么、可见）……”，或单用“可见”。例如：

⑨ 既然她不说话，我就去找那小伙子。（张贤亮）

⑩ 现在大家纪念他，可见他的精神感人之深。（毛泽东）

例⑨是由原因推结果，例⑩是由结果推原因。

3. 条件复句

偏句提出条件，正句说明在这个条件下产生的结果，这样的复句叫条件复句。条件复句又可以分为三种：

（1）充足条件句

偏句提出一个充足条件，正句说明有了这个条件就能产生相应的结果。常用的关联词语是“只要……，就……”、“一旦……，就……”、“一……，就……”，也可以在正句中单用“就”。例如：

① 只要演播《霍元甲》，胡同里就没人了。（陈祖芬）

② 战争一旦打起来，首先受害的将是欧洲。（邓小平）

③ 一动工，我就去挖沟。（老舍）

④ 休息几天，病就会好了。

（2）必要条件句

偏句提出一个非具备不可的条件，正句说明相应的结果。常用关联词语为“只有（唯有）……，才……”、“除非……，才（否则）……”。例如：

⑤ 只有火车上下车的旅客到了，生意才会忙起来。（高晓声）

⑥ 除非有数千大军，才能把这许多饿狼赶开。（金庸）

⑦ 除非我们死在半路，否则我们决不会停止。（秦牧）

充足条件句和必要条件句的相同点在于这两种句子所表示的条件和结果是一致的，即正句表示的结果是在偏句表示的特定条件下产生的。所不同的是，充足条件句表示有某个条件即可产生某种结果，但不排除有别的条件也可产生这种结果；而必要条件句则强调要产生某种结果必须有某个条件，没有这个条件，就不可能有这种结果。例如：

⑧ 只要吃了这种药，你的病就能好。

⑨ 只有吃了这种药，你的病才能好。

例⑧是充足条件句，表示有“吃了这种药”的条件，就会有病好的结果，但不排除吃别的药也可以治好“你这病”，所以“吃了这种药”并非必不可少的。而例⑨是必要条件句，强调具备了“吃了这种药”的条件，才会有病好的结果，否则病就好不了。

（3）无条件句

偏句先排除所有条件或供选择的几种条件，正句说明在任何条件下都同样会产生的某种结果，也就是说结果不因条件的改变而改变。常用的关联词语是“无论（不论、不管、任凭）……，都（总、也、还）。例如：

⑩ 无论是革命还是建设，都要注意学习和借鉴国外经验。（邓小平）

⑪ 不管有什么急事，他也不肯放弃了听广播。（老舍）

⑫ 任凭怎么捱着忍着，母子俩一年忙劳到头的结果还是两只

空拳头。（吴组湘）

4. 假设复句

偏句提出一种假设，正句说明在这种情况下会产生的结果，这样的复句叫假设复句。这种复句又可分为：

（1）连贯假设句

偏句提出假设，正句以这个假设为依据，说明与之相应的结果，全句语意连贯，假设与结果一致。常用的关联词语为“如果（如、要是、要、假如、假使、假若、倘若、若）……（的话），就（那么、那、便）……”、“要不是……，就（准、还）……”、“万一……，就……”、“不……，不……”。例如：

① 如果都像你这样想，中国的事情就永远办不好。（王蒙）

② 要是再不回来，就永远不必回家了。（冰心）

③ 要不是我在，事情准闹大了。（赵树理）

④ 万一有个三长两短，那就说不过去。（陆文夫）

（2）让步假设句

偏句先作一种让步，承认某种假设的情况是事实，正句从相反的角度说出正面的意思，前后语意有转折，假设与结果不一致。常用的关联词语有“即使（即便、就是、就算、纵然、哪怕）……，也（还）……”、“再……也……”。例如：

⑤ 即使失败，也得镇静！（茅盾）

⑥ 前面就是有刀山火海，我也永不变心。（达理）

⑦ ……哪怕是铁打的江山，也能叫它变个样儿！（杨朔）

⑧ 再不好，也是皮子做的呀。（《现代汉语虚词词典》）

从前后分句语意上有转折这一点上看，让步假设句与转折复句有相同之处，但二者有明显的不同：让步假设句以假设为前提，偏句所说的还没有成为事实，甚至不会变为现实；转折复句的偏句所说的是已经实现的事实，而不是假设的情况。例如：

⑨ 即使你说错了，也没关系。

⑩ 尽管你说错了，也没关系。

另外要注意的是，假设复句中含有条件的意思，条件复句中也带有假设的意味；但前者侧重在假设，后者侧重在条件。

5. 连锁复句

偏句和正句在意义上互相牵连，并且具有相同的关联词语。偏句表示变化的条件或依据，正句表示相应的变化。常用的关联词语为“越（愈）……，越（愈）……”、“谁……，谁……”、“哪里……，哪里……”、“怎么……，怎么……”等。例如：

① 讨论越深入，道理越清楚。

② 谁符合条件，谁就可以申请参加。

③ 哪里需要我们，我们就到哪里去。

④ 他们怎么做，你就怎么作。

6. 目的复句

一个分句提出某种目的，另一个分句表示为此目的所采取的行动，这样的复句叫目的复句。

有的目的复句的偏句表示要达到的目的。常用的关联词语有“为了”、“为”、“为（了）……起见，……”和“以便”、“以”、“用以”、“为的是”等。其中用“为了”、“为”或“为（了）……起见”时，偏句在前，正句在后；用“以便”、“以”、“为的是”或“用以”时，正句在前，偏句在后。例如：

① 为达到目的，我们不得不牺牲局部利益。（《现代汉语虚词词典》）

② 为了千万人不再受污染，必须把这个厂迁往郊外。（《现代汉语虚词词典》）

③ 为了慎重起见，还不得不抽出时间来讨论今日向何方。（陆文夫）

④ 当然他巴望早一刻听到那金子一般的宝贵消息，以便从容布置。（茅盾）

⑤ 大帅须要认真斟酌，以正视听。（凌力）

⑥ 父母亲节衣缩食，为的是攒钱供孩子上大学。

有的目的复句的偏句表示要避免的情况或事情。常用的关联词语有“以免”、“以防”、“免得”、“省得”等。这样的偏句总是用在正句之后。例如：

⑦ 机动车和非机动车应各行其道，以免影响交通安全。（《现

代汉语虚词词典》）

⑧ 还是趁早休息一会儿，免得到那时候支持不住。（巴金）

⑨ 出去散散心也好，省得憋闷出病来。（邓友梅）

五、多重复句和紧缩复句

（一）多重复句

前面讲复句类型时所举的例子，大多只有一个层次，那样的复句叫一重复句。实际语言中有不少复句的分句中又包含着两个以上的分句，从而使整个复句具有两个或两个以上的层次，这样的复句叫多重复句。至少有三个分句才能组成一个多重复句。有几个层次的，就叫几重复句。

分析多重复句，首先要统观整个复句，找出全句的第一个层次，在前后两个部分或几个部分（如果是偏正复句，就只有两个部分；如果是联合复句，则可能有几个部分）之间划上“｜”，并在这单竖线上方标明是什么关系。然后把划分出来的前后两个部分（或几个部分）各作为一个整体，照此方法划分出第二个层次的组成部分来，用“‖”表示并标明关系。就这样逐层分析，一直分析到每个分句为止。

在分析多重复句时，要特别注意各个层次用的是什么关联词语，它们表示分句间什么样的意义关系。如果没有关联词语，就要分析分句间的意义关系，或看能否加上适当的关联词语，并由此判断分句间的关系。

下面举例分析多重复句。

1. 二重复句

　　　　　　　　并列　　　　　并列　　　并列

① 我爱热闹，‖也爱冷静；｜爱群居，‖也爱独处。（朱自清）

　　　　　　　　并列　　　　　　递进

② 读书是学习，｜使用也是学习，‖而且是更重要的学习。（毛泽东）

　　　　　　　　　　　　转折　　　　　　　　因果

③ 我很想详细地知道这个故事，｜但阿长是不知道的，‖因为她毕竟不渊博。（鲁迅）

2. 三重复句

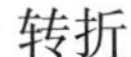

④ 他看出来自己是瘦了许多，|但是身量还是那么高大，

并列　　　　　　　　因果

|||筋骨还那么硬棒，‖他放了心。（老舍）

转折　　　　　　　　解说

⑤ 根据地也有学生，|但这些学生和旧式学生也不同，‖他

选择

们不是过去的干部，|||就是未来的干部。（毛泽东）

因果　　　　　　　　并列

⑥ 说话比写文章容易，‖因为不必查字典，|||不必耽心写

并列　　　　　　　　因果

白字；|同时，说话又比写文章难，‖因为没有考虑和推敲的余暇。（王了一）

3. 四重复句

转折

⑦ 虽然请看戏和被请看戏的人都已离开人世，|但那位只看

因果　　　　转折　　　　因果

“十三年”的人因为是长官，‖人死了，|||余威犹在，||||还可以吓唬一些人。（巴金）

转折

⑧ 我们的工资一般还不高，|但是因为就业的人多了，

并列　　　　　　　　递进　　　　　　　　因果

||||因为物价低和稳，|||加上其他种种条件，‖工人的生活比过去还是有了很大改善。（毛泽东）

并列

⑨ 如果我们能够在思想上提出正确的革命理论，|||对于他

并列

们的反革命理论给予坚决的打击；‖如果我们在政治上采取适合时

并列

宜的策略步骤，|||对于他们的反共反进步政策给予坚决的打击；

并列　　　　　　　　并列

‖如果我们采取适当的军事步骤，|||对于他们的军事进攻给予

假说　　　　　　　　　　　　　　　　　　　　　并列
坚决的打击；|那么就有可能限制他们实施反动政策的范围，‖就有可能逼迫他们承认进步势力的地位，‖就有可能发展进步势力，
（并列　因果）
||||争取中间势力，|||而使他们限于孤立。（毛泽东）

语言中还有五重、六重甚至更多重的复句，分析的方法也像上面的一样，但那样的句子较少见，这里就不再举例了。

分析多重复句要注意，多重复句有三个或三个以上的分句，但有三个或三个以上分句的，并不一定是多重复句。如：

⑩ 两国总理将芬芳的水和花朵泼向幸福的民族，|泼向幸福的人民，|泼向幸福的森林，|泼向幸福的大地。（徐迟）（并列　并列　并列）

这是由四个分句组成但只有一个层次的并列复句，不是多重复句。

另外，还要注意在分析多重复句时，不要把分句的某些成分当作分句。例如：

⑪ 微笑也各不相同，|有的是带歉意的；|||有的是作友好的试探；|||有的是会意的；|||有的是谦恭的；‖有的甚至使我明显地感觉到，她想讨好我。（莫应丰）（解说　并列　并列　并列　递进）

这是一个三重复句，最后一个分句中的“她想讨好我”很容易被看作是一个分句，实际上它只是前边的“感觉到”的宾语，而不具备分句所必须具备的相对独立性。

（二）紧缩复句

分句和分句紧缩成一个整体，中间没有语音停顿，这样的复句叫紧缩复句，又叫紧缩句。例如：

① 你一看就明白了。

② 你想去就去吧。

这两个句子看起来像是单句，实际上表示的却是复句的内容。例①表示的意思跟“你只要看到了，就会明白了”这个条件复句一样，

例②表示的意思跟“如果你想去，你就去”这个假设复句一样。

紧缩复句虽然具有类似单句的形式，但跟单句有很大的不同：1. 句中表示陈述的两个部分并不互相包含，而是具有条件、假设、连贯、因果等关系；2. 句中常用关联词语来连接；3. 只要加上适当的词语或标点，就可以扩展成一般的复句，同时又不改变其原义。

紧缩复句表达的是复句的内容，但它跟一般的复句又有所区别：1. 取消了分句间的语音停顿，使它们紧紧地连成一体；2. 缩减了原来分句的一些词语，使句子变得较为简约。

根据有无关联词语以及关联词语类型的不同，紧缩复句可以分为三种：

1. 由成对关联词语构成固定格式的紧缩复句

常见的固定格式有“不……不……”、“非……不……”、“不……也……”、“再……也……”、“越……越……”、“一……就……”等。例如：

③ 你不说我还不知道呢。 （假设）

④ 这事还非得你去办不可。 （假设）

⑤ 不睡觉也得把这活儿干完！ （假设）

⑥ 困难再大也不怕！ （假设）

⑦ 雨越下越大。 （连锁）

⑧ 他一毕业就找到了一个很好的工作。 （连贯）

2. 只用一个关联词语连接的紧缩复句

常用的关联词语有“也”、“就”、“才”、“还”、“再”、“又”、“都”、“却”等。例如：

⑨ 有钱我也不这么花。 （假设）

⑩ 他看你们宿舍里没人就走了。 （因果）

⑪ 站得高才能看得远。 （条件）

⑫ 得了便宜还卖乖。 （转折）

⑬ 出了问题再找他算帐。 （假设）

⑭ 当时她想说又不好意思说。 （转折）

⑮ 我说啥他都不听。 （条件）

⑯ 这棵树开了花却不结果。 （转折）

3. 不用关联词语连接的紧缩复句

⑰ 出了事你负责吗？（假设）

⑱ 他说完了该你说。（连贯）

⑲ 众人拾柴火焰高。（因果）

紧缩复句结构紧凑，言简意赅，经常用于口语中。

在分析多重复句时，碰到紧缩复句充当的分句，可作为一个单句形式来处理，不再划分其中的层次。

第八节　常见的语法错误

语法错误指的是由于违反语法规则（包括语言习惯）而造成的语言运用方面的错误。

检查一个句子的语法错误，常用的方法是“先抓主干，再清枝叶”。“先抓主干”就是先找出各中心成分，即主语中心，谓语中心，宾语中心，看有无错误。然后，“再清枝叶”，也就是检查各附加成分（定语、状语）和补充成分（补语），看有无问题。这样逐层检查，就容易把语病检查出来了。

修改病句要遵循三条原则：一、要尽量保持原句所要表达的意思；二、要尽可能保持原句的词语和结构；三、要合乎语法，通顺自然。

一、词的运用中常见的语法错误

（一）词性误用

属于不同词类的词，往往具有不同的用法。在组词造句中，由于不了解某个词的词性和用法，把属于甲类的某个词当作乙类词来用，这叫词性误用。例如：

×①父母都愿望自己的孩子将来能有出息。

×②过去评上教授是很荣誉的事。

×③沿海城市大都是比较发展的城市。

×④祖国的锦绣河山，谁不可爱呢？

×⑤在那儿他相识了一位农村姑娘。

例①的名词“愿望”误用为动词了。名词不能带宾语，可将

"愿望"改为动词"希望"。例②的名词"荣誉"前加了程度副词"很"，是名词误用为形容词了，可将"荣誉"改为形容词"光荣"或"荣耀"。例③的动词"发展"前加了程度副词"比较"，是动词误用为形容词了，可将"发展"改为形容词"发达"。例④是主谓谓语句。根据该句的语意和结构的要求，作谓语的主谓短语中的谓语应为动词，大主语"祖国的锦绣河山"应是该动词的受事，而句中的"可爱"却是形容词。这是形容词误用为动词了，可将"可爱"改为动词"热爱"。例⑤的"相识"是不及物动词，这里却带了宾语。这是不及物动词误用为及物动词了，应将"相识"改为及物动词"认识"。

（二）代词误用

代词误用包括指代不明、人称不对、用错代词等。例如：

×①妈妈见女儿这么晚还没回来，就给她的好朋友李芳打电话，问她知不知道是怎么回事。

×②他说身为共产党员，我怎么能把个人利益置于党的利益之上呢?

×③这时候，他还小，现在他已经大了，都结婚了。

例①中的"她的好朋友"是指妈妈的好朋友还是指女儿的好朋友，不清楚，这是"指代不明"。若指的是妈妈的。好朋友，可将"她的"改为"自己的"；若指的是女儿的好朋友，应将"她的"改为"女儿的"。例②从原来的上下文，我们知道句中的"我"指的就是句首的"他"，而"他说"后面是间接引语，用第一人称"我"不对。这样的错误叫"人称不对"。可将"我"改为"他"；或在"他说"后加冒号，再用引号将"身为……之上呢?"引上，使其变为直接引语，这样就不需改"我"了。例③用了表示近指的指示代词"这"，不对；应改为表示远指的"那"。这样的错误叫"用错代词"。

（三）虚词欠缺或多余

虚词在句中往往起着"粘合剂"的作用，把词语"粘合"起来，组成一定的句法结构。该用某个虚词而没用，即"虚词欠缺"，会造成句子结构松散，甚至导致其他的语法错误或引起歧义。若没必要用而用了某个虚词，即"虚词多余"，则成了累赘。例如：

×①经济制裁的影响，这些年来伊拉克国内一直缺医少药。

×②在此间出土的名砚，以西汉时期为最早。

×③当来年春天，这些候鸟又飞回北方。

例①“经济制裁的影响”表示原因，应由介词“由于”引出作状语。该句缺少这样的介词，“经济制裁的影响”便无法跟全句连成一体。所以，应在句首加上“由于”。例②的“以……为最早”意思是“以西汉时期生产的那些名砚为最早”。可以用“西汉时期的”来指称西汉时期生产的那些名砚，但该句连助词“的”也省略掉，这样意思就不通了。所以应在“西汉时期”后补上“的”。例③句首的“当”没有作用，是多余的介词，应删去。

二、单句结构中常见的语法错误

（一）搭配不当

搭配不当，指的是句中相关成分的搭配不合句子结构规律，不合事理，不合习惯等等。例如：

×①老师经常鼓舞我们要不断进步。

×②黄河游览区的春天是个美丽的地方。

×③晚会上，同学们演唱了许多精彩的节目。

×④近几个月来，他的运动成绩在稳固地上升。

例①的“鼓舞”作谓语或谓语中心语时，主语一般是事物，不是人。该句的主语“老师”和谓语中心语“鼓舞”不搭配，可将“鼓舞”改为“鼓励”。例②的主干“春天是地方”不通，这是主宾不搭配，可将该句改为“春天的黄河游览区是个美丽的地方”。例③的述语“演唱”和宾语“许多精彩的节目”不搭配，可将“演唱”改为“表演”。例④的状语“稳固”同谓语中心语“上升”不搭配。“固”有不动之义，同“上升”有矛盾，可将“稳固”改为“稳步”。

（二）语序不当

语序是汉语的重要语法手段，结词造句要根据表达的需要和语句的结构来确定语序，语序不当会引起误解或令人费解。例如：

×①一年有四个春、夏、秋、冬季节。

×②学校把优秀少先队员的名单已经公布出来了。

×③这个电影光彩夺目地塑造了一个英雄形象。

×④……我和弟弟只好用互相的身子暖和着对方。

例①的“四个”应后移，即改为“一年有春、夏、秋、冬四个季节”才合乎事理，原句的多层定语语序不当。例②的时间状语“已经”应置于“把”之前，原句的多层状语语序不当。例③的“光彩夺目”应作“英雄形象”的定语，却错误地放在了状语的位置上，应将该句改为“这个电影塑造了一个光彩夺目的英雄形象”。例④的“互相”是副词，只能作状语，但在该句中却错误地放在了定语的位置上，应将该句改为“我和弟弟互相用自己的身子暖和着对方”。

（三）成分残缺

成分残缺指句中缺少了必不可少的成分，而不是指借助语言环境而产生的正常的省略现象。例如：

×①在万恶的旧社会，把穷人逼得走投无路。

×②除夕吃饺子，这个传统一直到现在。

×③改革开放后，我国农民也开始走上富裕。

×④他为小张的孩子找到一所好学校，还去医院看望那住院的老母亲。

×⑤他们在那个地区进行诈骗，被骗的十多个乡镇企业奉为上宾达 20 多天。

例①缺主语，可将介词“在”删去，让“万恶的旧社会”作主语。例②缺谓语中心语，应在“一直”后加上动词“延续”。例③缺宾语中心语，可在句末加上“之路”。例④缺定语。“老母亲”是“小张”的，为了表意清楚，应在“看望”后加上“小张”。例⑤的“奉为上宾”之前缺状语“把他们”，应加上。

（四）成分多余

在句子结构完整，表意也很清楚的情况下，使用了不必或不应使用的词语来作句子成分，这叫成分多余。例如：

×①《养花》的作者是老舍先生写的。

×②谢军在十四场比赛中取得 9 胜 4 平 1 负。

×③今天的幸福生活是无数革命先辈用鲜血换来的代价。

×④我又想起了过去的往事。

×⑤我轻轻地小心翼翼地拿起了那个磁娃娃。

例①的主语和谓语意思上有不必要的重复，而且搭配不当，可删去“的作者”或“写的”。例②的谓语中心“取得”多余，应删去，直接让“9胜4平1负”作谓语。例③中的谓语“是……换来的”已清楚完满地说明了主语，后边又多了个不必要的宾语中心语“代价”，显得累赘，并造成搭配不当。应将“代价”删去。例④中的“往事”就是指过去的事，定语“过去的”多余，应删去。例⑤中的状语“小心翼翼”已包含有“轻轻”的意思，状语“轻轻地”多余，应删去。

（五）句式杂糅

说话或写作时由于思路不清，举棋不定而把两种句式糅合在一起，这叫句式杂糅。例如：

×①他这次旧病复发的原因是由劳累过度引发的。

×②今天这张小报终于和大家出版见面了。

×③据卫生部门的统计表明，今秋我市的感冒患者明显比去年秋天增多。

例①把“他这次旧病复发的原因是劳累过度”和“他这次旧病复发是由劳累过度引发的”两种句式糅到一起了（前面“成分多余”一类中例①的错误，从另一个角度说，也属于“句式杂糅”，并且跟此例属于同一类型）。例②是“这张小报终于出版了”跟“这张小报终于和大家见面了”杂糅。例③是“据卫生部门的统计，今秋我市……”与“卫生部门的统计表明今秋我市……”杂糅。两种表达方式单取其一种即可将病句改正。

三、复句运用中常见的语法错误

（一）结构层次混乱。例如：

×①只有提高工人的生产积极性，才能提高工人的思想觉悟。

×②今年这个地区遭遇了特大洪灾，灾区军民奋战了二十个昼夜，终于保住了大堤，战胜了洪水。

例①把两个分句之间的条件和结果的关系填倒了，应改为“只有提高工人的思想觉悟，才能提高工人的生产积极性”。例②叙述时违反事情发展的顺序，造成次序混乱，应该先说“战胜了洪水”，再说“保住了大堤”。

（二）关联词语使用不当

1. 关联词语搭配不当。例如：

×①因为他有了很大的进步，因此老师表扬了他。

×②只有平时注意观察事物，积累素材，作文时就会有内容写。

×③不是武松打死老虎，还是老虎吃掉武松。

例①中的“因为”和“因此”都是用于因果复句中的关联词语，但“因为”通常跟“所以”搭配，不跟“因此”搭配；“因此”经常单用，有时前边用“由于”呼应。该句中的“因此”应改为“所以”；或保留“因此”，删去“因为”。例②的“只有”与“就”不搭配，应将“就”改为“才”。例③表示选择关系，应该用“不是……就是……”这对关联词语，“还是”应改为“就是”。

2. 用错关联词语。例如：

×①我又做错了五道题，因为老师批评了我。

×②批评他滥用职权的话的确很尖刻，因而也不无道理。

例①前一分句表示的是原因，后一分句表示的是结果。表示结果的分句句首应该用“所以”而不是“因为”。例②前后两个分句之间是转折关系，不该用表示因果关系的关联词“因而”，可将“因而”改为“然而”。

3. 缺少必要的关联词语。例如：

×①他虽说没上过大学，通过自学考试拿到了大学文凭。

×②不管刮风下雨，她天天按时到校上课。

例①后一分句缺少与“虽说”呼应的关联词，可在“通过”前补上“却”或“但”。例②的“不管”要求后边有“都”或“也”呼应。根据句意，应在“天天”后加上“都”。

4. 滥用关联词语。例如：

×①她因为今天不舒服，所以不能来上课，因此要我替她请个假。

×②不管他的行为应该受到多么严厉的指责，但都不致使他落到遭弹劾的地步。

例①的“因为”“所以”“因此”多余，去掉后语句显得简洁明了。例②是个条件复句，两个分句之间并无转折关系，句中却强加了表示转折关系的关联词“但”，应将“但”删去。

5. 关联词语位置不对。例如：

×①不但我们要学好语文、数学，而且也要学好外语。

×②报名的人因为太少，所以这次比赛取消了。

例①的“不但”位置不对。分句主语相同时，“不但”须放在主语之后。该例两个分句的主语相同，“不但”应移到主语“我们”之后。例②的“因为”位置也不对。分句主语不同时，“因为”须放在主语之前。该例两个分句的主语不同，“因为”应移到主语“报名的人”之前。

第九节 标点符号

标点符号的主要用途是在书面语中表示停顿、语调或标明词语的性质、作用。写文章不用标点或不能准确运用标点符号，都会妨碍意思的表达。因此，标点符号对准确地传情达意，使读者分清结构、辨明语气或避免引起误解起着重要的作用，是书面语言的有机组成部分。

标点符号有十四种，分为点号和标号两类。列表如下：

点号	句号 。	问号 ？	感叹号 ！	逗号 ，	顿号 、	分号 ；	冒号 ：
标号	引号 “ ” ‘ ’	括号 （） 〔〕	破折号 ——	省略号 ……	书名号 《》 〈〉	着重号 .	间隔号 ·

点号主要用来表示语言中的种种停顿，标号主要用来表示词语或句子的性质和作用。问号和感叹号除了表示句末的停顿外，还表示句子的疑问和感叹的性质，因而它们既是点号，也兼属标号。此外，归在标号里的破折号、省略号、间隔号，除了表示词语的性质和作用外，也表示一定的停顿。

一、句号

句号用在陈述句的句末，表示一个陈述句完了的停顿。例如：

① 今天的课上完了。

② 列车 7 点 30 分准时到达北京站。

③ 他收拾好东西，就出门上班去了。

④ 有时回忆起这段往事，觉得很可笑，甚至有些荒唐，但它确实给我的童年生活增添了不少色彩。

句号也可以用在语气比较舒缓的祈使句的句末。例如：

⑤ 请给我一杯咖啡。

⑥ 他马上就来，你坐一会儿吧。

二、问号

问号用在疑问句的句末，表示一个疑问句完了的停顿。例如：

① 你是南方人吗？

② 大家准备好了没有？

③ 谁把我的自行车骑走了？

④ 请你谈一谈，好吗？

反问句的句末一般也用问号。例如：

⑤ 这样的问题难道还要问吗？

⑥ 他自己的事还管不过来，哪有时间管我的事？

一些句子中虽然有疑问词或疑问格式，但全句的意思并不表示疑问，这样的句子末尾不用问号。例如：

⑦ 我不明白这究竟是为什么。

⑧ 哪儿都可以见到骑自行车的人。

⑨ 我不知道这样做合适不合适。

三、感叹号

感叹号用在感叹句的句末，表示一个感情强烈的句子完了的停顿。例如：

① 这座山真高啊！

② 错过了这个机会，太可惜了！

感叹号也用于感情强烈的祈使句句末。例如：

③ 滚，滚出去！

④ 你给我站住！

反问句的句末一般用问号，但语气较强的反问句句末也可以用感叹号：

⑤ 他怎么能这样做呢！

此外，感叹号还可以用在由叹词、表示称呼的名词构成的非主谓句之后，如：

⑥ 哟！饭糊了！

⑦ 大哥！你冷静一点，听我解释一下。

四、逗号

逗号表示一个句子内部的停顿，有下面一些用法：

1. 用在句子的主语和谓语之间。例如：

① 他那坚定沉着的声音，一下子使惊慌失措的人们安静下来了。

② 孩子，现在成了她生活中唯一的精神支柱。

③ 这么复杂的问题，我们真应该好好考虑一下。

④ 你呢，也少说几句。

例①的主语比较长，例②要强调主语，例③的谓语是个主谓短语，例④的主语之后有语气词，在这几种情况下，句子的主、谓两部分之间需要加逗号表示停顿。

2. 用在述语和由较长的主谓短语充当的宾语之间。例如：

⑤ 我们认为，他所取得的成绩是来之不易的。

3. 用在句首的状语之后。例如：

⑥ 对我来说，这是一次很好的学习机会。

4. 用在并列的词语之间。例如：

⑦ 这姑娘有着大大的眼睛，苗条的身材，一头披肩秀发，十分引人注意。

5. 用在独立语的前后。例如：

⑧ 有人过来了，你瞧。

⑨ 看起来，今天不会下雨了。

6. 用在倒置的句子成分之间。例如：

⑩ 怎么了，你？

⑪ 他拿着一大堆东西，大包小包的。

⑫ 她把车开过来了，小心翼翼地。

7. 用在复句的分句之间。例如：

⑬ 人人都互相帮助，世界就会更加美好。

⑭ 天气这么好，咱们去郊游吧！

8. 用在“那么”、“所以”、“但是”、“然而”、“不过”等关联词语之后。例如：

⑮ 既然你已经决定了，那么，开始行动吧。

⑯ 这篇文章很有新意，不过，其中的某些观点还是可以商榷的。

五、顿号

顿号表示句子内部并列词语之间的停顿，主要用在并列的词或短语之间。例如：

① 普通小学开设的课程有语文、数学、英语、音乐、美术、体育等。

② 品德好、学习好、身体好是评选三好学生的标准。

顿号和逗号都可以表示并列词语之间的停顿，但顿号表示的停顿比逗号小。例如：

③ 钢铁、石油、化肥、煤炭，水稻、麦子、棉花等工农业产品的产量都有了很大的提高。

如果并列的词语少而短，也可以直接用词序来表示。例如：

④ 这位老人热情开朗的笑容一直留在我的脑海里。

“热情”和“开朗”是并列的两个形容词，但它们之间既没有顿号，也没有逗号。

并列词语之间如果有“和”、“跟”、“与”、“同”、“及”等连词，就不需要在连词前用顿号了。如：

⑤ 信纸、信封和邮票都准备好了。

顿号还可以用在序数词的后面，如“一、……二、……三、……”或“甲、……乙、……丙、……”。

六、分号

分号主要表示复句中并列分句之间的停顿，它的作用是分清句子内部的层次关系。

1. 只有一个层次的一般复句的分句之间，可以用逗号表示停顿，但如果分句内部已有逗号，分句之间应该使用分号。例如：

① 对自己，他严格要求；对别人，他宽容谅解。

② 看书时，她苦思冥想；听课时，她聚精会神。

2. 多重分句的几组并列的分句之间，一般用分号表示停顿。例如：

③ 家具虽然陈旧，却擦得一尘不染；房间虽小，却布置得井井有条。

④ 五星红旗左上方缀有五颗红星，一颗较大，居左；四颗较小，环拱于大星之右，并各有一个尖角正对大星的中心点。

有时，在不属于并列关系的多重复句中，分句之间也用分号。例如：

⑤ 她久已不和人们交口，因为阿毛的故事是早被大家厌弃了的；但自从和柳 妈谈了天，似乎又即传扬开去，许多人都发生了新趣味，又来逗她说话了。（鲁迅）

七、冒号

冒号表示提示性话语之后或者总括性词语之前的停顿。

1. 用在“某某说”等词语后面，引语之前。例如：

① 他说：“我和你一起去吧。”

② 中国有一句老话：“精诚所至，金石为开。”

2. 用在书信、发言稿的称呼语之后，表示“请注意下面的话”一类的意思。例如：

③ 各位来宾、各位代表：

你们好！

3. 用在总说性词语后面，接着分项说明。例如：

④ 他们有三朵金花：大女儿十九岁，上大学了；二女儿今年十七，上高中；小女儿十五，今年初中毕业。

4. 用在总括性词语之前，表示总结上文。例如：

⑤ 或者是你去，或者是她去：你们俩总得去一个。

5. 用在要说明项目的词语之后，下面说明有关内容。例如：

⑥ 学期工作总结会

时间：七月八日上午八点

地点：本校办公楼二层会议室

参加人员：全体教师

八、引号

引号的作用有下面几种：

1. 表示文章中直接引用的语句。例如：

① 他高兴地说："太好了！"

② 这是老人留下的遗嘱："遗体交国家，全部捐献，不留骨灰。遗留衣服，捐献灾区，只留少数给子女作纪念。"

③"知识就是力量"这句名言，曾经鼓舞了无数青年去努力学习，努力探索。

④ 他的所作所为，正如大家所说的那样，是"聪明反被聪明误"。

要注意引文末尾标点的使用：如果引用的是完整的一句话或一段话，并且是独立地来用，引语句末的标点要放在引号里面，如例①②；如果把引用的语句作为说话人自己的句子中的一部分，引语句末不加标点，全句末尾的标点要放在引号外，如例③④。

2. 用于具有特殊意味的词语。例如：

⑤ 这些独生子女成了家里的"小皇帝"，饭来张口，衣来伸手。

3. 用于文章中需要指出的专门术语或论述对象。例如：

⑥"七七事变"是指 1937 年 7 月 7 日，日本侵略者对我国北平发起进攻，从而使抗日战争全面爆发的事件。

如果引号里面还需要引号的话，外面一层用双引号，里面一层用单引号。例如：

⑦ 老师问："大家知道'亡羊补牢'这个成语吗？"

九、括号

括号表示行文中注释的部分，在用法上分为两种：

1. 用于注释句子中某些词语，括号和注释要紧贴在被注释的词语之后，括号内注释语的句末不应加标点。例如：

① 陆游，字务观，号放翁，南宋山阴（现在浙江省绍兴县）人。

② 生活在单亲家庭（家里只有父亲或母亲的家庭），这几个孩子或多或少都有心理障碍。

2. 用于注释整个句子，括号和注释要放在被注释句子末尾的标点之后，注释语末尾若有标点，应该保留。例如：

③ 我宣布，大会到此圆满结束！（与会者起立，全场掌声雷动。）

④ 有些问题，我现在不便对大家说，以后找机会再告诉大家吧。（其实即使不说大家心里也明白。）

此外，括号也可以用于行文中的序次语。例如：

⑤ 今天要介绍的内容有：

（一）怎样选择论文的题目；

（二）怎样收集论文的有关资料。

括号除了圆括号外，还有方括号（[]）、六角括号（〔〕）、方头括号（【】）等几种。

十、破折号

破折号有下面几种用法：

1. 表示行文中注释的部分。例如：

① 她看着小莉——自己的亲生骨肉，心中悲喜交集。

② 这就是中国的首都——北京。

如果注释语句插在句子中间，可以在注释语的前后各加一个破折号。例如：

③ 今年长江中下游的洪涝——一场百年未见的水灾——牵动着全国人们的心。

2. 表示话题的转换。例如：

④“这房子真够宽敞的。——小李他们来了吗？”

3. 表示话语的中断或声音的延长。例如：

⑤“我父亲——怎么走的？”

⑥“铃——”电话铃响了。

4. 表示从一个意思跳跃到另一个意思。例如：

⑦ 团结——批评——团结，这就是我们的方针。

十一、省略号

省略号表示文中省略的部分，有下面几种用法：

1. 表示引文的省略。例如：

① 大家愉快地唱起了歌：“让我们荡起双桨……”

2. 表示列举的省略。例如：

② 在北京，我参观过不少名胜古迹：长城、故宫、天安门、

颐和园……

3. 表示话语的中断或断断续续。例如：

③“我想……”

“你还想怎么样？”

④ 她痛苦地说：“我和他……已经……分手了。”

十二、书名号

书名号表示书名、篇名、剧名、报刊名、歌曲名等。例如：

① 我看过曹雪芹的小说《红楼梦》。

②《藤野先生》这篇散文写得非常生动有趣。

③ 人民艺术剧院最近重新上演老舍的话剧《茶馆》，很受观众欢迎。

④ 我买了一份《光明日报》。

⑤《国歌》这首歌由田汉作词，聂耳谱曲。

书名号内还需要表示书名时，外面一层用双书名号，里面一层用单书名号。例如：

⑥ 这篇文章的标题是《看〈三国演义〉有感》。

十三、着重号

着重号用在横行文字的下边或竖行文字的右边，表示需要引起读者注意的字、词语或句子。例如：

① 他指出，这种现象的出现是偶然的，不是必然的。

② 这一段时期的工作重点是，抓好课堂教学秩序，培养良好的校风、班风。

十四、间隔号

间隔号表示外国人或一些少数民族人名里各个部分的分界，也表示书名与篇名、章名、卷名的分界，朝代与人名的分界，月份与日期的分界。例如：

① 你看过《安娜·卡列尼娜》这本书吗？

②“以逸待劳”这个成语出自《孙子兵法·军事篇》。

③“烽火连三月，家书抵万金”。（唐·杜甫）

④ 现在给大家介绍一下“一二·九运动”的由来。

第四章　修　　辞

第一节　修辞概说

语言是人们交流思想、传递信息最重要的交际工具，我们每天都要使用语言。从日常生活到社会生产，从政治经济文化活动到教育科学技术事业，都离不开语言这一交际工具。语言对于人类社会生活的各个方面都有着极其重要的作用。

我们使用语言首先要合乎语言的规范，也就是遵守用词造句的种种规则。这样才能使说出的话和写成的文章带有条理性、为人们所理解。那么，是不是仅仅如此就可以完满地表情达意，就是充分地发挥了语言的交际作用呢？我们不妨先来比较一下下面的两个句子：

这屋里非常冷。

这屋里冷得像个冰窖。

两句话意思相同，用词造句也都符合规范。但二者在表达效果上却有明显的差异：前一句只是简单地平铺直叙，不能给人什么具体深刻的印象；后一句则对语言材料进行了一番加工，因而能使人通过想象和体味获得一种具体而明确的印象。鲁迅说过："正如作文的人，因为不能修辞，于是也就不能达意"。（《致李桦》）可见，要想将语言这一工具运用得好，只满足于合乎规范是远远不够的。还应当力求准确和生动，使语言更具有感染力和说服力。这就需要我们掌握一些修辞的知识。

修辞主要有两个含义：一个是指说话和写作中根据所要表达的思想感情和具体的交际环境，对语言材料积极进行选择调整以达到预期的表达效果的过程，即修辞活动。"思想感情"是说、写的内容；"具体的交际环境"指说、写的对象、地点、时间等因素；"语言材料"包括词、短语、句子等等。如果在确定了交际的内容和目的的前提下，从交际的对象（是一般听众读者还是专业人员等等）以及语言的体式（是口语还是书面语）等条件出发来恰当地选择运用词语、组织安排句子等，使语言更准确、更富于表现力，这样一个过程便是修辞。

修辞的另一个含义是指研究如何增强语言表达效果的方法和规律的科学，即修辞学。作为语言学的一个分支，修辞同词汇和语法既有区别，又有联系：词汇和语法研究语言自身的规律，要解决的是表达得对不对、通不通即是否符合语言规范的问题；而修辞则研究语言运用的规律，要解决的是表达得好不好即采用什么样的语言形式、如何取得最佳效果的问题。但修辞又不是孤立的，它必须以词汇和语法为基础。符合语言规范是讲究修辞的前提条件。修辞是从表达的方式和效果方面来研究词汇和语法的，是词汇和语法知识的综合运用。

修辞学讲求思想内容与语言形式的统一。我们学习修辞，就要在把握好思想意义的前提之下充分发挥语言工具的交际作用。修辞有助于培养语言表达的准确性、鲜明性和生动性，提高说话和写作的艺术修养。同时还能帮助我们更好地理解文章作品，增进阅读能力和欣赏水平。

修辞学的内容一般包括词语的锤炼、句式的选择、辞格和语体风格等。在汉语基础课的修辞部分，我们只讲授前三方面的内容。

第二节　词语的锤炼

汉语是以词汇丰富著称的语言之一。词汇是构成语言的一个要素。汉语中丰富多彩的词语为我们灵活地表达思想、有效地传递信息提供了便利的语言材料。语言交际的最小单位是句子，每一个句子都是靠词语（即词和短语）组合而成的。词语的运用对句意有着直接的影响。因此无论是口头表达还是书面表达，都不能不重视词语的选择运用。如果作者在选用词语的过程中，经过反复的斟酌推敲而使得词语达到含义丰富、深刻，表现力极强的艺术境界，便是对词语进行锤炼。古人称之为“炼字”。

词语的锤炼是我国修辞艺术的传统，一向为历代的著名文学家和诗人所注重。“为人性僻耽佳句、语不惊人死不休”、“吟安一个字，捻断数茎须”等等都是这种一丝不苟、精益求精的写作态度和精神的生动写照。北宋王安石《船泊瓜洲》诗中有“春风又绿江南岸”的名句。其中的“绿”字最初为“到”，作者认为欠佳。于是先后换上了“过”、“入”、“满”等，就这样，接连修改了十多次，直到最后才选定了这个“绿”字。一个“绿”字蕴含了丰富的意义。它写出了春风的和煦、春意的盎然和江南大地的勃勃生机，给全诗增添了清新明丽的格调和色彩。这说明许多看似平淡的词语，只要运用得恰当贴切，就能产生不同寻常的修辞效果。

词语锤炼得好，是与对事物的深刻认识和驾驭语言的深厚功力分不开的。因此，如何进行词语锤炼是一个相当复杂的问题，并不是仅仅用几条规则就能全部加以概括的。在此只能选取几种较为普通的方法作些介绍。

一、突出词语的感情色彩

人们在用语言表现客观事物的过程中，总是伴随着一定的主观态度与感情的。这就使所用的词语带上了一定的感情色彩。因此在说话和写作时注意适当地突出词语感情色彩，往往能使语言表达更富有鲜明性和感染力。例如：

①忍看朋辈成新鬼，怒向刀丛觅小诗。（鲁迅《为了忘却的纪念》）

②在那山径上，碧水边，姑娘们飘着彩色长裙，顶着竹篮、水罐，走回开满波斯菊的家园。（魏巍《依依惜别的深情》）

例①是鲁迅为悼念被杀害的青年革命作家所作的一首诗中的两句。“忍看”原为“眼看”，“眼看”缺少感情色彩。改为“忍看”，便确切地表现出鲁迅对遇害的青年作家们的深厚感情和对敌人血腥屠杀暴行的无比愤慨，也反映了作者威武不屈的斗争精神。例②，不说“穿着”而说“飘着”彩色长裙，则是很好地反映出作者眼中朝鲜姑娘们那轻盈美好的仪态。使人仿佛感受到和平劳动中的轻松愉快的气氛。

二、选用最能体现事物特征的词语

事物都具有自身的独特之处。要准确细致地描述某一客观对象，就要善于把握住事物的特征，从而精选出最能表现这一特征的词语把该事物恰如其分地表述出来。例如：

①从此就看见许多陌生的先生，听到许多新鲜的讲义。（鲁迅《藤野先生》）

加点的部分，在初稿里均为“新”。“新”是个常用的多义词，含义过于宽泛。用来修饰“先生”和“讲义”不够确切、具体。后来改为“陌生”和“新鲜”，便突出了“以前没见到过”和“第一次接触”这样一些含义。因而准确地传达出作者初到日本留学时对所接触的新的人物和事物的印象与感受。

②明月泻出一派青辉，照得山谷铿亮。（钱佩衡《雪莲》）

③雨是最寻常的，一下就是两三天。可别恼。看，像牛毛，像花针，像细丝，密密地斜织着，人家屋顶上全笼着一层薄烟。树叶儿却绿得发亮，小草儿也青得逼你的眼。（朱自清《春》）

例②中没有用“发出”或“射出”等词语而用了通常描写水的“泻出”来表现明月清辉，是抓住了景物中的一个鲜明的特征，即“月光如水”。这样就生动地描绘出山谷月夜的优美景色，给文章增添了诗一般的意境。一般我们描述光亮的物体时往往会用“耀眼”、“刺眼”之类的词语。而在例③中作者对小草儿的描绘却是“青得逼你的眼”。把“逼”和“眼”二者搭配在一起，用得很不寻常。但结合上文“树叶儿却绿得发亮”，我们便可领会作者的匠心所在：这样写正是为了准确地反映在春雨淋浇之中的小草所特有的那种鲜亮、醒目的青绿之状。

三、用动态意义的词语描述静态的事物

客观对象中有许多是相对静止不动的。在一般情况下，人们也总是用具有静态意义的词语去描述它们。然而，在特定的情况下，如果创造性地采用某些表现动态的词语来描述静态的事物，寓动于静，就会把静态的对象写活了。例如：

①这个亭踞在突出的一角的岩石上，上下都空空儿的，仿佛一只苍鹰展着翼翅浮在天宇中一般。（朱自清《绿》）

②且请看那一树，齐着华庭寺的廊檐一般高，油光碧绿的树叶中间托出千百朵重瓣的大花……，这就是有名的茶花。（杨朔《茶花赋》）

“踞”本指动物的姿态，意思是“蹲”或“坐”。例①用它来写一个建筑物，这是作者采用的“化静为动”的手法，使得梅雨亭那不凡的气势和神采跃然纸上。“托出”本是人手发出的动作，一般不用于人以外的事物。但例②中却被用来表现花朵。这里的“托出”用得新颖别致，生动地展现了一朵朵茶花竞相怒放、呼之欲出的一番盛况。以上两例中，如果把“踞”换成“建”、“修”或“立”，把“托出”换成“有”或“开着”等词语，就将变得大为逊色了。

③这是座小木桥，保持着几千年不变的式样和格调，旁边竖立着简单的栏干，让过客凭此远眺，水从脚下流去，路从山背爬过来，到此成个交叉，后者终于给拦住了，是这座小木桥背负它渡过横溪，接上对面的绿草岸，路，又远远的奔向天涯。（唐　《桥》）

“桥”和“路”都是静态的事物。但作者并没有因此而对它们做简单、静止的描述，而是刻意选取了“爬”、“背负”和“奔”等动态意义的词语。借助这些词语将“路”和“小木桥”赋予了生命，在读者意念中创造出一种绵延的动感，使语言既活泼朴实又含义深远。

第三节　句式的选择

人们要表达思想感情，首先需要在语言中寻找适当的词语。然后还必须按照一定的规则把这些词语编排起来，组成句子。句子是最基本的语言运用单位。句子有一定的结构形式，这就是句式。现代汉语的句式是多种多样的。汉语丰富的词语和多样化的句式，为我们根据具体需要精确地表达各种不同的思想感情，提供了充分的可能。而且，在语言交际中，同样的意思往往也可以通过不同的句式来表达。例如：

①a. 我把电视机关掉了。

b. 电视机让我关掉了。

②a. 她没干过这么重的活儿。

b. 这么重的活儿她没干过。

c. 她哪儿干过这么重的活儿?

③a. 这点儿事儿，他会帮忙的。

b. 这点儿事儿，他不会不帮忙的。

我们可以看出，不同的句式在叙述的重点和显示的语气等方面是有一定差别的，因而表达的效果也就有所不同。每种都有自己的适应场合。在什么时候采用什么样的句式为宜，则需要根据说、写的内容和句子的上下文等具体因素来决定。由此可见，在语言交际的过程中，根据所要表达的思想内容和具体的语言环境去灵活地安排句子，选取最佳的句子结构形式，就是句式的选择。

下面就从修辞的角度介绍一些常用的句式，并分析说明它们的表达效果。

一、长句和短句

从形体上看，句子有长有短。包含词语多、结构较复杂的句子叫长句；包含词语少、结构较简单的句子叫短句。但长句和短句并不是单纯以词语多少为界限的。结构的繁简才是划分二者的主要标准。因此短句通常也包括某些复句中结构比较简单的分句。长句和短句都各有自己的构成特点和表达效果。

(一) 长句

修饰限制成分（定语或状语）用得较多、联合成分用得较多，而且有的成分内部又比较复杂，或者把逻辑关系密切的几个分句用在一起，就形成了长句。例如：

①中华民族，是在历史上逐渐形成的、以汉民族为主体的多民族统一体。

②在本世纪内全面实现农业、工业、国防和科学技术的现代化，把我国建设成为社会主义的现代化强国的宏伟规划，反映了我国亿万人民的共同愿望。

例①在“统一体”之前连用了三个定语“在历史上逐渐形成的”、“以汉民族为主体的”和“多民族”。这些修饰限制成分使这个句子成为长句；例②之所以为长句，是因为句中的一个定语“在本世纪内实现……成为社会主义的现代化强国”长达 41 个字，是由两个分句组成的复句形式，而且两个分句内部的结构也较复杂。

③从爆竹的脆响中，从礼花的纷飞中，从锣鼓的节奏中，从纵情欢笑而又热泪盈眶的人群中，从举国上下的一片欢腾声中，宣告了中国革命又取得了一个伟大的历史胜利！（何为《临江楼记》）

④知识是形成能力和素质的基础，但知识并不等于能力和素质；知识和技能只有通过内化，才能升华，形成素质；素质的提高又将促进知识的更快掌握与扩展，促进能力的更好发挥与发展。

例③由于有五个联合成分“从……中”在句中充当状语，因而大大增加了整个句子的长度。例④的句子之所以长，是因为它是一个包含转折、因果、条件、并列等种种关系的多重复句。

长句的表达效果是郑重、精确、周全、严密。因为长句可以借助其中的修饰限制成分或联合成分对事物加以精确、细致和全面的描述，如下面的例⑤、例⑥；还可以借助意思密切相关的一些分句对事物和事物之间的逻辑关系进行严密的论述，如例⑦。因此，长句宜用于表述复杂的事物和论证说明事理。

⑤社会心理学，是从社会与个体相互作用的观点出发，研究特定社会生活条件下个体心理活动发生发展及其变化的规律的学科。（《社会心理学》）

⑥随着信息电子技术的日新月异的发展，“信息高速公路”在许多国家的推广，计算机技术的进一步网络化和智能化，人类进入了信息社会。

⑦尽管古代的一些作家，并不完全是唯物主义者，但是他们既然是列宁主义者，他们思想中就不能不具有唯物主义的成分，因而他们能够从艺术描写中反映出一定的客观真理。

（二）短句

短句不仅仅包含词语少、结构较简单的单句，并列复句和连贯复句中词语较少、结构较简单的分句也属于短句的范围。

①天上月黑星稀。我们迎着东北风往前走。老田拄着棍子在前边引路，我紧紧跟在他后面。（马烽《我的第一个上级》）

②祥子咽了口气，咬了咬嘴唇，推门走出来。（老舍《骆驼祥子》）

例①中前边的两个单句，是明显的短句；后边有一个由两个分句组成的并列复句。如果把其中的前一个分句用句号圈断，两个分句都可以独立成句。而且每一分句结构比较简单，词语也比较少，可以看作短句。这样例①共包括有四个短句。例②从整体看是个连贯复句。后两个分句的主语“祥子”承头一个分句而省略。如果补出被省略的主语，再把句中的两处逗号改为句号，三个分句也都能成为单独的句子。因此可以认为例②是三个短句。

汉语缺乏形态变化，语序和虚词是组成句子的主要手段。所以在一般情况下，汉语的句子都不太长。句子简短可以算是汉语的特点之一。例如：

③其时进来的是一个黑瘦的先生，八字须，戴着眼镜，挟着一迭大大小小的书。（鲁迅《藤野先生》）

④云谷寺没有寺了，只留寺基。台阶前有一棵异罗松，说是树上长着两种不同形状的叶子。（叶圣陶《黄山三日》）

⑤出发了。一点名，小秃没影了。大家折回家里，找了半点钟，没找着。大家就决定不看电影了，找小秃是更重要的。把新衣裳全脱了，分头去找小秃。正在这个当儿，小秃回来了，原来他是跑在前面，而折回来找她们。好吧，再穿好衣裳走吧，巷外有的是洋车，反正耽误不了。（老舍《有声电影》）

短句的表达效果是明快、简洁、活泼、有力。宜用于叙述、对话等。特别是有些作家在创作中喜用口语，短句比较多。而许多作品中的人物对话，也多采用短句的形式。例如：

⑥这座钟就在柏树底下，戳在地上有两人高。伸手一敲，嗡嗡地响，伸开臂膀一撞，纹丝不动。（梁斌《红旗谱》）

⑦王三胜，大个子，一脸横肉，努着对大黑眼睛，看着四围。大家不出声。他脱了小褂，紧了紧深月白色的“腰里硬”，把肚子杀进去。给手心一口吐沫，抄起大刀来……。（老舍《断魂枪》）

⑧刚刚吃过馒头，小晚来了。艾艾拉住小晚的手，第一句话就是：“罗汉钱丢了！”“丢了就丢了吧！”“气得我连饭也吃不下去！”“那也值得生个气？我看那都算不了什么！在着能顶什么用？”……（赵树理《登记》）

例⑥写物，例⑦写人，用字不多，但无论是器物的特征性状，还是人物的容貌装束，都写得自然流畅，干脆有力。例⑧是描述对话，作者利用短句简洁明快地表现出人物说话时的心情及其个性。

二、主动句和被动句

从主语和动作行为的关系上看，句子有主动和被动之分。主动句指主语是动作行为施行者的句子；被动句指主语是动作行为承受者的句子。

①她把待客用的菜蔬都准备好，洗了占不着的家具，泼了水，扫了地上的菜根葱皮，算是忙了一个段落。（赵树理《传家宝》）

②忽而一个红衫的小丑被绑在台柱子上，给一个花白胡子的用马鞭打起来了，大家才又振作精神的笑着看。（鲁迅《社戏》）

③我们聚族而居的老屋，已经公同卖给别姓了……（鲁迅《故乡》）

例①的主语“她”是“准备”、“洗”、“泼”、“扫”等动作行为的施行者，即主动者。因此其中的各个分句都是主动句；例②的主语“小丑”是动作行为“绑”和“打”的承受者，即被动者。所以头两个分句是被动句。例③也是一个被动句，因为主语“老屋”是“卖”这一动作行为的承受者。

主动句可以是带有宾语的主谓句，也可以是“把”字句，如例①中那样。被动句往往要用上介词“被”、“给”、“叫”等。如例②。但按汉语的习惯，如果被动关系明显则常常不必使用介词，如例③。

主动句和被动句各有适用的场合。一般来说，着重陈述主动者时，用主动句较妥；而突出被动者时，宜用被动句。由于主动句比被动句显得明确有力，所以被动句不宜多用。但在有些情况下，被动句在表达上具有特殊的作用。通常主要是以下几种情况：

（一）强调被动者，而主动者又不必、不愿或无从说出时，要用被动句。

④黄维兵团已被全部歼灭，李延年兵团向蚌埠逃跑，我们可以集中几倍于你们的兵力来打你们。（毛泽东《敦促杜聿明等投降书》）

⑤不要说当干部的挨批判是家常便饭，连我这个小老百姓，这几年来，在大会小会上，也不知被批判过多少回了。（陈若曦《尹

县长》）

⑥相对论、量子力学和原子核物理被认为是 20 世纪初期物理学的三大成就。

例④说“黄维兵团已被全部歼灭”，不说“已全部歼灭黄维兵团”，是为了强调被动者“黄维兵团”怎么样。主动者“我们”不必说出，因为后边就要出现。例⑤由于强调的是被动者“我”的遭遇，因而不愿说出主动者。例⑥强调说明“相对论”、“量子力学”和“原子核物理学”这些被动者而主动者又无从说出。因此以上各例都采用被动句来表达。

（二）在一定的上下文中，要使分句的陈述对象前后一致，以使得句子结构紧凑时，宜用被动句。

⑦王二没有经过这样的场面，被大家一闹腾，平静的心又跳起来了。（段荃法《状元搬妻》）

⑧月亮上来了，却又让云遮去了一半……（朱自清《松堂游记》）

例⑦的第一分句的陈述对象是“王二”，第二分句为了同第一分句在陈述对象上保持一致，因而采用了被动句的句式。与此相同，例⑧的第二分句也是为了同前一分句的陈述对象“月亮”一致起来而用了被动句来表达的。这样选用句式，便起到了叙述重点突出、句子结构紧凑、前后意思贯通的良好效果。

（三）意在表明动作行为所带来的结果是消极的、不利的或不幸的，也要用被动句。

⑨可惜正月过去了，闰土须回家去，我急得大哭。他也躲在厨房里，哭着不肯出门，但终于被他父亲带走了。（鲁迅《故乡》）

⑩他一说开头，许多受过害的人也都抢着说起来：有给他们花过钱的，有被他们逼着上过吊的，也有产业被他们霸了的，老婆被他们奸淫过的。（赵树理《小二黑结婚》）

“被”原本就有“遭受”的含义。“被带走”这一结果，对于“他”（闰土）来说是极不情愿的事，“被逼”、“被霸”、“被奸淫”等等都是使人蒙受损害或伤害的事。因此，为表明这些消极性的内容，例⑨、例⑩中的一些分句都分别采用被动句式。

三、肯定句和否定句

同一个意思，由于说话人的主观态度不同，表达的方式也会随之而不同。肯定句和否定句是反映说话人不同态度的两种句式。对事物作出肯定判断的句子叫肯定句；对事物作出否定判断的句子叫否定句。例如：

①a. 他讨厌那些说空话的人。

b. 他不喜欢那些说空话的人。

②a. 这个学校的操场小。

b. 这个学校的操场不大。

③a. 昨天的比赛我们输了。

b. 昨天的比赛我们没有赢。

以上各例中的 a 都是肯定句，b 都是否定句，两者意思基本相同。不过，比较一下可以看出：否定句在语意程度上比起肯定句来，显得轻些、弱些。否定句分为两种类型：

（一）单重否定句

只有一个否定词的否定句叫单重否定句。例如：

④辱骂和恐吓决不是战斗。（鲁迅《辱骂和恐吓决不是战斗》）

⑤我才不去死，虽然想到过，不，我要活着。（老舍《月牙儿》）

⑥清晨的雾气还没有完全消散，太阳刚出来，橙黄色的阳光只能照到柳树和白杨树最高的枝梢；黑夜还残留在地面。（张贤亮《男人的一半是女人》）

例④例⑤各用了一个否定词“不”，例⑥也只用了一个否定词“没有”，因此都属于单重否定句。

虽然单重否定句比肯定句在语意上弱一些，但如果把它同肯定句结合起来使用，相互衬托，却可以使语意更强，从而收到鲜明的修辞效果：

⑦鉴别图画的好坏，不能专靠“像不像”；图画是艺术的一支，不是照相。（老舍《观画记》）

⑧包括四大发明在内，我国古代的许多杰出的科学成就，都不是某一个人孤立的创造，而是历代劳动人民长期实践的结果。

（二）双重否定句

前后连用两个否定词而它们之间又不是并列关系的否定句，叫双重否定句。双重否定句中经常连用的否定词有“没有…不”、“不……不”、“非……不”等。双重否定句是用否定的形式来表达肯定的意思。

双重否定一般有加强肯定的作用。例如：

⑨从前线回来的人说到白求恩，没有一个不佩服，没有一个不为他的精神所感动。（毛泽东《纪念白求恩》）

⑩凡是到过印度尼西亚巴厘岛的人，不能不承认，这个岛子确实有股迷惑人的力量。（杨朔《巴厘的火焰》）

⑪我虽是四十多岁的人了，这本领我非学不可。（赵树理《地板》）

例⑨中的“没有一个不佩服”、“没有一个不为他的精神所感动”就是“个个都佩服”、“个个都为他的精神所感动”的意思；例⑩中的“不能不承认”是“必须承认”之意。例⑪的“非学不可”的意思则是“一定要学”。不难看出，这些双重否定的说法都比单纯的肯定说法更有力。

但双重否定有时也用于表达委婉的语气。例如：

⑫全家十六口人，无分男女老幼，都要到地里去，大家征服土地，于是土地的面积一天天推广，一直到不能不临时雇上一些短工……（丁玲《太阳照在桑干河上》）

⑬虽说她劳动很好，可也不该不尊重老人家啊！（赵树理《传家宝》）

例⑫中的“不能不”意思就是“只能”，例⑬中的“不该不”就是“应该”的意思。同样一个意思，采用双重否定来表达显得语气委婉，而用单纯肯定来表达则显得过于直率。

四、变式句

句子内部包含各种组成成分。在汉语里词语组合的先后顺序——语序是十分重要的，句子中的各个成分都有一定的位置。汉语的一般语序是：在单句中，主语在前、谓语在后，述语在前、宾语在后，修饰语（定语、状语）在前、中心语在后；在偏正复句中，偏句在前、正句在后。然而，如果为了适应特殊的表达需要，也可以对这些一般语序加以变化调整，这样组织起来的句子就叫变式句。这里我们选择介绍两类最主要的变式句。

（一）定语、状语后移

定语是用来修饰限制名词性词语的，状语是用来修饰限制动词性或形容词性词语的。它们都属于修饰语，通常总是位于所修饰的词语即中心语的前边。但有时为了突出强调修饰语所表达的意思，也可以把它们移到中心语之后。例如：

①荷塘四面，长着许多树，蓊蓊郁郁的。（朱自清《荷塘月色》）

②我还期待着新的东西到来，无名的，意思外的。（鲁迅《伤逝》）

③无数双眼睛——金黄的、碧蓝的、黝黑的，同时注视着这条受伤的手臂，各种语言发出同声惊叹！（理由《扬眉剑出鞘》）

例①“蓊蓊郁郁的”修饰中心语“树”，例②“无名的，意外的”修饰“东西”，例③“金黄的、碧蓝的、黝黑的”修饰“眼睛”。这些定语统统被移到中心语之后，所表达的意思都得到了突出：例①中强调了树木的繁茂，例②中强调了主人公在期待之中的特殊心境，例③则通过对“眼睛”不同颜色的强调，表现了在场的不同种族、不同民族的各色人等。

④然而现在呢，只有寂静和空虚依旧，子君却决不再来了，而且永远，永远地！（鲁迅《伤逝》）

⑤我漫着步，在少有的寂寞里。（鲁迅《秋夜记游》）

⑥老杨，去一趟吧，为了我，也为了孩子。（王宗汉《高洁的青松》）

例④中的“永远、永远地”是时间状语，修饰“决不再来”。后置于句末，突出表现了涓生的沉郁和忧伤。例⑤中的状语“在少有的寂寞里”修饰“漫着步”。把它后移，为的是突出表现漫步的心境。例⑥把状语“为了我，也为了孩子”移到“去一趟”的后边，是强调“去”的目的。

（二）分句次序的调整

偏正复句的偏句（如表示原因、假设、条件、转折等关系的分句）通常的位置是在正句的后边。但如果为了表达上的需要，也可以对这一次序进行调整，使正句在前偏句在后。这主要表现在因果、转折、条件等复句中：

①内蒙，对于历史学家来说，是一个富有诱惑力的地方，因为这里在悠久的历史时期中，一直是游牧民族生活和活动的历史舞台……（翦伯赞《内蒙访古》）

②北方的早春又是那么寒冷，我不愿意滞留在阴晦而冰冷的车站里，只好决定进城，虽然时间那么早。（杨朔《昨日的临汾》）

③早起的鸟捉住虫儿，写小说的也如此。这决不是说早起可以少出一点儿汗。在济南的初伏以前打算不出汗，除非离开济南。（老舍《夏之一周间》）

④总之，倘是咬人之狗，我觉得都在可打之列，无论它在岸上或在水中。（鲁迅《论“费厄泼赖”应该缓行》）

例①是变式的因果复句。表示原因的分句放在正句之后，是解释原因，即说明内蒙为什么会对历史学家具有诱惑力。同时也使全句结构更为紧凑。例②变式的转折复句。偏句“虽然时间那么早”被置于正句之后，是为了突出正句的语意，着重说明了决定进城的原由。例③例④是变式的条件复句。例③表示条件的分句“除非离开济南”放在正句之后，强调了济南夏日暑气颇盛的语意。例④表示条件的分句移到正句后边，作用也是对正句的语意加以突出，体现了作者斗争态度之彻底和坚决。

一般说来，变式的偏正复句的表达效果主要都是突出正句的语意。

第四节　辞　　格

人们在说话、写文章时，为使语言更为生动有力，除了在词语的锤炼和句式的选择方面下功夫之外，还经常采用一些特定的修辞方法。例如：

①那沉甸甸的稻谷，像一垅垅金黄色的珍珠；炸蕾吐絮的棉田，像一厢厢雪白的珍珠；婆娑起舞的莲蓬，却像一盘盘碧绿的珍珠。（谢璞《珍珠赋》）

②铁不用就会生锈，水不流就会发臭，人的智慧不用就会枯萎。(《格言选抄》)

③两眼下视黄泉，看天就是傲慢；满脸装出死相，说笑就是放肆。(鲁迅《忽然想到（五)》)

从上面这几个例子中，我们可以看出，它们都分别有自己的结构形式。如例①用“像”把一个事物比作别的事物。例②把三个“…就会…”的结构相同的语言成分排列在一起。例③则把结构相同字数相等的两个语句对称地排列起来。它们也具有明显的表达效果，能增强语言的表现力和说服力。因此，像这样具有一定的语言结构形式和特定表达效果的各种修辞格式，就叫“辞格”，也有人称为“修辞格”、“修辞方式”或“修辞手法”。

汉语的辞格种类繁多。这里仅选取一些最为常用的作些介绍。

一、比喻

通过联想，根据不同事物间的相似点，把某个事物比作另一事物，这种辞格叫比喻。例如：

①油光碧绿的树叶中间托出千百朵重瓣的大花，那样红艳，每朵花都像一团烧得正旺的火焰。(杨朔《茶花赋》)

盛开的茶花和燃烧的火焰是两种不同的事物，而作者却善于运用联想把握住两者的“红艳”这一相似点来构成生动的比喻，给读者一个更具体、更鲜明的印象。

在比喻中，被比喻的事物称为“本体”，用来比喻的事物称为“喻体”，联系二者的词语称为“比喻词”。如在上例中，“花”是被比喻的事物，是本体；“火焰”是用来比喻的事物，是喻体；把两者联系起来的词“像”则是比喻词。

比喻主要分为三类：明喻、暗喻、借喻。

（一）明喻

本体和喻体都出现，二者在形式上是相似的关系，可概括为“甲像乙”。常用“像”、“好像”、“好比”、“如”、“比如”、“仿佛”、“像…一样”、“像…似的”、“如…一般”、“…一样”和“…似的”等等作为比喻词。

②他长着一副微黑透红的脸膛，稍高的个儿，站在那儿，像秋

天田野里一株红高粱那样纯朴可爱。(魏巍《谁是最可爱的人》)

③他凸出眼珠，好像要化为枪弹，打了过去的样子。(鲁迅《写于深夜里》)

④层层的叶子中间，零星地点缀着些白花，有袅娜地开着的，有羞涩地打着朵儿的；正如一粒粒的明珠，又如碧天里的星星。(朱自清《荷塘月色》)

⑤淡黑的起伏的连山，仿佛是踊跃的铁的兽脊似的，都远远地向船尾跑去了，但我却还以为船慢。(鲁迅《社戏》)

⑥他浑身是汗，衣服湿透，像刚从河里跳出来一样。(杜鹏程《保卫延安》)

(二) 暗喻

本体和喻体也都出现，但两者在形式上是相含的关系，可概括为“甲是乙”。常用“是”、“就是”、“成了”、“成为”、“变成”等等作为比喻词。

⑦生存的小品文，必须是匕首，是投枪，能和读者一同杀出一条血路的东西。(鲁迅《小品文的危机》)

⑧如果她偶尔戴起红色的盘头帕，站在公社大门口，远远望去，就是一株开花的美人蕉了。(叶蔚林《蓝蓝的木兰溪》)

⑨……全淀的芦苇收割了，垛起垛来，在白洋淀周围的广场上就成了一条苇子的长城。(孙犁《荷花淀》)

⑩冬梅……平素也不爱多说多道，总是蒙着头干活，本来就爱脸红，经人们这样一逗，脸一下子变成了块大红布。(马烽《太阳刚刚出山》)

(三) 借喻

本体不出现，直接用喻体代替本体，因此没有比喻词。可以说是本体、喻体合二为一。可概括为“乙代甲”。如在“大妈勉强压住了火，打量了两位来客一眼”(魏巍《寂寞》)中，“火”是喻体，借以比喻没有出现的本体“怒气”。又如：

⑪这个鬼地方，一阴天，我心里就堵上个大疙疸！(老舍《龙须沟》)

⑫你们是年青的，从出生的年月计算，你们确是年青的。然而

看你们额上的皱纹，我知道你们已经走过很长很长的艰苦的道路了。（巴金《一封未寄的信》）

例⑪“堵上个大疙疸”是喻体，用来比喻未出现的本体“不痛快”。例⑫用喻体“走过很长很长的艰苦的道路”来比喻青年们所经受的千辛万苦的生活历程。

比喻是广泛运用于多种文体的一种辞格。比喻用于描写人物、状景抒情，可以使叙述的对象鲜活、新颖，给人以深刻的印象；用于说理议论，可以使深刻的道理浅显通俗，令人信服。例如：

⑬他确乎有点像一棵树，强壮、沉默，而又有生气。（老舍《骆驼祥子》）

⑭于是夜晚的松花江，像一条嵌花闪光的银链，静静地垂挂在这一片浩翰的沙滩裸露的胸前。（张抗抗《夏》）

⑮缺乏智慧的灵魂是僵死的灵魂，若以学问加以充实，它就能恢复生气，犹如雨水浇灌荒芜的土地一样。（《格言选抄》）

运用比喻要注意：第一，喻体应当通俗常见。在比喻中喻体和本体是本质不同的事物，为了便于理解，要尽量用人们熟知的、具体的和浅显的事物去说明和描述那些陌生的、抽象的和深奥的事物，从而获得理想的修辞效果。第二，比喻要力求贴切、新颖。贴切就是要抓准事物间的相似点，新颖就是不落俗套。好的比喻应当是出新而脱俗的，如“书是鲜花我是蜂”（谚语）这一比喻就抓住了书和鲜花都是有用的养料的来源（知识和花蜜）和读书人与蜜蜂都要付出辛勤的劳动等相似点，设喻精当而富有新意和哲理。

二、借代

不用人或事物本来的名称，而借与之密切相关的事物来代替，这种辞格叫借代，又叫“换名”。

在借代中，被代替的事物称为本体，用来代替的事物称为借体。借代主要分为以下四种类型：

（一）特征代本体　即借人或事物的特征或标志来代指人或事物本身。

①先生，给现钱，袁世凯，不行么？（叶圣陶《多收了三五斗》）

②一间阴暗的小屋子里，上面坐着两位老爷，一东一西。东边

的一个是马褂，西边的一个是西装……（鲁迅《写于深夜里》）
例①的“袁世凯”是代体，借以代替本体“银元”。由于民国时期通用的银元上铸有袁的头像，人们便根据这一标志来代指这种银元。例②的“西装”和“马褂”分别指穿西装、马褂的两个家伙，是借人的外部特征来代替人物。

（二）具体代抽象　即借现实生活中的具体事物来代替抽象事物。

③你肚里有墨水儿，脑瓜儿又活，看个文件什么的，只要拿眼把题目一扫，里面的内容便能猜个大概。（贾大山《取经》）

④来上海后这三四天就象三四年，她满心积了无数的话，无数的泪！（茅盾《子夜》）
例③用“墨水儿”、“脑瓜儿”分别代替“文化”、“思想”。例④用“泪”代替“痛苦”、“悲伤”，都是以具体的事物充当借体去代替抽象的本体事物。这样比直接用本体来表达更为明确有力。

（三）部分代整体　即借事物的某一部分来代替整个事物。

⑤那一年，她已在人世间经历了二十八个春天，算不得年轻，然而，她的心却是年轻的。（汪曾祺《寂寞和温暖》）

⑥老麦为了避开这些四个轮子，把自己的两个轮子随手一拐，进了一条小马路。（林斤澜《头像》）
“春天”是一年的头一个季节，也是一年中受人们重视的一个季节。常言说“一年之计在于春”。因此例⑤中就借用“春天”来代替年份。“轮子”是车辆有代表性的部分，所以例⑥便用“四个轮子”代指汽车，而用“两个轮子”代指自行车。这些借代的运用，使语言表达新颖别致，饶有兴味。

（四）结果代原因　即借某事的结果来代替事物本身。

⑦于是大家替他们弟兄捏着把汗。（老舍《黑白李》）

⑧孔乙已一到店，所有喝酒的人便看着他笑。有的叫道：“孔乙已，你脸上又添上新伤疤了！”（鲁迅《孔乙已》）
例⑦的“捏着把汗”是担心的结果；例⑧的“添上新伤疤”指的是挨打的结果。借代的运用使得语意含蓄而深刻。

借代的种类较多，不能一一介绍，以上只是选择了常见的几类。

借代是依靠事物间的密切关系而构成的，具有突出事物特征的作用。运用借代能引起人们的联想。如从“墨水儿”想到文化知识，从“四个轮子”想到汽车等等。这样给人的印象就深刻、鲜明，使语言更富有表现力。

借代和借喻有相近之处，都是以非本体（借体或喻体）来取代本体。但二者还是有根本区别的：借喻凭借的是事物的相似性，喻体与本体之间存在着相似的关系，其实质是“喻中有代”；而借代凭借的是事物的相关性，借体与本体存在相关的而不是相似的关系。而且，借喻如果加上一定的比喻词就可转化为明喻，借代则不能。

三、比拟

通过想象把物当作人来描写，把人当作物或者把甲物当作乙物来描写，这种辞格叫比拟。

比拟分为两种：拟人和拟物。

（一）拟人

把物当作人来描写，赋予它们以人的动作行为或思想感情。因此，拟人也被称为“人格化”。这里所说的“物”，包括无生物，有生物及抽象概念。

①录音机接受了女主人的指令，“叭”地一声，不唱了。（王蒙《春之声》）

②一捆捆的稿纸从屋角的两只麻袋中探头探脑地露出脸来。（徐迟《哥德巴赫猜想》）

③黑熊摆脱了看羊狗的纠缠，便又扭头来找它的主要敌人。可是，刚才还分明站在那里的小猎人，转眼间却不见了。大黑熊不觉发了一怔，“糟糕，他跑啦!”（赵燕翼《银色的海螺》）

④正义被绑着示众，真理被蒙上眼睛，

连元帅也被陷害，总理也死而含冤。（艾青《在浪尖上》）

例①录音机能“唱”，例②稿纸会“探头探脑地露出脸来，”都是给无生物赋予了人的行为和情感，描写得多么活泼生动。例③说大黑熊“发了一怔”，而且还能说话，这是把动物人格化，使之具有人的思想和言行，其中蕴含了作者真切的感情。例④把“正义”，“真理”这些抽象事物比拟为人，使诗在感情上更为强烈，内容上更为形象深刻。真实地反映了“文革”期间黑白颠倒、党和国家横遭浩劫的惨痛局面。

（二）拟物

把人当作物来描写，或者把甲物当作乙物来描写。使人具有物的特征或状态，或者使甲物具有乙物的特征或状态。

⑤那肥大的荷叶下面，有一个人的脸，下半截身子长在水里。那不是水生吗？（孙犁《荷花淀》）

⑥咱们老实，才有恶霸，咱们敢动刀，恶霸就得夹着尾巴跑。（老舍《龙须沟》）

⑦临时伙房设在草地上，几口行军锅成一字形排列着，蓝色的火苗舔着锅底，锅里热气腾腾……（刘坚《草地晚餐》）

⑧过了些日子，生活又合了辙，他把这件事渐渐忘掉，一切的希望又重新发了芽。（老舍《骆驼祥子》）

“长在水里”是荷叶莲花等的状态，例⑤这样描写水生是把人当作植物来写，流露出作者对人物的喜爱和赞美。“夹着尾巴跑”本是狗的动作，例⑥用来说恶霸，是把人当作动物来写，反映出对敌人的憎恶态度。例⑦中用“舔着锅底”来把无生命的“火苗”描绘成有生命的东西，使整个画面充满生气，富有情趣。例⑧说希望“发了芽”是把抽象事物当成生物来描写。拟物手法的运用，增强了所述对象的具体可感性。

比拟能通过对客观对象的描写来表现作者的主观感情，能激发读者积极展开想象，使读者不仅获得对人物和事物的鲜明印象，而且会感受到作者所寄寓的种种感情。因此比拟多用于文学作品。尤其是在儿童文学和寓言等作品中，拟人手法得到广泛的运用。

运用比拟应当注意：第一，比拟必须是作者自身感情的自然流露。第二，比拟要合乎事物本身的特征。这样才能使比拟自然、真实。

比拟同比喻有相似之处，应注意加以区别。比喻着眼于事物间的相似性，凭借某一相似点把甲、乙两事物联系起来。二者（本体和喻体）有主有从。比拟则反映了事物间的交融性，并不强调相似点，而是利用本为乙事物所具有的特性（如行为、动作或属性等）

来描摹表现甲事物的情状。二者融为一体。

四、夸张

为了表达的需要对客观对象故意进行言过其实的描述，这种辞格叫夸张。例如：

①莫夸财主家豪富，
财主心肠比蛇毒，
塘边洗手鱼也死，
路过青山树也枯。（歌剧《刘三姐》）

“塘边洗手鱼也死”，“路过青山树也枯”都是有意的言过其实，以夸张的手法极力渲染财主之心的狠毒，表述了对富豪恶霸的切齿痛恨。

夸张一般分为三种：扩大、缩小和超前。

（一）扩大夸张

对事物在程度、作用或范围上极力加以伸张扩大。

②谁用文字说“文学不是宣传”的，也就是宣传——这也是我们听得耳膜起了茧子的议论。（鲁迅《势所必至，理有固然》）

③唉，还是住在我们绿毛坑里好！泥巴黑得发亮，肥得出油，就是插下根柴棍也能抽枝出芽！（古华《爬满青藤的木屋》）

④休养所的窗口有个妇女探出脸问：“剪子磨好没有？”

老泰山应声说：“好了”。就用大拇指试试剪子的刃，大声对我笑着说，“瞧我磨的剪子，多快。你想剪天上的云霞，做一床天大的被，也剪得动。”（杨朔《雪浪花》）

例②中夸大地描述了听闻某种议论的结果。在现实中，无论听得怎样多，也不存在“耳膜起了茧子”的现象。文中有意这样说，无非是指这样的议论反复多次出现，已经听过无数遍了。

例③是形容“绿毛坑”这个峡谷里土壤情况的，所谓“插下根柴棍也能抽枝发芽”是极言当地土质之肥沃适合任何植物生长。“剪天上的云霞”、“做一床天大的被”都是现实生活中不可能发生的事，例④以此来描述磨过的剪子是极言它的锋利程度，表现了人物自信而豪爽的性格。以上各例都是极力把事物往强、往大里说。

（二）缩小夸张

对事物在程度、作用或范围上极力加以收敛缩小。

⑤我从乡下跑到京城里，一转眼已经六年了。（鲁迅《一件小事》）

⑥可是更妙的三五月明之夜，天是那样的蓝，几乎透明似的，月亮离山顶，似乎不过几尺……（茅盾《风景谈》）

⑦这山峡，天晴的日子，也成天不见太阳；顺着弯曲的运输便道走去，随便什么时候仰面看，只能看见巴掌大的一块天。（杜鹏程《夜走灵官峡》）

⑧你只有谷城县弹丸之地。池塘小，难养大鱼。等到你的创伤养好了，羽毛丰满了，左良玉他们的人马也整练好了，比以前更多了。（姚雪垠《李自成》）

例⑤说六年的岁月是“一转眼”，例⑥说月亮距山顶“似乎不过几尺”是把相当长的时间和遥远的距离极力描述得非常短、非常近。例⑦说在山峡里“只能看见巴掌大的一块天”，例⑧把谷城县说成“弹丸之地”是把天空和地面都极力描绘得小而又小。这样写能启发人联想，使读者有如临其境之感。

（三）超前夸张

故意超越事情发生的时间顺序，把后出现的事物或现象说成是先出现的，或者把两者说成是同时出现的。

⑨“这种媳妇，才算媳妇，要照如今的妇女呀，哼，别说守一年，男人眼没闭，她早就瞧上旁人了。”（周立波《暴风骤雨》）

⑩英——那个男孩——好似烧饼味还没放出来，已经入了肚一个。（老舍《离婚》）

⑪雨村、士隐二人归坐，先是款酌慢饮，渐次谈至兴浓，不觉飞觥献 起来。当时街坊上家家箫管，户户笙歌，当头一轮明月，飞彩凝辉，二人愈添豪兴，酒到杯干。（曹雪芹《红楼梦》）

例⑨意在说明有些妇女，丈夫刚刚过世便迫不及待地要改嫁他人，却故意用“男人眼没闭”、“早就瞧上旁人”这样的说法来大加渲染。本应是烧饼烙好了之后才能吃，例⑩中却说男孩在烧饼味还没散发出来（没熟）时就已吃下了一个，这显然是极言他吞咽之快。这两例都是把后出现之事放到前边来说而构成的夸张。谁都知道，只有先斟酒、后喝酒，然后才可能“杯干”而例⑪中说“酒到杯干”，把后出现的现象和先出现的现象写成同时出现，目的在于表现两人的酒兴之高、饮用之快。

夸张是一种艺术化的言过其实。运用得好，可以渲染气氛、启发联想，还能突出形象特征，表达鲜明的感情，给人以深刻的印象。因此多用于文学作品而以诗歌中尤为常见。例如：

⑫会议室里静得连一根针落地都能听得到。（孙蕴英《疾风落叶》）

⑬前面隐隐有人影，玛金更加小心了。她站在暗处不动，满身是耳朵，满身是眼睛。（茅盾《子夜》）

⑭两条臂膀千条筋，
　开出石头变成金……（潮清《北石坑》）

运用夸张应当注意：第一，要有一定的客观现实依据。第二，要掌握一定的分寸。否则脱离事实基础、流于离奇古怪，就会变为失掉真实感的浮夸。正如鲁迅先生所言：“‘燕山雪花大如席’，是夸张，但燕山究竟有雪花，就会有一点诚实在里面，使我们立刻知道燕山原来有这么冷。如果说‘广州雪花大如席’，那可就变成笑话了。”（鲁迅《漫谈“漫画”》）这就告诉我们夸张虽然在表面上是“言过其实”，但就本质而言，却是有根有据、合情合理的。因此运用夸张必须遵循“夸而有节”的原则。

五、双关

利用语音或语义条件，有意使词语同时带有表里两层意思，而里层的意思是说话人的真意所在。这种辞格，叫双关。例如：

①姚志兰嗤地笑了：“他那人，还闲得住？叫他劈　子好啦。”

吴天宝说：“我又不是盐店掌柜的，谁当咸（闲）人？”（杨朔《三千里江山》）

②现在眼看她被抓走了，我能眼看着让别人替我去牺牲？我得去！凭我这身板，赤手空拳也干个够本！我刚打算往下跳，只见她扭回头来，两眼直盯着惊呆了的孩子，拉长了声音说：“孩子，好好地听妈妈的话啊！”这是我听到她最后的一句话。

这句话使我想到刚才发生情况时她说的话，我用力抑制住了冲动。但是这句话也只有我明白，“听妈妈的话”，妈妈，就是党啊！

（王愿坚《党费》）

例①利用“咸”和“闲”二者之间的谐音关系构成双关，以俏皮的口吻来进行分辩，表现出人物对话中轻松快活的气氛。例②是利用“妈妈”和“党”之间的比喻意义而构成的双关。这是女共产党员在无法明言的特殊条件下对自己同志发出的暗示和忠告。

从构成的方式来看，双关分为谐音双关和语义双关两种类型。

（一）谐音双关

利用词语声音相同或相近的条件来构成的双关。

③朱毛会师在井冈，
红军力量强又强，
不费红军三分力，
打败江西两只羊。（井冈山民歌《会师井冈第一仗》）

④宋朝的时候，有个人自以为能吟诗作赋，所以目中无人。后来听人说，欧阳修诗才超人，他不服。为了一决高低，他背上包袱去访欧阳修。途中，他见路边有一棵很大的死树，便诗兴大发，对树作诗两句：“门前一古树，两股大丫杈。”两句出口来，一时递不上后两句对词。恰巧欧阳修走来，就替他续了两句：“春至苔为叶，冬来雪是花。”“诗人”不识欧阳修，回头傲慢地说：“想不到你也会作诗？你认识欧阳修吗？”欧阳修摇了摇头。那人又猜测说：“你一定是去找‘欧阳修’。”欧阳修点点头，于是他俩一同上路。两人一同渡河时，“诗人”在船舱内又做起诗来：“两人同登舟，去访欧阳修。”欧阳修又帮他续了两句：“修已知道你，你还不知修（羞）。”（《欧阳修妙讽“不知羞”》）

⑤三姐　哦，你三人一个姓陶、一个姓李、一个姓罗，对不对？
姓陶不见桃结果，
姓李不见李花开，
姓罗不见锣鼓响，
三个蠢才哪里来？（歌剧《刘三姐》）

例③中“两只羊”的“羊”同作为姓氏的“杨”谐音，借以构成双关来指白军的杨池生、杨如轩两个师，歌颂了红军的强大，表现了对敌人的嘲笑和蔑视。例④借用人物名字一部分“修”与“羞耻”

之“羞”谐音的条件进行讽刺，表面上不露声色，而内里却尖锐有力。精妙所在，令人叹服。”例⑤歌中的“桃、李、锣”与“陶、李、罗”三姓同音。刘三姐利用这一关系，巧妙地嘲讽了为财主充当帮凶的三个秀才，表现了她机智聪明、大胆泼辣的性格特征。

除了出现在文学作品中之外，谐音双关还常见于歇后语中。一些歇后语就是借助这种语音上相同或相近的条件而创造出来的。例如：

外甥提灯笼——照舅（旧）。

上鞋不使锥子——针（真）好。

飞机上放鞭炮——响（想）得高。

猪八戒的脊梁——悟（无）能之背（辈）。

丈二宽的大褂子——大腰（摇）大摆。

打鱼人回家——不在湖（乎）。

（二）语义双关

利用词语或句子意义关联的条件来构成双关。这种双关比谐音双关更为常见。

⑥周繁漪　好，你去吧！小心，现在，（望窗外，自语）风暴就要起来了！（曹禺《雷雨》）

⑦张敏　嘿嘿，秘书长，你高兴得太早了吧，你看，我这儿还埋伏着一个车哪！将！秘书长！从全局来看，你输了，你完了，你交枪吧！（京剧《八·一风暴》）

⑧1949年秋天，李四光就以参加国际地质会议为理由来到英国。此刻，当货轮离开了海岸，李四光在轮机的轰轰声中看了一下手表：这正是格林威治时间深夜12时。李四光在海轮调头之时朝那遥远的东方看了一眼，计算了一下西欧和亚洲的时差。欣喜地想到：现在好了，东方已经破晓，中国已经天亮了！（黄钢《亚洲大陆的新崛起》）

例⑥的“风暴”从字面上看似乎是说当时的自然天气现象，而繁漪实际上指的却是人与人之间激烈的矛盾、纠纷与争斗。这里利用“风暴”一词的本义和比喻义之关联一语双关，表意含蓄。“吃掉”本来是“咀嚼咽下”的意思，又可引申为“消灭”。例⑦是打入敌军内部的张敏在下棋时所说的话。在加点的语句中，“全局”的“局”可以指“棋局”，也可以指“战局”，“输了”、“完了”均有“失败”的含意，对下棋和打仗都适用。“交枪”既可指“投降”，又可指“认输”。这里利用词语的多义性构成双关，言在对弈而意在交战，以弦外之音来表现敌人的失败已成定局之意。例⑧中的“东方已经破晓，中国已经天亮”表面上是说明中国与西欧一天中的时间差别，实际上却是在暗示二战后的亚洲和即将诞生的新中国正处于告别黑暗走向光明的时刻。这一双关是在特定的语境中利用句子的多义性而构成的。言在此而意在彼，意味深长。

运用双关可以使语言含蓄深沉（如前面所举的例②、例⑥和例⑧），或活泼风趣（如例①、例③和例⑦）。

六、拈连

在接连叙述两个事物时，顺势把本来只适用于甲事物的词语巧妙地用于乙事物，这种辞格叫拈连。例如：

①小小土丘，蔓草离离。陪同我采访的怒江支队李同志告诉我，在片马边防检查站曾经埋葬着一只黑熊，也埋葬着一个小故事。（《哦，小白点》）

②蜜蜂是在酿蜜，又是在酿造生活；不是为自己，而是在为人类酿造最甜的生活。（杨朔《荔枝蜜》）

例①的“埋葬”本来是适应甲事物“黑熊”的，这里顺势“拈”来“连”在乙事物“小故事”上，使通常情况下不相搭配两个词语在特定的语境中超常而又自然地搭配起来。第二个“埋葬”便带上了“记载、流传”之类的涵义，以新颖的方式增添了叙述的感情色彩。例②的“酿造”原本也只适用于蜂蜜，酒类等物质。把它拈来和“生活”用在一起，也是一种超常的搭配，含有“辛勤努力创造”的意思。作者热情赞颂了蜜蜂勤劳无私的奉献精神。这两例所构成的都是述宾形式的拈连。

③咱人穷志不穷，想念书的心一直没死。（李增进《“东方红”的故事》）

④哼！你别看我耳朵聋——可我的心并不“聋”啊！（郭澄清《大刀记》）

"人"和"穷"、"耳朵"和"聋"在平常条件下即可搭配；而"志"和"穷"、"心"和"聋"则不能在平常条件下相搭配。但例③将"人穷"中的"穷"顺势"拈"来跟下文的"志"连用，为"人穷志不穷"；例④将"耳朵聋"中的"聋"拈来跟后面的"心"连用为"心并不聋"却产生了特殊的表达效果。这样说比说"人穷志大"和"耳朵聋心不胡涂"之类要自然流畅而且简洁有力。这两例所构成的是主谓形式的拈连。

运用拈连能使上下文联系自然紧密，并使语言简洁深刻（如以上所举的例①—④）。下面再举一例：

⑤铁窗和镣铐、坚壁和重门，
　锁得住自由的身，
　锁不住革命精神！（杨沫《青春之歌》）

七、仿词

比照上文出现的某个词语，更换其中的某一语素或词来仿造出一个临时性的新词语，这种辞格叫仿词。

仿词大多是通过联想类推来实现的，仿造出的临时性新词语，一般要依赖于一定的上下文，否则不能独立存在。因此有人称之为"偶发词"。

①作诗的人叫"诗人"，说作诗的话，叫"诗话"。李有才作出来的歌，不是"诗"，明明叫做"快板"，因此不能算"诗人"只能算"板人"。这本小书既然是说他作快板的话，所以叫做《李有才板话》。（赵树理《李有才板话》）

②反正他挣钱不多，花匠也罢，草匠也罢。（老舍《柳家大院》）

③…陶君于石印本的错字多未纠正，而石印本的不错字儿却多纠歪了。（鲁迅《望勿"纠正"》）

例①的"板人"、"板话"是分别比照上文的"诗人"、"诗话"而临时仿造的。李有才善于编快板，所以被作者戏称为"板人"；小说中穿插了许多快板来表现人物、展开叙述，因而作者便把它称作"板话"。仿词手法的娴熟运用既明确地交待了作品名称的由来，又使语言幽默风趣，给人以新鲜之感。例②比照着"花匠"而仿造出一个"草匠"，诙谐而洒脱地表现了说话人对所述对象职业的无足轻重的态度，同时也就突出了对其经济地位的评价。把错的东西更改过来，是“纠正”。但如果把本来没错的东西反而给改变了，那便是弄错了。例③中作者没有平铺直叙地说弄错，而是仿照“纠正”临时创造出一个“新词”——“纠歪”，从而有力地揶揄了陶某所谓“纠正”之举的荒唐可笑。

以上几例都是仿造“词”的，此外还有仿造“短语”的：

④第二天早晨，她们的头发上结了霜。男同志们笑她们说“嘿，你们演《白毛女》都不用化妆了！”她们也笑男同志：“还说哩，你们不是‘白毛男’吗？”（魏巍《年轻人，让你的青春更美丽吧》）

⑤俗话说：得意忘形。我呢？得意忘路了。归途中，我竟不知不觉地走进了一片望不到边的芦苇滩上。（《小说月报》1980年第7期）

例④仿照剧名“白毛女”翻造成一个临时性的短语“白毛男”。使双方的对话“针锋相对”，活泼俏皮，展示了青年人乐观愉快的情绪。例①的“得意忘路”是比照上文的“得意忘形”而仿造出的一个短语。作者利用这个临时性的新词语，以一种自嘲式的口吻来概括“我”因沉浸于快意和满足之中，而无意地将路走差了这一情况，使这段叙述带上了诙谐风趣的情味。

仿造的词语和被仿造的词语一般总是出现于同一上下文之中，两相映衬地显现其特殊的表达效果的。但少数时候仿造的词语也可以单独出现，这时被仿造的词语往往是读者或听者“可想而知”的。例如：

⑥二十年代，他去巴黎高等美术学校学习油画，在勤奋掌握人体素描技巧的同时，也就开始研究马的骨骼、经络等生理结构，并对活马写生，速写稿达一千多幅。从此他做到了画马时胸有成马。（《文化与生活》）

此例是对绘画大师徐悲鸿努力钻研画马艺术的一段叙述。看到“胸有成马”，读者一下就能悟出，这是仿成语“胸有成竹”而创造的一个临时性词语。

运用仿词能揭示事物间的矛盾性，可以使语言具有明快犀利的风格，产生幽默或讽刺的表达效果，如例①、例③、例④等。

八、排比

把结构相同或相似、语气一致的几个句子或短语先后排列起来表达一系列密切相关的意义内容，这种辞格叫排比。

排比可分为句子排比和短语排比两类。

（一）句子排比

①赶超，关键是时间。时间就是生命，时间就是速度，时间就是力量。（郭沫若《科学的春天》）

②狂风吹不倒它，洪水淹不没它，严寒冻不死它，干旱旱不坏它。它只是一味地无忧无虑地生长，松树的生命力可谓强矣，松树要求于人的可谓少矣！这是我每看到松树油然而生敬意的原因之一。（陶铸《松树的风格》）

例①连续使用"时间就是…"这样结构相同、内容相关的三个分句，有力阐明了时间在赶超世界科技先进水平中的重要性。例②将四个分句排列在一起，多方面地表现了松树抗御恶劣条件的英勇顽强精神。这是对松树的赞美，更是对共产主义战士的热情讴歌。排比辞格的运用，既给了读者以强烈的艺术感染，也使文章的语势得到了加强。

（二）短语排比

③鼋头渚在太湖的北边，是突出湖面的一些岩石，布置着曲径磴道，回廊荷池，丛林花圃，亭榭楼馆，还有两座小小的僧院。（叶圣陶《游了三个湖》）

④亲爱的朋友们，当你坐上早晨第一列电车走向工厂的时候，当你扛上犁耙走向田野的时候，当你喝完一杯豆浆、提着书包走向学校的时候，当你坐到办公桌前开始一天的工作的时候，当你向孩子的嘴里塞着苹果的时候，当你和爱人悠闲散步的时候，……朋友，你是否意识到你是在幸福之中呢？（魏巍《谁是最可爱的人》）

例③中加点的部分是四个联合短语，共同充当"布置"的宾语，一个紧接一个出现，流畅而精炼地描绘出太湖鼋头渚的胜境美景和怡情雅趣。例④中作者一气用了六个结构相近的介宾短语"当……的时候"作状语，向和平生活中的人们——不论是工人、农民，还是学生、干部；不论是即将投入工作学习，还是正在享受闲暇的乐趣

——提出了一个十分寻常而又值得思考的问题。语言亲切平易而又饱含激情，深深地打动着每一个读者的心。

运用排比可以增强语势。因此排比多用来抒情和说理。用于抒情可使感情充沛，节奏分明（如例②、例④）；用于说理可使论述晓畅，条理分明（如例①等）。

九、层递

按照大小、高低、轻重，远近等差别，逐层递升或递降地表现客观事物，这种辞格叫层递。例如：

①不过要读者容易接受，也还得靠好的表现形式，还得在布局上、逻辑上、修辞上再花些工夫，才能使文章的每一句、每一段、一直到全篇，一下子打进读者的脑筋。（何其芳《谈修改文章》）

此例中的“每一句”、“每一段”和“全篇”运用了层递的手法。“句——段——篇”范围逐渐扩大，力度也随之加强，层层推进地揭示了好的文章表现形式为加深读者的印象所能发挥的重要作用。

层递可以分为两种——递升和递降。

（一）递升

②冼星海同志指挥得那样有气派，姿势优美，大方；动作有节奏有感情。随着指挥棒的移动，上百人，不，上千人，还不，仿佛全部到会的上万人，都一起歌唱。（吴伯箫《歌声》）

③嫩绿的芽儿，
　　和青年说：
　　　　“发展你自己！”
　淡白的花儿，
　　和青年说：
　　　　“贡献你自己！”
　淡红的果儿，
　　和青年说：
　　　　“牺牲你自己！”（冰心《繁星》）

例②的“上百人”、“上千人”、“上万人”，人数渐次增多，生动表现了指挥精湛卓越的技艺和激励越来越多的人们汇入歌潮的壮观而感人的场面。例③中“贡献”比“发展”进了一层，而“牺牲”比

“贡献”则又进了一层。这意义的步步升华，洋溢着诗人对无私贡献精神的热情赞颂。

（二）递降

④从那以后，李发和只有自甘堕落，连报仇的火辣劲儿也没了，要不是碰上八路军、共产党，这一辈子也就算完蛋了。可是当战士两年多，没有什么贡献，想起来真对不起革命，对不起上级，也对不起自己。（刘白羽《无敌三勇士》）

⑤祖国是一座花园，
北方就是园中的腊梅；
小兴安岭是一朵花，
森林就是花中的蕊。
花香呀，沁满咱们的心肺。（郭小川《祝酒歌》）

例④先说“对不起革命”继而说“对不起上级”，最后说“对不起自己”。语意由重到轻，条理分明地道出了人物心中的愧疚，也从侧面反映出他的革命责任感。例⑤诗人将表现对象按“祖国（花园）”——“北方（腊梅）”——“小兴安岭（花）”——“森林（蕊）”的次序，由远及近，逐渐缩小。仿佛影视艺术中镜头从远景到中景，再到近景，最后到特写那样使重点逐步突出，以一种颇为巧妙的、艺术化的手法描绘了一幅北国风光的壮美画卷。

运用层递能从逻辑关系上反映事物所具有的层次性，可使人们认识逐步深化，获得对事物的深刻的印象，如以上所举各例。

在运用层递时应当注意：第一，所表达的事物至少要有三项。第二，各事物之间必须要有一定的逻辑关系和等级层次。

层递与排比有相似之处，应注意加以区别。从形式上看，层递的各项之间有层级性，而排比的各项是平列的；从内容上看，层递包含逐步推进的关系，排比则不包含这样的关系。另外排比要求排列起来的各个句子或短语必须在结构上相同或相近，层次则并不以此为构成的必要条件。

十、对偶

把结构相同或相似、字数相等的两个语句对称地排列在一起，以表达相近、相反或相关的意义内容，这种辞格叫对偶。例如：

枫树秋天叶儿红，

松柏四季披绿装。

木棉喜暖在南方，

桦树耐寒守北疆。（小学语文课本第三册儿歌）

此例中末两句对称地排列在一起：“木棉”——“桦树”、“喜暖”——“耐寒”、“在南方”——“守北疆”，而且表达的内容也相互关联，因此属于对偶辞格。

对偶分为三种类型，即“正对”、“反对”和“串对”。

（一）正对

上下两个语句意思相近或相关，互相补充映衬。

①书山有路勤为径，学海无涯苦作舟。

②接天莲叶无穷碧，映日荷花别样红。（杨万里《晓出净滋寺送林子方》）

③惨象，已使我目不忍视了；流言，尤使我耳不忍闻。（鲁迅《纪念刘和珍君》）

例①上下两句意思相近，互为补充，都是告诫人们只有勤奋刻苦，才能最终学有所成。例②选取了一望无际的莲叶和与朝霞相辉映的荷花，通过对偶来加以渲染，生动地描绘了西湖夏日的宜人景色。例③的“惨象……”和“流言……”两句，以对偶的方式写出了鲁迅对敌人所制造的惨案和散布的流言的内心感受，表现出作者对反动统治者血腥镇压、无耻中伤革命青年学生罪恶行径的强烈愤慨。

（二）反对

上下两个语句意思相反相对，两相对照。

④横眉冷对千夫指，

　俯首甘为孺子牛。（鲁迅《自嘲》）

⑤青山有幸埋忠骨，

　白铁无辜铸佞臣。（杭州西湖岳飞墓对联）

⑥少说空话，多做工作，扎扎实实，埋头苦干。（邓小平《在中国共产党第十一次全国代表大会上的闭幕词》）

例④上句说对敌人要坚决斗争，毫不妥协；下句说对人民要无比忠诚，俯首听命。二者态度相反，高度概括了鲁迅先生憎爱分明的革命立场，也是他光辉一生的最好写照。例⑤上下两句句意一正一反，相互对照，充分体现了后人对民族英雄的高度崇敬和对奸臣败类们的切齿痛恨。例⑥的“少说……”和“多做……”从正反两面进行说明，强调了反对空谈、注重实干的优良作风。

（三）串对

又叫“流水对”。上下两个语句意思相连，有因果、条件、假设等关系。

⑦一着不慎，满盘皆输。（谚语）

⑧不因鹏翼展，哪得鸟途通。（陈毅《西行》）

⑨欲穷千里目，更上一层楼。（王之涣《登鹳雀楼》）

例⑦上句“一着不慎”是原因，下句“满盘皆输”是结果。例⑧是说有了“鹏翼展”（飞行航线的开辟），才使得“鸟途通”（到达或通过往日人迹难至的地方）。上下句之间存在着条件关系，而且突出了条件对于结果的重要性。例⑨通过上下句间的假设关系，揭示了如果想看得更远，就要站得更高这样一个平凡而又深刻的哲理。

对偶是汉语的一种独特的辞格，在我国古典文学中得到了广泛的运用。古代诗词韵文中的对偶往往十分严格工整，除了要求在字数、结构和词性等方面相一致以外，还有音韵上的一些特殊要求，如律诗中的平仄相对等等。例如：

沉舟侧畔千帆过，（平平仄仄平平仄）

病树前头万木春。（仄仄平平仄仄平）（刘禹锡《酬乐天杨州初逢席上见赠》）

现代诗文中的对偶，一般不像古代诗文那样严格，只要字数相等、结构基本对称就可以了。

对偶在形式上整齐和谐、节奏分明，内容上凝炼集中，易于记诵，因而广为运用于诗歌、词曲、散文、小说乃至谚语等多种艺术形式之中。它集中体现了中国文化的传统特色。

十一、顶真

把上一句结尾的词语用作下一句的开头，使相邻的各个句子首尾相联，上递下接，这种辞格叫顶真，又叫“联珠”或“蝉联”。

①指挥员的正确的部署来源于正确的决心，正确的决心来源于

正确的判断，正确的判断来源于周到和必要的侦察，和对于各种侦察材料的连贯起来的思索。（毛泽东《中国革命战争的战略问题》）

②希望是附丽于存在的，有存在，便有希望，有希望便是光明。（鲁迅《在北京女师大的演讲》）

③大龙溪很美，村子靠着山，山脚有个大龙潭，龙潭的水流到村前成了小溪，溪水碧清碧清的。（叶文玲《心香》）

④他比先前并没有什么大改变，单是老了些，但也还未留胡子，一见面是寒暄，寒暄之后说我“胖了”，说我“胖了”之后即大骂其新党。（鲁迅《祝福》）

⑤茵茵牧草绿山坡，
山坡畜群似云朵，
云朵游动笛声起，
笛声悠扬卷浪波。

浪波翻腾激情涌，
激情滚滚似江河，
江河流水深又长，
长笛伴我唱新歌。（古月《草原春早》）

例①将指挥员“正确的决心”与“正确的判断”，“正确的判断”与“侦察”、“思索”之间的因果关系通过顶真的形式一一加以阐明。语言简洁明快，论述精辟透彻。例②说明了“存在”对于“希望”的决定性意义，进而指出“光明”就在这“希望”之中。上递下接，环环相扣地揭示了事物间的内在联系，激励人们立足现实，坚定起迎接光明未来的信心。例③用顶真手法来表现自然环境，作者轻松自然地描述了一幅由村庄、龙潭、小溪等共同构成的山明水秀的美丽图景。例④利用顶真使前后语言片断紧密衔接这一特点，写出了鲁四老爷刚与“我”寒暄客套了两句便急不可耐地大肆攻击“新党”的拙劣表现。作者不动声色地刻画了这位封建卫道士的顽固立场与反动嘴脸。例⑤由于顶真辞格的运用，使状景和抒情浑然结合，达到了水乳交融、天衣无缝的境地。听来恰似一曲婉转动人、清新悠扬的田园牧歌。

顶真用于说理，可使语势贯通、论述周密（如例①、例②）；用于叙事，显得自然流畅，条理清晰（如例③、例④）；用于抒情，则有格调明丽，语意连绵之效（如例⑤）。

十二、反问

为了加强语气或突出某种感情，有意采用疑问的形式来表达确定的意思，这种辞格叫反问，也叫“反诘”或“激问”。反问无须作答，因为答案已暗含于问句本身。

反问包括以下两种类型：

（一）用肯定疑问的形式表达否定的意思

①一个喝酒的人说道“他怎么会来？……他打折了腿了。”掌握说，“哦！”“他总仍旧是偷。这一回，是自己发昏，竟偷到丁举人家里去了。他家的东西，偷得的么？”（鲁迅《孔乙己》）

②周繁漪　你欠了我一笔债，你对我负着责任，你不能看见了新的世界，就一个人跑。

周　萍　我认为你用的这些字眼，简直可怕。这种字句不是在父亲这样——这样体面的家庭里说的。

周繁漪　（气极）父亲，父亲，你撇开你的父亲吧！体面？你也说体面？（冷笑）我在这样的体面家庭已经十八年啦。周家的罪恶，我听过，我见过，我做过。我始终不是你们周家的人。我做的事，我自己负责任。不象你们的祖父，叔祖，同你们的好父亲，偷偷做出许多可怕的事情，外表还是一副道德面孔，慈善家，社会上的好人物。（曹禺《雷雨》）

例①“他家的东西，偷得的么？”意思就是“他家的东西是偷不得的”。句子虽然是疑问的形式，但表达的否定意义却是十分明显的。透过这话语人们可以想见丁举人家的权势之盛。孔乙己竟敢在他家行窃，岂不是太岁头上动土！例②的“你也说体面？”意思是说“你根本就没有什么体面可说的”。这里运用反问来表现蘩漪在激愤的情况下，对于外表仁义道德而内里深藏罪恶的周家的所谓“体面”所给予的无情讽刺和强烈否定。这比直接采用否定句要有力得多。

（二）用否定疑问的形式表达肯定的意思

③凭着崇高的理想、豪迈的气概、乐观的志趣，克服困难不也是一种享受吗？（吴伯箫《记一辆纺车》）

④既然古时交通很不发达，人们尚且把惠泉的水运到几百里外泡茶吃，可见这水的名贵，我怎么能够不仔细地品品滋味？

例③“克服困难不也是一种享受吗？”所表达的是肯定的意思，即“克服困难也是一种享受”。但由于借助了否定疑问的反问形式，语势显得更强，更具有自信的感情色彩。例④把“我当然得仔细地品品滋味”这一肯定的意思用否定疑问的反问句式表达出来，强调了惠泉之水的名贵和品茶机会的难得。

通过上面各例可以看出：无论是肯定疑问形式的反问，还是否定疑问形式的反问，其语势都强于直接的否定或肯定陈述。反问感情激越，深刻有力，能引人思索、增强语言的感染力。

十三、辞格的综合运用

现代汉语的辞格多达数十种，以上介绍的只是其中最常用的一小部分辞格。为了便于讲述，我们尽可能分别地对每一种辞格的构成特点和修辞作用等进行了分析说明。然而，在语言的实际运用中，各种辞格并不是孤立存在的。人们往往是灵活地、综合地来对辞格加以运用的。

从实际的语言交际过程来看，在一句话或一段话里往往同时存在几种辞格，这就叫辞格的综合运用。辞格的综合运用，最主要的类型有两种，即辞格的兼用和辞格的连用。

（一）辞格的兼用

几种辞格交织起来运用，互相融合。从一个角度看属于这种辞格，从另一个角度看则属于另一种辞格。

①不要动感情嘛，同志。看你烧得像火炭儿一样，我没有病，怎么也好说。”（魏巍《朝鲜人》）

②在轻轻荡漾着的溪流的两岸，满是高过马头的野花，红、黄、蓝、白、紫，五彩缤纷，像织不完的织锦那么绵延，像天边的彩霞那么耀眼，像高空的长虹那么绚烂。（碧野《天山景物记》）

④秋天到，秋天到，

地里蔬菜长得好。

冬瓜披白纱，
茄子穿紫袍，
白菜绿油油，
又青又红是辣椒。（小学语文课本第三册《秋天到》）

例①有比喻词“像……一样”，无疑是个明喻。但如果从它所要表达的意思上看，又显然是对发烧的病情作言过其实的描述。谁都知道病人发烧时体温再高也不可能达到“火炭儿”那样的程度。因此这一句是比喻和夸张兼用。例②的三个语言成分“像……那么”连用，是把结构相同的三个短语排列在一起，而每个短语都是一个明喻。所以此例属于排比和比喻兼用。例③中带点的两句具有对仗的形式：“冬瓜——茄子”、“披——穿”，“白纱——紫袍”，而冬瓜和茄子这两样蔬菜又被赋予了人的动作行为，这样看来，此例就属于对偶和比拟兼用。

（二）辞格的连用

在一段话里，连续使用几种辞格，这些辞格互不包容。

④桃树、杏树、梨树，你不让我，我不让你，都开了花赶趟儿。红的像火，粉的像霞，白的像雪。（朱自清《春》）

⑤沉默，监房突然像沉入无底的黑暗之中，就是落下一根针也仿佛可以听见。（杨沫《青春之歌》）

例④是比拟和比喻连用。作者先用人格化手法把桃花、杏花和梨花三者竞相开放的盛况写活了。接着又把这些花用三种事物来作比，突出了春花的明丽色调。例⑤是比喻和夸张连用，先把监房比作“像沉入无底的黑暗之中”，然后又极力强调监房中寂然无声的状态。这两例都有效地传达出形象和环境气氛的具体可感性，写得十分生动和真切。

限于篇幅，本章仅涉及了汉语最常用的十几个辞格，而且对这些辞格的特点和表达作用所做的介绍和说明也仅仅是一些基本的知识。要想很好地对辞格加以掌握，还必须从语言交际的实际出发，充分考虑交际的环境、对象、目的以及语体特点等多种因素，这样才能对具体的修辞实例做出恰当深入的分析，才能正确地选择和运用各种辞格，从而收到理想的表达效果。

第二篇　古代汉语

我国的历史非常悠久，我们的祖先在社会发展的每个阶段都创造了辉煌灿烂的文化。三千多年前，关于我国社会状况就开始有了文字的记载。从那时起，社会的每一步进展，几乎都留下了文字记录，这就是在世界上首屈一指的中华民族的古代文化遗产。当然，这些文化的载体都是古代汉语。为了继承这份宝贵的精神财富，我们应该了解古代汉语，并且能读懂古代汉语作品；而作为一名教师，我们更应该具有相当的古代汉语的知识和水平。

所谓古代汉语，是和现代汉语相对而言的，指古代汉族人民所使用的语言。

古代汉语的情况比较复杂，从时间上分，古代汉语又可以分为上古汉语、中古汉语和近代汉语等；从其语言特点来分，又可以分为文言和古白话两大系统。

文言是以先秦时代的口语为基础形成的一种书面语言，它既指先秦两汉时期的书面语言，也包括后来历代作家的仿古作品中的语言。古白话，是从唐宋时代兴起的、以北方话为基础、与一定时代的口语相接近的一种书面语言。

《古代汉语》课的教学内容是文言，而且把重点放在对先秦、两汉的典范文言作品中的语言现象的讲解上。

古代汉语课的教学内容由两大部分组成：即通论部分（古汉语理论体系）和文选部分（古代文言文作品）。通论部分主要包括文字、词汇、语法等。考虑到这本教材包括了现代汉语和古代汉语两部分内容，学员们在学习古代汉语时已具备了一定的现代汉语知识，所以我们把教学的重点放在了古代汉语异于现代汉语的地方。

至于文选部分，由于篇幅所限，这本教材只选注了六篇文言作品供大家阅读，这是远远不够的，要求学员还必须找到相当数量的文言文作品认真阅读，以补充教材的不足。

我们认为，通过“古代汉语”课的学习，应达到这样的水平：在字典辞书的帮助下，能够顺利地阅读有现代标点符号的一般的古代作品。要达到这一目的，就必须把对古代汉语的理性认识和感性认识有机地结合起来。具体地说，就是要把阅读文言作品与学习通论有机地结合起来，在学习的过程中，要按照理论联系实际的原则，先从感性入手，沿着“感性——理性——感性”的顺序不断循环反复地学习。我们要强调的是，考察一个人古代汉语的水平主要是看他阅读古代作品的能力，而不是看他背会了多少理论条目。

通 论 部 分

第五章 汉 字

第一节 汉字的产生和发展

一、汉字的起源

汉字的起源，包括两个方面的问题：一是汉字的形体来源，二是什么人创造的。这两个问题又是紧密相关的。

关于汉字的起源，我国古代的典籍中很早就有记载。《易·系辞下》："上古结绳而治，后世圣人易之以书契。"所谓"结绳"，是利用在绳子上打结的办法记事，比如说，两人相约在第五天会面，为了不至因记错而误约，就可以各自在绳子上打上五个结，每过一天就解开一个结，到第五天正好解完所有的绳结，就可以去赴约了。当然，利用结绳还可以记载更复杂的事情。

所谓"契"，是指利用在木板上刻痕的方法来计算和建立各种契约关系、记载重要的数据。一般的方法是在木板上刻画各种符号、花纹、线条，或者在边缘刻大大小小的齿，每一齿所代表的实物和数量是双方共同认可的。然后一分为二，债权债务双方各执一半，以便日后核对。

结绳和契刻是世界许多民族在文字发明之前使用的实物记事方法，但无论多么复杂的结绳或契刻，都不能直接发展成为文字。《系辞》只是讲"易之以书契"，不能误解为文字的形体源于结绳或契刻。

那么，汉字的形体来源到底是什么？根据世界各种自源产生的文字的普遍规律，汉字的形体来源于原始记事图画（广义讲，原始记事图画也包括一些抽象的记事符号）。东汉许慎在《说文解字·叙》中说："古者庖牺氏之王天下也，仰则观象于天，俯则观法于地，视鸟兽之文与地之宜，近取诸身，远取诸物，于是始作易八卦，以垂宪象……仓颉之初作书，盖依类象形，故谓之文。其后形声相益，故谓之字。文者物象之本，字者言孳乳而寖多也。”“依类象形”正是汉字初造时的基本方法，其透露了汉字源于图画的消息。

至于汉字的创制者，《系辞》只说是“后世圣人”，《吕氏春秋》、《韩非子》等许多古书中都有“仓颉造字”的记载，许慎也认为是“黄帝之史仓颉”。可见这是古代非常流行的观点。但汉字绝非一人一时所造，即使真有“仓颉”，也可能作为史官而搜集整理过汉字，而不是独自创造了汉字。鲁迅先生在《且介亭杂文·门外文谈》中说：“在社会里，仓颉也不止一个。有的在刀柄上刻一点图，有的在门户上画一些画，心心相印，口口相传，文字就多起来。史官一采集，便可以敷衍记事了。中国文字的由来，恐怕也逃不出这例子的。”

二、汉字产生的年代

汉字是世界上最古老的文字之一。我们已经知道的最古老的文字有古代苏美尔文字、古埃及文字、原始印度文字和我国殷商时期的甲骨文字。这几种古文字都是表意文字，具有很强的图画性，还带着原始记事图画的痕迹。在历史发展的长河中，前几种文字早在几千年前就已经消亡，或者转化为拼音文字的字母，成了“死文字”。唯有汉字，从殷商甲骨文至今，尽管经历了三千多年，基本的形体结构一脉相承，表意体系的特点仍然没有改变。从这一意义上讲，汉字可以说是世界上历史最悠久的文字。

我们今天所能见到的较早的、已成系统的汉字，是殷商后期（约公元前 14 世纪－公元前 11 世纪）的甲骨文。甲骨文虽然还带有一些图形意味，但笔画简洁，符号化程度已经很高，明显地脱离了原始图画。甲骨文基本上使用一个形体代表语言中的一个词或语素，而且出现了大量形声字。应该说，甲骨文是已经过长期发展的相当成熟的文字，在它之前，肯定还有更加古老的原始汉字。如仰韶文化半坡类型的陶器上常发现刻画符号，学者普遍认为有记事性质，可能是汉字的前身。那之后文化类型中发现的刻画符号更多、更复杂。由于考古发现的材料太少，我们现在还无法证明那些符号就是原始的汉字。但是，根据文字发生的一般规律，由甲骨文的成熟程度来推测，保守地说，在我国第一个奴隶制国家夏代，已经发展为文字体系的汉字就已经产生了，也就是说，汉字体系至少已有三千七百多年的历史。

三、汉字的书体演变

从殷商甲骨文字至今，三千多年的发展过程中，虽然形体结构依然保持了表意的特点，但在写法上已经有了很大的变化。汉字自其产生之始，书体形式就处于不断的发展变化之中。如果除去特殊用处的书体和形体稍变而形成的书体，描绘汉字书体演变的大脉络，我们可以简单地将汉字的书体发展归结为两大阶段五大书体。

（一）古文字阶段

古文字阶段包括从殷商时期的甲骨文直至秦代的小篆这一历史时期。期间流行的主要书体包括甲骨文、金文和篆书。古文字阶段的主要特点是，字形带有一定的图画痕迹，象形意味比较浓，采用线条化的笔道，还没形成汉字的“笔画”。

1. 甲骨文

甲骨文是古代写刻在龟甲和兽骨上的文字。清光绪二十五年才被发现，最初出土于河南安阳小屯村的殷墟，这里是商代后期王都的遗址，大约在公元前 14 世纪商王盘庚迁都于殷，直至公元前 11 世纪商纣亡国，一直都是殷王朝的国都。所以又称甲骨文为“殷墟文字”。这些文字大多是殷商王朝利用龟甲兽骨占卜吉凶时，写刻的卜辞和与占卜有关的记事文字，故又称为“卜辞”。

甲骨文大部分为契刻，也有少量墨书；有直接契刻的，也有先书后刻的。因大多是契刻的，故又称“契文”。

近百年来，考古发掘有字的甲骨已累计十多万片，甲骨文单字共四千五百字左右，其中经研究考释，已经认识的约一千七百字，现在的古文字学家还在继续研究之中。

甲骨文的象形意味比较浓，如：

，像流水的样子，就是今天的“水”字。

，像一只眼睛的样子，就是今天的“目”字。

，像十字路口，就是今天的“行”字。

，像人侧立的样子，就是今天的“人”字。

甲骨文的形体不很固定，一个字常有不同的写法，如：

，又可以写作

，又可以写作

，又可以写作

，又可以写作

甲骨文多用刀刻，龟甲和兽骨比较坚硬，所以笔道纤细，多直线而少曲笔，方折笔道较多，如：“日”字有的写作，太阳不圆；“子”字有的写作，小孩的脑袋成了方形。

甲骨文虽然还有图形的痕迹，但已经脱离了图画的写实手法，对实物的描画，也只是简单地勾勒轮廓或突出特征而已，已经表现了线条化、写意化的汉字特征，有的甚至采取了以部分代整体的简洁方法，如：“牛”字写作，“羊”字写作，只是简洁地勾勒牛羊的头部，并突出了牛角上扬和羊角下垂的特点，以便将“牛”、“羊”二字明确地加以区分。

甲骨文不仅有“依类象形”的独体之“文”，也出现了大量的合体“字”。如：（保）、（好）等。特别是出现很多用“形声相益”的方法造出的形声字，如：从水女声的（汝）、从目示声的（视）等。这说明甲骨文时期的造字能力已是极强，且已注意标记汉语的语音，加强了汉字和汉语的联系，这正表明甲骨文已是一种相当成熟的文字。

2. 金文

古代铸或刻在青铜器上的文字，通常专指商、周、秦、汉时期的铭文。因钟和鼎是古代的重器，言钟鼎可以概括其余的铜器，所以又称为“钟鼎文”。凹入的阴文称“款”，凸出的阳文称“识(zhì)”，故又称为“钟鼎款识”。

金文略晚于甲骨文，是介于甲骨文与篆文之间出现的书体。

商代的金文遗留下来不多，字体与甲骨文比较相近。人们常将周代的铭文作为金文的代表。周代之后的铭文，字体逐渐过渡到篆书。

周代铜器铭文的主要内容多是与祭祀、锡命、征伐、契约等有关的记载，也有营造者、铸造者、器物名称等内容。

金文的字体大小比较匀称，行款比甲骨文整齐，有些铜器上还加了方格，可以看出有意将字体方块化的倾向。

金文多为浇铸而成，字体与刀刻的甲骨文有很大的不同。笔道一般比较粗肥圆润，曲笔较多，因此，有些字的象形意味比甲骨文更重。如：

“子”字，金文作 ，小孩的脑袋恢复了圆形。

“日”字，金文作 ，比甲骨文更像太阳。

3. 篆书

又称“篆文”。可分为“大篆”、“小篆”。

战国时期，由于诸侯割据而形成“文字异形”的局面。公元前221年，秦始皇统一六国，建立了我国历史上第一个中央集权的大帝国。政治上的高度统一，必然要求文化上的大一统，要求文字的统一，于是，“秦始皇帝初兼天下，丞相李斯乃奏同之，罢其不与秦文合者。斯作《仓颉篇》，中车府令赵高作《爰历篇》，太史令胡毋敬作《博学篇》，皆取史籀大篆，或颇省改，所谓小篆者也。”（《说文解字·叙》）

“大篆”是对“小篆”而言的，是秦统一文字之前在秦国通行的字体。“小篆”是在“史籀大篆”的基础上形成的，故也叫籀文。这种字体与小篆形体相近，多比小篆略为繁复，也有些比小篆稍简，可见小篆对史籀大篆“或颇省改”之迹。

如：“祺”字小篆作 ，从示其声，籀文作 ，从示基声（见《说文一上·示部》）（《说文《即《说文解字》的简称）；“蓐”字小篆作 ，从辱声，籀文作 ，从 辱声（见《说文一下·蓐部》。

比小篆简省的字如：“薇”字小篆作 ，籀文省作 （见《说文一下·艸部》；“蓬”字小篆作 ，籀文作 （同上）。

小篆结构匀称，讲究对称，字体呈长方形，笔道圆转挺劲，行笔流畅，形体比较统一，是比甲骨文、金文成熟的文字。

秦始皇“书同文字”颁行小篆，是我国有史记载的第一次汉字规范化运动。这对于文字的统一和规范，对维系民族的统一，促进文化与经济的发展，无疑起到了重大的积极作用。

（二）今文字阶段

4．隶书

隶书发端于周末，1980 年在四川省青川县郝家坪战国秦墓中出土有木牍两件，上有墨书，字体与大篆有很大不同。具有简省盘曲、笔道改圆为方的显著特点。且字形不像篆书那样长方形，而呈扁方形。用笔也不似篆书的粗细均匀，而是轻重顿挫，已经略有“蚕头燕尾”之势，可以看作隶书之滥觞，是由篆向隶过渡的字体。

秦代官方规范的文字是小篆，今天所能见到的秦刻石均为小篆。小篆书写费力费时，而秦政苛繁，“大发吏卒，兴戍役，官狱职务繁，初有隶书”（《说文解字·叙》）。文书往来既多，为求快捷，在非正式的场合，人们常采取简便快捷的写法，将小篆的曲笔拉直，改圆转为折笔，隶书就逐渐在下层官吏中间流行起来了。许慎说所的“初有隶书”，我们应当理解为秦时隶书开始流行。

隶书之名的由来，有种种说法。《汉书·艺文志》：“是时始造隶书矣，起于官狱多事，苟趋省易，施之于徒隶也。”这是说，因为施用于徒隶，所以称为“隶书”。另一说程邈为衙狱吏，得罪，幽系云阳，增减大篆体，去其繁复，始皇善之，出为御史，所以称其书体为隶书。

至于程邈造隶之说，自古颇为流行。但隶书的形成是个渐变的过程，上文已经说到，周末战国时一些文字就有了隶书的笔态，隶者篆之捷，趋捷趋简是文字书写的大趋势，应该说，是广大群众造就了隶书这一书体，程邈可能是曾经对它加以整理规范，而不是独自创造了隶书。

隶书的产生，标志汉字发展的新阶段。从此，汉字产生了笔画，摆脱了篆书的“依类象形”特点，成为高度抽象化的汉字系统。汉字从隶书始，由“古文字”阶段跨入了“今文字”阶段。

5．楷书

隶书对篆书来讲，是极大的进步，是汉字发展史上的一大飞跃，是今文字阶段的开山书体。其书写比盘曲诘屈的篆书简便得多，但其形要求“蚕头燕尾”、一波三折，写起来仍然不很快捷。许慎《说文解字·叙》中所说“汉兴有草书”，就是将隶书又加以简化而成的一种字体，因其草率而就，故称为“草书”。草书虽书写快捷，但书写草率，辨识不易，且无统一标准，漫漶无纪。为纠其偏，楷书应运而生了。所谓“楷书”，意思就是可以作为典范楷模的书体。

楷书萌芽于东汉末期，其形体方正，行笔平直，减省了隶书笔画的波磔，书写更加快捷方便。这种横平竖直的方块形结构，一直保持至今，成为正体汉字的典型特征。

从今文字到古文字，汉字的形体发生了质的变化：平直方正的笔画代替了古文字形的圆转线条，构成文字的笔画和部件也发生了各种变化。汉字最初是力图以字形结构来体现词义的，形体笔画的象形性较强，但到了今文字阶段，以形体表意为主要特点的古文字形已基本改观，形体的形象意味越来越弱，代之以越来越强的符号化趋向。我们完全可以认为，汉字的以形体结构体现词义的特点在今文字阶段已逐渐丧失，转而开始以字形整体作为音节、语素的标志了。古今文字在形体上的这种差异，直接影响了它们表意的功能。

四、汉字字数的发展

汉字体系是一个开放的文字系统，自古至今，汉字的字数是不断增加的，到底有多少个汉字，是很难统计出确切数字的。翻检历代重要的字典辞书，可以了解某一历史时期汉字的大体数目，也可以看出汉字字数发展增加的大趋势。下面我们以时代先后简述如下：

1.《说文解字》：（东汉）许慎著，公元 121 年成书，收 9353 字，重文 1163 字，共计 10516 字。

2.《玉篇》：（南朝梁）顾野王著，公元 543 年成书，原书收 16917 字，今本经后人增补成 22561 字。

3.《广韵》：（宋）陈彭年等著，公元 1008 年成书 ，收 26194 字。

4.《字汇》：（明）梅膺祚著，约公元 1615 年成书，收 33179 字。

5.《康熙字典》：（清）张玉书等著，公元 1716 年成书，收 47035 字。

6.《汉语大字典》：徐中舒主编，1990 年八卷出齐，收 56000 字左右。

对于以上的资料，我们要注意以下几点：

第一，字典辞书未必能将自古至今的汉字尽收无遗，如《说文解字》共收入一万余字，但并不能说，到汉末许慎之时，正在使用和曾经使用过的汉字只是这一万多个字。因为以许慎之力，本来就很难将所有文籍中的以及社会使用的汉字搜集齐全，更何况从主观上许慎也是重视文籍用字，而将一些社会流行用字视为俗字，有意地排斥在《说文解字》之外。即使像《汉语大字典》这样的古今兼收的大型字典，也不能保证将所有的汉字网罗无遗。

第二，统计所收的字数未必十分精确，如上文所说的《说文解字》字数，是依照《说文解字·叙》中许慎自己的统计。但据今所见大徐本统计，则实有 10710 字，当是后人附益。即使今人所编纂的大型字典也很难统计精确。所以《汉语大字典·前言》也只是说“共计收列单字五万六千左右”。

第三，字典统计字数，是依据字形的。《说文》（《说文解字》的简称）的“重文”（就是我们所说的异体字）附在相应的“正文”后面，统计时将正文与重文分别计算，眉目比较清楚。但其他字典大多是形体不同就立个字头，算作一个字，往往收入大量的异体字而不作单独统计，如《汉语大字典·鸟部》收了“䳘”、“鹅”、“鹅”“鵞”、“鹅”，计算字数时就算作五个字，但实际上，“鹅”是“鹅”的简体字，其余三个是“鹅”的异体字。其实，简体字也可以视为广义的异体字，只不过是今天推行简化汉字新造的异体字罢了。严格地说，异体字只是一个字的不同写法，字典统计的字数一般只是字形数。

第二节　汉字的特点

一、汉字具有很强的表意性

传统的看法是，世界文字根据标记语言音义的不同，可以分为表音文字和表意文字两大类型。英、法、德、俄等文字采用拼音字母标记语音，属表音文字；汉字利用特定的形体可以标记语意，是表意体系的文字。

汉字在甲骨文、金文阶段，表现出极强的象形表意特征，如第一节所举的甲骨文、金文的字例。经过几千年的发展，虽然汉字发生了极大的变化，但这种以形表意的基本特点并没改变，甲骨文中的"[illegible]"，像树木的样子，今天的楷书"木"已经不那么象形了，但我们看到"松"、"柏"、"榆"、"柳"等从"木"的字，还是能知道与树木有关；甲骨文的"[illegible]"，像流水的样子，今天写作"水"，作偏旁部首时多写作"氵"，称"三点水"，以之作偏旁的"江"、"河"、"湖"、"海"等字，也多与水相关。

当然，由于形体的演变，汉字的象形表意特征逐步消失，向抽象化发展，许多汉字很难看出造字时形体所表达的意义了，但从整个汉字体系来看，这种以形表意的特点与拼音文字的区别还是十分明显的。

文字是标记语言的符号系统，语言是语音和语义的结合体。我们说汉字有很强的表意性，并不意味汉字与汉语语音无关，正如同说英文是表音体系文字，也并非与英语语义毫无关系一样。

拼音文字利用几十个字母（letter）标记语言中的音素或音位，单独的字母并无意义，如英文的a、b、c、d……拼写成词（word）后，通过标记语词的音而与义义联系。尽管如此，词（word）的形体也有一定的区别语义作用，例如：I（［主格］我）与eye（眼睛）都读作［ai］，读音相同而拼写不同，说明字母的作用不仅仅在于标记语音，也利用形体区分语言中的词，从而明确语义。此外，几乎所有的表音文字中也都广泛地使用着抽象的表意符号，如数目字、化学符号以及各种计算公式等等。

汉字虽然有很强的表意性，但每个汉字都有固定的读音；汉字中存在着大量的形声字，形声字的形旁标记语义，声旁标记语音；而且汉字自古就有大量的假借字，这些假借字的产生和应用，完全是为了标记语音而放弃了形体的表意功能，如"而"篆文写作"[illegible]"，本义指男人脸上的胡子，象形（《说文解字》"颊毛也，象毛之形。"）。后假借为连词用，它就只标志连词"而"的读音，其形体则不起任何语义提示的作用了，即形体不再表意。汉语中的许多虚词，如代词“之”、“其”，连词“则”、“然”等都是假借字。

所以说，语言本身就是音义密不可分的符号，标记它的文字也都要兼顾语音和语义两个方面，严格说，纯粹的表音文字或表意文字都是不存在的。将世界文字分为表音和表意两大类型，只是着眼于文字标记语言主要方式不同而已。

二、汉字是音节一语素文字

从文字与语言单位的对应关系来看，汉字是音节一语素文字。

汉字一个形体代表一个音节，这与汉语语素以单音节为主的特点是相适应的。汉语语音的特点就是音节分明，在先秦时期的上古汉语中，一个音节大多表示一个词，也就是说，单音节词占主导地位，在一般情况下，一个汉字代表一个音节，而一个音节又代表一个词，这时的汉字可以称为“音节一语素文字”。汉魏以后，汉语中的双音节词急遽增加，汉语词汇逐渐由单音节词为主向双音节词为主发展，现代汉语已经形成双音节词占绝大多数的词汇系统，在一般情况下，一个音节不再代表一个词，往往只是标志一个语素，于是，汉字成为“音节一语素文字”。

这是就一般情况而言，还有少数例外：

汉字多为一字一音，但在古代就有一字二音甚至三字二音的记载，如：《淮南子·主术训》：“赵武灵王贝带鵕䴊而朝。”高诱注：“鵕䴊，读曰私蚔头，二字三音也。”现代汉语中也曾经用一字标记二音，如“浬”读作（hǎilǐ）两个音节，长度单位，表示“海里”；“瓩”（qiānwǎ），功率单位，表示“千瓦”。为符合汉字一字一音的传统，这样的字现在都已经废除，改用“海里”、“千瓦”两个汉字。但还有一个标记儿化音的“儿”字，如“一朵儿鲜花儿”是四个音节，其中的两个“儿”字都不代表音节，只是与前一个韵母组合成一个音节，并使这个韵母转化为卷舌韵母。

汉字有少数字并不表示词或语素。在记录汉语联绵词时，两个汉字对应于一个语素，如“窈窕”、“玻璃”中的窈、窕和玻、璃。在记录外来语的音译词时，如“马克思”、“布尔什维克”等，每个汉字都不单独代表语素。

就总体而言，汉字一字一音，标记汉语的一个词或一个语素。

因为词是由语素构成的，单音节词是由一个语素构成的，标记单音节词的一个汉字也可以说标记了一个语素，所以，概括地讲，汉字是音节—语素文字。

三、汉字的形音义关系

汉字是书写符号系统，是音节—语素文字。汉字用特定的形体记录汉语中的语素，语素是语言中最小的音义结合单位，汉字通过对语素的记录而获得音和义，从这一意义上说，汉字是形音义的统一体。其中，形和音是每个汉字都具备的，而义却不一定每个汉字都有，如前面提到的窈、窕、玻、璃等字。也就是说，在一般情况时，一个汉字记录汉语的一个语素，它是形音义三者俱全的，而在少数情况下，当一个汉字不记录一个语素，只是记录汉语的一个音节时，它就只有形音而没有义了。

汉字的形音义三者之间有种种错综复杂的关系，了解这些关系，对于理解汉字的特点是十分必要的，下面就简要介绍这三者的关系。

（一）形与音

形与音的关系，就是汉字与汉语语素读音之间的关系。

汉字一字一音，是从其个体角度而言，若从整个汉字构形系统与语言语音系统的对应来考察，形与音并非是简单的一对一的关系。

1. 一音多形

古今汉字的形体个数在《汉语大字典》中已经收录五万多，而在汉语语音系统中，现代普通话的基本音节只有四百个左右，即使加上四声的区别，也不过一千二百多个音节。古代汉语的语音系统比现代复杂些，音节数目要略多些，但也很有限。这就意味着每个音节平均会有近五十个不同的形体记录它，这就造成了一音多形现象，使得汉字系统中存在着大量的同音字。当然，形体与音节的对应不是平均分布的，有的音节同音字多些，有的则少些。如 qiǔ 这个音节，《辞海》只收录了一个“糗”字，《汉语大词典》多收一个“餱”字，还是“糗”的异体字；而 yì 音的字《辞海》收录有意、易、义、益、议、艺、异、邑……共 195 个，《汉语大词典》收录竟达 256 个之多！

2. 一形多音

与之相反的是，由于汉语词汇的不断发展，汉字所记录的语素也会有所增加，使汉字系统中又存在着大量的一形多音现象。如“重”字在表示“分量大”、“重要”等意义时读 zhòng，在表示“重复、重叠”等意义时读 chóng；“参”字作数词（同“三”）时读 sān，表“参加”、“参考”等义时读 cān，作植物（“人参”、“西洋参”等）和星宿名时读 shēn，在联绵词“参差”中读作 cēn。如果再加上有些古音在特殊用法中的保留、古代常用通假字的读音的遗存，汉字一形多音的现象就更加严重了。如“重”字《辞海》收录还有一个 tóng 音，通“锺”，古代指先种后熟的农作物；“参”字《辞海》也还收录有 sǎn、càn 两个通假音。下面再看一个例子：

“单”字《辞海》收录四个读音：

（1）dān，表“单独”、“单薄”等义，这是现代通行的读音。

（2）dàn，“厚。《诗经·周颂·昊天有成命》：‘单厥心。’”这是古代的音义。

（3）shàn，“①县名。见‘单县’。②姓。隋末有单雄信。”这是人名、地名沿用的旧音，体现了名称读音的保守性。

（4）chán，“①见‘单阏’。②见‘单于’。”单阏是十二支中卯的别称，古代用以纪年；单于是汉时匈奴最高首领的称号。这也是姓名称呼的古代遗留。

（二）形与义

形与义的关系，就是汉字与汉语语素意义之间的关系。

汉字是表意体系的文字，“以形示意”是汉字有别于表音体系文字的一个显著特点。汉字最初的造字方法就是“依类象形”，形体与意义的联系是紧密的。其后“形声相益”，增加了标音成分，但仍然保留了表意的形旁。所以，汉字的字形大都与词或语素的意义有一定的联系。这种联系，有的字比较显明，呈一对一的对应关系，如：

鸟，甲骨文写作，直接描绘了鸟的形态。

龟，金文写作，一看便知道是乌龟这种动物。

休，甲骨文作，金文作，小篆作，像人依靠在大树下休息。

有些字的形与义之间的联系不很具体，形体只是反映意义的范围，例如：松、柏、榆、柳都从木，都是树名，但具体是什么树，形体上并未加以体现；江、河、湖、海、淮、汉、涝等字都从水，只表示它们的意义都与水有关，具体意义并未从字形上反映出来。

汉字的形体与图画之间有着本质的区别，比如画一匹马，只要画得像，人人看了都会知道是马。但即使是甲骨文中象形意味很浓的形体，不懂古文字的人也未必能看出它标记的是语言中的“mǎ”这个词。这是因为，汉字虽然具有较强的象形性，但作为文字，它所表现出的“形”是象征性的，它与词义之间的联系也是抽象的，不可能像图画一样形象地反映客观事物。至于以什么样的形体标记什么意义，则在很大程度上反映了汉民族的心理特征的文化特征。

有些字的形与义联系今天我们觉得不合情理，如“思想”二字都从心，实际上思想是人头脑中产生的，与心脏无关，但由于古代受科学水平的局限，古人认为心脏这一器官是负责思想的，《孟子·告子上》：“心之官则思。”“思想”二字的形体，正反映了古人的这一错误认识；再如，“闽”、“蛮”从虫、“羌”字从羊、“狄”字从犬，古代用以指称四方民族，这反映了古代轻视少数民族的大华夏主义观念。

汉字形与义的联系，主要是指汉字的初形与它的本义关系而言。如果字形结构发生了变化，或者意义发生变化，都会使它的形与义联系隐晦起来。例如：

“年”字，小篆写作，从禾千声，指谷物成熟，因用于指称谷物生长周期的时段为一年，而今天书写形体发生变化，形与义的联系就看不出来了。

“权”字从木，《说文·木部》：“权，黄华木，从木　声。”据《说文》的解释，它是一种树名，但这一意义今天已经消失了，形与义也就失去了联系。

“益”字，甲骨文写作，金文作，小篆作，像水从皿（盛水的容器）中满溢出来，是“溢”的本字，《吕氏春秋·察今》“遾水暴益”用的正是这一意义，“益”字的形与义联系还是紧密的。但“益”字还有利益、增加等意义，如《左传·僖公三十年》：“若亡郑而有益于君，敢以烦执事。”这句中的“益”是“好处”的意思，与形体就没有直接联系了。也就是说，引申义与字形没有直接的联系。但由于引申义是由本义发展派生的意义，因此，也可以说，以本义为中介，引申义与字形还是发生间接关联的。

此外，假借字的形与义之间是毫无联系的，如上面说的“权”字，古书常用作指“称砣”，如今天成语有“权衡轻重”，但这是假借字，假借字的形与义是没有任何关系的。再如“而”字，当它用于表示“胡子”这一本义时，形与义的联系是紧密的；但当它用作连词时，是假借了“而”的字形，形与义就毫无联系了。

在我们阅读古代作品时，还会遇到一种通假现象，如：

①蚤起，施从良人之所之。（《孟子·离娄》）

②都城过百雉，国之害也。（《左传·隐公元年》）

③此臣之日夜齿腐心也。（《史记·刺客列传》）

④则犹有先君之适及遗姑姊妹若而人。（《左传·昭公三年》）

上面例①“蚤起”的“蚤”是一种虫子的名字，其含义与文句无关，如果拿这一意义来解释“蚤起”这句话，是无论如何也讲不通的。之所以出现这种情况，是因为这句话中本不该用“蚤”而应该用“早”，是书写的人随手写了一个同音字代替了本应该写的字，这就是字的通假现象，文句中使用的字称为通假字，也称为假借字，而本应该用的字就称为本字。通假字在文句中临时具有的含义就是假借义。这句话中，“蚤”是通假借字，“早”是本字，而“早晨”则是“蚤”在这句话中的假借义。例②中的“雉”本是一种飞禽的名字，用到本句中自然也不通，我们可以按照声音的线索找到它的本字“纟彖（纟引）”，这是一种长度单位，“都城过百　”是说都城的方圆大小超过了一百　。例③中的“腐心”同样，若按其原义去讲，则在句子中显得磚格不通，且“切齿”与“腐心”也无法搭配。原来，“腐”字是假借字，本字是“拊”，捶打的意思。“拊心”就是我们常说的“捶胸”，找到本字，全句的意思就清楚明白了。例④的“适”在句子中的意思很不好理解，显然也是一个假借字，要找到它的本字还有一个读音问题。“适”在古代的读音与“嫡”是相同的（它们的声符是相同的），所以“适”的本字是“嫡”，在这里表示“嫡生女儿”的意思。“先君之嫡”是说“先君的嫡生女儿”。

这些因为声音相同或相近而临时借用来的字，其在文句中所表示的意义与它们各自的形体毫无关系，这一点是必须要明确的。

汉字形义联系的约定性还体现在如下两个方面：

其一，相同的形体可以代表不同的意义，如“一”这一形体，在“雨”中表示天；在“屯”、“旦”中表示地；在“夫”中表示固定住头发的簪子；在“𡿧”中表示某种障碍……再如“田”这一形体，单独使用时，表示田地，其中的“囗”表示围起的田界，“十”则表示田中纵横的田梗，而在“果”字中表示树上的果实，在“番”字中表示野兽的足掌……

其二，不同的形体可以表示相同的意义。如“凤”字，《说文》中的小篆写作[illegible]，从鸟凡声，是个形声字；它还有一个古文形体作[illegible]，是个象形字。这是用不同的造字方法形成的不同形体，指代的意义是相同的。

尽管汉字的形义联系不是必然的，但也不能因此而否认这种约定俗成的联系。我们说汉字是表意体系文字，就是着眼于这种形义之间联系而言的，这种形义的联系，是汉字的突出特点，是拼音文字所不具备的。

（三）音与义

音与义的关系，是汉语语素音义关系在汉字中的体现。

语言是音义结合的符号系统，语素是语言中最小的音义结合单位，汉字又是标记汉语语素的书写符号。所以，音义关系既是汉语词汇学问题，也是汉字学要研究的问题。

特别是对于古代汉语的研究，由于古代的有声语言早已消失，今天已经无法得窥其原貌，我们只能从遗留下来的以汉字为载体的古代典籍中，也就是书面语言中加以考察。

汉字是形音义的统一体，语素中的音义关系，也必然会在汉字中得到一定的反映，所以，我们也可以从汉字考察这种音义关系。

语言产生之初，音义之间并无必然的联系，它们的结合是约定的。例如，现代汉语普通话中用 rén（人）这个音节表示我们人类自身，这是从古代汉语中继承来的，古人的语音如何我们已经不得而知，据情理推测，对于自我认识应该是伴随着人类社会的形成就产生了，也就是说，这一语词，很可能是语言产生之初最早的语词之一。当时用某一语音形式来代表“人”这一意义，是约定俗成的，音义之间的联系是偶然的。但是，一旦固定，这种联系就成为必然。随着人类社会的发展，人们的语言也在发展，其最显著的发展就是词汇量的扩展。人们对新事物的认知，往往在对旧事物的认识基础上进行的，新语词的产生也往往与旧语词的音义有着种种的联系，这种联系，也常常体现在汉字系统之中。如“仁”字从人从二，《说文》解释为“亲也”，显然，这一语词是在“人”的基础上产生的，是着眼于人与人之间关系而发展出的表抽象概念的语词。

这种音义之间的联系，体现在汉字形体上，往往有相同的结构成分，如：

《说文·水部》：“濃，露多也。从水農声。”

《说文·衣部》：“襛，衣厚貌。从衣農声。”

《说文·酉部》：“醲，厚酒也。从酉農声。”

“濃（即“浓”的繁体字）”、“襛”、“醲”三字都从農（即“农”的繁体字）得声，都有“浓厚”的意义。

即使汉字的形体没有相同的结构成分，但如果声音相同或相近，也可能具有相通的意义，如“扣”、“敲”都有“击”义；“空”、“孔”都有“空”义等。

理解这种音近义通的音义联系，对我们了解汉字的特点、掌握汉语词汇系统以至于提高阅读古书的能力，都是很有帮助的。但在实际运用中，我们要注意以下两点：

第一，音近义通现象，一般是指古音古义之间的联系，例如“迎”、“迓”、“逆”今音不同而古音相近，都有“迎接”之义，属于声近义通的一组同义词。反之，今音相同或相近而古音相差很远，则不存在这种关系。

第二，音近义通现象不能绝对化，“音近”并不一定都“义通”，如“濃”、“襛”、“醲”三字都有“浓厚”之义，“癑”字也从“農”得声，《说文·疒部》训“痛也”，并无“浓厚”的意义。

第三节　汉字的形体结构

一、传统的"六书"说

许慎在《说文解字·叙》中谈到汉字的产生时说："仓颉之初作书，盖依类象形，故谓之文；其后形声相益，即谓之字。"后人据此将汉字分为独体字与合体字。独体的"文"是不可分拆的，合体的"字"却是可以分解的，许慎书名为《说文解字》，就体现了对汉字形体结构的认识。

"文"是"字"的基础，但数量有限，汉字大多是合体结构的"字"。对于独体的"文"，因其象形表意的意味较强，可以直接说明其形义之间的联系；而对于合体的"字"，则需要通过分拆它的形体来考察其结构方法以及形义的关系。

在古代典籍中很早就有分析汉字探究字义的记载，《左传·宣公十二年》："夫文，止戈为武。"意思是说"武"字的形体结构是由"止"、"戈"二字组成的，表示制止战争之义。类似的还有：

《左传·宣公十五年》："故文，反正为乏。"

《左传·昭公元年》："于文，皿虫为蛊。"

《韩非子·五蠹》："古者苍颉之作书也，自环者谓之私，背私谓之公。"

这些对字义的解释未必准确，有的还可能是错误的，如"武"本是一个人扛着武器的形象。但这种方法却开析字说义风气之先。全面对汉字字形结构加以分析，并概括为系统理论，有传统的"六书"说。

《周礼·地官·保氏》："（保氏）掌谏王恶，而养国子以道，乃教之六艺：一曰五礼，二曰六乐，三曰五射，四曰五驭，五曰六书，六曰九数。"这是如今见到最早的关于"六书"的记载，作为"国子"的学习内容之一，但"六书"的具体内容却未加解释。直至东汉时，才出现具体的说明。当时的典籍中解释"六书"的记载有三处：

其一，班固《汉书·艺文志》："古者八岁入小学。故《周官》保氏掌养国子，教之六书，谓象形、象事、象意、象声、转注、假借。”

其二，郑众《〈周礼·地官·保氏〉注》：“六书：象形、会意、转注、处事、假借、谐声也。”

其三，许慎《说文解字·叙》：“周礼八岁入小学，保氏教国子，先以六书：一曰指事，指事者，视而可识，察而见意（据段玉裁《说文解字注》），上下是也；二曰象形，象形者，画成其物，随体诘诎，日月是也；三曰形声，形声者，以事为名，取譬相成，江河是也；四曰会意，会意者，比类合谊，以见指蛊，武信是也；五曰转注，转注者，建类一首，同意相受，考老是也；六曰假借，假借者，本无其字，依声托事，令长是也。”

班、郑两家只举细目，许慎则不仅列举细目，而且加以定义，并各举两个例字。这标志着“六书”理论的正式建立。

三家的名称和次序都不同。清代以后，一般人多采用许慎的名称，而按班固的次序。即：象形、指事、会意、形声、转注、假借。

下面就按这种名称和次序分别加以介绍。

（一）象形

许慎说：“象形者，画成其物，随体诘诎，日月是也。”这意思是说，把物体描摹下来，笔画随物体形状而屈曲。这种描摹实物的造字法，就叫象形造字法。用象形造字法造出的字，称作象形字。象形造字法多用以表现具体的东西，因为只有具体的实物，才易于描摹。

许慎举出“日”、“月”二字为例证。

“日”，甲骨文或写作，金文作，小篆作，像太阳的样子；“月”，甲骨文或写作，金文或作，小篆作，像月亮的样子。

再如“女”字，甲骨文或作，金文作，小篆作，像女人双臂交于胸前，作跪姿，这可能是当时妇女生活中的一大特点。

又如“象”字，甲骨文作，金文作，小篆作，突出了大象长鼻子的特征。

从以上字例中，不难领悟象形字的特点。首先，象形字多用来表示具体的物象；其次，象形字都是独体字，从其字形中不能再分析出两个独立的构件；第三，字形中无表音成分。象形法造字不易，所以象形字并不很多，《说文》中约有三百个左右。然而，它在汉字体系中却具有很重要的地位。这是因为，一方面，象形字多标记语言中的基本词汇，而基本词汇是不大变化的，可一直沿用到今天；再者，象形字是其他造字法的基础，也就是说，其他的字大多是在象形的基础上创造出来。

（二）指事

许慎说："指事者，视而可识，察而见意，上下是也。"意思是说，看到字形就可以大体明白，但须仔细观察才能知道它的准确意义。

许慎以"上"、"下"二字为例。

"上"，甲骨文作，金文作，小篆作；"下"，甲骨文作，金文作，小篆作。上、下是比较抽象的概念，作为方位来说，不便用图形表示。"上"和"下"是相对而言的，往往有用以比较的标志。在标志上头的，自然为"上"；在标志下边的，就是"下"。甲骨文、金文中的长线条、篆文中的横线就是某种界限标志，甲骨文、金文的短线，篆文中的垂笔和短横，就是指示方位的符号，它在标志之上，即为"上"；在标志之下，即为"下"。

又如"刃"字，小篆作，《说文·刃部》："刀坚也，象刀有刃之形。"刃，本指刀口，即刀最为锋利的地方。刀，甲骨文作，小篆作。古人利用"指事"的方法在"刀"字所表示的刀口上加一点而为""，告诉我们"刃"字所指。

又如"亦"字，甲骨文作，金文作，小篆作。《说文·亦部》："亦，人之臂亦也。从大，象两亦之形。"这是"腋"的本字。"大"是一个人两腿叉开，双臂侧平举的正视图像。为表示人的"腋窝"、"腋下"，古人便在双臂侧平举的腋下加两点，指出这地方便是"亦"（"腋"）。后来因为"亦"被借作副词，久借不还，"亦"的本意反而不被人了解，便又造出一个"腋"字，以取代"亦"原来所表示的意思。

"指事"，即指出事物之所在。它一般是在象形字的基础上加上指事性的符号，如"刃"、"亦"；也有少量纯符号性质的指事字，如“上”、“下”二字。用这种造字法造出的字，就叫指事字。这种字的特点就是“视而可识，察而见意”。象形字表现的一般是具体的物象；指事字表现的一般是抽象的事象。所以指事字可以表示较为抽象的事物。但表现力有限，辨识不易，所以汉字中的纯指事字并不多，《说文》只有百余字。

（三）会意

许慎说：“会意者，比类合谊，以见指㧑，武信是也。”意思是会合两个或两个以上的意义有关联的字，以指明组合成的新字新义。

许慎举出“武”、“信”二字，作为会意字的典型字例。

“武”，从止戈。止，甲骨文写作，像人脚，这里借代人。戈，是武器。人用戈，表示武力、威武的意思。

“信”，《说文·言部》：“信，诚也，从人从言。”为人说话要诚实，这在上古可视为一般的道德观念，所以“人言”就是“信”。

再如：“莫”，甲骨文作，金文作，小篆作。《说文·部》（音 mǎng，即“草莽”之“莽”的古字）：“莫，日且冥也。从日在茻中。”太阳坠入草莽之中，意为黄昏、傍晚。“莫”是“暮”的本字，后来“莫”常被借作不定代词，久借不还，后又造了一个“暮”字表示“莫”字的本义。

“益”，甲骨文作，金文作，小篆作。下面部分是器皿的“皿”字，内有水溢出。“益”即“溢”的本字。因“益”引申出“更加”、“利益”等常用义项，便又造了个从“氵”旁的“溢”字表示满溢的意思。

会意字比象形字和指事字能表现更抽象、复杂的事物，造字功能也较强，《说文》中约有一千余个会意字。但会意字仍有一定的局限性，它不能标音，与语言联系不紧密，不能满足大量造字的需要。

（四）形声

许慎说：“形声者，以事为名，取譬相成，江河是也。”意思是根据这个字所表示的意思立一个意符（或称“形符”），再取一个声音相近或相同的字譬况它的读音，作为声符，意符和声符二者相辅相成，构成一个新字。利用这种形声造字法造出的字，称为形声字。

比如“江”、“河”二字，“氵”是水的变形，是形符，表示意义的范畴，江、河与水有关；取“工”、“可”为声符。“江”、“工”上古同音；“河”、“可”上古音近。

形声造字法的发明，是汉字的一大进步。它把象形、指事、会意作为创造新字的基本材料，利用形声组合方法，创造出大量的汉字，以满足语言发展的需要。不同的形与声组合在一起，固然能造出不同的字，如：江、谕；形符相同而声符不同也能造出不同的字来，如：江、河；形符不同而声符相同也可造出不同的字，如：谕、榆；即使形符、声符完全一样，由于搭配位置不同也可能造出不同的字，如：杏、呆。

形声字的形符、声符可以左右搭配：

1. 左形右声，如：江、棋、估、胎

2. 左声右形，如：功、期、故、部

也可以上下搭配：

3. 上声下形，如：恭、基、辜、怠

4. 上形下声，如：空、箕、罟、苔

以上四种，是最常见的组合方式，此外还有一些字可看作内外搭配：

5. 内声外形，如：围（从囗韦声）、阁（从门各声）

6. 内形外声，如：问（从口门声）、闻（从耳门声）

又有将形符或声符分拆的：

7. 义符中分左右，声符居中，如：術（从行术声）

8. 声符中分左右，义符居中，如：辩（从言辛声）

9. 义符中分上下，声符居中，如：衷（从衣中声）

10. 声符中分上下，义符居中，如：哀（从口衣声）

也有一些所谓“对角式”：

11. 左上角为形符，右下角为声符，如：病（从疒丙声）

12. 右上角为声符，左下角为形符，如：通（从辶甬声）

这种种情况一方面可见形声造字法的灵活性，但更说明形声字中形符与声符组合的不规则性。例如“宝”的繁体字“寶”，从宀玉贝，缶声，就让人很难分析。这些不规则的形声字，给我们掌握它的结构带来很大麻烦，我们要特别注意其形符与声符的搭配关系，以便准确地辨认形符与声符。

对于形声字，在准确辨认形符、声符的基础上，还要注意形符和声符对于形声字所起的作用。

1. 形符

形声字的形符，表示这个字所属的意义范畴。形符相同的字，字义上一般都有联系。因此，分析形声字的形符，对了解和掌握字义，特别是探求字的本义是极有帮助的。例如：

广：（yǎn）〔注意：此字不读 guǎng。广、廣古时是两个字。〕《说文》曰："因广为屋，象对刺高屋之形。""广"，就是凭借崖势所造的房屋。因此凡从广的字，也都与房屋居处有关，像庐、庭、库、庙、庖等。"序"的本义是东西墙，"废"的本义是房屋倒塌，所以也都从"广"。

心：古人认为"心"是主管思想的，所以从心的字，多与心理有关。象思、念、恩、惠、想、恕、意、怒、怨、慈、愁、性、情、愤、恨、惕、恭等等。"慢"的本义是怠慢，"快"的本义是喜，所以也都从"心"。

但是，有时形符也不能表示字义的范畴，这种情况尤其应引起我们的注意，例如："豹"应属兽类，与昆虫毫无近似之处。但形符为"豸"（音 zhì，没有脚的虫子）；"蝙蝠"是哺乳动物，形符却为"虫"。又如奸、妄、妖都以"女"为形符，反映了古代对妇女的歧视，现在看来，这些字不能说与"女"有什么必然联系了。再如"镜"，古代以铜制镜，所以从金，现在的镜子和金属不一定有联系了。引申义同形符无必然的联系。如："习"字，本义是"数（shuò）飞"（繁体字作"習"，从羽白声）。"学而时习之"中的"习"与羽就没有意义的联系。假借字的形符与字义更无联系。如"难"，《说文》作"鶵"、"難"（重文），从"鸟"或"隹"（"隹"读 zhuī，《说文》曰："鸟之短尾总名也。"从"鸟"从"隹"同义），但被借作难易之"难"，则与形符"鸟"、"隹"无关系。

2. 声符

一般来说，声符是表示字的读音的，但有的声符也兼表意义。

如:《说文·女部》:“娶,取妇也。从女从取,取亦声。”“取”在“娶”字中既作形符又作声符。

还应注意,由于语言文字的发展,有些字读音发生了变化,形声字的声符往往不能准确表示字音了。因此,声符相同的字,读音也不一定相同了。比如:苔、抬,从声符来看,我们可以断定它读“台”。但是,怡、贻、饴,若读“台”,就错了,应读 yí;至于笞(chī)、治(zhì)、冶(yě)、始(shǐ),既不读 tai 也不读 yi。“秀才识字读半边”,有对的时候,但错的也不少。我们应该注意这种情况,防止误读。

(五)转注

许慎说:“转注者,建类一首,同意相受,考老是也。”对“转注”和许慎的说解历来认识不一,争论也最多。清代学者比较有代表性的有三家:

其一,江声认为所谓“建类一首”,是指《说文》部首,而《说文》在每部首下都说“凡某之属皆从某”,即为“同意相受”。

其二,戴震认为转注就是互训,他的学生段玉裁也持此论,他在《说文解字注》中说:“转注犹言互训也。注者,灌也。数字展转,互相为训,如诸水相为灌注,交输互受也。”“‘建类一首’,谓分立其义之类,而一其首。”“‘同意相受’,谓无虑诸字,意旨略同,义可互受,相灌注而归于一首。”

其三,朱骏声认为“转注者,体不改造,引意相受,令长是也”,他不但修改了转注的定义,而且更改了许慎的字例。依朱氏之说,当古人从某一本义引申出另一意义时,不别造字,那就是转注,他认为“令”、“长”不是假借,而是引申,所以,他把许慎作为假借的这两个例字换作转注例字。

各家的认识和分析问题的角度不同,在此就不一一分析了。

(六)假借

许慎说:“假借者,本无其字,依声托事,令、长是也。”

所谓“本无其字,依声托事”,是说古时字少,在表达某事物时,还没有造出相应的字,于是便采用“依声托事”的办法借用一个声音相同或相近的字来表达。

许慎以“令”、“长”为例，说明假借之法。“令”的本义是发号施令；“长”本是“短”的反义词。“县令”、“县长”之“令”、“长”，都是从其本义引申出来的义项，不能算是“假借”的典型例字。

这里我们可以以“其”、“女”二字为例。“其”字甲骨文作，金文作，为簸箕之形，实为“箕”的本字，被借为代词的用法时，就是“本无其字，依声托事”的“假借”。“女”，本指女性，但是在“诲女知之乎”（《论语·为政》）、“逝将去女”（《诗经·魏风·硕鼠》）等句中，“女”字借用作第二人称代词，相当于今天的“你”，也是假借的用法。

“六书”说总结了汉字的形体结构规律。由汉至清，治文字学者一直将其奉为圭臬。直至今天，“六书”学说仍然受到广大学者的重视，对我们研究汉字形体结构、认识汉字的性质、分析汉字的形义关系有很大帮助。

但是，我们还应该认识到，“六书”也有其局限性。“六书”严格说来，并不是前代学者所说的“造字之法”，更不是汉字产生之前就已预定的造字模式。而是汉字发展到一定阶段后，人们分析和概括汉字形体结构的条例。正因如此，“六书”并不能说明所有汉字的形体结构。例如，前文所举《左传·宣公十五年》“反正为乏”。“正”，小篆作“”，“乏”，小篆作“”，《说文·正部》：“乏，《春秋传》曰：‘反正为乏。’”这就是说，“乏”的形体是“正”的反写。又如《说文·可部》“新附”有个“叵”字，徐铉说：“叵，不可也，从反可。”“可”小篆作“”，“叵”，小篆作“”，也是将“可”反写而成“叵”。“乏”、“叵”这样的字“六书”就不能解释。再如，“秦公簋”刻款有“斗”、“升”二字。“斗”字作“”，像带柄的量器；而“升”字作“”，在“”中加了一小横，增加了些笔画是为了加以区别，又属“六书”的哪种呢？有些学者强为之说，其实大可不必。许慎于《说文解字》中对有的字形已经无法解释，只好说“阙”。除了因字形讹变难以究明造字意图的原因之外，只能说明有些字的形体本身就是“六书”所难以概括的，这也正是“六书”说的局限性。

二、因形求义与古书阅读

从上文分析我们可以看出，每个汉字的创造，都体现了人们对它所代表的词义的认识。也就是说，用什么样的形体表达特定的词义，是有一定的道理的。汉字的形与义是紧密相关的，这也正是表意体系文字的特点所在。所以，我们可以通过对汉字形体结构的分析追究它所代表的词义。这就是“因形求义”的训诂方法。许慎作《说文解字》，主要就是运用这一方法考释文字的本义。例如《说文·面部》：“䩄，面见人也。从面见。”

这一方法，对于我们在阅读古书时，正确地掌握词义也很有帮助。

一个词可以有很多义项，但总体可分为三大类，一是本义，二是引申义，三是假借义。本义只有一个，是字形所表示的初始意义。一个词的引申文和假借义却可以有很多。在阅读古书时，利用因形求义的方法，可以帮助我们准确地判断某个词在使用时的具体意义。例如：

《孟子·尽心下》：“君子引而不发。”这一句话虽然没有冷僻古字，但用现代汉语的词义却不好理解。分析“引”和“发”（繁体作“發”）的形体，会发现二字都有“弓”这一共同的结构成分。《说文·弓部》：“引，开弓也。从弓丨。”“發，射发也。从弓丨声。”根据这种形义相关的分析，我们可以明白“引而不发”是指拉开弓却不发射出去。“引”、“发”二字在这一句中用的正是它的本义。

王勃《滕王阁序》：“控蛮荆而引瓯越。”这里的“引”，虽然不是“开弓”的意思，但弓箭可以及远，所以“引”字又发展出“遥控”的意思，这就是它的引申义了。

有时在古书中的某个词，通过分析形体，找不到适当的义项，既不是本义，又不是从本义发展出的引申义。这时，我们可以考虑是否用的假借义。例如：

《论语·阳货》：“阳货欲见孔子，孔子不见，归孔子豚。”“归”的繁体写作“歸”。《说文·止部》：“歸，女嫁也。从止，从婦省，声。”形体表示妇女止居之处，即女子出嫁到夫家中。本义就是女子出嫁。《诗经·周南·桃夭》：“之子于归，宜其室家。”正用本义。这一本义在《论语》句中显然不合适。由此本义发展出有回归、归还等义项，即使是“归还”这一引申义，用于句中，虽可译通句子，但于情理不合。鲁国权臣阳货不可能欠孔子“豚”而要归还他。既然通过形体分析得出本义和引申义都不是句中的意义，就要考虑是否是假借用法。其实，按文义这里应是“赠送”的意思。是“馈”的通假字，《说文·食部》：“馈，饷也。从食，贵声。”是赠送食物的意思。“归孔子豚”，就是馈赠给孔子一只做熟了的小猪。

可见在阅读古书时，无论是推究词的本义、引申义，还是假借义，字形结构分析都可以作为重要的依据，因形求义不失为有效的好方法。

但这种方法的运用，首先须掌握汉字的古字形。因为几千年来，汉字形体结构处于不断地变化之中，而且又经历了甲骨、金文、篆书、隶书、楷书等书体演变，汉字大多失去造字之初的笔意，变成了笔势符号，形义之间的联系隐晦不显了。比如前例中的“发”，今天的简体字已失去与“弓”的联系；“归”字的形体也与“女子出嫁”毫无关系了。即使比较古老的篆书，有时形体也已经发生讹变，《说文》中有些错误，就是因为依据讹变了的小篆形体解释字义而产生的。今天，由于甲骨文的发现，我们得以看到更古老的汉字形体，古文字学家利用因形求义的办法，通过对甲骨文的分析，纠正了许多《说文》的错误，例如：

《说文·爪部》：“爲，母猴也。其为禽好爪，爪，母猴象也。下腹为母猴形。”“为”字小篆字形已讹变，许慎误以为是象母猴之形。其实，“为”字在甲骨文中写作爲，字形表示一只手牵大象劳作，引申出“作为”、“行为”的意思。许慎把“为”字的形、义都解释错了。

当然，我们今天不可能要求大家都掌握甲骨文、金文等古文字形体，不可能人人都成为古文字学家。但在阅读古书时，即使是今天的楷书，因形求义的方法适用范围也是极其广泛的。

虽然楷书已是笔画化、符号化、抽象化的字体，但汉字的表意性质并未从根本上改变，只要我们将特定的符号构件与一定的意义加以联系，我们仍然可以通过对字形的分析获得字义的提示。

对楷书的形义联系，我们主要应该抓住“部首”这个关键。这样，也许并不能象分析古汉字形体那样得到字形所表示字义的准确信息，但至少大的意义范围是可以得到提示的。例如：

“冫”这个部首，今称“两点水”。它的古形体是“仌”，像冰凌的形状。我们通过对这一部首的了解，可以掌握它所属字的意义范畴：冰、凝、凌、冷、冻等都与结冰或寒冷等意义有关。

“宀”，今称“宝盖儿”。它所属的字大多与宫室有关。如宫、室、宅、宿等。“客”字本指寄居的人，“宽”字本指房屋宽大。

“竹”字做部首写作“⺮”，今称“竹字头”，所属字多与竹子有关：“箭”，为竹子制成；“策”，本指竹枝做的马鞭；“符”，本指用竹片做的符信。

现代楷书在字词典中的部首，大约二百多个。我们熟悉了这些部首的本义或基本意义，正确运用以形求义的方法，对于阅读古书掌握字义是有很大帮助的。当然，若想进一步提高阅读古书能力，更准确地、系统地理解汉字的形义联系，还是应该逐步学习一些古文字知识，掌握汉字的造字规律及形体结构，以便更好地运用因形求义的方法。

第四节　古今字、异体字、繁简字

从作为语言书写符号这一角度来说，标记同一个语词或词素只需要用一个书写符号。但是，汉字在长期发展过程中，因为种种原因而造成了几个书写符号并用的现象，人们习惯上将这种现象称为一字数形。在阅读古书时，我们常常会遇到一些形体分歧的字，这主要体现在古今字、异体字、繁简字三个方面。

一、古今字

在古代，特别是上古时期，文字的数量相对说来要少得多。由于词义的引申和文字的假借，一个字常兼表数义。为了文字记录语言更加精密完善，就不应该让一个字兼职过多。于是，人们就另造新字来分担某个字的一些义项。这个新字就叫作“后起区别字”，与原先的字就构成古今字的关系。下面分析几个例子：

1. 辟

在古代这是个使用频率高、意义又很广泛的字。例如：

①“辟言不信，如彼行迈，则靡所臻。”（《诗经·小雅·雨无正》）

〔不听信合乎法度的话，如同在大道上走路，却达不到目的地。〕

②“四方攸同，皇王维辟。”（《诗经·大雅·文王有声》）

〔四方诸侯尽归于周，武王乃是一统之君。〕

例句①“辟”，音 bì，指法度、法律；例句②“辟”，亦音 bì，指君主、帝王。此义在现代汉语中仅作为语素而存在，如“复辟”，失位的君主复位称“复辟”；或泛指被推翻的反动统治者恢复原来的地位或复活被消灭的反动制度。

③“从台上弹人，而观其辟丸也。”（《左传·宣公二年》）

〔从台上用弹弓打人，观看被打的人躲避弹丸（的狼狈样子）。〕

例③“辟”，亦音 bì，意为躲避、逃避。后来写作“避”。

④“欲辟土地，朝秦楚，莅中国而抚四夷也。”（《孟子·梁惠王上》）

〔（您是）想开拓国土、使秦楚向您称臣朝拜，统治中原各国并安抚四方少数民族。〕

例④“辟”音 pì，是开拓、开辟的意思，后来写作“闢”，今又将“闢”简化为“辟”。

⑤“苟无恒心，放辟邪侈，无不为已。”（同上）

〔如果没有恒心，放荡不羁、歪门邪道无所不为。〕

例⑤“辟”，亦音 pì，指行为不端，这个意义後来写作“僻”。

⑥“友便辟，友善柔，友便佞，损矣。”（《论语·季氏》）

〔以君主左右受宠小臣为友，以谄媚奉承的人为友，以巧言令色的人为友，就会受到损害。〕

例⑥“辟”音 bì，本指受宠，也用以指人，後写作“嬖”。

⑦“君子之道，辟如行远，必自迩；辟如登高，必自卑。”（《中庸》）

〔成为君子的途径，好比出门远行，一定从近处起步；好比登

高，一定从低处开始。〕

例⑦“辟”，音pì。比喻，後写作“譬”。

以上例句①至⑦均有“辟”字，有bì、pì二音。①、②两例用其本义，③至⑦例所用义项，后来分别由避、闢、僻、嬖、譬等字所代。

2. 莫

①“莫春者，春服既成，冠者五六人，童子六七人，浴乎沂，风乎舞雩，咏而归。”（《论语·先进》）

〔暮春时节，春服已经做成，（约上志同道合的）五六位成年人、六七位少年，在沂水沐浴，到舞雩吹风乘凉，唱着歌归来。〕

句中“莫”音mù，本为日暮（傍晚）之意，后又借作不确指代词，後世为免除歧义，便又用形声造字法造一新字“暮”，以取代“莫”的本来意义。

②“谏而不入，则莫之继也。”（《左传·宣公二年》）

〔如果劝谏不被接受，就没有谁能接着劝谏了。〕

句中“莫”，音mo，不确指代词，没有谁，没有什么人；也可代事，表示没有什么事；亦可代物，表示没有什么东西。这是“莫”的假借义。

3. 受

①“康子馈药，拜而受之。”（《论语·乡党》）

〔季康子赠药给孔子，他拜谢而接受。〕

句中“受”，为收受、接受之意。

②“因能而受官。”（《韩非子·外储说左上》）

〔根据才能而授予官职。〕

句中“受”，为给予义，此义后来写作“授”。

“辟”与避、闢、僻、嬖、譬；“莫”与“暮”；“受”与“授”，均为古今字的关系。

为着语言表达的准确性，後世为某些涵义较多的字，造出区别字，这是必要的，可以理解的。按理，今字既已产生并被社会公认之後，就不应再用古字表示今字的意思。但由于没有严格的规范，古书中经常出现古今字并用现象。比如“舍”这个字，上古有房舍、住宿的意思，也有舍弃之意。《左传·隐公元年》：“公赐之食。食舍肉。”这里的“舍”便是舍弃之意，这个意思後来写作“捨”（今天又简化作“舍”）。许慎《说文解字》收有“捨”字。可见“捨”字最迟于东汉时业已产生，而唐代的韩愈《答李翔书》在表示舍弃义时仍用“舍”字：“用则施诸人，舍则传诸其後。”我们不能说韩愈写了别字，因他的作品是“文言文”，仿古是文言文的一大特点，这也是古书中古今字并存的重要原因之一。

下边我们再举些古书中常见的古今字例子（古字在前，今字在后）：

昏婚　取娶　禽擒　内纳　景影　章彰
虚墟　孰熟　弟悌　知智　竟境　反返
要腰　责债　属嘱　田畋　说悦　见现
赴讣　被披　然燃　共供　大太　错措

古今字从产生的时间看，古字在先，今字後起。从字形上看，今字一般是在古字的基础上加以变化或增加意符，如擒之于禽、境之于竟、返之于反；或变更古字的意符，如悦之于说、披之于被。从字音上看，今字或以古字为声符，如婚之于昏、擒之于禽、燃之于然；或仍沿用古字之声符，如措之于错、悦之于说。故，古今字的字音在古代相同或相近。从字义上看，古字义项较丰，今字所表示的仅为古字的几个义项中的一个。所以，与古字相对应的今字往往不只一个，如上文所举避、闢、僻、嬖、譬五个字都是“辟”的古字。

不能认为古今字之间是通假关系。古今字与通假字在性质上有所不同。通假字是一个历史横断面上的“共时”现象，其本字与借字同在并存，因而在同一时期的作品中相借代。借字对于本字，只是文字书写中的简单的替代，与本字的联系是临时的。古今字则是历史发展中的“历时”现象，其实质在于统用与区别分化。统用之初，只有古字，不存在今字。今字对于古字，是文字创造中有目的的分化，与古字的联系是确定的。它分担古字原有义项中的某一部分，古今字义并不完全等同。如果二字相较虽有造字先後之别、形体不同，而音义完全等同，那么它们应互称为“异体字”，而不是古今字。

二、异体字

异体字也是就两个或两个以上的一组字来说的。它们的音、义完全相同，只是形体不同。除去文字规范要求，这类字在任何情况上都可以互相代替。

汉字历史悠久，使用汉字的人又多，特别是因为汉字为表意体系的文字，不同时代、不同区域的人们有时会从不同的角度着眼，利用不同的构字方法，给同一个词造出形体不同的书写符号，使得汉字体系中存在着大量异体字，这是我们阅读古书时不能不注意的。

造成异体字之间形体差异的情况比较复杂，就其主要方面而言，有下列几种：

1. 造字方法不同。如“泪”与“淚”，前者为会意，後者为形声；“伞”与“繖”，前者为象形，後者为形声。

2. 所用偏旁不同。

(1) 意符不同而声符相同。意符表示某字的意义范畴，而同此字义有联系的意符往往不只一个。于是便产生了声符相同而意符不同的异体字。如“窥”与“闚”；“暖”与“煖”；“瓶”与“缾”；“驱”与“敺”；“辉”与“煇”。

有些意符所表示的义类关系密切，因此这些意符可以通用。如“口”、“欠”、“言”有相通之处，所以就有了“嘆”与“歎”、“咏”与“詠”、“歌”与“謌”一类的异体字；又如“目”、“见”有相通之处，所以就产生了“睹”与“覩”、“视”与“眎”一类的异体字。

(2) 意符相同而声符不同。声符表示某字之读音，而表示同一读音的声符往往不只一个，所以便产生了意符相同而声符不同的异体字。如“裤”与“袴”；“掩”与“揜”；“癢”与“泄”；“綫”与“線”；“仙”与“僊”；“猿”与“猨”；“蚓”与“螾”。

(3) 有的意符、声符全然不同。例如：“蹟”与“迹”；“剩”与“賸”；“碗”与“盌”；“村”与“邨”。

3. 偏旁搭配的位置不同。这点要注意，偏旁搭配的位置不同有两种结果：一是构造出不同的字，如“杏”与“呆”；“吟”与“含”；“忠”与“忡”。一是造成异体字，如“期”与“朞”；“峰”与“峯”；“群”与“羣”；“和”与“咊”；“惭”与“慙”；“鹅”与“䳘”、“鵞”、“鵝”。

异体字也在发展着，既应历史地看待异体字，又要从发展的角度对待它。有些在上古是一组异体字，到後世却分化开来，各有其义、各司其职，不再是异体字了。比如“喻”与“谕”，上古为一组异体字，例如：

①“君子喻于义，小人喻于利。”（《论语·里仁》）

〔对君子要从道义上开导，对普通人要从利益上诱导。〕

②“寡人谕矣！”（《战国策·魏策》）

〔我晓得了！〕

例①之“喻”与例②之“谕”。其实都是晓谕之义，一作“喻”、一作“谕”，它们意义是相同的。又如：

③“王好战，请以战喻。”（《孟子·梁惠王上》）

〔国王您喜爱战争，就让我用战争作比方吧！〕

④“谊追伤屈原，因以自谕。”（《汉书·贾谊传》）

〔贾谊追悼的屈原，便以屈原自比。〕

例③之“喻”、例④之“谕”都是比喻之意，意义也是相同的。

可见“喻”、“谕”二字在汉以前是异体字，但後世二字渐渐分化，各司其义。“晓谕”、“诏谕”之“谕”不能写作“喻”；“比喻”之“喻”也不能写作“谕”。“喻”、“谕”不再是一组异体字了。

有三种情况不能认为是异体字：其一，有些虽然意义相近，後代读音也相同，例如“寘”和“置”，在“放置”这一意义上，二者相近。但“置”还有另一些义项，是“寘”所不具备的，而且，二者古音也不同。所以不能被认作是一组异体字；其二，有些字之间关系复杂，有相通之处，也有不通之处，不能把它们视为异体字。例如“雕”、“彫”、“凋”，“雕”的本义是鸟名；彫的本义是彫琢、绘饰；凋的本义是凋伤、凋零。但它们是同音字，因而古人偶也通用。例如：

①“厚敛以雕墙。”（《左传·宣公二年》）

〔横征暴敛用以彫饰宫殿。〕

② “恐雕虫小技，不合大人。”（李白《与韩荆州书》）

〔耽心这些雕虫小技不合您的口味。〕

③ “民力雕尽。”（《国语·周语》）

〔民力凋伤殆尽。〕

④ “岁寒然後知松柏之後凋也。”（《论语·子罕》）

〔到了岁末严寒之後，才知道松柏最後凋零。〕

例①、②之“雕”，本当作“彫”，彫饰、彫刻之意。例③之“雕”，本当作“凋”。例④“凋”，为其本义，但有版本作“彫”，《荀子·子道》：“故劳苦彫萃而能无失其敬。”意为“凋伤”、“凋敝”而写作“彫”，后世很少这样的用法。表示雕鸟，不能写成凋、彫；“凋”，也不能用以表示彫饰、雕刻；其三，有些字通用是有条件的，更不能视作异体字。如“无”和“亡”，虽然有时“无”与“亡”可以相通，但并非所有的“无”均能与“亡”对换，如“孔子时其亡也而往拜之。”（《论语·阳货》）这句中的“亡”，就不能写作“无”。

三、繁简字

今天所说的繁简字，应该专指国务院公布的《汉字简化方案》中的简化字和与之对应的繁体字。异体字也常有笔画繁简之别，如果只从笔画多少而言，繁简字与异体字的概念就无法分清。

历史地看，汉字形体的发展演变既有繁化也有简化，繁化的例如：

《说文·𡿨部》：“𡿨水小流也。”

《说文·巜部》：“𡿨，水流浍浍也。”

《说文·川部》：“川，贯穿通流水也。《虞书》曰：‘浚𡿨巜距川。’言深𡿨巜之水会为川也。”

𡿨、巜、川三字，像小大不同的水流。清段玉裁认为𡿨、巜二字是古文，小篆作畎、浍。许慎所引是古文《皋陶谟》，“今《尚书》作‘畎浍距川’者，后人所改也。”（见《说文解字注》）

由“𡿨”、“巜”到“畎”、“浍”，就是字形的繁化。但繁化是个别现象，而简化是普遍现象。简化是主流，是汉字历史发展的大趋势。历史上异体字的大量出现，很大一部分就是字体简化的结果。今天，国家规范的简化字，也有很大一部分是沿用了古代异体字中的简体字。比如“禮”与“礼”、“巖”与“岩”、“糧”与“粮”等，古代就是异体字，我们选取了形体简单的“礼”、“岩”、“粮”作为规范的简化字。

按照汉字规范要求，我们平时要书写简化字。但为了阅读古书，就还需要学习繁体字。学习中我们要注意繁体字和简化字之间的三种关系：

1. 绝大多数的简化字跟繁体字是一对一的关系，我们只要把繁体字记住就行了。例如：（前面是繁体字，后面是简化字）

“愛”与“爱”、“罷”与“罢”、“辦”与“办”、“糞”与“粪”、“達”与“达”、“遞”与“递”、“繭”与“茧”、“糴”与“籴”、“竊”与“窃”、“竈”与“灶”、“隸”与“隶”。

有少数是一对二、一对三或一对四的关系。例如：

“當”、“噹”与“当”；“盡”、“儘”与“尽”；“罎”、“壇”与“坛”；“幹”、“乾”与“干”；“臺”、“檯”、“颱”与“台”等。

2. 有的简化字可以从古书中找出根据，其中有的是古今字，有的是异体字，有的是通用字。例如：（简化字在前，繁体字在后）

“舍”与“捨”为古今字；“礼”与“禮”、“粮”与“糧”，为古异体字；“荐”与“薦”、“夸”与“誇”、“踊”与“踴”，都是古通用字。

3. 有些简化字与繁体字本来在词义上毫无关系，仅仅因为同音或音近，简化时就采用笔画较少的一个。但在古书里，它们是两个不同的字，简化后，反倒混而为一。在这种情况下，如果我们用简化後的意思去解释古书，就可能错解。例如：

（1）“后”与“後”

在古代“后”指君主，如皇后、后妃；“後”表前后位置。古代“皇后”不能写成“皇後”。简化后合并为“后”。

（2）“适”与“適”

古汉语中这是两个音义迥别的字。“适”音 kuò；“適”音 shì。简化后合并为“适”，但还保留了 kuò、shì 二音。春秋时有名“南宫适”者，这里的“适”，就不能读作 shì，仍读 kuò。

(3)“斗”与“鬥”

古汉语中，“斗”是量器，音 dǒu；“鬥”是争斗，音 dòu，与升斗之斗毫无关系，只是因为二字音近，今天简化合并为“斗”字。

总之，学习古代汉语，需掌握古今字、异体字、繁简字的诸种关系，才能有效地、正确地理解古代作品。

第五节　汉字的规范与正字法

一、汉字的规范

文字是全民交际工具，它是社会全体成员共同使用的交际工具，因此，必须要有一定的规范，以保证使用者写出的字是正确的，是社会公认的。否则，人人各行其事，写出的字都不一样，彼此都不认识，就达不到彼此交际的目的。所以，世界各种文字都有它的规范要求。只有规范化的文字，才能更好地为全民服务。

汉字的历史悠久，使用人数多、地域广，更需要做好规范工作。汉字是形音义的统一体，对汉字的规范也就包括了这三方面的内容。从历史上看，各个历史时期产生的字书、韵书，尽管编纂目的各异，但客观上都对汉字起到规范的作用。秦始皇采纳李斯建议“书同文字”，“罢其与秦文不合者”，制定标准的小篆字体，这是有史记载的第一次大规模的汉字规范运动，是政府通过政令严厉推行的。这次的汉字规范，对于汉字的统一，有着深远的历史意义。汉代尉律之法有“书或不正，辄举劾之”(《说文叙》)，吏民上书若书写未用正体字，是要受到弹劾治罪的。其后还出现了专为正定字体、规范汉字而作的正字书，如唐代颜师古《字样》(佚)、《匡谬正俗》、杜延业《群书新定字样》、颜元孙《干禄字书》、唐玄宗《开元文字音义》、欧阳融《经典分毫正字》、张参《五经文字》、唐玄度《新加九经字样》等；宋代郭忠恕《佩觿》、张有《复古篇》等；明代张自烈《正字通》等。这些正字书，对汉字的统一和规范也起了很大的作用。

新中国成立以来，党和政府非常重视汉字的规范工作。解放初始，就先后成立了中国文字改革协会（1949 年 10 月）、中国文字改革研究委员会（1952 年 2 月），1954 年 10 月 8 日，全国人民代表大会常务委员会第二次会议批准设立中国文字改革委员会，为国务院的直属机关之一。这一机构实际上还担负着国家语言文字的应用和规范工作的任务，所以，1985 年 12 月 26 日，国务院决定将中国文字改革委员会改名为国家语言文字工作委员会，仍为国务院直属机构。

对汉字字音的规范，主要是现代汉语普通话语音规范在汉字中的体现，这个问题在前面现代汉语语音部分已经讲过；对汉字字义的规范，主要体现在各种标准的字典辞书之中；这里，着重谈对汉字字形的规范问题。

对汉字形体的规范工作，最主要体现在如下三个方面：

（一）整理异体字，精简汉字字数

汉字字数繁多的主要原因之一，就是存在大量的异体字。中华人民共和国文化部、中国文字改革委员会于 1955 年 12 月 22 日发表了《关于发布第一批异体字整理表的联合通知》，通知要求自 1956 年 2 月 1 日起在全国实施。从实施日起，全国出版的报纸、杂志、图书一律停止使用已经整理废除的异体字。表内列举了异体字 810 组，共 1865 字，废除了重复多余的异体字 1055 个。1956 年到 1964 年，经国务院批准，以常用字代替了生僻地名字，更改了三十多个地名用字。此外，在《汉字简化方案》中，采取用笔画简单的同音字代替笔画多的繁体字的方法，精简了一部分汉字。几项相加，共减少了一千一百多个汉字，这就大大方便了广大人民群众的学习和使用。

（二）推行简体字，简化汉字形体

由于汉字表意体系的特点，造成了书写的繁难。汉字的基本笔画虽可归纳为横竖撇点折五种，但其变形笔法很多，可至于几十种。汉字单字的笔画数目，少则一笔，多者可至数十笔。《汉语大字典》中所收笔画最多的字竟多达 64 笔！每写一个汉字，往往需要写上十几笔乃至几十笔，再加上笔画配合的各种规则，确实给人们学习和使用造成极大不便。因此，形体简化就成为汉字发展的必然趋势。

由甲骨文、金文、篆书到隶书、楷书，已是明显地由繁难到简易的演变。但即使仅从使用一千多年的正体字楷书来看，结构仍然过于复杂，笔画仍然过于繁难。事实上，广大人民群众一直都在对汉字不断地进行着简化，历史上大量的异体字、俗体字甚至讹体字，大部分就是这种简化的结果。文字改革委员会将之加以总结归纳，又参考旧有的简化方式简化了一些汉字，于 1956 年 1 月正式由国务院公布了第一次《汉字简化方案》。这个方案，包括两批简化字共 515 个，另有 54 个简化偏旁。1958 年 5 月公布了第三批，1959 年 7 月又公布了第四批。1964 年 5 月，文字改革委员会编印了《简化字总表》，作为使用简化字的规范。《总表》包含三个表：第一表为不做偏旁的简化字，共 352 个；第二表列有 132 个可以做偏旁的简化字和 14 个简化偏旁；第三表是用第二表的简化字和简化偏旁类推出来的简化字。用这种方法可以类推的汉字很多，表中并没有全部列出，只列举 1753 个通用汉字，没有收生僻的字。未收入第三表的字，凡是用第二表的简化字或简化偏旁作为偏旁的，一般应该同样简化。《总表》共计 2237 个简化字，一共简化了 2264 个繁体字，笔画上减少了将近一半。这些简体字大多是现代常用字，比原来的繁体字好记，书写明显简捷方便，深受广大人民群众的欢迎。

汉字作为全民交际工具，不仅要求简捷方便，更有相对稳定的必要。第一批简化的汉字，虽然也存在一些批评意见，但总体说来，是取得很大成功的。得到了广大人民和大多专家学者的拥护和支持。然而，汉字的简化是长期的、复杂的工作，不能只靠行政命令，还要符合汉字发展的规律。如果不符合这一规律，往往事倍功半，甚至遭到失败。《第二次汉字简化方案（草案）》就是失败的例子。

《第二次汉字简化方案（草案）》是 1977 年 12 月 20 日公布的，收列简化字 853 个，简化偏旁 61 个。由于没有经过慎重地讨论，字形改动过大，形体结构不符合传统习惯等原因，受到广大专家学者和群众的批评。1986 年 6 月 24 日国务院批转国家语言文字工作委员会《关于废止〈第二次汉字简化方案（草案）〉和纠正社会用字混乱现象的请示》的通知，宣布停止使用《第二次汉字简化方案（草案）》。通知中还讲到："今后，对汉字的简化应持谨慎态度，使汉字的形体在一个时期内保持相对稳定，以利于社会应用。"这次失败的教训是发人深省的，应作为今后汉字简化和改革工作的借鉴。

（三）规定印刷用字，统一汉字字形

汉字印刷体字形本来存在较为严重的分歧。1965 年 1 月 30 日，中华人民共和国文化部和中国文字改革委员会联合发布了《印刷通用汉字字形表》和关于统一汉字字形的通知。表中规定的新印刷体也叫“人民体”，人们习惯上称为“新字形”，就是现在书报上通用的规范印刷体字形；同它不一致的旧印刷体字形称之为“旧字形”，现在已经废除不用了。这是对通用字形的系统整理，也是当前语文教学的字形规范。表中收字 6196 个，规定了每个字的结构、笔画数和笔顺。《现代汉语词典》、《新华字典》前面附有《新旧字形对照表》,《汉语大字典》、《汉语大词典》前面附有《新旧字形对照举例》，表中所列的例字，基本上概括了印刷体新旧字形的调整情况。主要有以下四类情况：

1. 笔画省略。例如：

辶（3 笔，旧字形作辶，4 笔）、吕（6 笔，旧字形作呂，7 笔）

争（6 笔，旧字形作爭，8 笔）、蚤（9 笔，旧字形作蚤，10 笔）

2. 笔画连接。例如：

艹（3 笔，旧字形作艹，4 笔）、敖（10 笔，旧字形作敖，11 笔）

并（6 笔，旧字形作幷，8 笔）、着（11 笔，旧字形作着，12 笔）

3. 调整部位。例如：

默（旧字形作默）、鼬（旧字形作鼬）

4. 调整笔形。例如：

全（旧字形作全）、骨（旧字形作骨）

印刷体的统一，对汉字的规范工作起着非常重要的作用。它必然会影响手写体，起到规范汉字的作用，而且对汉字信息处理也是十分必要的。

二、汉字的正字法

各种文字都须有正字法。所谓正字法，就是文字的书写规范，是文字的形体标准和使用规则。正字法要求写字要符合当前文字的规范，消灭错别字。

正字法就是要求写“正字”，“正字”是指笔画正确、符合规范的字。对于汉字来说，要符合国家现行的语言文字政策。在现阶段，凡是《简化字总表》、《第一批异体字整理表》、《印刷通用汉字字形表》等政府公布正式使用的简化字和通用字，都是规范的汉字，也就是“正字”。如果不按这个规范任意乱写，就是错别字，应当予以纠正。当然，翻印古书、与港台地区文化交流等特别情况例外，可以使用繁体字和异体字。

错字，是指没有按照规定的笔画和结构写出的不成为汉字的“字”。例如“臭”字写作“臭”、“类”字写作“类”之类。

别字，又称“白字”，是指该用甲字却用了乙字，用错了字。例如“包子”写作“饱子”、“既然”写作“即然”之类，“饱”、“即”在这里就是别字。

错别字的产生，当然主要是因为掌握汉字的水平不高，主观上又不重视、不认真。但汉字结构复杂，笔画繁难，形近、音近的字多，同音字多，形音义关系错综复杂，这也是容易写错别字的客观原因。

（一）从客观上分析

造成错字的原因主要是形误；造成别字的原因主要是音误。

1. 形误错字

（1）增笔而误（前正后误，下同）

步一步、庆一庆、类一类、冻一冻、祈一祈

（2）减笔而误

逸一逸、抵一抵、颐一颐、袖一袖、疫一皮

2. 音误别字

书籍一书藉、既然一即然、联想一连想、走投无路一走头无路、

贡献一供献、妨碍一防碍、诸侯一诸候、前仆后继一前扑后继

此外，乱造简化字也是产生错字的一大原因，如：

菜一芽、酒一氿、韭一艽、慢一忉

这些不规范的简化字，也是属于错字的范围，应该加以规范。否则，如果听之任之，也会造成社会用字的混乱。例如，“赣”是江西的简称，江西有些人嫌“赣”字难写，就简化成“灴”，但如果在报刊上将“赣江”写作“灴江”，其他省市的人就看不懂。再如，广西省柳州市有些人把“柳”字写作“杺”，造了一个新的形声字，从北京寄出的邮件被邮递员送到了杭州。可见，没有经过政府的批准，地区性的简化字也是不能作为正式的规范文字乱用的。

针对社会上乱用、滥用繁体字、异体字和乱造简化字现象，应该进行正字法的教育，出版社、报刊杂志社、电视台、印刷厂、广告商等用字必须符合国家规定的规范字体和字形。还要大力宣传汉字规范化的必要性和迫切性，使广大群众自觉遵守正字法的要求。

对于写错别字的纠正，首先要从主观上加以足够的认识，要充分认识文字规范的重要性。要认真学习《简化字总表》、《第一批异体字整理表》、《印刷通用汉字字形表》等政府公布的国家标准，把正确使用汉字这一交际工具当做依法办事的大事。

（二）要把汉字的形音义作为一个整体来把握

汉字是形音义的统一体，学习时不能将之割裂开来，要从三方面认真辨析，忽视哪个方面，都容易造成错别字的错误。

1. 注意形义联系

写错字，主要是因为对汉字的形义关系没有掌握好。例如：

步，甲骨文作[illegible]，字形是左右脚（[illegible]、[illegible]）一前一后，表示走路。小篆形体稍变，写作[illegible]，《说文·步部》：“步，行也。从止𣥂相背。”了解这种形义关系，就不会将它错写作歩了。

冻，从冫（今作偏旁称“两点水”），古形体作仌，是“冰”的古字，从冫的字多有寒冷的意思，与表示“水”的氵（今作偏旁称“三点水”）不同。分清这点，“冻”字就不会错写成涷，两个偏旁的字（如“冷”和“泠”）也就不会相混了。

别字也是如此，例如：

“即”、“既”二字的形和音都相近，常易用错而造成写别字。即，甲骨文作[illegible]，像人就近食器来吃饭；既，甲骨文作[illegible]，像人吃饱饭扭过头去准备离开。二字形体表示的意思相反。“即”有“就”

义，“即位”就是“就位”，有行动开始的意思，类似如“即兴表演”、“即席发言”等处，都不可以写作“既”；“既”有结束的意思，“既然”是表示“已经这样”的意思，不能写作“即然”，“既好吃又好看”、“既美丽又大方”等处，也是不能写作“即”的。

“书籍”的“籍”从“竹”不从“艹”（“草”的古字，今用作偏旁，称“草字头”），是因为古代书籍常写在竹简上，而不写在草上；“前仆后继”不能写作“扑”，因为“仆”是“倒下”，从“人”旁，“扑”字从“扌”（“手”字的变形，作偏旁称“提手”），是“击打”的意思。

2. 注意形音的联系

有些形体相近的字，我们也可以通过分辨读音将它们加以区别。特别是这样的字作形声字的声符时，我们可以利用读音分辨形体，避免错别字。例如：

“今”、“令”形近，但读音不同，芩、琴、衾、矜、吟等字读音与“今”相同或相近，都从“今”得声，不能写作从“令”；反之，领、零、拎、玲、龄、铃、伶、羚、岭、苓、呤、囹、泠、柃、瓴、聆、蛉、翎等字都与“令”读音相同或相近，从“令”得声，不能写作从“今”。

“段”、“叚”（“假”的古字）形近，读音不同，锻、缎、椴、煅等字读音与“段”相同或相近，都从“段”得声，不能写作“叚”；反之，葭、瘕、椵、霞、暇、瑕、遐、瘕等字与“叚”字的读音相同或相近，都从“叚”得声，不能写作“段”。

总之，错别字的情况比较复杂，相应要注意的方面和解决的办法也有许多，这里只在主要的方面加以举例说明，消灭错别字，关键还要从思想上提高认识，遵守国家的语言文字政策；同时，还应该认真学习，努力提高自己的汉字水平，对于拿不准的字，要多查字典，不随便乱用。这样，就可以逐步消灭错别字，正确地使用规范化汉字。

第六章　词　　汇

本单元讲的是词汇问题，这在古汉语的学习中是一个十分重要但又难度较大的问题。古今汉语的差异在语言的"三要素"（语音、语法、语义）中都有不同程度的表现，因而我们在阅读由古代汉语写成的作品的时候，常常感到很难看懂。这除了有由于古今语法的差异所造成的障碍之外，更突出的是感到有些词没有接触过或是不甚明白它的意思，因此也可以说，词汇是我们学习古代汉语的真正的"拦路虎"。

词汇是语言中词的总汇，是语言的建筑材料。词汇是由众多的词构成的，词是语言中能独立运用的、最小的表达意义的单位，是构成语言的最基本的材料。词与词联而成句，句与句联而成段、成篇。不识字、不晓词，怎么能读懂全句、全篇？把每一个词的含义搞懂了，全句、全章、乃至全篇的意义也就便于掌握了。同时词汇的量又很大，古今汉语在词汇上的演变也比较复杂，因此，我们对于学习词汇的重要性和艰巨性要有充分的认识。

第一节　古今汉语词汇的继承和发展

斯大林说："语言，主要是它的词汇，是处在几乎不断变化的状态中。"由于词汇处在经常的变化中，所以同一种语言的词汇在不同的历史时期也会呈现出各自的特点。汉语的词汇也是这样。长时间的"不断变化"形成了汉语古今词汇以及意义的明显差异，因而，只熟悉现代汉语的词汇是不能解决古汉语的阅读问题的，要想顺利地阅读古代作品，还应该掌握古今词汇变化的种种规律以及其他一些有关的知识。

但也应该看到，每一种语言的变化都是渐序完成的，从这个角度上讲，也可以说语言具有相对的稳定性。正如斯大林所说："语言的词汇的变化……不是用废除旧的、建设新的那种方法来实现的，而是用新词去充实现行的词汇的方法来实现的。这些新词是由于社会制度改变，由于生产、文化、科学等等的发展的结果所产生的。同时，虽然通常从语言的词汇中消失了一些已经陈旧的词，可是添加的新词的数量却要多的多。至于基本词汇，是基本上完全保存下来的，并且使用为语言的词汇的基础。”汉语也是这样。古代汉语和现代汉语虽然是不同历史时期的语言，但毕竟是同一民族使用的语言，在它们之间存在着一种坚实的、源与流的关系。就词汇而言，从古至今汉语词汇虽然发生了巨大的变化，但这些变化不是杂乱无章、没有规律的，恰恰相反，透过纷繁复杂的现象，我们完全可以看到一条词汇演变的轨迹。正是语言的相对稳定性和有序的变化决定了古今汉语词汇之间的继承发展关系，在它们之间既有许多不同之处，又有许多相同之处。

古今词汇的继承与发展大致有三种情况：大量的新词不断地产生出来；已经陈旧的词随着旧事物的消亡不断地消失；一些基本词汇则保留了下来。

一、新词的产生

语言是社会生活的产物，词汇是语言系统中对于现实生活的变动反映最敏感的部分，因而变化也最快。古往今来，历史在前进，随着社会政治、经济、文化、科学、习俗等等的不断发展变化，人类自身认识社会的能力和思维也在不断地变化，新思想、新概念大量地产生出来，这就推动了新词的大量产生。例如到了汉代，随着社会的进步，大量的反映当时人们生活生产、科学文化的词就纷纷出现了。据统计，在汉代著作《说文解字》中，“玉”部收字 126 个，包括表示玉名、玉的特点、各种玉器、玉的使用与制作等种种有关玉的概念的词，每个字下不仅有解释，有的还具体说明了出处与用法，如：

“瑗，大孔璧，人君上除陛以相引。从玉、爰声。《尔雅》曰：好倍肉谓之瑗，肉倍好谓之璧。”

“琥，发兵瑞玉，为虎文。从玉虎声，虎亦声。《春秋传》曰：赐子家双琥。”

"珊，珊瑚色赤，生于海或生于山。从玉、删省声。"……对这些词的讲解如此详密，可见这些词在当时是广泛使用着的。而以"玉"为偏旁的字，在甲骨文中很少见到，《甲骨文集释》中仅仅收了三个。虽然即使在古汉语中，字和词的对应也不是一对一的，但这种比例完全可以说明表示玉一类的词在从商周到秦汉的历史阶段中的迅速增加。这是因为，在甲骨文时期，玉还没有被普遍使用，还没有成为重要的装饰品。随着玉的广泛进入生活（当然主要是统治阶级的生活），"玉"类的词就大大增加了。又如甲骨文时期我国的青铜器制品还没有发展起来，因此在甲骨文中几乎没有见到以"金"为偏旁的字；到了《说文解字》时期，不仅青铜器广泛使用，其他金属也逐渐被人们了解和使用，因此，在《说文》中出现了许多以"金"为偏旁的字，它们分别表示各种不同的金属、不同的冶炼方法、不同的金属制品等。这些新词的产生正是生产发展的真实反映。我们还可以从字典的收字量看古今汉语词汇的发展情况。虽说字典所收是字，与汉语的词汇量不能等同视之，但也可以从一定角度说明一些问题。就拿清代的《康熙字典》与汉代的《说文解字》相比，《康熙字典》共收 47035 字，而《说文解字》收字 9353，排除掉字与词的不对应因素，这一悬殊的比例完全可以证明从古到今新词大量产生的概貌。

中古以后，社会发生了很大的变化，语言也相应发生了很大的变化。口语的发展以及它对书面语的影响、佛教的传入以及对佛经的翻译等等，都明显地反映在词汇的演变上，新词的产生更是不言而喻了。现在仍然使用着的佛家用语以及一些与之有关的词语就是在这一阶段产生的。

二、旧词的消亡

随着新事物的不断产生，旧事物也在不断地消亡。我们在阅读古代作品时，经常会遇到一些在今天的语言中已经不再使用的词。例如与某种社会制度有特殊关系的词汇，如表示人的身份等级的"皂"、"隶"、"舆"、"僚"、"台"等，由于社会制度的变革，在后代社会中已不再使用了，这些词自然就消亡了；某些在一定社会中才存在的官职由于制度本身的消亡而消亡，表示这些概念的词自然也就消亡了，如“冢宰”、“宫正”、“宫伯”、“司徒”、“司谏”、“司救”等。又如，由于古代生产力低下，限制了人们的认识水平，因而在生活中祭祀就显得格外重要，成为“国之大事”，并由此导致了种类的繁多和仪式的复杂。与此相对应，古代关于祭祀的词就特别多：

“祡，烧柴㷫祭天也。”

“禷，以事类祭天神。”

“鬃，门内祭先祖所彷徨。”

“礿，夏祭也。”

“禜，数祭也。”

“禜，设棉蕝为营，以禳风雨雪霜水旱疠疫于日月星辰山川也。”

“禬，会福祭也。”

（以上各词均见于《说文解字注》）

这些词我们今天都见不到了。此外，一些反映古代畜牧业的词、反映古代生活习俗的词等等都随着社会的进步、人类生活方式的更改而逐步被淘汰了。如：

“犕，二岁牛。”

“犙，三岁牛。”

“牭，四岁牛。”

以及许多表示不同颜色的牛的词（“牻”、“犖”、“犥”、“犉”……）、表示牛的不同动作、习性的词（“牧”、“犨”、“犪”……）等，都已经在今天的词汇中消失了。

正如新词的产生是必然的一样，旧词的消亡也是不可避免的。

三、基本词汇的保留与发展

除了新词的不断增长和旧词的不断消亡之外，汉语中还有很大一部分词从古代一直保留到现代，其基本意义没有太大的变化。这些词大都是基本词汇。基本词汇是词汇中最稳定的部分，不但全民通用，变化很慢，而且历史悠久，往往是构造新词的基础。如：人、口、天、地、山、川、马、牛、生、死、病、老，以及数目词、颜色词和表示方向的词等等。这些词不仅从古至今都在使用着，而且是构造新词的基础。以这些词为基础，产生了许多意义不同但又相关的双音节词、多音节词。如“人”是一个很古老的词，在语言的发展过程中，以它为基础产生了一系列的双音节词：人口、人才、人民、人道、人格、人性、人类、人情、人物、个人、主人、爱人、私人……这些词都与“人”的基本意义密切相关。

我们说基本词汇变化很慢，并不是说它们的意义从古至今一没有变化，实际上，这些词在使用范围、词义的宽窄等方面古今之间还是有不同程度的差异的。如“口”一词，在古代表示人的嘴——“人所以言食也。”（见《说文解字》）这一意义虽然保留至今，但我们今天已很少将人的“嘴”直接称为“口”。词的使用范围有了变化，但这一义项作为语素仍保留在一些用“口”组成的双音节词或多音节词中，如：口福、口臭、口才、口供、口红、口技、口试、口述、口算、口译、口头、口香糖、口血未干、口是心非、口若悬河、口诛笔伐、心服口服……此外，“口”还有很多后代逐步产生出来的引伸义，这些引伸义与“口”的本义相比，当然有较大的差异。

四、古今词汇发展的总趋势

在古今词汇之间，发展变化是绝对的，稳定是相对的，根据古今词汇演变的情况，我们可以总结出词汇发展的趋势：第一，词汇总量由少到多、不断地增加着。因为随着社会的发展，生产、生活的内容日渐丰富，人们对外界事物的认识也越来越细密，越来越准确，人们用来反映客观事物的词自然也会越来越多。从前面所述的《甲骨文字集释》与《说文解字》个别部收字情况的对比来看，就可以清楚地看出汉语词汇从殷商时代到汉代的大幅度的增加。第二，词的表达思想的功能，越来越精密。这种粗疏到精密的演变主要表现在两个方面：

一方面，古汉语中多义词比较多，一个词往往表示几个不同的而又相关的概念。随着语言的发展，多义词的不同义项常常分别由几个不同的词分担，这样，所表达的思想当然就更加准确更加精密了；例如在古代汉语中一个“田”就可以表示“田地”、“种田”、“打猎”等几个不同的意思，与现代汉语中的分别用词相比较，在表达意义的功能上自然显得比较粗疏；又如“幽”，它在古汉语中所具有的“美、深、远、暗、静”等特点在现代汉语中已经分别由

“幽美”、“幽深”、“幽远”、“幽暗”、“幽静”等几个双音节词表示，与单音节词“幽”相比，其表达功能当然是精密多了。

另一个方面，古汉语中的一个词常常表示一个范围较大的、有些含混的概念，随着语言的发展，人们要求对概念的界定与表达越来越准确、越来越精密，于是就将古代由一个词所概括的宽泛的概念“划分”开，分别由几个不同的词担任了。如“为”在古代是一个含义十分宽泛的动词，在不同的文句中可以表示不同的意义，如：

“有为神农之言者许行。”《孟子·滕文公》——“为”可译作“研究”或“宣传”。

“善人为邦百年。”《论语·子路》——“为”可译作“治理”、“统治”。

“抑为之不厌，诲人不倦。”《论语、述而》——“为”可译作“学习”。

“宋人有沽酒者……为酒甚美。”《韩非子·外储说右上》——“为”可译作“制造”、“酿制”。

“克己复礼为仁。”《论语·颜渊》——“为”可译作“是”。

“愿为小相焉。”《论语·先进》——“为”可译作“担任”。

“自余为戮人，居是州，恒惴慄。”（柳宗元《始得西山宴游记》）——“为”可译作“成为”。

“管仲、晏子犹不足为与?”《孟子·公孙丑上》——“为”可译作“效法”。

我们今天所以能用数个不同的动词分别翻译这些“为”字，是因为当初“为”字所表达的宽泛而含混的意义现在已经用数个不同的词分别表示了。

总之，数量上的由少变多、表达功能上的由粗疏到精密是古今汉语词汇发展变化的总趋势。

第二节　古今汉语构词形式的异同

一、古代汉语以单音节词为主

以单音节词为主还是以双音节词为主，是古今汉语在构词上的主要区别，即古汉语以单音节词为主、而现代汉语以双音节词为主。我们用《左传·庄公十年》的一段原文和其译文相比较就可以看出这种不同：

【原文】

既克，公问其故，对曰："夫战，勇气也，一鼓作气，再而衰，三而竭。彼竭我盈，故克之。夫大国，难测也，惧有伏焉。吾视其辙乱，望其旗靡，故逐之。"

【译文】

战胜之后，庄公问他什么缘故，他回答说："作战靠的是勇气，第一通鼓振作起勇气，第二通鼓就衰退，第三通鼓（勇气）就竭尽了。他们（的勇气）竭尽而我们的充盈，所以战胜了他们。大国难以捉摸，恐怕有埋伏。我细看他们的车辙已经杂乱，远望他们的旗子已经倒下，所以才追赶他们。"

（沈玉成《左传译文》）

在原文中，只有"勇气"是双音节词，其他均为单音节词。对比译文，我们看到，许多原来的单音节词，如"克"、"故"、"作"、"衰"、"竭"、"盈"、"测"、"惧"、"伏"、"辙"、"乱"、"望"、"逐"等在今天都被双音节词代替了。

当然，双音节词并不是爆发式地增加的，它是循序渐进地逐步孳生的。先秦时期的作品中双音节词很少，到了两汉以后，文言文作品中的双音节词就逐步多起来了，南北朝以后直至唐宋时期，双音节词就已经比较迅速地发展起来了。我们将下面两段文字比较一下，就可以看出这种发展：

晋侯始入而教其民。三年，欲用之。子犯曰："民未知义，未安其居。"于是乎出定襄王，入务利民，民怀生矣。将用之，子犯曰："民未知信，未宣其用。"于是乎伐原以示之信。民易资者，不求丰焉，明征其辞。公曰："可矣乎？"子犯曰："民未知礼，未生其共。"于是乎大蒐以示之礼，作执秩以正其官。民听不惑，而后用之。出谷戍，释宋围，一战而霸，文之教也。（《左传·僖公二十七年》）

在这 130 个字中，除了人名和专用名词（如"晋侯"、"子犯"、"襄王”、“执秩”）外，只有一个双音节词“大蒐”。再看唐代李商隐的《祭小侄女寄寄文》中的一段，可以看出，双音节词已经明显地增加了：

正月二十五日，伯伯以果子、弄物，招送寄寄体魄，归大茔之旁。哀哉！尔生四年，方复本族，既复数月，奄然归无。于鞠养而未深，结悲伤而何极！尔来也何故，去也何缘？念当稚戏之辰，孰测死生之位！时吾赴调京下，移家关中，事故纷纶，光阴迁贸，寄瘗尔骨，五年于兹。白草枯亥，荒途古陌，朝饥谁饱，夜渴谁怜？尔之栖栖，我有罪矣。今我仲姊，返葬有期，遂迁尔灵，来复先域。

在这141个字中，就有二十多个双音节词，占词汇总数的近五分之一。与秦汉时期的作品相比，确有大幅度地增加。

单音节词减少、双音节词增加，这是古今汉语词汇的又一发展趋势。在这发展过程中明显地体现出了古今汉语的继承和沿袭：古代汉语的单音节词往往成为后来的双音节词的构词因素，并且仍将它原有的含义，通过各种构词方式，融合在由它构成的双音节词或多音节词中。如上面举的《左传·庄公十年》中的“作”译为“振作”、“衰”译为“衰退”、“竭”译为“竭尽”、“惧”译作“恐怕”、“逐”译作“追赶”等。其中，“作”、“衰”、“借”作为与之相对应的双音节词的构词因素很好理解，而“惧”和“逐”之所以能分别译作“恐怕”和“追赶”，是因为它们分别表示“怕”和“追”的意思，“怕”和“追”正是它们所对应的双音节词中的构词因素。从这个角度讲，“惧”和“逐”当然也就是“恐怕”与“追赶”的构词因素。此外，前文所举的古代的单音节词“幽”，在现代汉语中，已经发展演变出了“幽美”、“幽静、“幽深”、“幽暗”、“幽远”等数个双音节词，也是一个十分典型的例子。

在分析古代汉语的单音节词时，要特别指出的是，在古代汉语中，有一些单音节词经常连用，构成比较固定的短语，这些短语在今天已经成了双音节词，即由短语演变成了词，这很容易给我们阅读古代作品造成一些误解，即把古代汉语的短语按现代汉语的双音节词理解了。如：

①“东方未明，颠倒衣裳。”（《诗·齐风·东方未明》）
“衣裳”在古代汉语中是短语，因为古人的衣服，上曰“衣”，下曰“裳”，“衣”、“裳”是两回事，所以才有“颠倒”之说，也才可以有下章的“东方未晞，颠倒裳衣”的诗句。如果按今天的“衣裳”来理解，就无法真正搞懂诗意。

②“天地盈虚，与时消息。”（《周易·丰》）
在这里，“消”表示消减；“息”表示增长，“消息”是由两个意义相反的词组成的短语，与今天的“消息”在意义上毫无共同之处。“与时消息”是说伴随着时间消亡或增长。如果用现代汉语去理解这句话，不仅完全错了，而且根本讲不通。

③“入公门，鞠躬如也。”（《论语·乡党》）
“鞠”是动词，相当于今天的“鞠躬”；“躬”是名词，指人的身体；“鞠躬”是个动宾短语，与现代汉语的“鞠躬”不是等同的概念。

④“虽然，何以报我?”（《左传·僖公二十三年》）
乍看起来，“虽然”的意思很简单，我们今天也常常使用。其实不然。这里的“虽”是连词，相当于现代汉语的“虽然”；“然”是代词，是“这样”的意思，指代上面讲述的情况，“虽然”合起来可译为“即使如此”、“即使这样”，这才符合《左传》的原意。

⑤“地方千里。”（《孟子·万章下》）
在此句中，“地”指土地，作主语；“方”在这里充当谓语，有“方圆”的意思，“地方”呈主谓关系，与现代汉语中指某一区域或空间的双音节词“地方”是不一样的。

⑥“摽有梅，其实三兮。”（《诗·召南·摽有梅》）
这里的“其”是代词，代梅树；“实”是名词，指梅树上的果实。“其实”是偏正结构的短语，“实”是中心词，与现代汉语中的“其实”完全不同。

对于这些在形式上相同、但在意义上有本质差别的语言现象，我们一定要非常注意，脑子中一定要树立起历史观念，不要把古汉语中貌似现代汉语双音节词的短语当作今天的词来理解，否则，就没有真正读懂古代作品，甚至还会出笑话。

二、古代汉语的复音词

古代汉语中虽然以单音节词为主，但不能笼统地认为，文言文作品中的词一定都是单音节词。如果这样简单地理解，也会产生错误，从而影响我们对文意的理解。古代汉语中也有双音节词。古代汉语中的双音节词大致可分为两大类，一类是单纯词，一类是复合词。

（一）单纯词。

单纯词又分两种情况：

1. 叠音词

《诗经》中很多诗句里包含着叠音词。如脍炙人口的“关关雎鸠”中的“关关”、“桃之夭夭”中的“夭夭”等，都是叠音词。除了韵文，在散文中也有不少叠音词，如《吊古战场文》开头一句是“浩浩乎平沙无垠”，“浩浩”即叠音词。文中对战后的一段描写：“鸟无声兮山寂寂，夜正长兮风淅淅，魂魄结兮天沉沉，鬼神聚兮云幂幂。”一连四句，句句有叠音词。叠音词一般用来写景状物，构成叠音词的两个字在叠音词中所起的作用，又有两种情况。一种是保留了自身的含义，重叠之后使原来的意义更加重了。如“浩”构成“浩浩”、“寂”构成“寂寂”等，都加重了它们原本的含义。另一种是与构成叠音词的字的本来含义毫无关系，叠音词中的字只是作为语音的纪录，在表达意义上完全不起作用。如“关关”中的“关”，本义是门闩，这里形容鸟的叫声，二者风马牛不相及，之所以选中“关”字，只是用它来摹声。无论是哪种叠音词，都必须把它作为一个完整的词来理解，而不能把它们拆开、按其单个字所对应的单音节词的含义来理解。

2. 连绵词

连绵词也称连绵字，指的是由两个音节联缀成义而不能分割的词。

连绵词有两个本质特点：第一，它是由两个字构成的，这两个字只是两个音节的标志，只有联缀在一起才能表达出整个连绵词的含义，若将两个字拆开，或是两个字都没有意义，或是它们本身各具含义，但与该连绵词的含义毫无关涉。如“匍匐”是连绵词，将它们拆开后，“匍”与“匐”都没有实际意义；而“望洋”一词，拆开后的“望”与“洋”与连绵词的意义根本没有关系。第二，在组成连绵词的两个字之间，往往存在着语音上的关系，即或双声、或叠韵，也有既双声又叠韵的连绵词。如：

双声连绵词：犹豫、流离、倜傥、参差、踊跃、萧瑟、憔悴、踌躇、仓促、

叠韵连绵词：徘徊、逍遥、崔嵬、汪洋、彷徨、披靡、绸缪、逶迤、蹉跎、偃蹇

双声叠韵连绵词：匍匐、辗转

除了这些明显的语音标志外，还存在着极少数的既非双声又非叠韵的连绵词，如“迷阳”、“滂沱”等。

正因为组成连绵词的两个字只是标志着两个音节，因此用哪两个汉字来纪录这个词与它的意义都没有关系，所以，在古代作品中，同一个连绵词就可以有多种不同的写法。如“望洋”一词有写作“望阳”的、也有写作“望羊”的；“匍匐”一词，还可以写作“匍伏”、“蒲服”、“蒲伏”、“扶服”等。还有一点要注意的是，我们所说的“双声”、“叠韵”等，是就古音而言，今音（普通话）与古音相比，发生了很大的变化，不能用今音的标准去判断连绵词的声与韵。如“滑稽”一词，在今天既非双声、又非叠韵，但在先秦，二者声母相同，属双声连绵词。

学习连绵词时，最忌讳的是将连绵词分开、按它们的字形所表现出来的词义去理解它们。有些古代的大学者也不免会犯这样的错误。我们要牢记这一点。

（二）复合词

复合词也称为合成词，这是由两个语素按照一定的构词法组合而成的词。这些复合词固定之前，组成它们的语素都曾作为单音节词活跃在语言中，组成复合词后，在一定的语言环境中，这些语素还可能作为单音节词出现。如“社稷”、“良人”、“天下”、“天子”、“败绩”、“黔首”、“君子”、“小人”、“足下”、“国家”等。这些词所表示的含义已不再是组成它们的两个单音节词的意义的简单拼合，同样不能再将它们拆开理解。如“社”指土神，“稷”指谷神，

本是两个单音节词，但组成复合词“社稷”之后，它所表示的意义不是“土神”与“谷神”，而是“国家”这样一个完整的意义。同样的道理，“天下”不是“天之下”，而是指最高统治者所管辖的范围；“良人”不是“好的人”，而是夫妻间的称呼，一般多用于妻子称呼丈夫；“黔首”不能简单地理解为偏正结构“黑的头”、“足下”也不能理解为“足之下”，它们均已作为一个专用性名词，表示一个完整的概念了。

复合词还有另外一种情况，构成该词的两个字作为单音节词时意义曾很相近，经常组合在一起构成并列短语，但久而久之，他们各自原有的意义特征逐渐有所模糊，混合成了一个新的统一的含义。如：“豪杰”、“英杰”、“奔走”等。“豪”原指“以才或力胜人者”，“杰”指“才过万人也”，意义上还是有一定区别的。组合在一起以后，它们之间的差别逐渐模糊了，统一指才智出众的人，这时就不能再说它们是短语了。“英杰”也是一样。“奔走”均指人的快速移动，“奔”是快跑，“走”是一般的跑，而“奔走”一词则不计它们速度不同这一差别，突出表现“跑”“跑向”这样一个共同的意义。我们沿用至今的“奔走相告”取的就是这一含义。

在众多的复合词中还有一种现象，即两个字中一个字的意义成了整个复合词的意义，另一个字的意义消失不再起作用了。如我们上面讲的“国家”就是这样，在这个复合词中，起作用的只有“国”字，“家”的原有的意义已经在该词中消失了。习惯上称这类词为偏义复合词。应该指出的是，所谓“偏义复合词”并不是固定的，也就是说，它们并不是在所有的语言环境中都是“偏义”的，当两个字的意义均起作用时，它们应该是短语。如我们常说的“喜怒哀乐”一语，表示四种不同的感情，每个字对应一个词，其中，“喜怒”自然是短语。但在柳宗元的《答韩愈论史官书》“司马迁触天子喜怒”一句中，同一个“喜怒”，却只表示“怒”而没有“喜”的意思。因为，史实是司马迁为李陵辩护而惹怒了汉武帝，并被处以宫刑，所以，文中描写司马迁所“触”的只能是天子之“怒”，“喜”只是陪衬。“喜怒”在这里是偏义复合词。

又如《诗·小雅·常棣》中“妻子好合，如鼓琴瑟”一句，

“妻子”只表示“妻”，“子”不表示意义，只是个陪衬，所以该词是偏义复合词。但并不是在所有的古代作品中，“妻子”都只指“妻”而不关“子”，在《国语·越语下》“不听吾言，身死，妻子为戮”中，“妻子”指“妻”与“子”，是短语。现代汉语中的“妻子”实际上就是古代偏义复合词的用法的遗留。

类似的例子还有，如《周易·丰卦》“润之以风雨”中的“风雨”，只指“雨”而无关“风”；《礼记·玉藻》“大夫不得造车马”中的“车马”实际上只指“车”，“马”是不能造的。

应该注意的是，复合词大体都经历了一个临时组合的阶段，即先构成一个短语，后来由于经常连用才逐渐凝固成一个词。如“国家”两个字，二者原都是单音节词，《说文解字》：“国，邦也。”“家，居也。”清代段玉裁进一步解释说：“天子诸侯曰国，大夫曰家。”在实际的应用中，它们也曾作为单音节词出现。如《论语·季氏》：“丘也闻有国有家者，不患寡而患不均，不患贫而患不安。”《孟子·离娄》：“天下之本在国，国之本在家，家之本在身。”在这些例句中，“国”与“家”分用，它们当然是两个词。即使是连用，也不一定就是一个复合词，还要看它的意义。如上述《孟子》例句的前面还有一句：“人有恒言，皆曰：天下国家。”这里“国家”连用，但我们分析上下文就可以得知，句中的“天下”、“国”和“家”是三个概念，表示封建社会三个不同的层次，即周天子、诸侯国和大夫之家。因此，这里的“国家”是短语，而不是复合词。随着社会的发展，“大夫之家”消失了，“家”的特定含义也就失去了意义，“国家”只代表“国”，就成了一个偏义复合词了。如贾谊《过秦论》中“施及孝文王、庄襄王，享国之日浅，国家无事。”这里的“国家”自然是一个词了。

如何判断这些结构是复合词还是短语呢？

根据复合词的特点，我们首先要看组合后的意义是否是两个字的意义的简单拼合，如果是，那它们就是短语；反之，如果产生了新的意义，则是复合词。其次，要看组合之后的两个字的原有意义的特征是否已经模糊，如果是，那就是由于强调共性而统一了，两个字也就组合成了复合词；如果仍强调各自的特点，则还是短语。

鉴于古代汉语中词的结构的具体情况，我们在学习时一定要注意两种倾向：一方面是防止以今释古，把古代汉语的短语误认为是现代汉语的双音节词；另一方面也不要以为古汉语全部都是单音节词，把连绵词、复合词统统拆开来理解。

第三节　古今汉语词义的异同

古今汉语词汇的异同，不仅表现在数目与构词形式上，更主要的是表现在意义的变化上。就阅读古书而言，词义的发展变化带给我们的障碍更多、更大。

一、古今词义的差异

随着时代的演变，古代的一些词已成为语言历史上的陈迹，因此在初学汉语时，常常会碰到一些自己不认识、不理解的词。这部分词固然会影响到我们对古书的阅读与理解，但这并不是难以克服的障碍。因为它们很容易引起我们的注意，迫使我们去查工具书，寻找解决问题的方法，因而不易造成我们理解上的差误。真正容易出问题、从而造成困难的倒是古今汉语共同使用的词。这些词对我们来讲似乎很熟悉，按现在的意思去理解好像也通，于是就自认为已经懂了，也就不再去查字典、寻找可靠的答案了。其实，这些词虽然在现代汉语中仍在使用，但其意义并不是从古到今一成不变的，也就是说，现代汉语中一些词的含义与它在古代汉语中所表示的意义相比，已经发生了或多或少的变化，勉强按现代汉语的意义去理解，其结果不是与上下文的含义磅格不通，就是貌似通却不合原意。如：

“劝”，在现代汉语中是“劝告”的意思，但在《左传·鄢陵之战》“舍之，以劝事君者”中，“劝”是鼓励的意思，是说鼓励那些侍奉君主的人。如果按“劝告”的意思去理解，则与文意不符。

“让”，在古汉语中表示“责备”的意思，如《左传·晋公子重耳之亡》“公使让之”，是说晋文公派人去责备他。而“让”一词在现代汉语中是“谦让”的意思，若按此义去理解，则全句无法讲通。

“抢”在现代汉语中只有争夺、抢夺的意思，而在古代，“抢”却有“突过”、“碰撞”等意思，二者相差甚远。《庄子·逍遥游》

中“我决起而飞，抢榆枋而止”一句，“抢”就是“突过”、“超过”的意思。又如《战国策·魏策》中“布衣之怒，亦免冠徒跣，以头抢地耳”，这个“抢”是“碰撞”的意思。

“再”，现代汉语中，表示动作的重复，如“再读一遍”，并不限定是第几遍。而古代汉语中的“再”相当于“二”，是指同一动作进行两次。故“三年再会”是说三年中会见两次；“再拜”是拜了两拜。

“毙”，今义为死亡。但用此义来解释《左传·定公八年》中的“颜高夺人弱弓，籍丘子 击之，与一人具毙”一句，就讲不通了。因为下文紧跟着描写颜高“偃，且射子 ”的动作，可见，颜高当时虽“毙”，但并没有死，所以还能“且射子 ”。这是因为，“毙”在古代汉语中不是“死”的意思，它只表示“扑到”，即后文所说的“偃”。《左传·郑伯克段于鄢》“多行不义，必自毙”中，“毙”也是以人身的“扑到”比喻政治上的垮台，而不是死亡。“毙”当“死亡”讲，是比较后起的意义。

“行李”一词，是古代比较少见的双音节词，指外交官员，也可写作“行理”、“行吏”等。因此对《左传·烛之武退秦师》“行李之往来”一句中的“行李”，绝不能按现代含义理解为“旅行时所带的物品”，否则，原文就讲不通了。另外，古代的“行人”也指使节，《左传·宣公十二年》中的“彘子以为谄，使赵括从而更之，曰：‘行人失辞。’”“行人”当然不是走路的人，而是指使节。

从上面所举的几个例子中我们还可以分析出，古今词义的差异程度是不一样的，有的全然不同，如“行李”；有的差别很大，如“抢”；有的差别细微，如“再”。其中，古今微殊的词尤其应该引起我们的高度重视。

二、古今词义演变的规律

词义的演变就是词义的发展，这种发展是有规律的。总结起来，大致可分为下列两类情况：

（一）基本意义的变化

词的基本意义，在单义词中，就指它自身的含义；在多义词中，大多指它的本义或是它最基本、最常用的义项。应该说，词的基本意义是对客观事物的高度概括。我们所说的词的基本意义的变化指的是词义所表示的概念的内涵改变了，新义代替了旧义。这种改变往往是整个词义的更替。如：

“脚”，古代指人腿部膝盖以下、脚踝以上的部分，即今天所说的“小腿”。而今天我们所说的“脚”，古代用“足”来表示（今天在日本仍然用“足”字表示“脚”）。可见，“脚”作为一个词，其含义古今发生了根本的变化。

“涕”，古代指眼泪。《广雅·释言》讲得很清楚：“涕，泪也。”《诗·陈风·泽陂》中“涕泗滂沱”，毛亨注为：“自目出涕。”骆宾王《为徐敬业讨武曌檄》“袁君山之流涕”用的就是这个意思。而现在“涕”指鼻涕，意义有了完全的改变，“眼泪”的意思只保留在某些古代遗留下来的成语或俗语中。

“牺牲”一词，古代指祭祀使用的牛、羊、猪，是十分具体的。如《周礼·牧人》中的“共（供）其牺牲”和《左传·成公十年》的“牺牲玉帛”，表示的都是这个意思。现在这个意思已经不再用了，转而指为了某种目的有所舍弃，或指被舍弃以及被舍弃的对象。这也是新义代替了旧义。

“脸”，原来指“目下颊上”这一部位，也就是妇女擦胭脂的地方。现在它却指头的前部，即人的整个面孔。乍看起来，变化似乎不大，但我们如果要用今天的含义去理解白居易的“满面胡沙满面风，眉消残黛脸消红”的话，就会觉得讲不通。勉强去解释，也会很别扭。

这样的例子我们还可以举出一些，如“树”古代指“种树”，现代指“树木”本身；“走”，古代的意思相当于现在的“跑”，意义也发生了概念上的变更。

应该说，从古至今，意义发生了这种较为根本性的变化的词的数量并不很多，对这些词的掌握，只有一点，就是牢牢记住，切不可用今天的含义去简单地理解古代的作品。

（二）词义系统的变化

单义词在全部词汇中为数是很少的，绝大多数词是多义词。每个多义词都有几个、甚至几十个义项，这些义项构成一个完整的词义系统。随着语言的发展，词义的变化还有这样一种现象：基本词义没有太大的改变，词义系统却发生了较明显的变化。这种变化一般分两种情况：一是增加义项；二是减少义项。

1. 义项的增加

增加义项是指在原有的词义系统中，又增添了新的义项。这在词义的从古到今的变化中是很多见的。如：

“被”，最初的含义是指睡觉时所盖的“被子”，《说文解字》解为“寝衣也”正是它的本义。《楚辞·招魂》中的“翡翠珠被，烂齐光些”用的也是这一本义。这个含义现在仍然保留，同时，它由“被子”的功能和特点逐步抽象化，又引申出了表示被动的含义和用法。

“信”，在古代一般被解释为“实也”、“诚也”、“符也”等。如《论语·阳货》“信则人任焉”、《左传·宣公二年》“弃君之命，不信”等文句中的“信”均表示“诚信”、“守信用”之义。这一基本含义，至今还保留着，我们常说的“信任”就是由这个意思派生出来的复合词。但“信”在现代又增加了新义：即“口信儿”、“书信”的“信”。这一含义在古代是没有的，古代的“书信”用“书”来表示。

又如“掉”，原意是“摇摆”、“摇动”，“尾大不掉”就是说尾巴太大了而无法摇动。这一意义一直到了宋、明时期仍在用，今天在一些从古代遗留下来的古语中也仍保留着这一意义。从唐宋开始，“掉”又有了一个新的义项——“失落、落下”，现代汉语中用得最多的就是这个意思。与上古时代相比，这一义项显然是增加的。

词的义项的增加是词义引申的正常结果，而词义的引申是词的运动的轨迹，也是词义发展变化的一个重要方面，是永远不会停止的。因此新义的不断产生是词义发展的主要倾向。

2. 义项的减少

这是指一个词在发展的过程中，原有词义系统中的某些义项随着社会的发展而逐渐消失了的现象。如：

“田”，在古代它的义项比较多，既可以表示耕种的土地，又可以表示耕种土地的行为。同时，由于古代的打猎行动与农夫耕种土地和农作物的生长等因素的关系极为密切，所以“田”还有打猎的意思。如在“我执曹君，而分曹卫之田以赐宋人”（《左传·僖公二十八年》）中，“田”表示耕种的土地；在“谷秦苑囿园池，令民得田之”（《汉书·高帝记》）中，“田”指“耕种”；在“焚林而田，偷取多兽，后必无兽”（《韩非子·难一》）中，“田”是打猎的意思。然而，随着打猎本身与农业生产的逐步脱节，“田”所具有的这一义项就逐渐不再使用了，以至在现代汉语中，“田”已不再表示这个意思。与古汉语相比，“田”的义项减少了。

“坟”，古代可作“坟头”、“坟墓”讲，如《礼记·檀弓》“古也墓而不坟”。这一义项一直保留至今，在现代汉语中，这几乎是“坟”的唯一义项。而在古代汉语中，“坟”的义项并不这样简单。它本指水边高地，如“遵彼汝坟，伐其条枚。”（《诗·周南·汝坟》）由此可以表示“高起”的意思，《尚书·禹贡》“厥土黑坟”中的“坟”就是“高起”的意思。由于“高地”、“高起”等事物的特点，“坟”在古代还可以表示“大”的意思，如在《诗·小雅·苕之华》中，“牂羊坟首”中的“坟首”就是“大脑袋”，“坟”作“大”讲。但这些义项都随着历史的发展而渐渐消失了。

我们所说的义项的增加和减少，是着眼于词义发展到一定历史阶段而言的，也就是说，是断代的情况。但词义的发展是连续不断的，也是复杂的。义项的增加或减少虽是词义向不同的方向运动的结果，但它们完全可能体现在同一个词的演变的过程中，也就是说，一个词从古到今的变化，很多时候是一方面减少了某些义项，另一方面又增加了某些义项。

如“穷”，从字的形体分析来看，它本指古人穴居时代洞窟的顶端或尽头，故《说文解字》将它解为“极也”。后来由此引申为“困苦”、“没出路”、“不得志”等义，因此“穷”在古代一直与“达”呈反义关系，如“穷则独善其身，达则兼善天下。”（《孟子·尽心上》）这一义项在今天已经基本不用了。然而随着社会生活的前进和语言的发展，“穷”又逐渐引申为特制生活艰难、缺乏钱财的意思，与上古时代相比，这一义项当然是增加的了。除了减少和增加的义项，“穷”还有一些从古至今一直保存着的义项。如表示“追究”、“穷尽”等义的用法，在现代汉语中还常常见到。

又如“党”，在古代曾指地方户籍编制的单位，五百家为一党。由此引申，可以指亲族、指因利益而结合在一起的集团等。后来就发展为指称代表某一阶级、阶层或政治集团并为维护其利益或实现其主张而进行活动的政治组织，如中国共产党、民主党派等。这一义项是随着社会的发展逐渐产生的，是增加的；而“五百家为一党”的用法却早已消失。

词义的发展变化，不论是意义的更替，还是保留旧义而稍有变化；不论是义项增加，还是义项减少，都需要一个过程。尤其是意义的更替，什么时候新义才算彻底代替了旧义，有时不是很容易断定的，需要我们灵活、辩证地看待这一变化。

词义的变化还可以从另一个角度区分为“词义的扩大”、“词义的缩小”、“词义的转移”三种情况，有的教材上就是这样分类的。这是从一个词主要义项的古今对比出发来研究的，考虑的是词义变化后的结果。

词义的扩大，指的是词义所表示的概念的外延（即它所对应的现实现象）扩大了；与此同时，它所表示的概念的内涵（即概念所对应的现实现象的特点）却缩小了。如“江”、“河”，原来只指“长江”、“黄河”，现在泛指一切河流。“嘴”，原来只指鸟的嘴，现在却泛指一切动物的嘴，包括人的嘴。

词义的缩小，指的是外延缩小而内涵增大，即词义所反映的现实现象的范围缩小了。如“瓦”，原指一切烧过的土器，现在只指盖在屋顶上的一种；“丈人”原来是年长的男人的统称，现在专指“岳父”。

词义的转移，则是指一个词所表达的概念古今相比其内涵改变了（这一概念一般是该词的主要义项或本义），这实际上就是我们在前面所讲的词的基本意义的改变。如“脸”、“涕”、“走”、“牺牲”等词的意义的古今变化就属于此类。

和义项的增加、减少一样，词义的扩大、缩小、甚至转移都完全可能在一个词的意义的演变过程中交错出现。古今词汇和词义的差异给我们的阅读带来了障碍，而它们的继承关系又为我们提供了有利的条件，正确把握古今词汇的关系，对于我们学习古代汉语、提高阅读古书的能力，有着极为重要的意义。

要正确理解古今词汇的关系，从而提高我们阅读古书的能力，首先要明白，词汇的演变虽然有共同的规律，但具体到每一个词，其演变轨迹又是各据特点、复杂多样的，必须具体问题具体分析，认真考察每一个词的实际情况。同时，还要防止自以为是，避免以今律古，尤其要注意那些古今变化细微的词。

第四节　词的本义、引申义

我们在阅读古文献时经常会发现，一个词往往不只一个意思，同一个词在不同的语言环境中会呈现出彼此各不相同的含义，这就是词的多义现象。如：

①“塞向墐户”（《诗·豳风·七月》）

②“亚父北向坐。”（《史记·项羽本纪》）

③“明利害之向”（《国语·周语》）

④“今适期年，所耗未半，而余寇残烬，将向殄灭。”（《后汉书·段颎传》）

“向”这个词在这几个例句中具有不同的意义：例①的“向”表示窗户；例②的“向”是朝向、对着的意思；例③的“向”指方向；例④的“向”表示接近义。

在任何一种语言中，多义词都占词汇系统中的绝大多数。对于多义词，我们必须依据具体作品的上下文来判定它的确切含义。这就要求我们对一个词的众多义项以及各义项之间的关系有较为清楚的了解。

一个词各义项之间的关系比较复杂。但总的来讲，词的多义现象是词义引申的结果，因此，一个词的众多义项并不是平等并列的关系，词义之间存在着源与流的区别，即其中有一个义项是原始的，是在该词产生的初期就存在了的，而其他义项是从这个原始意义的基础上发展出来的。我们把这个原始义项称作词的本义，把其他义项称为引申义（比喻义也是引申义的一种）。在阅读古籍时我们还发现，有些词在一定的语言环境中所呈现出来的的含义十分奇怪，与字形所反应出来的含义似乎毫无关系，有的与我们平时所熟悉的含义也风马牛不相及。这是因为，一个词除了有本义、引申义之外，还有假借义。下面将分别论述。

一、词的本义以及对本义的考察

（一）什么是本义

本义就是一个词的原始的意义，所谓“原始”，是与后来发展出来的引申义相对而言的。

语言产生在文字之前，没有文字记载的原始语言是如何产生和演变的，我们已无从考察。但根据常识，我们完全可以认为一个词在刚开始产生的时候一般是单义的，在使用的过程中才逐步产生了引申义，而变成了多义词。又因为汉语的书写符号汉字属于表意文字系统，汉字的字形常常能体现出造字之初人们对这个字所对应的词的原始意义的理解，因此我们通常所说的本义，是指有文字可考的、有文献资料可资参证的词的最初意义。

如“道”，在旧《辞海》中列有十三个义项：“路也”、“理也”、“通也”、“术也”、“祭名”、“宗教名”、“言也”、“引也”……这些义项在古文献中都出现过。如《论语·阳货》“道听而途说”，“道”是“道路”的意思；在《左传·襄公三十一年》“不如小决使道”中，“道”是通畅的意思；在《礼记·中庸》“道也者，不可须臾离也”中，“道”指规律、准则，也就是“理”……如此而类，不一一列举了。在这些意义之中，“道路”一义是其原始的、与字形密切相关的意义，其他的意义都是根据“路”这个具体而形象的事物的特点派生出来的，是“道”的引申义。

再如“元”，在古代它有“人头”、“始”、“大”、“善”等义，如《左传·僖公三十三年》“（晋人先轸）免胄入狄师，死焉。狄人归其元，面如生。”这个“元”是“头”的意思。《孟子·滕文公下》“勇士不忘丧其元”，“丧其元”就是以“丢掉脑袋”表示献出生命，“元”也是“头”的意思。《春秋经》及“三传”中的“元年”是指某一公的起始年，“元”在这里是“始”的意思。《礼记·王制》“天子之元士”中的“元”是“善”的意思……这些意义中，“人头”是初始义，且与字形紧密相关。而其他的意义都是从这一本义衍生出来的。

又如“解”，在古代有分解、分散、打开、排除等义。查阅古文献，可以得知，“解”字最早出现在《庄子·养生主》的“庖丁为文惠君解牛”一句中，“解牛”就是“分解牛”，这里的“解”是“分解”的意思。再通过对字形的分析，我们可以得出结论：“分解”是“解”的本义，其他的意义都是从这一意义延引出来的，即它的引申义。

综上所述，本义，一方面反映出表意文字初期的造字意图，另一方面又确实是在古代文献中被使用过的意义，所以，本义是字形所反映出的它所记录的词的某一个具体意义。这个意义常常与一个带有形象的事物联系着，由这个具体事物的种种特点出发，随着语言的演变和发展，许多与这个意义相关的派生义就产生了，词的多个义项也就产生了。

（二）考查本义的作用

本义是引申义所由发展的本原，由它孳衍出的任何意义总会与它有着直接或间接的关系，所以如果能从一个词的众多意义中找出本义，从而去观察和分析本义，就可以因简驭繁，融会贯通，“若网在纲，有条而不紊”。这样，把握本义就成了弄清一个词的全部含义、了解整个词义系统的第一步，也是十分关键的一步。因此，准确地了解一个词的本义具有非常重要的作用。

首先，我们可以根据本义整理出一个词的词义系统。本义是一切引申义的出发点，所有的引申义都带有本义的痕迹，抓住了本义，就可以以它所概括的事物的各种特点为依据去了解各个引申义，并理出它们的发展线索。还以“道”为例，旧《辞海》的十三个义项是：（1）路也；（2）理也；（3）通也；（4）术也；（5）由也、从也；（6）祭名；（7）地域上之区划也；（8）宗教名；（9）周时国名；（10）姓也；（11）言也；（12）治也；（13）引也。前面已经讲过，“道”的本义是“路”，由于它是人们走路时所遵循的，是人们为了到达目的地的所必须经由的，所以可以延伸出“由也”、“从也”等义，在此意义上“道”就有引导人们前进的作用，于是，“道”又产生了“引导”、“指导”义，这一意义后来写作“导”。

在地面上所循之路叫“道”，这是十分具体的，在自然界和人类社会中也存在着种种必须遵循的法则，这是抽象的。“法则”与“路”在“应被遵循”这一点上是共同的，所以这些法则也可以叫“道”。由此再进一步引申，“道”又可以指某一种政治主张，某一种学说，因为这些也是要人们遵循的。“道”有“术也”一义，正是这样来的。

道路本身还有一个特点，就是通畅，所以它又可以引申为“通”，《法言·问道》：“道也者，通也，无不通也，”正是表明了这个意思。

“道”既有引导作用，把国家引向统治者所理想的道路上，正是治国的根本目的。因此，“道”又可以引申为“治”。应该说，“治”与“导”都是从另一个侧面对“道”的延伸。

作为“政治主张”和“学术观点”的“道”都需要经常宣讲，于是“道”与“言”、“说”就产生了联系，向这个方向引申了。另一方面，“道”既可以泛指一切政治主张或学术观点，当然也可以用它来专指一种主张或一种观点。例如老子学说的核心是“道”，指自然的法则、规律等，强调人们在思想上、行为上要遵从它。因此老子（以及庄子等）的学说被称为“道家学说”，或简称为“道”。《辞海》所列的“宗教名”一项，即指奉《老子》为经的道教。

至于《辞海》所列的“国名”和“姓”，则只是以“道”字为标志，与其本义无关。

了解了“道”的本义所概括的事物的种种特点，就能把其他引申义与本义之间的关系搞清楚，从而把众多的义项整理起来，较为清晰地描画出该词的词义系统，也就便于掌握和记忆这个词及其意义系统了。

因为本义是一切引申义得以产生的根源，所以了解了本义，就不仅能掌握词的各义项之间的联系，而且还可以掌握各词义的由来，也就是说，不仅能明白某个词有哪些意义，还能明白它为什么有这些意义，从而做到不仅知其然，而且还知其所以然，对词义的理解当然也就更加深刻了。

如“辅”，在《孟子·公孙丑上》“相与辅相之”中，做“辅佐”、“帮助”讲。这是“辅”的常用义，但不是它的本义。经过分析，我们得知，“辅”的本义是指车轮上的两根木条，可装可拆，其作用是帮助车子载重。因为“辅”的这种特点，所以它就演变出了上述的引申义。我们明白了“辅佐”意义的由来，就能比较形象地理解“相与辅相之”的性质和特点了。

又如“廉”，经常用来形容一种廉洁、不贪图苟取的品质，如《孟子·离娄下》“可以取，可以无取，取伤廉”，“廉”就是“廉洁无取”的意思。“廉”还可以表示清白高洁的意思，屈原《卜居》中的“吁嗟默默兮，谁知吾之廉贞”用的就是这一义项。这些意义从何而来呢？考“廉”之本义，是指古代建筑的堂的侧边，其特点是方正平直，人们用这一特点比喻人的品质，就产生了上述的用法。在了解了“廉”的本义之后，由比喻而产生的引申义就很容易理解了。

（三）考察本义的方法

怎样从一个词的诸多义项中寻找出本义呢？主要是根据记录该词的字形结构、并结合古代的文献材料来确定。

首先是考查字形。字形是指古文字形，即小篆及小篆以前的文字的形体。因为古文字形的表意性比较突出，尤其是甲骨文、金文，带有明显的写实的图画性。后来，文字的象形笔画虽然逐渐变成较为整齐的线条，字形结构标志意义的作用逐步减弱了，但从整体来讲，文字形体仍然可以作为我们考求词义的根据。下面简单举几例来说明字形与本义之间的关系：

木（[illegible]），从字形上看，就是一棵上有枝叶、下有树根的大树的形象，所以它的本义就是我们今天所说的“树”。

向（[illegible]），从古文字形上看，它是房屋的窗子的形象。所以“向”的本义是“朝北的窗子”。

上（[illegible]）、下（[illegible]），古文字形的一横表示一个平面或一个标准，上面一点表示“上”、下面一点表示“下”，所以这两个词所指示的概念都是比较抽象的。

果（[illegible]），像果实长在树上，所以“果”本指树上的果实，

“果然”、“果真”等义都是由此而引申出来的。

班（𤤬），中间是刀，两边是玉，整个字形是用刀剖分玉的形象，所以，“班”的本义是“分瑞玉”，从而扩大到一切之分。

间（閒），从门，从月，表示门中有缝，月光可以透过来的意思。所以，“间”的本意是“空隙”。

汉字字形逐渐发展，到了楷书阶段，能显示出词义的字形结构在很大程度上走了样，从我们现在的文字形体上已经很难看出当初的造字意图了。同时，汉字本身还带有表音的成分，形声字的数量越来越大，在这种情况下，如何依靠文字形体来确定词的本义呢？应该说，仅仅分析楷书的形体结构的确往往不能准确地找出词的原始意义，这就需要我们在分析的过程中将今文字形还原为古文字形，依照古文字形的结构来进行分析。至于大量的形声字，只要我们准确地归纳出其偏旁部首所对应的概念的类别，我们就能大致判断出该词的初始意义所属的范畴。

如“木”表示树木，那么凡是从“木”之字的初始意义都与树木有关，“松”、“柏”、“杨”、“柳”、“桑”、“榆”、“槐”、“树”……无一不如此。但有的字却比较难理解，如“权”，繁体写作“權”，从“木”。但它的常用义是“权力”、“权术”等，似乎与树木无关。其实，今天的常用义并不是“权”的本义，它的本义是“黄花木”，也是一种树。只不过是到后来用它表示“权力”等义罢了，它的本义仍然与它的“木”字偏旁密切相关。

又如“页”，本义是“头”，小篆画的就是一个突出的人头形象，因此，凡是以“页”为意符的字都应与头有关：

颁，本义是大头。《诗·小雅·鱼藻》“有颁其首”用的就是这个意思。

颜，本指眉目之间，《左传·僖公九年》“常在颜面之前”，“颜”与“面”相对，其含义接近本义。

题，本义为“额”，如《史记·司马相如列传》“赤首圜题”的“圜题”就是圆额。

颠，《说文解字》解为“顶也”，即头顶。《诗·秦风·车邻》

“有马白颠”用的正是本义。

顾，本义是“还视也”。虽不指头的某一部分，但表示头的动作，所以也从头。《诗·郐风·匪风》“顾瞻周道”，“顾”就是“还视”的意思。

顿，《说文解字》解作“下首也”，就是我们现在说的“磕头”。这也是头部的一种动作。由于这种动作的特点是以头叩地、少事停留然后再抬起头来，才引申为我们现代常用的“停顿”、“顿止”义。

除此之外，“顽”、“颇”等词的本义也都与“头”有关，只是由于历史久远与文献资料的局限，有些字初创时的意图及其与现代含义之间的联系已不容易考察而已。

在利用偏旁考求本义时要注意，有些偏旁已发生形变，在分析时，必须找到它的实际意义，用它所表示的实际意义去理解词义。如：

“忄”、“ ”是“心”字的变形，凡是从“忄”、 ”的字，如“愉”、“慎”、“慕”、“恭”等都是有关心理活动的。

“月”是“肉”字的变形，凡从“肉”的字大多表示人或动物的躯体、器官以及它们的性状。如“膺”指胸，这好理解。“胡”为什么也从“肉”呢？原来“胡”的本义指牛脖子下面垂着的肉。其他，如“脱”本指人身体的消瘦；“隋”本指“裂肉也”，都与它们的偏旁“月”相关。

右边的“阝”是“邑”的变形，“邑”指一般的城镇，凡右边从“邑”的字都与城镇建设、国名地名、行政区划等有关。如“鄙”指郊外之地；“邓”是国名等。

左边的“阝”是“阜”字的变形，“阜”是无边的土山，凡左边从“阜”的字都与山、与地理状况有关。如“阴”与“阳”分别指“山之北”和“山之南”；“险”与“阻”指山岭的峻峭难行。

在根据字形结构探索词的本义时，许慎的《说文解字》是一部十分重要的参考书。

前面已经说过，推求词的本义有两个条件：一是有文字字形可考，一是有文献资料可资参证。这是因为，词只有在使用中才有生命力，字形结构虽然体现了造字之初的意图，但如果没有活的语言材料，这种仅从形体上得到的信息还是容易产生一定的偏差的。从这个角度上将，词在文献中的使用情况是判断词的本义的必不可少的证明材料。

如“解”字，从刀、从牛、从角，许慎认为它的本义是“判也，从刀判牛角。”但在能见到的古文献中我们没有发现“解”的这种用法，这就不能证明“从刀判牛角”肯定是“解”的使用过的本义，倒是《庄子·养生主》中“庖丁解牛”的“解”，其义为“肢解牛”，虽与字形没有完全相对但并不矛盾，又确实在古文献中出现了，我们就不妨认为它是本义了。又如“初”，从“衣”，从“刀”，《说文解字》解为“裁衣之始”。但在古文献中却找不到这一用法，用它表示抽象的“初始”、“开始”等义的例子则比比皆是，我们就完全可以把这一意义当作“初”的本义。类似的例子还有“若”，《说文解字》依据它的字形“从草”将其含义解为“择菜也”。而它作为动词最早出现在古文献中（这里指我们能见到的最早的古文献）表示的是选择的意思，并不限定所择的是什么，所以也就不必把“择菜”作为它的本义了。

这种现象之所以产生，是因为现实中的概念许多是抽象的，而书写下来的形象又只能是具体的，古人在造字之初大概选用了不少具体的形象来表示抽象的概念，而后人不甚明白其中的原由，机械地分析构成文字的每个部件的具体含义，而没有考察其在古文献中的使用情况，这就难免产生一定的偏误了。当然，也不排除在流传过程中各文献佚失的可能。

二、词的引申义以及对引申义的掌握

（一）词义引申的规律

在一个词的词义系统中，它的诸多义项中除了它的本义，其它均为引申义。词义引申是一种有规律的运动。词义所概括的是客观事物的整体，从这一事物的不同特点出发，依据本民族的心理特征和思想方法所产生的联想和推演，不断地派生出与本义相关联的新义，这就是词义引申的过程与规律。如：

“厉（“砺”的本字）”，本义是磨刀石，是一个非常具体的事物。磨刀石的作用是对刀剑进行磨砺，在使它们变得锋利的同时也消损了刀剑本身。由这一特点出发，“厉”就逐渐具有了“磨砺”、

“磨练”乃至“鞭策”、“损伤”、“严厉”等义。

我们前面讲过的“被”字也是如此，它本指人们睡觉时所覆盖的“寝衣”，即我们今天所说的被子，这是非常具体的。后来被引申为“覆盖”、“表面”乃至成为表示被动意义的副词，都是根据被子的特点演变而成的。

词义的引申体现了人脑的思维过程，其总体规律就是概念的具体与抽象的相互转化，而具体途径则是多种多样的。此外，由于比喻、象征等修辞手法的运用，也可能导致词义的引申。

如“崩”，本义指山陵的崩塌，在古汉语中，它又被引申为表示天子的死亡。这是由于在古人眼中二者具有相同的特点，即都是人力所不能战胜的巨大的灾难，于是，人们就用“崩”来比喻天子的死亡，这样，“崩”就有了这一引申义。《战国策·魏策》中把周列王的死说成是“天崩地坼”，正是这个意思。又如前面讲过的“阴”，本指很具体的地理位置——“山之北，水之南”，这是太阳照不到的、背光的地方，比较阴暗，人们根据这个地理位置的特点进一步联想，用它来比喻一种隐蔽的、不外露的或凹下去的事物，如“阴面”、“阴沟”、“阴文”等；还可以用它来比喻人的性格和道德品质，于是有了“阴险”、“阴诈”等双音节词，进而，人们又把不光明正大的、见不得人的行为称为“阴谋”。“阴”的这些义项都是由于比喻手法的运用而引申出来的。

意义的不断引申往往使一个词逐渐具有了较为庞大的词义系统，如果我们平面地分析各个义项之间的关系，就会发现许多有趣的现象，而这些都与词义的引申分不开。

一是“静动同辞”的现象，即一个词同时有动词与名词两种功用。如前面讲的“厉”字，本义是磨刀石，是一种具体的物品，是名词。而后来被引申出“磨砺”、“勉励”等义，就成了动词了。又如“市”，本来指做买卖的场所（《说文解字》解为“买卖所之也”），后来将买卖东西的行为也称为“市”，如《史记·项羽本纪》中“以市于齐”的“市”就被解为“贸易”，有买有卖；而《国语·齐语》中“市贱鬻贵”是说“买贱的、卖贵的”，“市”只有“买”的意思了。这两例是由名词引申为动词，也有由动词引申为名词的例子，如“肆”本是“陈设”的意思，《说文解字》解为“极陈也”。而经常陈设东西的地方自然是集市贸易之处，《庄子·外物篇》“曾不如早索我于枯鱼之肆”的“肆”即指集市贸易之处，这时的“肆”就已经引申为名词了。

词义还可能向着相反的方向引申，这就出现了人们所说的“反训”现象。所谓“反训”，是指相反的两个意思可以用同一个词来表示的语言现象，这往往也是由词义的引申造成的。如“落”，本指树木枝叶的凋零脱落，“凡草曰零，木曰落。”(《说文解字》)树木在深秋零落，正是一个生长过程的完结，所以“落”可以引申为终了的意思，例如今天常说的“落成”，这是很容易理解的。而树木在秋天的败落正孕育着新生命的开始，某一阶段的“落成”也正是一个新阶段的开始（如楼房建筑的落成正是使用的开始），所以“落”又可以引申为“始”，如《诗·小雅·斯干》小序下郑玄的笺有这样一句“歌《斯干》之诗以落之”，“落”就是“开始”的意思。从平面上看，“落”这个词有着“终”和“始”两个相反的意思，从词义的发展上看，这正是引申的结果。又如“乱”，在古代既可以表示“混乱”之意，又可以训为“治”（不乱、有条理），这同样是词义引申的结果。

在汉语中，有不少词是既可以表示空间概念、又可以表示时间概念的，这也与词义的引申有关。如“间”，字形所显示的是两扇门间有空隙、可以透过月光的形象，因此它的本义是“缝隙”，指两物之间的空间，所以有“间距”、“间隔”之说。由此引申，时间的短暂的空隙也可以称为“间”，故又产生了“时间”、“间（闲）暇”的说法，这正是空间到时间的引申。类似的还有“际”字，本义是“壁合也”（见《说文解字》），是指两墙相接的地方。由此引申，夹在中间的一段时间也可以叫做“际”，如“春夏之际”；后来又引申为指某一段特定的时间，如“开学之际”、“盛夏之际”等。

应该说，词义引申的过程是复杂的，概念的具体与抽象的相互转化以及修辞手法的运用并不能概括出引申的全貌，只不过是比较常见的两种情况罢了。不同的引申途径常常会在一个词的引申过程中交替出现，从而构成纷繁多变的引申系列，这是要特别注意的。

（二）词义引申的特点

词义的引申是一种有规律的运动，这种运动过程表现出了明显的特点。

1. 多向性

词义是以词所对应的现实现象的特点为起点而延伸的，任何事物的特点都不可能只有一个，因此，词义引申的起点也就不止一个，这就造成了不同的引申方向，也就是引申的多向性。如“封”，原本是人手植树的形象，表示的是堆土为界的意思。由于它起的是封界的作用，所以堆的土堆就是疆界，而且应该是封闭的；同时，封界是古代帝王把土地、爵位等分给贵族、臣民的行动，所以“封”具有“分封”的特点……这样，“封”就根据这些特点向着这几个方向引申了：

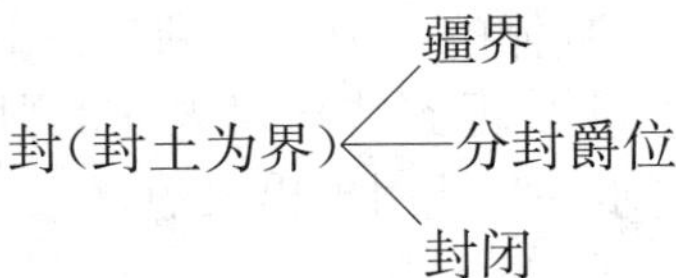

又如“头”，本义指人和动物身体的最上部，即“脑袋”。正是由于这一位置决定了它的特点，并由这些特点引申出了不同的义项：

首领(工头)

头——第一（头一名）

顶端(线头)

其他如上面讲过的“道”、“被”、“厉”、“间”等词都是这样，它们所对应的现实现象具有不同的特点，由其本义出发而产生的词义的延伸自然会朝向几个不同的方向。

2. 多重性

词从本义出发所产生的意义的延伸是没有止境的，词在产生了引申义之后，还会沿着这一轨迹，在这一意义基础上不断产生出更新的意义，这就是词义引申的多重性。如“封”，前面讲到由于它所对应的现实现象的诸多特点，因而在其本义的基础上向着不同的方向衍生出了几个不同的引申义，我们可以把这看作是第一步的引申。在这一基础上，每个引申义还有可能产生出新的意象，如由

“分封爵位”这一较为具体的含义可以进一步引申为抽象的“分封”，而不计所“分封”的事物；由“封闭”以可以引申出用来“封闭”或包装东西的纸袋、外皮等，如“信封”、“封面”；又由此引申，“封”就成了称量封着的东西的量词，如“一封信”、“一封公函”等。这已经是在“封”的本义上进行了两步、三步的引申了，也就是进行了多重的引申了。总结“封”的词义系统，我们就可以作出大致的描述：

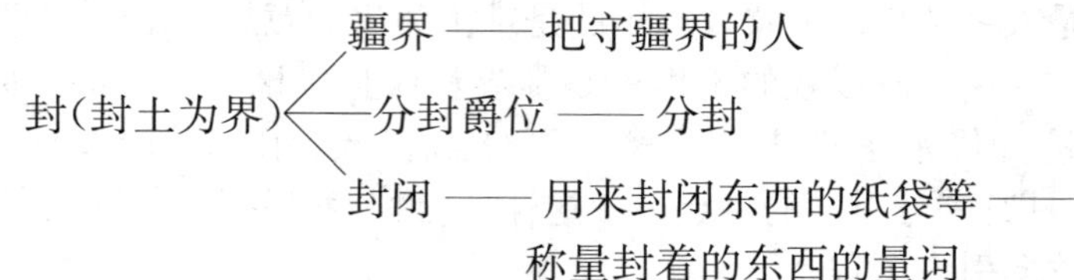

又如我们讲过的“道”，从具体的“道路”到抽象的“道理”、再到表示一般的学说、政治主张、再到特指奉老庄为师祖的传统“道教”，这一系列的含义是一步一步地引申出来的。

3. 系统性

词义引申的系统性是说不论一个词向着多少不同的方向引申，也不论它的意义延伸了几次，引申得多么远，其引申义都含有本义的痕迹，都或多或少地表现出本义所对应的现实现象的特点。如“道”，在它的诸多义项中，我们可以找到一条共同的轨迹，那就是“道”的可遵循性和引导性；又如“被”，它的覆盖作用是词义得以引申的依据，因而在它的引申义中，这一特点就自然得到了体现。这是因为，当一个旧词由于引申被用来标志新的事物或概念时，这个新的概念与该词原先所对应的现实现象之间一定具有某种共同的性质和特点，不如此，使用同一语言的人们就无法达到默契，语言也就无法充当表达思想、进行交际的工具了。词义引申这个规律决定了一个词不管有多少引申义，都不会杂乱无章地堆积着，它们之间，一定存在着内在的系统性。

事实证明，词的全部引申义都是按一定的方向、层次和顺序排列着的。如“鄙”，旧《辞海》中收了六个义项：五百家也；边邑也；郊外也；朴野也；自谦之词；轻视也。其中，从字形上分析，

“郊外”是它的本义——古代内城曰都，都外曰郊，郊外曰鄙。“郊外”与内城相比，当然是边远的地方，所以引申为“边邑”；而“边邑”之地往往文化不够发达，思想不够开化，显得孤陋寡闻，其特点是“朴野”，这是由具体的空间所具有的特点向抽象的含义引申的结果。在这个基础上，如果自称是朴野之人，当然是谦虚；但如果去指说别人，就自然满含轻视的意思了。至于“五百家曰鄙”，是“鄙”的又一个义项，指都城之外的行政单位。

总结起来，我们可以这样描写“鄙”的引申线索：

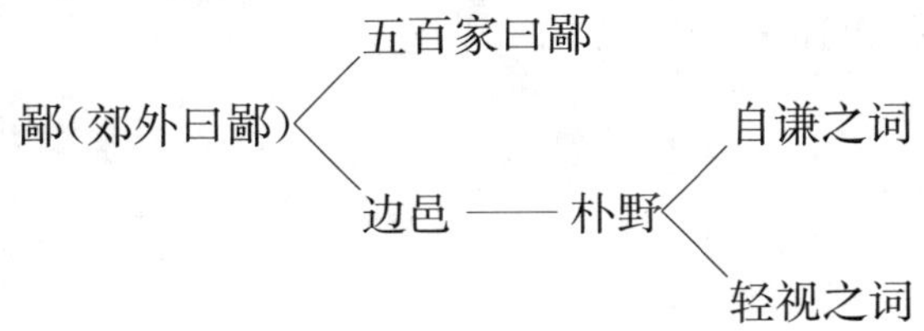

上面举过的“道”、“封”等例均如此。任何词的引申义，我们都可以根据它们和本义之间的联系将它们整理出来，有时引申的步骤过多、新义与本义已相差得太远，乃至我们已经很难找出它们之间的联系了，这时，我们就不妨把它看作是发展而成的新词。

词义的引申具有一定的系统是语言中客观存在的事实，是语言民族特点的重要体现，但是，要准确地描绘出某个词的引申线索应该说是一件很困难的工作。这时由于，一方面词义引申的方向、层次、系统需要从大量的文献资料中去寻找和概括，这需要深厚的古文基础；另一方面，只要是整理，就不可避免地要带上主观的色彩。虽然每个多义词都必定会有一条自身的引申线索，虽然这条从词的本义出发、按照本义的特点向着不同方向、不停地发展着的引申线索是客观存在的，但是，整理出这条线索、并把这条线索展现在我们面前，是要靠人去进行的，而只要由人去整理，就不可避免地会加上人的主观理解。掺杂上人的主观理解整理出的引申线索是否就是该词词义真实的发展顺序，这很难说。同时，前人在这方面给我们提供的成果并不多，研究者本身掌握的材料也不统一，使用的方法各有差异，所以对同一个词的词义系统的描写也不会完全相同。往往见仁见智，各持一说。

学习词的本义引申义同样要求我们把理论知识运用于实践，领会了如何从掌握本义出发把握住词义的核心这一要领，再去阅读文言作品，就会主动得多，理解也会深刻的多。

处在文句中的某一个词的含义，除了可能是它的本义或者由本义延伸出的某个引申义之外，还有可能表现出一个与其本义毫不相关的意义，这就是词的通假现象，即由一个音同或音近字代替了本应该使用的字。这种现象有些像今天的“别字”，但在古代这种使用文字的方法是得到了社会的认可的，是允许的。这一问题我们在文字部分具体讲述。

第七章 语　法

古代汉语和现代汉语是同一民族在不同历史时期使用的语言，是一种语言而不是两种语言，因此，它们的法则大体上是一致的。但是，由于时代的变迁和语言的发展，在古今汉语语法之间也存在着一些不同的特点。我们这部教材已经比较全面地讲述了现代汉语的语法，在这里，我们将着重介绍古代汉语不同于现代汉语的语法现象。

我国古代汉语的语法研究主要是指对虚词、实词和句子的研究，我们就准备从这三个方面分别讲述有关古代汉语的语法知识。

第一节 虚　词

对于虚词的研究是古代汉语语法研究的重要组成部分，这是因为，第一，虚词的量虽然不是很大，但使用的频率却很高，有些虚词又往往不是一种用法。读者必须把每个虚词在句子里的具体用法搞明白了，才可能读懂整个句子，乃至整篇文章。可以说，对虚词掌握得如何，直接影响着对古代作品的理解。第二，大部分古代汉语的虚词在现代汉语中已不再使用，初学古代汉语的人或者接触古代汉语作品比较少的人对它比较陌生，有必要系统学习一些虚词的理论，这样，有助于在学习的过程中举一反三，全面掌握有关虚词的种种知识。

古代汉语虚词系统所包括的词类与现代汉语相比有些不同：现代汉语的虚词一般只包括介词、连词、助词、叹词，而我国历代研究文言虚词的著作都把代词、副词也归入虚词类，这是根据古汉语虚词的特点决定的。这部教材本着从众的原则，在对虚词语法功能的描述中，也采取这样的归类法。

古汉语的虚词还有一个很重要的特点，即字和词不是一对一的关系，也就是说，一个虚字所对应的往往并不是一个虚词，它可以同时是几个词的书写形式。对于虚词的讲解，如果完全按词类系统排列的话，势必会出现把一个字放在几处分别讲解的情况，这样做，不利于学员对每一个虚字及其所对应的虚词的全面理解。因此，本教材在分类列举虚词的总原则下，采取了以字为纲、按字排列的方式，即为了表现出古汉语虚词各词类的主要特点以及它们之间的差异，我们按它们的主要类别分成几组，希望通过这种形式，使学员们能对古汉语虚词的大类有一个整体的把握；同时，我们又在每一字下，按它所对应的不同词类分别讲解，以便使学员们能准确地了解和使用每一个虚字。

古汉语的虚词不下四五百个，常见的也有几十个，为了便于大家抓住重点，解决实际问题，我们选择了最常见的二十七个虚字，分为五大组，分别介绍它们的基本用法。

一、之、其、是、者、所、或、莫、孰、何、焉

这是一组以代词为主要用法的古汉语虚词，其中有人称代词、指示代词，还有疑问代词。它们之间有相同之处，但也存在着许多差异，下面将分别论述。

（一）之*

“之”有代词、助词*两种用法。

1. 代词“之”

代词“之”在古代汉语中既可以起称代作用，又可以起指代作用。

起称代作用的“之”，与现代汉语的人称代词并不完全对等。

首先，它不单单是人称代词，它所称代的对象，可以是人、可以是事，也可以是物。如：

①“爱公叔段，欲立之。”（《左传·郑伯克段于鄢》）

②“扬子之邻人亡羊，既率其党，又请扬子竖追之。”（《列子·说符》）

③“虽曰爱之，其实害之；虽曰忧之，其实仇之。”（柳宗元

* “之”字还有动词的用法，因不属于虚词，故不在此介绍。其他虚字也有这种情况，在这里，我们只介绍虚词的用法。

《种树郭橐驼传》）

④“师之所为，郑必知之。”（《左传·僖公三十二年》）

以上各例中，① 中的“之”代的是人，即公叔段。② 、③两例中的“之”分别代的是走失的羊和所种之树，二者均为物。例 ④代的是军队的行动，是事。

其次，“之”字在代人的时候，既可以代第三人称，也可以代第一人称和第二人称。所以，对它的翻译就不能只是简单的“他”。如：

⑤ 西门豹曰：“至为河伯娶妇时，愿三老、巫祝、父老送女河上，幸来告语之，吾亦往送女。”（《史记·滑稽列传》）

⑥ 士季曰：“谏而不入，则莫之继也。”（《左传·宣公二年》）

以上各例，例 ⑤中的“之”就是下句中的“吾”，称代的是西门豹自己，是第一人称，均应译作“我”。例⑥中的“之”称代士季讲话的对象，即赵盾。“莫之继也”就是“莫继之也”（“没人继承你了”），应译作“你”，故为第二人称。

“之”在起称代作用时，还有一种现象也应该注意，就是它所称代的对象有时不容易恰当地翻译成现代汉语。如：

⑦过而不改，而又久之，以成其悔，何利之有焉？（《左传·宣公十三年》）

⑧顷之，太子与梁王共车入朝。（《汉书·张释之传》）

⑨将之荆，先之以冉有，申之以子夏。（苏轼《贾谊论》）

⑩祭祀，则帅其属而舞之。（《周礼·春官》）

上述几例中，有的“之”字的前面是时间词，如例⑦中的“久”、例⑧中的“顷”；有的“之”字出现在不及物动词之后，如例⑩。而按照现代汉语的习惯，时间词和不及物动词的后面一般是不能带宾语的，所以，就很难找到恰当的词来对译这些“之”。严格说起来，“久之”、“顷之”的“之”都应指前一事件发生的时间，但“久”与“顷”本身就是表时间的，所以这里的“之”字已经很虚化了。“舞之”的“之”显然指代“舞”的对象。而例⑨，又因为“之”所称代的范围过于宽泛，很不确定，或者说很难一下子指出来，所以也就使得翻译显得很困难。应该说，这些“之”字的称代作用已经逐步虚化，甚至可以认为，它们几乎变成了为满足音节的需要而加上的衬字了，因此有时可以不必一一对译。

起称代作用的“之”有时可以复指前置的宾语，如：

⑪姜氏何厌之有？（《左传·隐公元年》）

⑫父母唯其疾之忧。（《论语·为政》）

例⑪的“何厌之有”就是“有何厌”，“何厌”作为宾语前置，“之”即复指前置的宾语“何厌”。例⑫同样，“唯其疾之忧”就是“唯忧其疾”，“之”复指前置的宾语“其疾”。因为两句的宾语前置于动词谓语之前，因此要用“之”字复指。详细论述，参见句法部分。

起称代作用的“之”字的语法功能主要是充当句子中的宾语，上述12个例句无一不如此。但它偶尔也可以充当兼语，如：

⑬虽又槁暴，不复挺者，揉使之然也。（《荀子·劝学篇》）

⑭子谓薛居州善士也，使之居于王所。（《孟子·滕文公下》）

上面三句中的“之”均为兼语，如例⑬，“之”是“使”的宾语，又是“然”的主语。例⑭也是这样。

代词“之”不仅能用来称代人、事、物，而且还能起指示作用。如：

⑮ 之二虫又何如？（《庄子·逍遥游》）

⑯ 之子于狩，言伥其弓。之子于钓，言纶之绳。（《诗·小雅·采绿》）

例⑮的“之二虫”是“这两个虫”的意思（这里的‘虫’指的是蜩和学鸠）；例⑯的“之子”是说“这个人”。两个例句中的“之”相当于现代汉语中的“这”、“这个”，是指示代词。作为指示代词的“之”一般在文句中充当定语。

2. 助词“之”*

助词“之”最常见的用法是位于定语和中心词之间，其作用大致相当于现代汉语的“的”。如：

① 魏王贻我大瓠之种。（《庄子·逍遥游》）

② 不忘恭敬，民之主也。（《左传·宣公二年》）

---

* 关于这类“之”的词性，还有不同的意见，有的学者认为是连词，有的学者认为是介词，这里采取“助词”的说法。

③ 是故非聪明睿智不惑之主，则不能全其用。（苏轼《贾谊论》）

④ 此五霸之伐也。（《史记·信陵君列传》）

⑤ 以君之力曾不能损魁父之丘，如太行王屋何？（《列子·汤问》）

⑥ 公输般为楚造云梯之械。（《墨子·公输》）

以上各例中的“之”所连接的定语和中心词，虽然都具有偏正关系，但又有不同：例① 例② 的定语均为名词，此偏正关系为领有关系；例③ 的定语以形容词为主，例④ 的定语虽然是名词，但“五霸”在文中指的是“五霸那样的功业”，而非指“五霸”本身，所以这三句的“之”所连接的偏正关系就不像前两例那样简单了，它们所呈现的是一种修饰关系。翻译时，有的仍可译为“的”，有的就必须加上比况性的词语，如“那样的”等等。例⑤ 例⑥中“之”的前后两项属同一关系：“魁父”是“丘”的名子，而“云梯”是“械”的一种，这样的“之”可以译成“这样”、“这些”等，也可以不译。

有些助词“之”的前后两项呈主谓关系，这又不同于上述各例了。如：

⑦ 宦三年矣，未知母之存否。（《左传·宣公二年》）

⑧ 魏王怒公子之盗其兵符，矫杀晋鄙，公子亦自知也。《史记·信陵君列传》）

⑨ 孤之有孔明，犹鱼之有水也。（《三国志·诸葛亮传》）

⑩ 虽我之死，有子存焉。（《列子·汤问》）

⑪ 虢射曰：“皮之不存，毛将安傅？”（《左传·僖公十四年》）

在例⑦ 中，“母存否”本是个完整的主谓结构，“之”位于主语和谓语之间，这就取消了这一结构的独立性，使之成了个主谓短语，位于单句之中，充当句子的某一成分；例⑧ 的“之”位于主语“公子”和谓语“盗其兵符，矫杀晋鄙”之间；例⑨的两个“之”分别位于主语“孤”、“鱼”和它们相同的谓语“有”之间，这几个主谓结构原有的独立性均被取消了，分别成为主谓短语，而只能充当单句中的一个成分。前两例中的主谓短语均充当句子的宾语，例

⑨中的两个主谓短语一个充当主语，一个充当谓语。例⑩的主谓短语“我之死”、例⑪中的主谓短语“皮之不存”则不是单句中的一个成分，而是复句中的一个分句。这就是说，这种由助词“之”连接的主谓结构，也可以作为分句出现在复句中。这种分句，有时表示时间；有时表示条件。

助词“之”还可以加在主语和介宾短语之间，这个介宾短语本来应该是谓语的状语，由于用“之”将它和主语连接了起来，就使得这个状语的位置显得更加突出、更加重要。如：

⑫ 君子之于禽兽也，见其生，不忍见其死。（《孟子·梁惠王上》）

⑬ 寡人之于国也，尽心焉耳矣。（同上）

“之”字后面的介宾短语，往往表示动作行为的对象或范围。

由于现代汉语中没有与主谓结构之间、主语与介宾短语之间的“之”字相对应的词，所以在翻译时它可以略去不译。

如何分辨偏正结构之间的“之”和主谓结构之间的“之”呢？主要是看它后面的词。如果“之”字后面是名词，一般说来，这个“之”就是定语和中心词之间的助词；如果它的后面是动词或者是形容词，这种“之”一般就是主谓之间的助词。

（二）其

“其”有代词、语气词两种用法。

1. 代词“其”

“其”作为代词，它也可以代人、代事、代物。但它和“之”不同，它并不直接指斥人、事、物本身，而是表示领属关系或起指示作用。表示领属关系的“其”大致相当于现代汉语的“他（它）的”、“他（它）们的”；起指示作用的“其”可译作“这”、“那”、“这（那）个”、“这（那）种”等。如：

① 其妻归，告其妾，曰：“良人者，所仰望而终身也。今若此。”（《孟子·齐人有一妻一妾章》）

② 北冥有鱼，其名为鲲。（《庄子·逍遥游》）

③ 丘之小，不能一亩，可以笼而有之。问其主，曰：“唐氏之旧地，货而不售。”（柳宗元《钴鉧潭西小丘记》）

④越国以鄙远，君知其难也。（《左传·僖公三十年》）

以上几例中，前两例指代的是人：例① 指的是丈夫，即“良人”；例② 指代的是鱼，例③ 指代的是小丘，二者均为物。例④ 指的是前文所说的“越国以鄙远”之事。这几句中的“其”与它后面的词都呈现一种领属关系。

有时，“其”还可译为“其中的”，尤其是在它后面的中心词是数词的时候：

⑤ 夫蜻蛉其小者也。（《战国策·楚策》）

⑥ 伯乐知马，遇其良，辄取之。（韩愈《送温处士赴河阳军序》）

⑦ 少时，一狼径去，其一犬坐于前。（《聊斋志异·狼三则》）

⑧予贸得其一，剖之，如有烟扑口鼻。（刘基《卖柑者言》）

这四个例句中的“其”都可译作“其中的”，它们各自所指代的对象则应根据上下文来判断：例⑤指代那些只图享受、丧失警惕以至遭遇不幸的事，例⑥指代马，例⑦指代狼、例⑧指代卖柑者所卖的柑子。

“其”除了表示领属关系外，还能起一定的指示作用。如：

⑨东国有鲁连先生，其人在此，胜请为绍介而见之于将军。（《战国策·赵策》）

⑩申不害不擅其法，不一其宪令。（《韩非子·定法》）

这两例的“其”均起指示作用，应根据各句的上下文分别译作“这个”、“那些”、“那个”等。

从语法功能上来说，“其”在多数情况下充当定语，上述各例均是如此。此处不再赘言。应该说，它一般是不能充当主语的，但由于它在表示指代作用或指示作用时，都含有一个助词“的”，所以它可以充当主谓短语的主语。由“其”组成的主谓短语往往作为一个成分出现在句子中。如：

⑪（徒术而无法，徒法而无术，）其不可，何哉？（《韩非子·定法》）

⑫去圣人之世，若此其未远也。（《孟子·尽心下》）

例⑪的“其不可”是主谓短语，充当该句的主语。“其”作为该主谓短语的主语指的是前文所说的“徒术而无法，徒法而无术”的情况。例⑫的主谓短语“其未远”充当句子的主语，但在此句中，它置于谓语“若此”的后面。又如：

⑬晋灵公不君，厚敛以雕墙。从台上弹人，而观其辟人也。（《左传·宣公二年》）

⑭而民欢乐之……乐其有麋鹿鱼鳖。（《孟子·梁惠王上》）
“其”在上述两例中分别充当主谓短语“其辟人”和“其有麋鹿鱼鳖”的主语，这两个主谓短语又分别充当“观”和“乐”的宾语。前一例的“其”代的是被弹的人；后一例的“其”代的是具有麋鹿鱼鳖的灵台灵沼。

⑮三月，入曹，数之以其不用僖负羁而乘轩者三百人。（《左传·僖公二十八年》）

⑯郑忽以其有功也，怒，故有郎之师。（《左传·桓公六年》）
例⑮中“其”是主谓词组“其不用僖负羁”的主语，这一短语和“乘轩者三百人”一起充当介词“以”的宾语，整个介宾短语作“数之”的补语。例⑯中由“其”充当主语的主谓短语“其有功”同样充当介词“以”的宾语，所不同的是整个介宾短语作谓语“怒”的状语。

2. 语气词“其”

语气词“其”用在句首或句中，总的作用是使语气显得更加委婉。当它用在陈述句或疑问句时，一般表示估计、推测的语气。这往往是由于说话人对自己所讲述的内容没有十分的把握、需要留有一定的余地，或虽然有把握，但为了表示谦虚与客气，就要加上语气词“其”。语气词“其”可翻译为“还是”、“大概”等，有时也可以不译。如：

① 吾其还也。（《左传·僖公三十年》）

② 君臣之义，如之何其废之？（《论语·微子》）

“其”还经常用在祈使句中，委婉的语气则更加鲜明。如：

③ 君其问诸水滨！（《左传·僖公四年》）

④ 夫袂犹在，汝其行矣！（《左传·僖公二十四年》）
祈使句中的“其”大致相当于现代汉语的句末语气词“吧”、“啊”。

语气词“其”还可以用在反问句中，加强反问语气，可译作“难道”“怎么”等。如果反问句中有疑问语气词，则“其”往往用在疑问语气词的前面。

⑤ 其何以行之哉？（《论语·为政》）

⑥ 一之为甚，其可再乎？（《左传·僖公五年》）

语气词“其”比较容易判断，从位置上说，它一般是在句首或是在谓语前；从意义上说，它没有所指代的对象，这是它与代词“其”最大的区别。

（三）是

“是”在古代汉语中是代词，这一点与现代汉语很不相同。作为代词，它的主要功用是起指示作用，所指示的对象就是前面出现的人、物、事等。如：

① 闻君行圣人之政，是亦圣人也。（《孟子·滕文公上》）

② 滔滔者天下皆是也，而谁以易之？（《论语·微子》）

③ 君子成人之美，不成人之恶，小人反是。（《论语·颜渊》）

例①中的“是”，指前文出现的“君”，代人；例②中的“是”，指“滔滔者”，即水，代物；例③中的“是”，指“成人之美，不成人之恶”的行为，代的是事。从句子成分上讲，例①的“是”充当句子的主语，例② 充当谓语，例③充当宾语。还要指出的是，代词“是”与现代汉语的判断词“是”很容易相混，尤其是像例① 那样充当主语的“是”，在翻译时容易被忽略，这一点应特别引起注意。

代词“是”在很多情况下还往往只起指示作用。这时的“是”一般是定语。如：

④ 居是邦也，事其大夫之贤者，友其士之仁者。（《论语·卫灵公》）

⑤ 是岁大旱，野无草。（柳宗元《段太尉逸事状》）

起指示作用的“是”可以译作“这”、“那”等，但在翻译时往往要加上一些其他的词，如“是邦”应译作“那样的国度”；“是岁”应译作“这一年”。

（四）者 所

“者”、“所”两词之所以放在一组，是因为它们十分相近，都是古汉语中比较特殊的代词。它们都不能单独成句，必须和其他词或短语结合在一起，构成“者”字短语和“所”字短语，才能充当句子的成分，同时，也只有在这种情况下，它们所指代的对象才是明确的。无论是“者”字短语还是“所”字短语，都呈名词性。

1. 代词“者”与“所”

“者”字可以和动词、形容词、名词以及各种短语搭配，组成“者”字短语。“者”字词组相当于一个名词。在“者”字短语中，“者”字要放在后面，它所称代的是发出这个动作或具有这一特点的人、事、物。如：

① 夫学者未始不为道，而至者鲜焉。(欧阳修《答吴充秀才书》)

② 法者，宪令著于官府，刑赏必于民心。(《韩非子·定法》)

③ 昔者，孔子没，三年之外，门人治任将归。(《孟子·滕文公上》)

上述四例中，例① 的“学”与“至”均为动词，分别与“者”组成短语，指代的是“学习的人”和“到达的人”。例② 的“法”是名词，例③的“昔”是时间词，也属于名词范畴，它们分别与“者”组成短语，指代的就是“法”和“昔”。从上面几例中我们还可以看到，“者”作为代词，与“之”、“其”一样，也可以代人、代物、代事。例①指代的是人，例② 指代的是物，例③指代的是事，都十分清楚。

由动词、形容词组成的“者”字短语，前面的动词、形容词实际上就是“者”的定语，是用来说明这种人、物、事所具有的特点的，也就是说，“者”字短语所表达的是从所有的人、物、事中按照某种特点区别出来的一部分：前面是动词，“者”代表的就是做出这一动作的人；前面是形容词，“者”代表的具有就是这一状况的人。由名词组成的“者”字短语，就代表名词所对应的现实现象。如例② 的“法者”就是“法”；例③ 的“昔者”也就是“昔”，即“从前”。“者”用在名词之后，其指代作用已经虚化，重在标名语音上的停顿，并有引出下文的作用，这个“者”可不译。

有时文中需要用“者”字区分出来的特点不是只用一个动词或形容词就能表达清楚的，往往需要短语来表达，这时，“者”字就位于短语之后，与该短语组成具有偏正关系的、大的“者”字词组。如：

④ 嬴乃夷门抱关者也。(《史记·信陵君列传》)

⑤ 吾闻“出于幽谷，迁于乔木”者，未闻下乔木而入于幽谷

者。(《孟子·滕文公下》)

⑥ 葬子厚于万年之墓者，舅弟卢遵。(韩愈《柳子厚墓志铭》)

例④中的“抱关”是动宾短语，它与“者”字搭配，组成“者”字词组，也指代人。例⑤中与“者”字搭配的是“出于幽谷，迁于乔木”这一由两个动补结构组成的大的并列短语，整个“者”字短语充当“闻”的宾语；例⑥的“者”字短语由包括动词、宾语和补语的大短语“葬子厚于万年之墓”和“者”字组成，指代人。

对于上述这些“者”字短语，我们要特别注意正确判定整个短语的构成，特别是当“者”字前面的短语又长又复杂的时侯，千万不要把某些成分丢掉了。如例⑥的“者”字短语是“葬子厚于万年之墓者”，如果仅把“万年之墓”与“者”搭配在一起，认为就是“者”字短语了，就误解了全句的意思。

前面说过，“者”字短语相当于一个名词，所以，它的语法功能也就相当于一个名词，在句子中可以充当主语（如例①、⑥等）、宾语（如例⑤）和判断句中的谓语（如例④等）；有时，也可以充当定语和状语（如例③的“昔者”就是全句的状语。）。

“所”在许多方面与“者”相近，如它们都是特殊代词，所称代的对象都只有在由它们组成的短语中才能明确等。但二者也有不同之处，第一，“所”字一般是与动词和动词性短语搭配，而不能与名词搭配。第二，在“所”字短语中，“所”字所称代的是受这个动词支配的人、事、物。第三，在“者”字短语中，“者”要放在与之搭配的词或短语的后面，而在“所”字短语中，“所”要放在与之搭配的词与短语之前。如：

① 始臣之解牛之时，所见无非牛者。(《庄子·养生主》)

② 视驼所种树，或迁徙，无不活。(柳宗元《种树郭驼橐传》)

③ 平贫不事事，一县中尽笑其所为。(《史记·陈丞相世家》)

④ 子夏、子张、子游以有若似圣人，欲以所事孔子事之。(《孟子·离娄上》)

⑤ 良人者，所仰望而终身也。(《孟子·离娄下》)

⑥ (子路) 吾先子之所畏也。(《孟子·公孙丑上》)

在例①、例②、例③、例⑥中，与“所”搭配的均为动词，比较简单。“所见”代的是看见的对象——牛，是物；“所种”代的是“种”的对象，即树，也是物；“所为”代的是陈平做的事情，是事；“所畏”代的是曾西的先人所敬畏的对象，即子路，是人。后两例的“所”字短语则比较复杂，例④中与“所”字搭配的“事孔子”是动宾结构，“所事孔子”指的是事奉孔子的方式方法，是事；例⑤则是由两个动词性短语组成的并列短语“仰望而终身”与“所”字搭配，指代的是人。

“所”字短语同“者”字短语一样，语法功能相当于一个名词，它也可以在句子中承当主语、宾语、判断句中的谓语以及定语等。上述各例中的“所”字短语，“所见”充当“无非牛者”的主语；“所种”充当“树”的定语；“所为”充当”笑“宾语；“所事孔子”充当介词“以”的宾语。“所仰望而终身”充当判断句的谓语，“所畏”与“吾先子”组成偏正短语，“所畏”是中心词，充当这个不完全的句子的谓语。

“所”字还有一点与“者”字不同的是，它可以与介词“以”、“从”、“与”、“由”、“为”等搭配在一起，成为一种较为固定的结构，其作用也相当于一个名词。这些结构一般是与它后面的动词或动词性短语组成一个具有偏正关系的短语，在这个大的短语中，“所以”、“所从”、“所与”、“所由”、“所为”可以看作是中心词，动词或动词性短语都是修饰这个中心词的。下面分别举例加以说明。

“所以”可以单独使用，一般表示原因；但更多的是与动词或动词性短语结合在一起使用，表示进行某种动作行为的工具、方式、方法，或发生的原因等，如：

① 故今具道所以，冀君实或见恕也。(王安石《答司马谏议书》)

② 丑见王之敬子也，未见所以敬王也。(《孟子·公孙丑下》)

“所从”用的最多的是表示动作行为的经由之处，如：

③ 是吾剑之所从坠。(《吕氏春秋·察今》

“所与”一般表示与动作行为有关的人物，如：

④ 其妻问其所与饮食者，则尽富贵也。(《孟子·离娄下》)

⑤ 必欲争天下，非信，无所与计事者。(《史记·淮阴侯列传》

“所由”表示处所或原因，如：

⑥ 所由入者隘，所从归者迂，彼寡可以击吾之众者，为围地。（《孙子·九地篇》）

⑦ 此战之所由克也。（《左传·成公十六年》

因为二者具有许多共同的特点，所以“所”与“者”还可以连起来使用，这时它们所指代的对象是同一个：

⑧夫君子之所取者远，则必有所待；所就者大，则必有所忍。（苏轼《贾谊论》）

⑨今所谓慧空禅院者，褒之庐冢也。（王安石《游褒禅山记》）

“所取者”指的是所要取得的（成就）；“所就者”指的是所要达到的（目的）。“所谓慧空禅院者”，就是指“慧空禅院”。“者”、“所”均是代词。由于“者”字可以与名词搭配、而“所”字不能与名词搭配，所以，我们在分析这样的结构时，应该先将“所”字与动词或动词性短语结合在一起，组成“所”字短语（“所取”、“所就”、“所谓慧空禅院”），然后再将已经呈名词性的“所”字短语与“者”字搭配，构成了“所……者”短语，这个短语仍相当于一个名词。

2. 语气词“者”

“者”还可以作为语气词使用。语气词“者”往往位于句末，帮助句子表示某种假设、揣度等语气，如：

① 公诚以都虞侯命某者，能为公已乱。（柳宗元《段太尉逸事状》）

② 胡为乎吾昨望见尔容，蹙然盖不胜其忧者？（王守仁《瘗旅文》）

例①表示假设的语气，例② 表示的是一种不敢肯定的、猜度的语气。

语气词“者”还可以和疑问代词配合使用，用以加强句子的疑问语气。如：

③ 安见方六七十如五六十而非邦也者？（《论语·先进》）

④ 如在户，则宜高其户耳，谁而及之者？（《论衡·福虚》）

“者”还常常与语气词“也”合用，起加强语气和强调的作用，如：

⑤ 气也者，虚而待物者也。（《庄子·人间世》）

⑥ 初，晋侯之竖头须，守藏者也。（《左传·僖公二十三年》）

⑦ 孝弟也者，其为仁之本与？（《论语·学而》）

（五）或　莫

“或”与“莫”在古汉语中主要是作代词，但也有不同的用法。

1. 代词“或”与“莫”

“或”与“莫”作为代词，它们可以指代人与物，但所指代的并不是确定的人与物，所以又经常被称作“不定代词”。如：

① 子入太庙，每事问。或曰：“孰谓鄹人之子知礼乎？”（《论语·八佾》）

② 居则曰：“不吾知也。”如或知尔，则何以哉？（《论语·先进》）

③ 夫物之不齐，物之情也，或相倍蓰，或相什百，或相千万。（《孟子·滕文公上》）

例①、例②中的“或”，均可译为“有的人”，指代的是人；例③的“或”指“物”中的一部分，指代的都是物。“或”在句子中一般都充当主语。

“莫”是否定性的无定代词，也可以代人、代事、代物。和“或”一样，在句子中一般充当主语，同时，也可以作分句或主谓词组的主语。如：

① 奏刀騞然，莫不中音。（《庄子·养生主》）

② 于是老少相教语，莫违侯令。（韩愈《柳州罗池庙碑记》）

③ 吾所以待侯生者备矣，天下莫不闻。（《史记·信陵君列传》）

④ 人孰无过，过而能改，善莫大焉。（《左传·宣公二年》）

例①中的“莫”，指代声音，“莫不中音”是说“没有声音不合乎节拍”；例②例③中的“莫”均指代人，因此应译为“没有人”；例④的“莫”指代的是人的各种行为、举动，很宽泛，可译作“没有什么”。①②两句的“莫”充当句子的主语；③④两句的“莫”充当主谓短语的主语。

2. 副词“或”与“莫”

副词“或”一般用在谓语之前，充当句子的状语，表示不敢肯定。如：

① 古者民有三疾，今也或是之亡也。（《论语·阳货》）

② 昔者辞以病，今日吊，或者不可乎？（《孟子·公孙丑下》）
两例中的“或”均可译为“大概”、“或许”、“也许”等。应该注意的是，例②的“或者”不同于现代汉语的“或者”，不表示选择的意思，而是与“或”一样，表示不敢肯定。

副词“莫”与副词“或”的语法功能大体相同，都是充当句子的状语，但表示的意义不同。“莫”表示对某种动作行为的否定或劝阻与禁止。如：

① 而君之仓廪实、府库充，有司莫以告。（《孟子·梁惠王下》）

② 陈乱，民莫有斗心。（《左传·桓公三年》）

③ 愿早定大计，莫用众人之议也。（《资治通鉴·赤壁之战》）
前两例的“莫”是对“告”和“有”的行为的否定；例③的“莫”表示的是劝阻的意思。

（六）孰　何

这是一组疑问代词，在指代对象上有所分工：“孰”可以指人，也可以指事；“何”一般只能指事。如：

① 是可忍，孰不可忍也？（《论语·八佾》）

② 弃信背邻，患孰大焉？（《左传·僖公十四年》）

③ 赤也为之小，孰能为之大？（《论语·先进》）

④ 雍姬知之，谓其母曰：“父与夫孰亲？”（《左传·桓公十五年》）
以上四例中，例①例②的“孰”指事，例③例④例“孰”指人。它们在句中所承担的不是分句中的主语，就是主谓短语的主语。其中，例④还有选择的意思。

⑤ 颖考叔曰：“敢问何谓也？”（《左传·隐公元年》）

⑥ 是何异于刺人而杀之，曰：“非我也，兵也？”（《孟子·梁惠王上》）

⑦至于犬马，皆能有养，不敬，何以别乎？（《论语·为政》）

⑧范叔不出，何也？（《史记·范雎蔡泽列传》）
以上诸例中，“何”分别译为“什么”、“哪里”、“怎么”等，指代的都是事，在句子中充当补语以外的任何成分。

（七）焉

1. 代词“焉”

“焉”在大多数情况下是个合音词，相当于“于是”，其中，“是”是代词，可以代人、代事、代物，因此它也具有代词的功能。有时，“焉”用在动词之后，就相当于一个简单的代词“之”。

① 长沮、桀溺耦而耕，孔子过之，使子路问津焉。（《论语·微子》）

② 许君焦瑕，朝济而夕设版焉。（《左传·僖公三十年》）

③ 率妻子邑人来此绝境，不复出焉。（陶渊明《桃花源记》）

④ 今宋人弑其君，罪莫大焉。（《国语·晋语五》）

⑤ 子女玉帛，则君有之；羽毛齿革，则君地生焉。（《左传·僖公二十三年》）

“问津焉”是说“向他们问路”，“焉”表示人；例②例③的“焉”均表示处所，例④ 的“焉”指代“弑君”之事；例⑤ 的“焉”指代的是“羽毛齿革”，在此例中，它基本等同于“之”。

“焉”有时相当于“于何”、“何”，其用法与疑问代词等同，可译为“哪里”、“怎么”、“何必”等：

⑥ 焉有仁人在位罔民而可为也？（《孟子·梁惠王上》）

⑦ 割鸡焉用牛刀？（《论语·阳货》）

⑧ 若不阙秦，将焉取之？（《左传·僖公三十年》

2. 语气词“焉”

“焉”还有另一种用法，就是用在句末，表示直陈的语气，相当于现代汉语的“了”、“呢”。当它和疑问词连用时，表示疑问的语气。如：

① 虽我之死，有子存焉。（《列子·汤问》）

② 我二十五年矣，又如是而嫁，则就木焉。（《左传·僖公二十三年》）

③ 王若隐其无罪而就死地，则牛羊何择焉？（《孟子·梁惠王上》）

语气词“焉”与代词“焉”有时不太好分辨，一般说来，动词谓语前如果已经有了表示处所、范围的词语时，“焉”就是语气词；除此之外，在先秦两汉的作品中，“焉”为代词的情况居多。

二、以、与、为、于、乎

这是一组以介词为主要用法的虚词。

汉语的绝大多数介词是由动词转化来的，也就是说，这些介词都曾充当过动词，转化为介词之后，在一段时间内，它们仍然具有动词的功能，也仍然作为动词使用着。同时，多数介词又进一步虚化而成为了连词。这些都是需要我们认真分辨的。下面将分别进行介绍。

（一）以

“以”有介词、连词两种用法。

1. 介词“以”

作为介词，“以”不能单独充当句子成分，它总是与名词或名词性短语组成介宾短语，整个短语充当动词的状语或补语。在这个短语中，“以”的作用是介绍出动作所涉及到的对象、动作所使用的工具、凭借的条件以及所发生的时间、原因等等。如：

① 其四门外皆树以青槐。（杨 之《洛阳伽蓝记》）

② 雎佯死，即卷以箦，置厕中。（《史记·范雎蔡泽列传》）

③ 以五十步笑百步，则何如？（《孟子·梁惠王上》）

④ 汾阳王以副元帅居蒲。（柳宗元《段太尉逸事状》）

⑤ 子厚以元和十四年十一月八日卒，年四十七。（韩愈《柳子厚墓志铭》）

⑥ 王即位二十七日，卒以淫乱废。（《汉书·龚遂传》）

例①所“树”的就是“青槐”，“以”的作用是介绍出动作直接涉及的对象；例②的“箦”是“卷”的工具，“以”可译为“用”；例③例④的“以”介绍出动作行为所凭借的条件，“以”可以译为“用”、“凭”等；例⑤介绍出时间，相当于现代汉语的“在”；例⑥介绍出原因，“以”应译为“因为”或“由于”。“以”所组成的介宾短语，在动词前，就是状语；在动词后，就是补语。

还要指出的是，介词“以”的宾语常常可以省略，如：

⑦ 衣食所安，弗敢专也，必以分人。（《左传·庄公十年》）

⑧ 旧令尹之政，必以告新令尹。（《论语·公冶长》）

⑨ 若亡郑而有益于君，敢以烦执事。（《左传·僖公三十年》

此三例的“以”字之后都省去了它们所介的宾语，例⑦是“衣食”等物；例⑧是“旧令尹之政”；例⑨是“亡郑”这件事。

由于“以”的宾语经常省略，所以古代作品中的“以为”往往是“以之为”的省略，不要把它们混同于现代汉语的“以为”。

2. 连词“以”

连词“以”可以连接词、短语或分句，就意义而言，所连接的前后项之间常常呈并列或目的、因果等关系。如：

① 古之君子，其责己也重以周；其待人也轻以约。（韩愈《原毁》）

② 故为之说，以俟夫观人风者得焉。（柳宗元《捕蛇者说》）

③ 晋侯秦伯围郑，以其无礼于晋，且贰于楚也。（《左传·僖公三十年》）

例①的“以”所连接的“重”和“周”、“轻”和“约”都是并列关系；例②的“俟夫观人风者得焉”则是“为之说”的目的；例③所连接的是“晋侯秦伯围郑”和“其无礼于郑，且贰于楚也”两个分句，二者之间呈因果关系，前面是结果，后面所叙述的内容是动作行为得以发生的原因。

“以”作为连词，还可以简单地连接状语和中心词，类似连词“而”：

④ 公薨之月，子产相郑伯以如晋。（《左传·襄公三十一年》）

⑤ 木欣欣以向荣，泉涓涓而始流。（陶渊明《归去来辞》）

在例⑤中，可以清楚地看出连词“以”和连词“而”的对应。

（二）与

“与”和“以”一样，也有介词与连词两种用法。

1. 介词“与”

介词“与”和“以”一样，也必须与名词或名词性短语组成介宾结构才能充当句子的成分。它的语法功用主要是介绍出主动者发出动作后所涉及到的或受益的对方。“与”的宾语常常可以省略。如：

① 卫鞅复见孝公，公与语，不自知膝之前于席也。（《史记·商君列传》）

② 陈涉少时，尝与人佣耕。（《史记·陈涉世家》）

③ 子厚与设方计，悉令赎归。(韩愈《柳子厚墓志铭》)
例①“与”为动词“语”介绍出了动作行为所涉及到的对象，但其宾语省略了，它就是上文出现的“卫鞅”。“与”可以译作“跟”、“和”等；例②例③的介词宾语则分别是“佣耕”和“设方计”的受益者，“与”可译为“给”、“替”、“帮”等。例②的宾语是“人”，例③的介词宾语同例①一样已经省略，从上下文分析，应该是赎归子女的百姓。

2. 连词“与”

连词“与”可以连接词或词短语，一般表示并列关系。

① 吾与汝毕力平险，指通豫南，达于汉阴，可乎？(《列子·汤问》)

② 富与贵是人之所欲也，不以其道得之，不处也。(《论语·里仁》)

③ 不为者与不能者之形，何以异？(《孟子·梁惠王上》)
例① 连接的是两个代词，例② 连接的是两个形容词，例③ 连接的是两个短语，三句的“与”均可译作“和”。

用“与”连接的双方有时还可具有选择关系，如“然事有未可知者，但在陛下行与否也。”(《陆宣公集、奉天请罢琼林大盈二库状》)“行与否”是说“实行还是不实行”，二者之间呈选则关系。

(三) 为

“为”也有介词和连词两种用法。

1. 介词“为”：

作为介词，“为”可以介绍出动作行为的主动者、动作行为所关联的对象以及发生的原因和目的等等。“为”与其它介词一样，和宾语组成介宾短语。由“为”组成的介宾短语，通常只能作状语。

①如姬父为人所杀。(《史记·信陵君列传》)

②以天下与人易，为天下得人难。(《孟子·滕文公上》)

③为汤武驱民者，桀与纣也。(《孟子·离娄上》)

④季孙之母死，哀公吊焉，曾子与子贡吊焉。阍人为君在，弗内也。(《礼记、檀公下》)

⑤天下熙熙，皆为利来；天下壤壤，皆为利往。(《史记·货殖

列传序》)
例① 的“人”就是杀害如姬父亲的主动者，用“为”介绍出来。例②例③与“为”组成介宾短语的均为动作行为所关联的对象。例④ 表示“弗内”的原因，例⑤ 表示“来”与“往”的目的。

2. 连词“为”

连词“为”主要用来连接因果复句和假设复句。如：

① 仲尼曰：“始作俑者，其无后乎!”为其像人而用之也。(《孟子·梁惠王上》)

② 良愕然，欲殴之，为其老，强忍，下取履。(《史记·留侯世家》)

③ 是楚与三国谋出秦兵也。秦为知之，必不救也。(《战国策·秦策》)

以上三例，前两例连接的是因果复句，“为”可译作“因为”；后一例连接的是假设复句，“为”应译作“假如”、“如果”等。

(四) 于

介词“于”的用法比较简单，它用在句子中，主要是用于介绍出动作行为发生的时间、地点以及行为的对象或主动者，同时还可以引出比较的对象。

①自吾氏三世居是乡，积于今六十岁矣。(柳宗元《捕蛇者说》)

②仲尼圣人，历试于天下。(苏轼《贾谊论》)

③楚子将围宋，使子玉治兵于睽。(《左传·僖公三十年》)

例①用“于”引出时间，“于”可译作“到”；下两例则引出地点，“于”可译为“在”。

④沛公左司马曹无伤，使人言于项羽。(《史记·项羽本记》)

⑤北戎伐齐，齐使乞师于郑。(《左传·庄公十九年》)

⑥郤克伤于矢。(《左传·成公二年》)

例④例⑤用“于”引出与动作行为有关联的对象。需要指出的是，这里“于”字的用法比较宽泛，它与不同的现代汉语介词相对应，必须根据文意选择适当的词进行翻译。例④ 的“于”可译为“跟”、“对”；例⑤的“于”可译为“向”。例⑥用“于”引出行为的主动者——“矢”，这句话是说“郤克被箭射伤了”，“于”表示被动。

作为介词，“于”还可以介绍出比较的对象，如：

⑦ 王知如此，则无望民之多于邻国也。(《孟子·梁惠王上》)

⑧ 秦王之国危于累卵。(《史记·范雎蔡泽列传》)

这二个例句中的“于”均可译为“比”。

前面讲过，在古汉语中“是”是代词，所以文言中的“于是”就往往不同于现代汉语中的连词“于是”，它是个介宾短语，充当句子中的状语或补语，“是”可以指代文中出现的人、事、物。

(五) 乎

“乎”在古汉语中主要有介词、语气词两种用法。

1. 介词“乎”

“乎”作为介词，用法与“于”大致相同，即介绍出动作行为发生的时间、地点、所关联的对象以及进行比较的对象等。如：

① 生乎吾前，其闻道也，固先乎吾，吾从而师之。(韩愈《师说》)

② 醉翁之意不在酒，在乎山水之间也。(欧阳修《醉翁亭记》)

③ 孔子曰：“苛政猛于虎也。”吾尝疑乎是。(柳宗元《捕蛇者说》)

④ 君何不以屈产之乘，垂棘之璧，而借道乎虞也？(《谷梁传、僖公二年》)

⑤ 以吾一日长乎尔，毋吾以也。(《论语·先进》)

⑥ 城之大者，莫大乎天下矣。(《庄子·盗跖》)

上六例中，例①的“生乎吾前”用“乎”介绍出时间，“乎”可译作“在”；“固先乎吾”介绍的是比较的对象——“吾”，意思是说“一定比我早”。例②介绍出的“山水之间”是地点，“乎”也应译作“在”。例③例④介绍的是动作行为所关联的对象，前者是孔子所说的名言，“乎”可译作“对”；后者是道路的主人虞国，“乎”可译作“向”。例⑤例⑥“乎”字所介绍的是比较的对象，例⑤是孔子的学生们，即文中的“尔”；例⑥是“天下”，两句中的“乎”均可译作“比”。

2. 语气词“乎”

“乎”作为语气词可以表示多种不同的语气，如疑问、反问、推测、感叹、祈使等，下面分别举例说明。

① 许子必种粟而后食乎？（《孟子·滕文公上》）

② 孰谓鄹人之子知礼乎？（《论语·八佾》）

③ 王侯将相，宁有种乎？（《史记·陈涉世家》）

④ 其然乎？其不然乎？（韩愈《祭十二郎文》）

⑤ 何事于仁，必也圣乎！（《论语·雍也》）

⑥ 长铗归来乎！食无鱼。（《战国策、齐策》）

上述诸例，“乎”均用在句尾，例① 例② 表示疑问的语气；例③有一个“宁”字，可译为“难道”，本身就表示反问，用“乎”更加强了反问的语气；例④虽也用了问号，但它们并不是真正的发问，而是用疑问的语气表示一种推测，译文中可以增添“大概”、“可能”等词语，句末一般使用语气词“吧”；例⑤ 表示的是感叹的语气；例⑥ 表示的是祈使的语气。

三、俱、皆、悉、乃

这是一组以副词为主要用法的古汉语虚词，与现代汉语相比，一些不同之处应该引起我们注意。

（一）俱、皆、悉

这三个副词都表示范围。如：

①谒君得无与诸侯客子俱来乎？（《史记·范雎蔡泽列传》）

②一人虽听之，一心以为有鸿鹄将至，思援弓缴而射之，虽与之俱学，弗若之也。（《孟子·告子上》）

③羽夜闻汉军四面皆楚歌，乃惊曰：“汉皆已得楚乎？是何楚人多也？”（《汉书·项籍传》）

④吾观晋公子之从者，皆足以相国。（《左传·僖公二十四年》）

⑤在王所者，长幼尊卑皆薛居州也，王谁与为不善？（《孟子·滕文公下》）

⑥赵王悉召群臣议。（《史记·廉颇蔺相如列传》）

⑦愚以为宫中之事，事无大小，悉以咨之，然后执行，必能裨补缺漏，有所广益。（诸葛亮《出师表》）

上述各例，①与②用“俱”；③、④、⑤用“皆”；⑥与⑦用“悉”。从意义上看，它们概括的是所讲述的人或事物的全部，强调无一例外。用它们概括的人或事物一般作为主语出现它们的前面，也有少数情况是作为动词所涉及的对象出现在副词的后面，如例⑤。这些副词在句子中主要充当状语，所以，它们一般用在动词前，但也有的可用在名词谓语前，如例⑤中的“皆”。

（二）乃

在古代汉语中，“乃”有副词和连词两种用法。

1. 副词“乃”

副词“乃”常常用在谓语前表示对事物的判断和确认。如：

① 是乃仁术也，见牛未见羊也。（《孟子·梁惠王上》）

②（范雎）乃吾相张君也。（《史记·范雎蔡泽列传》）

③ 此乃信之所以为陛下禽也。（《史记·淮阴侯列传》）

④ 太尉大泣曰：“乃我困汝。”（柳宗元《段太尉逸事状》）

例① 例② 的“乃”均可译作“就是”，表示判断；例③ 的“乃”有辩白和申明的意思，例④ 的“乃”表示后面出现的情况是没有预料到的，可译作“原来”、“居然”等。

“乃”作为副词有时还表示前后两件事在情理上的相背，这样的“乃”一般译作“却”、“反而”、“竟然”等，如：

⑤ 彼能是，而我乃不能是。（韩愈《原毁》）

⑥ 身死东城，尚不觉寤，不自责过失，乃引“天亡我，非用兵之罪”，岂不谬哉？（《汉书·项籍传》）

⑦ 问今是何世，乃不知有汉，无论魏晋。（陶渊明《桃花源记》）

例⑤ 是说“他能这样，而我却不能这样”，“他”与“我”的情况是相反的，故用“乃”；例⑥ 的“乃”应译为“反而”，表示强调项羽在兵败身死之时不深深自责、反而归罪于天的行径是多么违反常理；例⑦ 对桃花源中人全然不晓人世间事表示惊诧，也是由于这种情况与情理相背，“乃”可译作“竟然”。

2. 连词“乃”

“乃”作连词大多用于复句中，连接前后两个分句，可以表示不同的语法关系。

① 王喜，告召公曰：“吾能弭谤矣，乃不敢言。”（《国语·周语》）

② 鄙人固陋，不知忌讳，乃今日见教，谨闻命矣。（《史记·司马相如列传》）

③ 非独政能也，乃其姊亦烈也。（《史记·刺客列传》）

例①“乃”字的前后是顺承关系，前面“能弭谤”是后面“（百姓）不敢言”的原因，后面是前面的结果，“乃”可译为“（于是）就”；例②“乃”字的前后有些转折的意思，可以译为“而”；例③是表示递进关系的复句，“乃”可译作“就是”。

“乃”在古代汉语中还可以充当第二人称代词，这是与它的读音密切相关的，如在刘邦说过的一句著名的话（“吾翁即汝翁，必欲烹乃翁，幸分我一杯羹”）中，“汝”与“乃”交替使用，均为第二人称。这里不再赘言。

四、而、则、然

这是一组以连词为主要用法的古汉语虚词。这些词还保留在现代汉语中，但是从语法意义上讲，都发生了或多或少的变化。

（一）而

“而”在古汉语中除了作连词之外，还可以作代词和语气词，但主要的用法是作连词。在古汉语中，它是使用得最普遍、用法也最灵活的一个连词。

从结构上说，“而”可以连接词、短语，也可以连接分句。如：

①冠者五六人，童子六七人，浴乎沂，风乎舞雩，咏而归。（《论语·先进》）

②楚晨压晋军而陈。（《左传·成公十六年》）

③永州之野产异蛇，黑质而白章。（柳宗元《捕蛇者说》）

④安有立谈之间而遽为人痛哭哉？（苏轼《贾谊论》）

⑤所谓理者不可推，而寿者不可知矣。（韩愈《祭十二郎文》）

⑥弟子名飞卫，学射于甘蝇，而巧过其师。（《列子·汤问》）

上述各例，有连接两个单音节词的，如例①；有连接一个词和一个短语的，如例②；有连接两个短语的，如例③例④，也有连接两个分句的，如例⑤例⑥。“而”连接的前后项，一般是动词、形容词或动词、形容词性的短语，即使所连结的是名词性短语，也一定是在句子中充当谓语、起动词或形容词作用的。如例③的“黑质”和

"白章"都是名词性短语，但它们在句中是被省略了的主语"异蛇"的谓语，因此可以用"而"连接。

因为"而"所连接的都是表明事物的不同动作或不同性质的词语，所以在单句中，它总是与谓语部分发生关系，显现出这些动作或性质之间的联系，这种联系可能是并列的，也可能是偏正的。如"黑质而白章"为并列关系；"咏而归"是说"唱着歌回去"，"咏"是"归"的状语。例②的"压晋军"是"陈"的方式；例④的"立谈之间"表示的是"遽为人痛哭"的形式与状态，两句的"而"所连接的也均为状语和中心词。这三例中"而"的前后两项都是偏正关系。

单句中的"而"有时还用来连接主语和谓语，表示出一种强调或转折的语气，它所连接的主谓结构多用来充当分句。这种情况并不多见，"而"字一般不用翻译。如：

⑦人而无信，不知其可也。（《论语·为政》）

⑧王室而既卑矣，周之子孙日失其序。（《左传·隐公十一年》）

⑨假令晏子而在，余虽为之执鞭，所忻慕焉。（《史记·管晏列传》）

在复句中，"而"字能连接多种关系的分句，如上述例⑤连接的是并列关系；例⑥连接的是转折关系。此外还有：

⑩三进及溜，而后视之。（《左传·宣公二年》）

⑪公子即合符，而晋鄙不受公子兵，而复请之，事必危矣。（《史记·信陵君列传》）

⑫子曰："先行其言，而后行之。"（《论语·为政》）

⑬苟各有主者，而君所主者何事也？（《史记·陈丞相世家》）

例⑩"而"字的前后两项为顺承关系，两个分句所描述的动作是连续发生的；例⑪的第一个"而"字连接的是转折关系，第二个"而"字连接的是递进关系，例⑫连接的也是递进关系；最后一例两个分句间呈假设关系，也可以用"而"相连。

从以上各例中我们可以分析出，"而"字与现代汉语的众多连词所起的连接作用不尽相同，其主要差异是现代汉语的连词本身可以表达出所连接的前后两项之间具有怎样的语法关系；但在古代汉语中，"而"字所连接的两项之间的语法关系则完全由句子的含意决定，与“而”字无关。也就是说，“而”字只起连接作用，至于连接的内容的语法关系，不能靠分析“而”字决定。这正是“而”能普遍使用、并用法相当灵活的原因。

应该说，古汉语的连词大多有这种特点。

“而”除了作连词外，还可以作代词使用，代第二人称。如：

⑭“夫差，而忘越王之杀而父乎?”（《左传·定公十四年》）

句中用“而”直斥讲话的对方，为第二人称。不同的是第一个“而”可译为“你”，第二个“而”则应译为“你的”，充当定语。

（二）则

“则”在古汉语中有连词和副词两种用法。

1. 连词“则”

连词“则”与“而”一样，既可以连接词、短语，也可以在复句中连接分句，其中，以连接分句为多。从语法关系上讲，“则”所连接的前后项，可以具有顺承、转折等各种不同的关系。如表示顺承关系的：

① 谌虽暴抗，然闻言则大愧，流汗不能食。（柳宗元《段太尉逸事状》）

② 北方有白雁，似雁而小，色白，秋深则来。白雁至则霜降，河北人谓之霜信。（《梦溪笔谈·杂志》）

这两例的“则”所连接的前后部分的事情是按时间顺序发生的，即前一事情发生后，紧跟着就发生第二件事。“则”可译为“就”。

③ 欲速则不达。（《论语·子路》）

④ 公使阳处父追之，及诸河，则在舟中矣。（《左传·僖公三十三年》）

这几例中“则”连接的是转折关系。例③的后一部分与前一部分所要达到的目的相反，例④ 的后一部分与前一部分所预料的情况相反。

⑤ 学而不思则罔，思而不学则殆。（《论语·为政》）

⑥ 居安思危，思则有备，有备无患。（《左传·襄公十一年》）

例⑤是两个并列的分句，每个分句中均有“则”作连词，其前后项的关系是前面所描述的情况是后面情况产生的原因与条件，后项是前项的结果，即“学而不思”和“思而不学”分别是“罔”和“殆”的原因与条件；“罔”与“殆”则是“学而不思”和“思而不学”的结果。例⑥同样，“则”的前项是条件与原因，后项是在这种条件或原因之下产生的结果。

用“则”连接的复句还有呈假设关系的。如：

⑦ 会请先，不入，则子继之。（《左传·宣公二年》）

⑧五日不雨则无麦。（苏轼《喜雨亭记》）

例⑦ 是说“假如‘不入’的话，那么你就继续进谏。”例⑧是说“假如五日不雨的话，小麦就没有收成。”

2. 副词“则”

副词“则”一般用在主谓之间，表示限定某种范围或强调某种判断的作用。

①此则岳阳楼之大观也。（范仲淹《岳阳搂记》）

②滕君则诚贤君也。虽然，未闻道也。（《孟子·滕文公上》）

③此则人心之变也，而风何与焉？（苏辙《黄州快哉亭记》）

（三）然

“然”在古代汉语中有连词和代词等用法。

1. 连词“然”

“然”作连词，一般连接段落与段落或分句与分句，在句中表示转折的意思。如：

①吾不能早用子，今急而求子，是寡人之过也。然郑亡，子亦有不利焉。（《左传·僖公三十年》）

②若龙之灵，则非云之所能为灵也。然龙弗得云，无以神其灵矣。（韩愈《杂说一》）

③然子之意自以为足，妾是以求去也 。（《史记·管晏列传》）

以上三个例句中的“然”，均可以译为“然而”、“但是”等。

在古汉语中，“然”还可以与其他虚词组成复合连词，如“然而”、“然则”“然且”等，它们在句中仍表示转折的意思。

④夫市之无虎明矣，然而三人言而成虎。（《战国策、魏策》）

⑤鞅复见孝公，益愈，然而未中旨。（《史记·商君列传》）

⑥故工人斫木而成器，然则器生于工人之伪，非故生于人之性

也。(《荀子·性恶》)

⑦其不可行明矣，然且语而不舍，非愚则陋也。(《庄子·秋水》)
上述几例中的复合连词，可以分别译为“但是”、“那么”、“可是”等。需要指出的是，这几个复合连词，也可以理解为“虽然如此，但是（可是）……”或“既然如此，那么……”，这时的“然”，实际上已经起着代词的作用了。这也是由于“然”的确可以充当代词的原故。

2. 代词“然”

“然”作代词一般起指示作用，指代上文所出现的情况，如：

① 生而同声，长而异俗，教使之然也。(《荀子·劝学》)

② 物固莫不有长，莫不有短，人亦然。(《吕氏春秋、用众》)
例①中的“然”，指“生而同声，长而异俗”的情况；例②指“莫不有长，莫不有短”的情况。两例中的“然”均可以译为“这样”、“是这样”。

代词“然”可以与“虽”搭配在一起使用，而古汉语的“虽然”与现代汉语的“虽然”在意义上是有差异的：现代汉语的“虽然”只是一个转折连词，而古代汉语的“虽然”是个短语，其中，“虽”相当于现代汉语的“虽然”，“然”是代词，应译为“这样”。应该说，我们现在经常使用的“然后”、“然则”等都有这样的特点，即它们在古代汉语中都是短语，“然后”的意思是“这之后”，“然则”的意思是“这样，那么……”；在现代汉语中，它们均已经转化为双音节词了。

“然”还经常附在动词、形容词之后，作这些词的词尾，和这些词一起充当状语或谓语。如：

③ 聚室而谋曰：“吾与汝毕力平险，指通豫南，达于汉阴，可乎?”杂然相许。(《列子·汤问》)

④ 虽少年，已自成人，能取进士第，崭然见头角。(韩愈《柳子厚慕志铭》)

⑤ 高帝默然，问陈平。(《史记·陈丞相世家》
例③的“杂然”与例④的“崭然”都充当全句的状语，而例⑤的“默然”是“高帝”的谓语。“然”含有“……的样子”的意思，但

并不一定都要译出来。这种“然”字也可以说是由代词的用法逐渐演变来的。

五、也、矣、耳、哉、耶

这是一组语气词，在古汉语中表示不同的语气。

（一）也、矣、耳

“也”、“矣”两词用在句尾时都表示判断的语气，不同的是，“也”主要是帮助判断，加强判断的肯定语气；“也”字还可以用在其他句型：如陈述句、描写句、祈使句或感叹句的句末，同样起加强原句语气的作用。如：

① 陈涉者，阳城人也。（《史记·陈涉世家》）

② 直不百步耳，是亦走也。（《孟子·梁惠王上》）

③ 攻之不克，围之不继，吾其还也。（《左传·僖公三十三年》）

此三例中的“也”都起了加强语气的作用，只是由于所在的句子的语气不同，它所加强的语气也就随之不同了。

“也”还可以用在句中或分句的末尾，表示语气上的停顿。

④ 赤也为之小，孰能为之大？（《论语·先进》）

⑤ 当是时也，禹八年在外，三过其门而不入，虽欲耕，得乎？（《孟子·滕文公上》）

⑥ 晋公子重耳之及于难也，晋人伐诸蒲城。（《左传·僖公二十三年》）

如上面几例所列，句中的“也”可以在主语之后，也可以在表示时间的状语之后，它们与在分句后面的“也”一样，都表示顿宕的语气，有时也能起强调和提示的作用。

“矣”也用于句尾，但它的主要作用不在于判断，而是要把事物发展变化的情况揭示出来。二者相比，“也”大多表达对事物是非的判断，而“矣”却常表达事物已经怎样或将会怎样。其中有如下几种情况：

① 天下归殷久矣。（《孟子·公孙丑上》）

② 使阳处父追之，及诸河，则在舟中矣。（《左传·僖公三十三年》）

③ 其子趋而往视之，苗则槁矣。（《孟子·公孙丑上》）

此三例中，例①表示说话人把陈述的内容当做一种新情况来阐述，这种新情况正是事物发展的新阶段。例② ③都是表示某事情已经发生，但说话人并不知道，直到亲眼目睹了才知道，因此，仍把它作为一种新情况来叙述。

用在句尾的“矣”有时也可以表示对事物的确认，如：

④ 诚如是，则霸业可成，汉室可兴矣。(《三国志、诸葛亮传》)

⑤ 此三志者，晋之谓矣。(《左传·僖公二十八年》)

这两例的“矣”并非表示事物的发展变化，而是对自己所阐述的情况的确认。这是从它的肯定新情况的出现这种基本用法演变出来的。

“耳”用在句末，也表示肯定的语气，在肯定的同时，它还具有某种限制或反诘的作用，有“仅此而已”的意思，如：

① 虎因喜，计之曰：“技止此耳!”(柳宗元《黔之驴》)

② 直不百步耳，是亦走也。(《孟子·梁惠王上》)

③ 已矣！令子卿知我心耳。(《汉书·苏武传》)

例① 有“止”与“耳”配合使用，“耳”的限制范围的语气十分明显。从例② 的“也”与“耳”对举、例③ 的“矣”与“耳”对举，我们也可以辨析出这三个语气词在表达语气上的同与异：例②的“也”主要肯定“是亦走”的事实，“耳”表明“只不过不是一百步罢了”；例③ 的“矣”重在表明事态的发展已经这样了，“耳”用来说明“只希望你知道我的心意罢了”的无可奈何的心情。

(二) 哉

这是表示感叹的语气词，也是表示疑问或反问的常用的语气词，还可以用在祈使句中，如：

① 范睢一寒如此哉!《史记·范睢蔡泽列传》)

② 善哉！吾请无攻宋矣。(《墨子、公输》)

③ 而为贾生者，亦谨其所发哉！(苏轼《贾谊论》)

④ 晋，吾宗也，岂害我哉!《左传·僖公五年》)

⑤ 胡为乎来哉?(欧阳修《秋声赋》)

这五例中，例① 和例② 均是感叹句，“哉”可以译为“啊”、“呀”等；例③ 是略带感叹语气的祈使句，“哉”可译为“啊”或“吧”；例④ 是反问句，“哉”可译为“吗”；例⑤ 的疑问色彩比较重，

"哉"可译作"呢"等。要注意的是，其实，"哉"本身并不能表示疑问，在有"哉"的疑问句中，一般总有其他的表示疑问的词语存在，如例⑤的"胡"。

（三）耶

"耶"，也写作"邪"，一般表示疑问，有时这种疑问还带有惊讶或猜度的语气。

① 范叔有说于秦邪？（《史记·范雎蔡泽列传》）

② 天之苍苍，其正色邪？其远而无所至极邪？（《庄子·逍遥游》）

③ 是进亦忧，退亦忧。然则何时而乐耶？（范仲淹《岳阳楼记》）

"耶（邪）"也能用于反问句的句末，前面常有"安"、"岂"等虚词与之配合，共同表示反问的语气。如：

④ 今虽死乎此，比吾乡邻之死则已后矣，又安敢毒耶？（柳宗元《捕蛇者说》）

⑤ 子之客妄人耳，安足用邪？（《史记·商君列传》）

⑥ 既至，则曰："是岂不足为政邪？"（韩愈《柳子厚墓志铭》）

在古代作品中，我们会经常碰到几个语气词连用的情况，这并不是古人的重复，而是每个语气词有每个语气词的用处。如"寡人之于国也，尽心焉耳矣"，在"尽心"之后连用"焉"、"耳"、"矣"三个语气词。在这句话中，"焉"表示一种直陈的语气，起肯定的作用；"耳"也是肯定，但有一点儿"仅此而已"的意思，梁惠王以此表明自己的谦虚；"矣"表示判断的语气，特别表明自己所讲述的事情现在已经是这样了，即重在表明事物的既成状态。从分析上看，这三个语气词所起的作用各不相同，用它们的连用，表达出梁惠王的复杂的心情和语气。

第二节　实　　词

实词是跟虚词相对的词。古代汉语中的实词与现代汉语的实词一样，也可以根据它们的语法功能划分为几大类。关于实词词类的划分、各类词的语法特点与语法功能等，在现代汉语中都已经有明确的讲述，为避免重复，这里不再系统地讲解有关古汉语实词的知识，而只是就古今汉语之间区别较大的部分问题进行阐述。

一、名词的特殊用法

在古今汉语中，名词的性质和语法功能大体上是一致的，不同的是，在古代汉语里，名词可以直接充当谓语和状语。

（一）名词作谓语

名词在判断句中充当谓语的现象在现代汉语中也存在，但在现代汉语中，主谓之间常常用判断词“是”来联接，而在古汉语中，名词谓语句是不用判断词的，名词或名词性词组可以直接位于主语之后充当全句的谓语。这实际上也是句型问题。如：

① 淮阴侯韩信者，淮阴人也。（《史记·淮阴侯列传》）

② 都城过百雉，国之害也。（《左传·隐公元年》）

③ 张良曰：“沛公之参乘樊哙者也。”（《史记·项羽本纪》）

此三例都是判断句，且谓语都是名词或名词性词组，但句型不尽相同：第一句是典型的“……者，……也”句式；第二句是“……也”句式；第三句是“……者也”句式。三句共同的特点是没有判断词，翻译时都需要加上一个“是”。

有些古汉语的判断句在名词谓语前出现有“是”字，这很容易让人误解，以为它是判断词。其实，这个“是”与现代汉语中的判断词不同，它是指示代词，在句中充当主语，它后面的名词仍然直接充当谓语。如：

④ 吾不能早用子，今急而求子，是寡人之过也。（《左传·僖公三十年》）

⑤ 是乃仁术也。（《孟子·梁惠王上》）

“是寡人之过也”和“是乃仁术也”的“是”均应翻译为“这”。

有些用名词作谓语的句子并不是单纯的判断句，而是具有一定的描写性质：

⑥ 夫战，勇气也。（《左传·庄公十年》）

⑦ 永州之野产异蛇，黑质而白章。（柳宗元《捕蛇者说》）

这两句的谓语虽然也是名词或名词性词组，但它们与主语之间的关系并不是判断关系，而是对主语的描写与说明，因此翻译时不能简单地使用“是”字将主谓连接起来，而应该补充些必要的成分。例⑥ 的意思是“打仗靠的是勇气”，例⑦ 的“黑质而白章”则是对主语“异蛇”的模样的描写，翻译时，可以按现代汉语的习惯，在主谓之间加上“长得”等词语。

由于名词直接充当谓语，所以在这些名词之前可以使用副词来修饰，这一点也与现代汉语不太相同。

⑧ 夺项王天下者，必沛公也。（《史记·项羽本纪》）

⑨ 是乃仁术也。（《孟子·梁惠王上》）

⑩管仲非仁者与？（《论语·宪问》）

例⑧ 例⑨ 的名词谓语前分别使用了副词“必”和“乃”，用来修饰名词谓语，起加强肯定语气的作用。例⑩使用了否定副词“非”，要注意的是，它虽然可以对译为现代汉语的“不是”，但它并不是“不”和“是”的结合体，而是作为一个否定副词来否定整个名词谓语。

（二）名词作状语

在现代汉语中，名词可以充当句子的不少成分，如主语、宾语、定语、谓语等。但是，除了时间词，普通名词一般不能作状语。但在古代汉语中，普通名词却可以作状语而直接修饰动词谓语。名词所充当的状语有多种不同的作用：

① 一狼犬坐于前。（《聊斋志异·狼》）

② 天下云集而响应，赢粮而景从。（贾谊《过秦论》）

③ 豕人立而啼。（《左传·庄公八年》）

④ 即自取水洗去血，裂裳衣疮，手注善药。（柳宗元《段太尉逸事状》）

⑤ 虽户说以眇论，终不能化。（《史记·货殖列传序》）

上述几例的名词状语表示动作行为的状态或方式，即以充当状语的名词所对应的事物的形态特点或行为特征来描绘谓语动词所表示的动作行为。前三例比况的是动作的状态，如“犬坐于前”就是“象犬似的坐在前面”，其他仿此。（其中，例②的“景从”就是“影从”，即“像影子似的跟随”。）这种名词状语多带有比喻的意义。后两例表明的是动作进行的方式，如“手注”就是“亲手敷注”；

“户说”就是“一户户地去游说”。

名词作状语还可以表示对待动作所涉及的对象的态度，如：

⑥ 君为我呼入，我得兄事之。（《史记·项羽本记》）

⑦ 今而后知君之犬马畜汲。（《孟子·万章》）

这两个例句的意思都是把句中的宾语所代表的人当做用作状语的那个名词所代表的人或事物来对待，这正是名词状语所起的作用。翻译成现代汉语同样要加上“像……似的”等字样。

名词状语还可以表示动作行为发生的处所：

⑧ 卒廷见相如，毕礼而归之。（《史记·廉颇蔺相如列传》）

⑨ 童子隅坐而执烛。（《礼记、檀弓上》）

“廷见”就是“在朝廷上见”；“隅坐”就是“在角落里坐”，可见，在古汉语中用名词状语来表示的动作行为的处所，在现代汉语中发展成动词谓语后面加介宾短语作补语来表示了

有时用普通名词作状语表示动作行为的工具或凭借。如：

⑩秦王车裂商君以徇。（《史记·商君列传》）

⑪群臣后应者，臣请剑斩之。（《汉书·霍光传》）

⑫失期，法当斩。（《史记·陈涉世家》）

“车裂商君”是“用车撕裂商鞅肢体”的意思，“剑斩”是“用剑斩”，此两例的名词状语均表示工具；“法当斩”是说“依据法律应当斩首”，名词状语表明的是行为的依据。

表示时间的名词无论在古代汉语中还是在现代汉语中都能充当状语，用在动词谓语前面，但要特别注意古代汉语中用“年”、“月”、“日”等词作时间状语时，它们所表示的意义。

第一，它们可以表示动作行为的经常性，如：

①今有人日攘其邻之鸡者，或告之曰：“是非君子之道。”曰：“请损之，月攘一鸡，以待来年然后已。”（《孟子·滕文公下》）

②良庖岁更刀，割也；族庖月更刀，折也。（《庄子·养生主》）

这两句话中的“日”、“月”、“岁”等都是时间状语，在句中，它们的意思分别为“每天”、“每月”、“每年”。

第二，“日”字放在动词或形容词的前面，表示情况的逐渐发展和动作行为的逐渐完成，可以译为“一天天地”。

③乡邻之生日蹙。(柳宗元《捕蛇者说》)

④其后楚日以削，数十年竟为秦所灭。(《史记·屈原贾生列传》)

第三，“日”也可以用在句首作为全句的状语，一般用来追溯过去，表示“从前”、“以往”的意思。

⑤日臣之使于楚也，子重问晋国之勇。(《左传·成公十六年》)

⑥日起请夫环，执政弗义，弗敢复也。(《左传·昭公十六年》)

两句中的“日”均可以译为“以前”，句中所讲述的事情都是在此之前发生的。

单个时间名词“日”、“月”、“年”的这些用法都是现代汉语中所没有的。

二、动词的特殊意义

与名词一样，动词的词性特征与语法功能在古今汉语中没有太大的差异，但在表意功能上，古汉语的动词谓语具有某些不同于现代汉语的特点。这主要表现在动宾结构所表达的意义上。

(一) 被动意义

现代汉语中的被动句一般都有较为明确的标志，如在句中出现“被”、“让”、“给”等词。但在古代汉语中，情况比较复杂，大约有以下几种形式：

1. 有标志的被动句

古代汉语中也有一些带有标志的被动句。如用“于”引进行为的主动者表示被动：

①郤克伤于矢，流血及屦。(《左传·成公二年》)

②吾弃于时而寄于此。(韩愈《柳州罗池庙碑》)

此两例都是比较典型的使用介词“于”的被动句，例①是说“郤克被箭（射）伤了”，例②“吾弃于时”的意思是“我被时世所弃”。要注意的是两句中的被动关系并不是因为有了“于”才产生的，而是由主语与谓语的搭配关系造成的，即主语本来就是被动者，“于”只是使它的被动性质更加明确罢了。还要注意的一点是现代汉语表示被动的介宾词组总是放在动词的前面，而古汉语中，“于”与所引进的主动者一起放在动词后面。因此，我们在阅读时，应该把引进主动者的“于”字短语放到动词的前面去理解和翻译。

古汉语的被动句还有把“为”、“被”、“见”等词放在动词前表示被动的，与“于”不同的是用这几个介词表示被动时，其行为的主动者可以引出来，也可以不引出来，其中，“见”的后面一般不出现主动者：

③多多益善，何为为我禽？（《史记·淮阴侯列传》）

④祢衡被魏武谪为鼓吏。（《世说新语·言语》）

⑤厚者为戮，薄者见疑。（《韩非子·说难》）

⑥信而见疑，忠而被谤，能无怨乎？（《史记·屈原贾生列传》）

例③用了“为”，“为我禽”是说“被我禽”，例④的“被”已与现代汉语的用法基本相同，此两例在“为”和“被”的后面都引出了行为的主动者。例⑤的“为戮”与“见疑”、例⑥的“见疑”与“被谤”也均为被动用法，但与前两例不同的是几个介词都是直接用在动词之前，没有引出行为的主动者。同时它们两两相对，也说明了这几个词直接用在动词前表示被动的用法基本相同。

古代汉语中常见的被动句还有使用“为（见、被）……于”和“为（被）……所（见）”等格式的，这些格式已经成为固定结构运用在古汉语的被动句中。如：

⑦ 伍胥父兄为戮于楚。（《史记·伍子胥列传》）

⑧ 且夫有高人之行者，固见负于世；有独知之虑者，必见訾于民。（《商君书·更法》）

⑨ 万乘之国，被围于赵。（《战国策·齐策》）

⑩嬴闻如姬父为人所杀。（《史记·信陵君列传》）

⑪吴郡顾士端……尤妙丹青，常被元帝所使，每怀羞恨。（《颜氏家训·杂艺篇》）

这五个句子都是被动句，虽然用了不同的结构，但其表达被动的功能都是相同的。

2. 没有结构标志的被动句

在古代汉语中，还有一些没有任何标志的被动句：

①窃钩者诛，窃国者侯。（《史记·游侠列传》）

②三军可夺帅也，匹夫不可夺志也。（《论语·子罕》）

③自子厚之斥，遵从而家焉。（韩愈《柳子厚墓志铭》）

此三例的主语都是受事主语，动词谓语都表达被动意义，翻译成现代汉语分别是“盗钩之人被诛杀，盗国之人被封侯”；“三军可能被夺去主帅，匹夫不会被夺去志向”；“自从柳子厚被贬斥”等。但从字面上看，由于它们没有表示被动的特殊标志，因此与主动句没有什么明显的区别，其被动意义只能从上下文的文意中体会出来。

（二）使动意义

使动用法就是谓语动词所表示的动作并不是由主语发出的，而是由主语使宾语发出的，即宾语在主语的影响下发出的。动词的使动用法虽然并没有改变动词词性，但与现代汉语相比，还是有些不同的。如在现代汉语中，不及物动词一般不能带宾语，而在古汉语中，不及物动词可以带宾语，当它的后面带有宾语时，它就具有了使动意义：

①秦兵围大梁，破魏华阳下军，走芒卯。（《史记·信陵君列传》）

②求也退，故进之；由也兼人，故退之。（《论语·先进》）

③焉用亡郑以陪邻？（《左传·僖公三十年》）

例（1）是不及物动词“走”带上了宾语“芒卯”，构成动宾关系，意思是“使芒卯逃跑”。“走”这个动作并不是该句的主语“秦兵”发出的，而是“秦兵”使宾语“芒卯”发出的，所以是使动用法。其它两例同样：“进之”、“退之”的主语不是省略了的主语“我”，而是“进”、“退”的对象“求”与“由”，意思是说“使求进”、“使由退”。例③“亡郑”的“亡”是不及物动词的使动用法，“亡郑”是“使郑亡”的意思，即“让郑国灭亡”。

有时，某个不及物动词的后面没有宾语，但从文意上我们仍然可以判断出它是使动用法：

④朝饥谁饱，夜渴谁怜？（李商隐《祭小侄女寄寄文》）

⑤远人不服而不能来也。（《论语·季氏》）

⑥操军方连船舰，首尾相接，可烧而走也。（《资治通鉴·汉纪》）

例④的“饱”是不及物动词，但在此句中，它并不表示主语“谁”

的行为状态，而表示省略了的宾语的行为状态，是说使祭祀的对象小寄寄“饱”，“饱”为使动用法，后面的宾语省略了。例⑤例⑥同样：“来”和“走”应分别看作是“来之”和“走之”的省略，是“使之来”和“使之走”的意思，这两个动词都是使动用法。

及物动词在古代汉语中也有使动用法，如：

⑦晋侯饮赵盾酒。(《左传·宣公二年》)

⑧王辟左右。(《汉书·龚遂传》)

⑨然则王之所大欲可知也：欲辟土地，朝秦楚，莅中国，而抚四夷也。(《孟子·梁惠王上》)

例⑦是说晋侯让赵盾饮酒，并不是晋侯饮赵盾的酒；例⑧同样，不是王避开左右，而是王命令左右之人避开；例⑨有四个整齐的排比结构，但它们的语法意义并不完全一致：其中“朝秦楚”是及物动词的使动用法，是“使秦楚朝”的意思。其它三组均为正常的动宾关系。

使动用法是古代汉语的语法特征之一，它实际上是以动宾式的结构表达了兼语式的内容，句子结构显得十分精练。动词的使动用法并没有使句子的结构发生变化，它影响的是语意，所以仅从字面上有时并不好确认，尤其是及物动词的使动用法，与一般的动宾结构没有什么区别，所以更难辨认。这就需要我们在理解时仔细推敲文意及其逻辑关系，准确地判定出动作行为的真正发出者。

（三）其他特殊的动宾关系

在现代汉语中，动宾关系指的就是动词与它所涉及的对象之间的关系，但在古汉语中，动宾形式所表示的意义，其逻辑关系却要复杂得多。有些不及物动词带宾语从而形成某种特殊的动宾关系，如：

①伯夷死名于首阳山下。(《庄子·骈拇》)

“死名”是说“为名而死”。“死”是不及物动词，它不可能直接涉及某一事物，在现代汉语中是不能带受事宾语的。在这句话中“死”的后面带上了宾语，其含义相当于“死于名”，这里，“名”是动词“死”的目的与原因。

②遂置姜氏于城颍，而誓之曰：“不及黄泉，无相见也。”(《左

传·隐公元年》）
“誓之”是“向（对）姜氏发誓”的意思。“誓”也是不及物动词，宾语同样是动词所关涉的对象。

有些及物动词与它们的宾语之间的关系也比较复杂，如：

③邴夏御齐侯。（《左传·成公二年》）
此句是说“邴夏为齐侯御（赶车）”。“御”虽然是及物动词，但齐侯当然不是“御”直接涉及的对象，而是这一动词所关联的对象。这种逻辑关系在现代汉语中要用一个介词介绍出所关联的对象、并将整个介宾短语放在动词前充当状语来表示，而在古代汉语中，却只用简单的动宾来表示。又如：

④马童面之，指王翳曰：“此项王也。”（《史记·项羽本记》）
这句话很容易让人误解，因为“指”是及物动词，完全可以带像“王翳”这样的宾语，但我们分析上下文就可得知，“王翳”不是“指”的对象，“指王翳”是“给王翳指”的意思，也就是“指给王翳（看）”的意思，并不是“指着王翳”，“指”的真正对象是马童所说的“项羽”。

要正确理解上述各种特殊的动宾结构，关键在于搞清楚动词与宾语之间的关系。由于它们的关系是靠上下文意决定的，因此，我们在理解这种句式时，一定要在全面理解上下文的基础上进行判断，否则，容易造成失误。同时，在现代汉语中，上述各例一般都需要由介宾短语作状语组成的“状中结构”来表示，这就要求我们在翻译时既要准确，又要灵活，正确地补出所需要的词语。

三、词类活用

在一定的语言环境中，某类词临时具有另一类词的语法功能，这就是词类活用现象。这种语言现象在古今汉语中都存在，但在古代汉语中，这种现象出现得十分频繁且具有一定的规律，从这一点上讲，又与现代汉语不尽相同。古代汉语的词类活用主要是名词、形容词、数词活用为动词。

（一）名词活用为动词

古汉语中，名词活用为动词的现象比较普遍，在一定的语法结构限制下，不少名词都可以活用为动词。这种活用有以下几种情况：

1. 活用为一般动词

名词活用为一般动词后，在句中充当谓语，它可以受副词和介宾词组的修饰，也可以带宾语、补语，还可以通过连词“而”与别的动词或动宾短语连接……总之，动词谓语所具有的性质和功能，活用为动词的名词也都具有。

①从左右，皆肘之。(《左传·成公二年》)

②孟尝君怪其疾也，衣冠而见之。(《战国策·齐策》)

③而侯之国小，又与强秦壤界，臣窃恐起之无留心也。(《史记·孙子吴起列传》)

④牛山之木尝美矣，以其郊于大国也，斧斤伐之，可以为美乎？(《孟子·告子上》)

⑤今京不度，非制也。(《左传·隐公元年》)

上述五例中，有的是名词后面带有宾语或补语的，如例（1）“肘之”是带宾语；例④“郊”的后面是一个介宾短语充当补语，所以，“肘”、“郊”这两个名词在句子中均已活用为动词。当名词受副词修饰时，也活用为动词，如例①的“肘”受副词“皆”修饰、例⑤的“度”受否定副词“不”修饰，它们也活用为动词，连词“而”一般不能连接名词，所以用“而”连接的名词肯定是活用为动词了，从这个角度讲，例②的“衣冠”自然就活用为动词了。例③的“壤界”本是名词性短语，但它们受“与强秦”这一介宾短语修饰，因此也就活用为动词，在句中表示“接壤交界”的意思。

在名词活用为动词的现象中，还有不少方位词活用的例子：

⑦秦师遂东。(《左传·僖公三十二年》)

⑧从流飘荡，任意东西。(吴均《与朱元思书》)

这两例的“东”和“东西”分别受“遂”和“任意”修饰，这说明它们均已活用为动词了。

2. 名词的使动用法

名词的使动用法有两层意义，一是它已活用为动词；二是这个活用了的名词的作用是使宾语成为它所代表的人或事。

①公若曰：“尔欲吴王我乎？”(《左传·定公十年》)

②吾见申叔，夫子所谓生死而肉骨也。(《左传·襄公二十二

年》）

③乘势，则哀公臣仲尼。（《韩非子·五蠹》）

“吴王我”是说“使我成为吴王（那样的人）”；“肉骨”是说“使白骨长肉”；“哀公臣仲尼”是说“哀公使仲尼为臣”。此三例都是名词的使动用法。

方位名词也可以有使动用法：

④使齐之境内尽东其亩。（《左传·成公二年》）

“尽东其亩”就是“使其田垄全部变为东西向”，方位名词“东”活用为动词，使动用法。

名词的使动用法的实质就是用动宾结构表达兼语式的内容。

3. 名词的意动用法

名词的意动用法，就是主语把宾语所代表的人或事从主观意念上看作为活用了的名词所代表的人或事。如：

①不如吾闻而药之也。（《左传·襄公三十一年》）

②公子自骄而功之，窃为公子不取也。（《史记·信陵君列传》）

③其谓之秦何？夷狄之也。（《公羊传·僖公三十三年》）

“药之”是“把它当作药”；“功之”即“以之为功”；“夷狄之”就是“把它（秦国）看作是夷狄”。应该说，意动用法所表示出的意义是意念上的看法，有“把……当作……”或“认为……是……”的意思。

名词活用为动词还有一些较特殊的情况，如“父曰：‘履我！’”（《史记·留侯世家》）“履我”的意思是“给我穿鞋”，这既不是“使动”、也不是“意动”，其动词虽然是由名词活用来的，但它与宾语的关系也应归入特殊的动宾关系一类。

（二）形容词活用为动词

形容词活用为动词也有三种情况：

1. 活用为一般动词

形容词活用为一般动词之后，在句中充当谓语，同时可以带有宾语。

（1）诸侯以公子贤，多客，不敢加兵谋魏十余年。（《史记·信陵君列传》）

②故俗之所贵，主之所贱也；吏之所卑，法之所尊也。（晁错《论贵粟疏》）

上两例中的“多”、“贵”、“贱”、“卑”、“尊”都是形容词，“多”的后面带了宾语；其它几个都与“所”组合为“所字结构”，而“所”字是要与动词组合的，可见它们均已活用为动词。“多客”是“有很多食客”的意思，其它几例可按“所字结构”理解。应该说，形容词活用为一般动词的情况在古汉语中比较少见。

2. 形容词的使动用法

形容词的使动用法是形容词用作动词，一般带有宾语，并使宾语所代表的人或事具有这个形容词所表示的性质或状态。如：

①于是废先王之道，燔百家之言，以愚黔首。（贾谊《过秦论》）

②夫物之不齐，物之情也……子比而同之，是乱天下也。（《孟子·滕文公上》）

③足下深沟高垒，坚营勿与战。（《史记·淮阴侯列传》）

例①的“愚”是形容词，“黔首”是它的宾语，“愚黔首”是“使黔首愚”的意思；例②的“同之”、“乱天下”；例③的“深沟”、“高垒”、“坚营”与此同，都是形容词的使动用法。

活用为使动用法的形容词后面有时没有宾语，这是由于宾语省略了，如“强本而节用，则不能贫”（《荀子·天论》）。在这句中，形容词“贫”活用为动词，使动用法，它后面省略了宾语“之”，即使之变贫的对象。

3. 形容词的意动用法

形容词的意动用法同使动用法一样，也是形容词用作动词，一般带有宾语，不同的是，它表示施事者主观上认为宾语所代表的人或事具有这个形容词所表示的性质和状态。

①孔子登东山而小鲁，登泰山而小天下。（《孟子·尽心上》）

②且夫我尝闻少仲尼之闻，而轻伯夷之义者，始吾弗信。（《庄子·秋水》）

③故伯夷丑周，饿死首阳山。（《史记·游侠列传》）

④朱亥故不复谢，公子怪之。（《史记·信陵君列传》）

例①的“小鲁”、“小天下”是说“觉得鲁国小了”、“觉得天下小了”，并不是说鲁国和天下真的变小了，其它几例（“少仲尼之闻”、“轻伯夷之义”和“丑周”、“怪之”）均与此同。特别要注意的是，有些词的含义是要经过认真推敲之后才能下结论的。如例④的“怪”同时有“责怪”、“奇怪”等不同的义项，句中的“怪之”究竟用的是哪一个义项呢？这就需要我们全面领会上下文的含义，然后才能得出正确的结论：“怪之”是“认为他很奇怪”的意思。

还要指出的是，有时同一个形容词既可以有使动用法，又可以有意动用法。如上面例①的“小”，在“工师得大木，则王喜；匠人斫而小之，则王怒”中，是使动用法，“小之”的意思是“使之小”。

（三）数词活用为动词

在古汉语中数词也可以活用为动词，但一般要带宾语，而且往往是使动用法。其作用是可以使宾语按照活用为动词的这个数词发生变化，变化的结果是使宾语变成或具有这个数词所表示的数量，如：

①士也罔极，二三其德。（《诗经·卫风·氓》）

②藉令秦皇长世，易代以后，扶苏嗣之，虽四三皇，六五帝，曾不足比隆也，何有后世繁文饰礼之政乎？（章太炎《秦政记》）

按照礼制，一个人的“德”应该是专一的，但《氓》这首诗中的“士”却是“罔极（无常、没准则）”的，所以诗人用“二三其德”来形容他。“二三”在这里是“多”的意思，在此句中活用为动词并带有宾语“其德”，意思是“使其德反复无常”，即多次改变自己的品德、行事反复无常。例② 同样，“四三皇、六五帝”是说“使三皇变成四个，使五帝变成六个”，也是使宾语变成了活用了的数词所表示的数量。不过，例① 的“二三”与“四”、“六”相比，虽然都表示多的意思，但显得更虚。

（四）词类活用与词的兼类

名词、形容词、数词活用为动词，是一种在汉语、尤其在古代汉语中常见的语言现象，它们活用为动词后，会产生出新的语法功能和词汇意义，但这些都不是固定的，而是临时的、偶尔为之的，它所在的语言环境一消失，这些适用于这个语言环境的、新的语法功能和词汇意义也就跟着消失了。

在汉语中，还有一种容易与之相混的语言现象，即词的兼类现象。词的兼类是指一个词同时兼有两种（或两种以上）词类的性质和特点，这些性质和特点是该词本身就具有的，它的各种用法也是固定的，而不是临时的、偶尔为之的，它们并不因语言环境的改变而消失，这是它与词类活用的本质区别。

词的兼类现象是词义的引申造成的。如："轨"，本义指车两轮间的距离，由此引申为车行进的轨道、轨迹等义；又由于"轨迹"可以起到使后者遵循的作用，于是，"轨"又引申出了"遵循"这一义项，而这已经是动词了。这样，就"轨"而言，当它表示"轨道"、"轨迹"等意义时，是名词；当它表示"遵循"等意义时，是动词，"轨"就是一个兼类词。

如前文所言，词的兼类与词类活用的根本区别就在于当一个词同时兼有不同类词的语法功能或义项的时侯，要看这种语法功能或义项是否是临时性的，如果是，就是词类活用；如果不是，而是成了该词固定的义项和语法功能，那就是词的兼类。然而，真正要分清哪个是兼类、哪个是活用，有时也并不容易，因为，一个词的较远的引申义与它临时具有的含义之间并没有很严格的界限，一般说来，当一个词的某种用法已被公认为是该词的固定用法的时侯，又恰恰与该词的本义所呈现的词类不同，这就可以看作是词的兼类了。

第三节 句 法

因为古代汉语与现代汉语是同一种语言，所以彼此间在句法方面的区别并不大，如句子的成分包括主语、谓语、宾语、定语、状语、补语；它们的顺序一般是主语在谓语之前、宾语在谓语之后等（当然，也有一些例外），这都是从总的原则上讲的，但在古代汉语中还存在着一些不同的情况，这些"不同"主要表现在宾语的位置和句子成分的省略上。

一、宾语的位置

这是古代汉语与现代汉语之间在词序上最明显的差异：现代汉语一般的顺序是"主语——谓语——宾语"，而古代汉语在某些特殊的情况下宾语可以放在谓语的前面，呈现出“主语——宾语——谓语”的形式。我们把这种语言现象称为宾语前置。

宾语前置的情况大致有以下几种：

(一) 疑问句中，疑问代词作宾语，宾语前置。如：

①臣实不才，又谁敢怨？(《左传·成公三年》)

②吾谁欺，欺天乎？(《论语·子罕》)

③举以败国，将何贺焉？(《左传·僖公二十八年》)

④沛公安在？(《史记·项羽本纪》)

⑤王者孰谓？谓文王也。(《公羊传、隐公元年》)

⑥居恶在？仁是也；路恶在？义是也。(《孟子·尽心上》)

⑦“许子冠乎？”曰：“冠。”曰：“奚冠？”曰：“冠素。”(《孟子·滕文公上》)

上述各例分别用了疑问代词“谁”、“何”、“安”、“孰”、“恶”、“奚”等，它们都充当宾语，均用在动词的前面。“又谁敢怨”就是“又敢怨谁”；“何贺”就是“贺何（贺什么）”其他同此。其中，②与⑦两例最能说明古汉语的这一语法特点，两句各自都有相同的动词谓语（“欺”与“冠”)，同时，每句有都有两个不同的宾语，一个是疑问代词（例②是“谁”、例⑦ 是“奚”)，另一个是普通名词（例②是“天”、例⑦是“素”)，在词序上就出现了明显的差别：疑问代词充当宾语时，宾语前置，即“吾谁欺”、“奚冠”；非疑问代词充当宾语时，宾语后置，即“欺天”、“冠素”。可见，宾语是否是疑问代词，是决定宾语位置的条件。

当疑问代词充当介词宾语时，也受这个规律的限制，宾语要放在介词的前面。

⑧许子奚为不自织？(《孟子·滕文公上》)

⑨百姓足，君孰与不足？(《论语·颜渊》)

⑩上不欲就天下乎？何为斩壮士？(《史记·淮阴侯列传》)

⑪学恶乎始？恶乎终？(《荀子·劝学篇》)

以上四例都由疑问代词充当介词的宾语，例⑧“奚为”就是“为什么”，“奚”作为疑问代词置于介词“为”的前面。例⑨“孰与”就是“与孰（谁)”，“君与谁不足”是强调如果大家都充足了，君自然就充足了的道理。例⑩的“何为”就是“为何”，例⑪的“恶乎”是“在哪里”的意思，“乎”在这里是介词。

（二）否定句中，代词作宾语，宾语前置。

否定句指使用了否定词、表示否定的句子，古汉语中常用的否定词有“不”、“莫”、“未”、“无”、“毋”等，在先秦汉语中，当文句中使用了这些否定词表示否定、又用代词充当宾语的时候，宾语要放在动词谓语的前面。如：

①居则曰：“不吾知也”。（《论语·先进》）

②北方之学者，未能或之先也。（《孟子·滕文公上》）

③我无尔诈，尔无我虞。（《左传·宣公十五年》）

④自经于沟渎而莫之知也。（《论语·宪问》）

⑤以吾一日长乎尔，毋吾以也。（《论语·先进》）

⑥予不屑之教诲也者，是亦教诲之而已矣。（《孟子·告子下》）

以上，我们选择了分别使用了不同的否定词的例句，各句使用的代词也不尽相同，但有一点它们是一致的，那就是代词宾语均在动词谓语之前。“不吾知”就是“不知吾（不了解我）”；“未能或之先”就是“未能或先之（没有什么人能在他的前面）”；例③译成现代汉语是“我不欺骗你，你不欺骗我”，两句均为宾语前置；例④的“莫之知”就是“莫知之（没人知道他）”；对于例⑤中“毋吾以也”这句话的理解历来有争议，我们将它译为“不用我了”（“以”为动词），所以在此举出，作为否定句中代词宾语前置的例子。例⑥十分典型，全句可译为“我不屑于去教诲他，这也是在教诲他呀。”前后两个分句都是用代词“之”为宾语，但前一分句是否定句，故“之”字前置，词序为“之教诲”；后一分句不是否定句，故宾语后置。这正显示出了先秦语法的特点。然而，在古代汉语、主要是先秦两汉的作品中，这种否定句中代词宾语前置的情况与疑问句中疑问代词宾语前置的情况相比，要灵活一些，也就是说，并非只要具备这两个条件，宾语就一定前置，也有否定句中代词宾语后置的情况。

（三）宾语用代词“之”或“是”复指，宾语连同复指的代词一起前置。

用代词“之”或“是”复指宾语，这也是古汉语宾语前置的条件。在句中，起复指作用的代词一般放在宾语的后面，然后和宾语一起置于动词谓语的前面。如：

①岂不谷是为？先君之好是继。（《左传·僖公四年》）

②舍其旧而新是谋。（《左传·僖公二十八年》）

③夫子焉不学？而亦何常师之有？（《论语·子张》）

④周公方且膺之，子是之学，亦为不善变也。（《孟子·滕文公上》）

上述几句均为用“是”或“之”复指而宾语前置的例子。第一句是说“难道是为了我吗？是为了继承先君的友好关系”。两个分句的宾语分别是“不谷”和“先君之好”，它们都用“是”复指，并和“是”一起分别置于动词“为”和“继”的前面。例②的“新是谋”就是“谋新”；例③的“何常师之有”是“有何常师”，例④的“子是之学”宾语是代词“是”，复指成分是代词“之”，所以形成了“是之学”的结构，其实就是“学是”（学这个）。例句中虽然用“是”用“之”不同，但前置的原则是一样的。

有时，这种前置的格式还可以在前面加上“惟”字，用来强调宾语的唯一性和排他性。

⑤唯余马首是瞻。（《左传·襄公十四年》）

⑥父母唯其疾之忧。（《论语·为政》）

⑦及长，不省所怙，惟兄嫂是依。（韩愈《祭十二郎文》）

这样的句式用的多了，就逐渐形成了一种“惟（唯）……是……”的格式，如：

⑧皇天无亲，惟德是辅。（《左传·僖公五年》）

在现代汉语中，我们经常用的“惟你是问”、“惟命是从”等固定结构，也是这种句型。

一些介词的宾语也有这种特性，即用代词复指后，也要提到介词前面。如：

⑨晋居深山，戎狄之与邻，而远于王室。（《左传·昭公十五年》）

⑩非夫人之为恸而谁为？（《论语·先进》）

“戎狄之与邻”就是“与戎狄为邻”，“戎狄”是介词“与”的宾语，用代词“之”复指，与“之”一起置于活用为动词的“邻”的前面。例⑩同样，“夫人”是介词“为”的宾语，它们一起前置于动词“恸”，全句的意思是“我不为这个人悲痛还为谁呢?”

这种宾语前置的句型是先秦时期汉语的正常句型，到了两汉时期，宾语开始逐渐后移，先是否定句中的代词宾语移到动词谓语之前，慢慢地，疑问句中的疑问代词宾语也移到动词后面了，后代作品中代词宾语前置的语法现象，是后人仿古的结果。

二、省略

省略指的是句子成分的省略，而且是句子主要成分——主语、谓语、宾语的省略。这种现象在现代汉语里也存在，而且在本教材的“现代汉语”部分中也已经对这一问题作了较为详细的阐述，这里准备只介绍一些古汉语中较特殊的省略现象。

（一）谓语的省略

谓语是一个句子里最重要的成分，一般说来是不能省略的，但在古代汉语中，在一些特定的语言环境中，谓语也是可以省略的，这种情况大多出现在几个对举的句子中，或承前省，或蒙后省，如：

①一鼓作气，再［ ］而衰，三［ ］而竭。(《左传·庄公十年》)

②夫秦王有虎狼之心，杀人如［ ］不能举，刑人如恐不胜。(《史记·项羽本纪》)

③医和曰：“上医医国，其次［ ］疾。”(《国语·晋语》)

上述三例中，①与③是承前省，在画有［ ］的地方正是省略了谓语的地方。例①省略了“鼓”，例③省略了“医”。例②是蒙后省，省略了动宾短语中的动词“恐”。

有时，谓语的省略也出现在一句话中对称的成分上：

④是知其不可［ ］而为者与?(《论语·宪问》)

⑤非夫人之为恸而谁为［ ］?(《论语·先进》)

例④蒙后省略了“为”、例承前⑤省略了“恸”。

有时，动词谓语连同它的宾语一起被省略掉：

⑥扬子之邻人亡羊，既率其党［ ］，又请扬子之竖追之。(《列子·说符》)

⑦予将以其道觉其民也，非予觉之而谁［ ］也？（《孟子·万章》）

在这两例中，例⑥蒙后省略了“追之”这一动宾结构，例⑦承前省略了“觉之”这一动宾结构。这都可以看作是古代汉语中谓语的省略。

（二）介词宾语的省略

动词宾语的省略在古今汉语中都是比较常见的语言现象，在现代汉语部分中也有交代，这里就不再介绍了。然而介词宾语的省略在现代汉语中一般很少见到，而在古代汉语中却比较多，这又是古汉语语法的一个明显特点：

①子厚与［ ］设方计，悉令赎归。（韩愈《柳子厚墓志铭》）

②衣食所安，弗敢专也，必以［ ］分人。（《左传·庄公十年》）

③太史书曰：“赵盾弑其君。”以［ ］示于朝。（《左传·宣公二年》）

④虽然，每见于族，吾见其难为，怵然为［ ］戒，视为［ ］止，行为［ ］迟。（《庄子·养生主》）

例①省略了介词“与”后面的宾语，从上下文看，应是将子女典给他人为奴的穷苦人，“与［ ］设方计”是说“替（他们）谋划办法”。例②省略了介词“以”的宾语，即上文的“衣食所安”，“必以［ ］分人”是说“一定把（它们）分给别人”。例③与例②同，省略了“以”后面的宾语——太史所写的话。例④承上省略了介词“为”的宾语“族”，“为戒”、“为止”、“为迟”是说“因为它（族）而戒”、“因为它而止”、“因为它而迟”。

在古代汉语中“为”经常作为动词来用，如果在它之前又使用了介词“以”组成的介宾短语充当状语，就会形成一种“以……为……”的句型，如：

①我以郑为内臣。（《左传·僖公三年》）

②文王以民力为台为沼，而民欢乐之。（《孟子·梁惠王上》）

例①是郑伯说的话，意思是“我用整个郑国来当（您的）内臣。”介宾短语“以郑”充当动词“为”的状语。例②同样，也是以介宾短语“以民力”充当动词“为”的状语。

但由于介词“以”后面的宾语经常被省略，就形成了“以”、“为”连用、用“以为……”的形式来表示“以……为……”的内容的句型。如：

③温故而知新，可以为师矣。（《论语·为政》）

④以盾为才，固请于公，以为嫡子。（《左传·僖公二十四年》）

⑤有贱丈夫焉，必求垄断而登之，以左右望而罔市利，人皆以为贱，故从而征之。（《孟子·公孙丑下》）

以上三例均省略了介词“以”后面的宾语。例③的宾语应该是能‘温故而知新’的人，“以为师”即“以之为师”，是说“可以把（他们）当做老师”。例④的“以为嫡子”就是“以之为嫡子（把他当作嫡子）”。同样，例⑤的“以为贱”也是“以之为贱”。这就提醒我们要特别注意古代作品中的“以为”，因为它很可能省略掉了一个宾语。今天的“以为”就是从这种句型逐渐演变来的。

（三）兼语的省略

兼语是指在句中既充当前面动词的宾语、又充当后面动词的主语的一种句子成分，如：

①楚子将围宋，使子文治兵于睽。（《左传·僖公二十八年》）

②公子引侯生坐上坐，遍赞宾客。（《史记·信陵君列传》）

③今尚书恣卒为暴。（柳宗元《段太尉逸事状》）

例①的“子文”、例②的“侯生”、例③的“卒”均为句中的兼语，它们一方面充当动词（“使”、“引”、“恣”）的宾语，同时又是各自后面的动词（“治兵”、“坐”、“为”）的主语。

在古汉语中，兼语也经常被省略：

④子产使［ ］尽坏其馆之垣而纳车马焉。（《左传·襄公三十一年》）

⑤广故数言欲亡，忿恚尉，令［ ］辱之，以激怒其众。（《史记·陈涉世家》）

⑥ 不如早为之所，无使［ ］滋蔓。（《左传·隐公元年》）

上述三例中均省略了兼语，例①指子产手下的人；例②指被激怒的“尉”；例③就是上文的“之”，从上下文看，即公叔段。

古代汉语中兼语被省略的情况很普遍，翻译时往往需要补上，所以，从上下文意中准确地推断出被省略的成分是十分重要的。

三、固定结构

固定结构也称为“习惯句式”，是指一些凝固得很紧、不便于按一般的语法规律进行分析而只能将它们作为一个整体来对待的结构。下面将在古代汉语中经常使用的固定结构分类进行介绍。

（一）如……何　若……何　奈……何　如何　若何　奈何

在这组固定结构中，“如”、“若”、“奈”均表示“处置”、“对付”等义，“何”表示疑问，整个结构的意思是“对……怎么办”、“把……怎么样”，表示不知道对某件事应该如何处理的意思。它们的用法基本相同，在句子中作为一个整体充当谓语。如：

①一薛居州，独如宋王何？（《孟子·滕文公下》）

②君亡之不恤，而群臣是忧，惠之至也，将若君何？（《左传·僖公十五年》）

③虽有百秦，将无奈我何。（《战国策·齐策》）

“如宋王何”是说“能把宋王怎么样”；“若君何”是说“对君怎么办”；“奈我何”是说“把我怎么样”。在理解和分析句子的时侯，都不用将这些固定结构拆开。

如果动词后面的宾语是代词“之”，就成了“如之何”、“若之何”、“奈之何”等格式。而“之”的内容一般在上文已经出现过了，所以它的作用逐渐虚化，当这些固定结构在句子中充当句子谓语的时侯，就可以将它们直接译为“怎么办”、“怎么样”等，不用再具体为“对……怎么样”等。如：

④西门豹曰：“巫妪三老不来还，奈之何？”（《史记·滑稽列传》）

⑤宋，小国也，今将行仁政；齐楚恶而伐之，则如之何？（《孟子·滕文公下》）

⑥晋侯谓庆郑曰：“寇深矣，若之何？”（《左传·僖公十五年》）

当这样的结构充当句子状语的时侯，“之”的作用已完全虚化，整个结构表示对某种行为或某种处置方式的反对之意，呈反问语气，可译为“为什么”。

⑦若之何其以病败君之大事也？（《左传·成公二年》）

⑧君臣之义，如之何其废之？（《论语·微子》）

这种结构再紧缩，就可以将“之”字取消，成“如何”、“奈何”、“若何”或“何如”、“何若”等格式，其用法与意义和“如之何”、“若之何”等基本相同，做谓语时表示“怎么样”、“怎么办”，做状语时表示“为什么”或“怎么”等。

⑨ 取吾璧，不予我城，奈何？（《史记·廉颇蔺相如列传》）

⑩晏子曰：“子将若何？”（《左传·昭公三年》）

⑪与不谷同好，如何？（《左传·僖公四年》）

⑫以五十步笑百步，则何如？（《孟子·梁惠王上》）

⑬民不畏死，奈何以死惧之？（《老子、第七十一章》）

⑭伤未及死，如何勿重？（《左传·僖公二十二年》）

前两例的“奈何”、“若何”均应译作“怎么办”，例⑪的“如何”却应该译为“怎么样”。它们都是谓语。例⑫用的是“何如”，意义与“如何”同。后两例用“奈何”、“如何”做状语，均可译为“为什么”。

（二）何……为　何以……为

这是古汉语中常见的表示反问的一种格式，其意思是“为什么……呢”。“何”是疑问代词；“为”是语气词。

①上知朔多端，召问朔：“何恐朱儒为？”（《汉书·东方朔传》）

②如今人方为刀俎，我为鱼肉，何辞为？（《史记·项羽本记》）

例①“何恐朱儒为”的意思是“为什么要恐吓这些株儒呢”，例②“何辞为”是说“为什么要告辞呢”，两句都是反问句，都有劝阻对方、不希望他那样做的意思。

“何”还经常与“以”连用，组成“何以……为”结构形式，其中，“以”是动词，有“用”的意思，这个结构译为“哪用……呢”或“用……干什么呢”。如：

(3) 颛臾，昔者先王以为东蒙主，且在邦域之中矣，是社稷之臣也，何以伐为？（《论语·季氏》）

④先生议兵，常以仁义为本。仁者爱人，义者循礼，然则又何以兵为？（《荀子·议兵》）

⑤大丈夫定诸侯，即为真王耳，何以假为？（《史记·淮阴侯列传》）

“何以伐为”的意思是“哪用讨伐呢？”其它两例同此，“何以兵为”可译作“用兵干什么呢”；“何以假为”可译作“怎么用得着作代理（的王）呢”。

这一结构中的“何”还可以换成其它的语气词，动词“以”也可以直接换成“用”字，如：

⑥奚以之九万里而南为？（《庄子·逍遥游》）

⑦恶用是鶃鶃者为哉？（《孟子·滕文公下》）

例⑥用了“奚以……为”、例⑦用了“恶用……为”，与“何以……为”的作用及所表示的意义相同。

（三）有以　无以

“有以”是“有……可拿来”的意思；相反，“无以”是“没有……可拿来”的意思。细致分析起来，这里的“有”、“无”均为动词，“以”是介词，它后面的宾语省略了。但作为固定结构，我们不必再将它们拆开理解。如：

①信喜，谓漂母曰：“吾必有以重报母。”（《史记·淮阴侯列传》）

②叟！不远千里而来，亦将有以利吾国乎？（《孟子·梁惠王上》）

③尔贡苞茅不入，王祭不共，无以缩酒，寡人是征。（《左传·僖公四年》）

④故不积跬步，无以至千里；不积小流，无以成江海。（《荀子·劝学篇》）

例①的“吾必有以重报母”可以译为“我一定有拿来重重报答您的”，用以报答的内容正是“以”的被省略的宾语。同样，其它几例的“有以利吾国”是说“有用来使我国得利的”；“无以缩酒”是“没有用来缩酒的”等。

因为“有以”、“无以”已成固定结构，所以，翻译这样的结构也并不一定如此拘谨，可以直接译为“有法”、“无法”等，如“无以至千里”可译为“无法到达千里远（的地方）”、“无以成江海”

可译为“无法成为江海”。前面几例也如此。

（四）不亦……乎　无乃……乎　得无……乎

这是一组表示反问或者揣度语气的固定结构，但彼此之间稍有不同。“不亦……乎”主要表示反问语气，即用反问的形式表示肯定的意见，疑问词“乎”用在句尾，使反问的语气比较委婉，意思是“不是也……吗”。其中，“无乃……乎”与“得无……乎”主要表达揣度性的语气，说话人一般已经有了肯定的看法，又用一种更为委婉的口气询问对方的意见，前者可译为“是不是……”；后者可译为“该不会……”。我们从实例中可以分辨出来：

①学而时习之，不亦说乎？有朋友自远方来，不亦乐乎？人不知而不愠，不亦君子乎？（《论语·学而》）

②舟已行矣，而剑不行，求剑若此，不亦惑乎？（《吕氏春秋·察今》）

③今君王既栖于会稽之上，然后乃求谋臣，无乃后乎？（《国语·越语》）

④居简而行简，无乃大简乎？（《论语·雍也》）

⑤ 日食饮得无衰乎？（《战国策·赵策》）

⑥ 夫少正卯，鲁之闲人也，夫子为政而始诛之，得无失乎？（《荀子·宥坐》）

分析上述六例，前两例用了“不亦……乎”，是对自己所说的看法（“说”、“乐”、“愠”、“惑”）的委婉的肯定。后面四例分别用了“无乃……乎”和“得无……乎”，与前两例相比，虽然都是有反问的口气，但语气的确更为委婉。我们可以试着将它们也换作“不亦……乎”，其彼此的不同就完全可以体会出来了。

这一组固定结构还有其他的书写形式，如“不亦”可写作“无亦”、“不已”；“无乃”可写作“毋乃”；“得无”可写作“得毋”、“得微”等，与它们相呼应的则总是“乎”。

（五）孰与

“孰”是疑问代词，“孰与”成为一个固定结构是从古汉语中一种用“孰”表示选择的句型、即“……与……孰……”演变来的。如：

①吾与徐公孰美？（《战国策·齐策》）

这句话的意思是“我和徐公哪一个美”。句中用连词“与”连接比较的双方，用“孰”表示选择，“孰”后面是比较的内容。同样的意思在这篇文章中又被说成：

②吾孰与徐公美？（《战国策·齐策》）

将“孰”从后面提到前面和“与”字连在一起用，就变成了“……孰与……”的形式。在这一固定结构中，“孰与”具有动词性质，用来比较两个人或两件事的优劣得失，如：

③因问陆生曰：“我孰与萧何、曹参、韩信贤？”（《史记·郦生陆贾列传》）

译成现代汉语，这句话问的是“我和萧何、曹参、韩信谁贤？”这是典型而完整的“孰与”句型，比较的双方和比较的内容都不缺。有时，可以省去比较的一方：

④沛公曰：“孰与君少长？”（《史记·项羽本纪》）

这句话在“孰与”之前省略了比较的另一方——项羽，全句完整的意思应该是“项羽和您（张良）谁大谁小”。

在实际应用中，不仅可以省去进行比较的另一方，还可以将比较的内容提到“孰与”之前，如：

⑤大王自料，勇悍仁强孰与项王？（《史记·淮阴侯列传》）

⑥君之圣孰与尧也？（《战国策·楚策》）

例⑤问的是“您和项王谁更‘勇悍仁强’”，例⑥问的是“您和尧谁更圣明”。与前几例不同的是，此两句比较的内容“勇悍仁强”和“圣”均提到了“孰与”的前面。

有时，在“孰与”句型中并不出现比较的内容，这是由于这一内容或者在前文已经说过，或者十分明显，完全可以根据上下文意体会出来：

⑦田侯召大臣而谋曰：“救赵孰与勿救？”（《战国策·齐策》）

⑧公之视廉将军孰与秦王？（《史记·廉颇蔺相如列传》）

例⑦的比较内容是“更好”、“更有利”；例⑧所比的是“更厉害”，这都是不言而喻的。

古代汉语中还用“孰与”表示选择，所肯定的是“孰与”后面的部分。“孰与”也可以写作“孰若”，意义不变。“孰若”还经常与“与其”搭配适用，则选择的意义更为明显。如：

⑨从天而颂之，孰与制天命而用之？（《荀子·天论》）

⑩惟坐待亡，孰与伐之？（诸葛亮《后出师表》）

⑪为两郎僮，孰若为一郎僮耶？（柳宗元《童区寄传》）

⑫与其有誉于前，孰若无毁于后？（韩愈《送李愿归盘谷序》）

⑬与其杀是童，孰若卖之？与其卖而分，孰若吾得而走之？（柳宗元《童区寄传》）

上述五例均为表示选择的句子，所选择的都是后者。⑫与⑬两例用了“与其”和“孰若”相呼应，则更加明确地表示了“前者不如后者”的意见。

学习语法知识的目的是为了更好地阅读古书，所以我们应该把学到的理论知识与具体的语言实践结合起来，在阅读古书的过程中进一步理解和掌握语法知识，同时，有效地利用学过的理论知识解决阅读中碰到的各种问题，这才是我们学习语法理论的真正目的。

第八章　字典、词典的使用

第一节　字典、词典的编排与查检

古语说："工欲善其事，必先利其器。"（《论语·卫灵公》）各种工具书就是我们的"器"，不论是学习、研究古代汉语，还是阅读古代文献，都离不开它，对于初学者来说，更是如此。

工具书的种类很多，包括字典、词典、索引、类书、韵书、年表、百科全书等等。其中字典和词典是最常见常用的工具书。

所谓字典，是以字为单位，按一定次序编排并逐字加以解释的工具书。

词典，也作"辞典"，是汇集语言中的词语，加以编排、解释的工具书。

"字典"一词，始于清代康熙年间的《康熙字典》；"词典（辞典）"一词，更是现代才出现的。

但是，字典、词典这类的工具书，在我国的的产生却是极早的。第一部词典《尔雅》，成书于汉初；第一部字典《说文解字》，著述于东汉，距今都将近两千年了。由于古汉语中单音节词占主体地位，"字"和"词"在书写形式上往往是统一的，没有什么区别，所以，古人将这类书笼统地称为"字书"。这一名称，略同于我们今天所说的"辞书"，是字典、词典的统称。

字典和词典的区别在于收录对象的不同。然而，字典虽以收字为主，一般不收录由两个以上的字组成的词和词组，但所谓字，即使在现代汉语中，大多数也能单独成词，这就是单音词；而词典虽然以收词为主，但为了引出词目，也要收录字，包括即使本身不能单独成词的字。从这个角度讲，字典和词典不是截然不同的，而是属于同一类型的工具书。

任何字典、词典都是依照一定的次序有规则地组织起来的，我们必须熟悉这些规则，才能得心应手地进行查检。我国字典、词典的编排主要有如下几种方法。

一、义类法

这是将所收字、词按照意义分门别类进行编排的方法。

我国古代的字典、词典采用这种法编排的很多，汉代的《尔雅》、《方言》、《释名》等书开肇其端。其后，三国魏的《广雅》、宋代的《埤雅》、明代的《通雅》、清代的《比雅》等历代“雅书”，以及清代的《通俗编》、《恒言录》、近人章炳麟所著《新方言》等方言词典，都沿用《尔雅》的这种方法。此外，还有一些其他类型的字典、词典，也采用义类法编排，如宋代《六书故》、清代《骈字类编》等等。甚至今人还有采用此法的，如蒋礼鸿著《敦煌变文字义通释》。

这种编排，略同于类书，对于查找事项特别方便。同时，其作用又相当于同义词词典，将同义、近义以及同类的字词编排一起，供人查检使用。

但是，义类法没有固定的标准，各书所分类别的多寡、次序，以至某些字词的归类，都有所不同，因此，使用时检索比较困难。

二、形序法

这是按汉字的形体结构特点进行分类编排的方法。主要有部首法、笔画笔顺法和四角号码法三种：

（一）部首法

将汉字依其形体结构分为若干类，称为“部”。同一部的字都有相同的结构成分，这一相同的成分大多可以独立成字，也有少数不能独立成字，而只是汉字的构成部件。编排时，将这一成分置于每部之首，作为这一部的代表，统领部中其它的字，称为“部首”。

这一方法始创于东汉许慎的《说文解字》，书中将所收的9353个字依“六书”体系分归540部。之后，梁顾野王的《玉篇》、宋司马光的《类篇》等书，基本沿用其例。但这一方法草创之初，分部过繁，部首编排及各部中汉字的次序都无定例，查检起来很不方便。

（二）笔画笔顺法

笔画笔顺法是先计汉字的笔画数目，笔画少的字排在前面，笔画多的排在后面，笔画数目相同的字，再按规定的笔顺次序排列先后。例如，五十年代初期北京师范大学编纂的《学文化字典》，就是采用这种方法编排的。

从理论上说，用这种方法查字是比较简便的。但由于汉字数量繁多，相同笔画笔顺的字也很多，而人们对汉字的笔画数和笔顺次序也不易做到字字都认识一致，因此，采用此法编排的字典、词典不多。

可见，单纯采用部首法或笔画笔顺法编排都不便于查检，而将这两种方法结合起来，就比较科学了，我们可称之为“部首笔画笔顺法”，或简称“部首笔画法”。也有些字典、词典只用部首和笔画编排，不再考虑笔顺。

明代梅膺祚著《字汇》，将《说文解字》以来沿用的旧部首进行归并，简化成240部。归部的原则也不再重于“六书”体系，而是着眼于检字的方便。同时，将部首的排列和各部中汉字的排列都按笔画多少为先后，为近代采用部首笔画编排法的先声。

现在，比较大型的字典、词典，一般都采用这种方法编排，如《辞源》、《辞海》、《汉语大词典》、《汉语大字典》等。

（三）四角号码法

这一方法是商务印书馆王云五等人在本世纪二十年代发明的。当时，商务印书馆编辑出版的不少工具书都采用此法。后来，其他出版社也相仿效，于是，四角号码法逐步推广，至今已成为工具书的主要检字方法之一。

具体做法是按汉字四角的笔画结构特点归为十类，用0至9十个号码分别表示，每一角得一个数字，每个汉字以四个角计算（缺角作0），共得四个数字排成一个四位数，然后再按数字先后编排。取角的顺序为先左上角，次右上角，再次左下角，最后是右下角。

使用这一方法，首先要将十类笔形和十个数字的对应关系记熟。商务印书馆1950年出版的《四角号码新词典》附有“对照歌”，有助于记忆。全文如下：

横一垂二三点捺，

叉四插五方框六，

七角八八九是小，

点下有横变零头。

解放后，对旧四角号码法作了一些修改，形成了新旧两种。以这两种方法检字，其号码不尽一致，这是在使用中须加注意的。

不同的汉字，其四角的笔形可能相同，如“雷”、“矿”、“否”三字都是1060。相同号码的字多了，也不便于查检。于是，又增加“附号”，以方便检字。“附号”依字的靠近右下角的上方一个笔形取号，仍按十种笔形的不同号码编制。“附号”在排印时，在四角号码之后，形体小于四角号码。如“雷”字写作 1060_3，“否”字为1060，无形可取或这一笔形已被别角用过，则作 0 ，如“矿”字为 1060。，这样，同码字就大大减少了。

总之，这种编排具有直接便捷的优点，但学习掌握比较困难。许多词典常附有《四角号码检字法》，对于笔形和号码、查字方法与规则等有较详的叙述，可以参考。另外，商务印书馆出版的丁木、仲芸编著的《怎样学会四角号码检字法》一书，论述系统，便于初学。

三、音序法

音序法是按一定的字音顺序将字词进行编排的方法。大致可以分为三种：

（一）按声、韵、调的次序编排

这种方法，一般是将所收字先按声调分类，每类之中再按韵分为若干个韵部，每部之中完全同音的字归并一处，组成小韵，小韵之间的排列依声母的次序。

旧时的韵书多采用此法编排，如隋代《切韵》、唐代《唐韵》、宋代《广韵》、《集韵》，清代的《佩文诗韵》等等。韵书本为作诗选韵而编纂，我们今天却可视之为“正音词典”，利用它来查检字的古音。再者，韵书也常对一些字加以简单的释义，可供我们参考。

此外，类书和其他字典、词典也有用此法编制的，如元代《字鉴》、清代《吴下方言考》、《经传释词》、《佩文韵府》、《经籍纂诂》等等。这些书的编排体例虽不尽如上述，但基本方法是相同的。因此，对于这种按声、韵、调次序编排的方法，我们也应该了解、掌握。

这类工具书的编排，一般是依中古音的系统，即声调分平、上、去、入四类；韵部或为206（依《切韵》系统），或为106（依“平水韵”系统）；声母的次序多依传统的三十六字母排列。所以，要利用以这种方法编排的工具书，必须具备一定的音韵学知识。

（二）按“注音字母”的次序编排

注音字母，又称“国音字母”、“注音符号”。是“汉语拼音方案”制定前通行的为汉字注音的一套音标。1913年由读音统一会制定，1918年由北洋政府教育部公布。字母共四十个，顺序如下：

声母二十四个：ㄅㄆㄇㄈ ㄪ ㄉㄊㄋㄌㄍㄎ ㄫ ㄏㄐㄑ ㄬ ㄒㄓㄔㄕㄖㄗㄘㄙ

（其中ㄪㄫㄬ只注方音和外来语）

韵母十六个：ㄚㄛㄜㄝㄞㄟㄠㄡㄢㄣㄤㄥㄦㄧㄨㄩ

具体编排方法是，先将所收字以声母顺序排列，同声母的再按韵母顺序排列。

注音字母通行期间所编著的字典、词典，经常采用此法，如杨树达的《词诠》、中华大辞典编纂处的《国语辞典》、新华辞书社的《新华字典》（1953年版）等等。

（三）按“汉语拼音方案”的字母顺序编排

这是根据1958年2月11日第一届全国人民代表大会第五次会议批准的“汉语拼音方案”进行编排的方法。排列顺序依照《汉语拼音方案·字母表》：

Aa Bb Cc Dd Ee Ff Gg Hh Ii Jj Kk Ll Mm
Nn Oo Pp Qq Rr Ss Tt Uu Vv Ww Xx Yy Zz

以上共二十六个字母，其中Vv只用为拼写外来语、少数民族语言和方言，Ii和Uu做声母时要分别改写为Yy和Ww，做韵头或单独做韵母时，前面要加写Yy和Ww。所以，可将所收字依其拼音的第一个字母顺次分为23部，每部之中再按第二、三、四、五、六（汉字的拼音最少用一个字母，如“啊”a；最多用六个字母，如“装”zhuang）个字母依《字母表》中的次序加以排列。字母完全相同的字，再依声调排列。声调分阴平（调号为“ˉ”）、阳平（“ˊ”）、上声（“ˇ”）、去声（“ˋ”）四个调类。轻声字不标调号，一般紧接在同形的非轻声字之后，如“家”（jia）排在“家”（jiā）的后面，或者排在去声之后。

用这种方法编制的字典、词典，常见的有商务印书馆的《学生字典》、新华辞书社的《新华字典》（1958 年以后版）、以及中国社会科学院语言研究所词典编辑室的《现代汉语词典》等。

以上，简单介绍了几种常见常用的编排方法。其中，现代最为通行的是汉语拼音音序法、部首笔画法和四角号码法三种。

这三种方法各有利弊。汉语拼音音序法符合现代化和国际化的要求，查字迅速方便，但读书遇到不认识的字，或想查某一字的读音，这种方法就不适用。有些方言区的人，普通话读音不准确，也很难找到要查检的字。部首笔画法不存在上述缺点，但有的字究竟归属哪个部首，不易确定。所立部首的多寡和某些字的归部，各书也不一致。四角号码则不易学习掌握，而且，随着汉字的简化和印刷字体的变化，字的号码也随着产生变化。如繁体的“會”是 8060，简体的“会”是 8073；旧印刷体的“吴”是 2643，新印刷体的“吴”是 6043。旧法和新法也有些不同，如“吴”在旧法编制的《辞源》（新版）“四角号码索引”中是 6043，在新法编制的《现代汉语词典》“四角号码检字表”中是 6080。今后，随着汉字形体的进一步简化，其部首、笔画、笔顺以及四角号码必然也还会产生相应的变化，这些情况都给查检带来一定的麻烦。而且，如果只知道某字的读音，想查检它的形体，那么，部首笔画和四角号码这两种方法也就不适用了。

为取长补短，现在发行的字典、词典，不论以什么方法编制，往往都附有其他方法编排的检字表。这样，如果使用者不熟悉它的编制方法，或遇到这一方法不适宜查检的情况，则可以利用所附的其他方法检字表。

字典、词典的种类很多，即使是同一方法编制的，各书的体例也难免小有差异。所以，我们在使用一部字典或词典时，还要先了解、熟悉全书的体例，仔细阅读它的序言、凡例，以及书后的补遗、勘误、附录之类，否则，将可能事倍功半。

第二节　常用字典、词典简介

一、《说文解字》

《说文解字》是我国第一部字典。东汉许慎编著。全书共十五卷，收字9353个，另有重文1163个，共计10516字。作者将这些字依形体结构分为540部，“分别部居”、“据形系联”，首创有系统的部首编排法。字体以小篆为主，兼收古文和籀文。每字下的解释，一般先说字义，再说形体构造及读音，间引书证。依据“六书”理论解说文字，使读者可据以上求造字根源，下辨字体变迁，无论研究甲骨金石文字，还是当前的汉字应用和规范工作，都应该对此书加以研究和利用。许慎的说解总结了汉代儒家对经传文字的训释，是从生动的语言实际中概括归纳出的有体系的系统说解。所以，对我们研究学习古代汉语和阅读古书是很有参考价值的。

《说文解字》分部标准与现代辞书不尽相同，虽然书中列有部首总目，但部首的编排及部中各字的次第均无严格的规则，检查使用很不方便。1963年中华书局影印出版的《说文解字》，于每个篆文之上加注楷体，卷末附有“部首检字表”和“正文检字表”，都以笔画顺序排列，较便于初学者使用。

历代研究和解释《说文解字》的著作很多，较好的有清代段玉裁的《说文解字注》、朱骏声的《说文通训定声》、桂馥的《说文义证》等，王筠的《说文句读》一书较便初学入门。

二、《康熙字典》

《康熙字典》是清初康熙时张玉书等人奉诏编撰的一部字典。全书共收47035字，是我国古代字典中收字较多的一部。用部首笔画法编排，分成214个部首，以子、丑、寅、卯、辰、巳、午、未、申、酉、戌、亥十二地支为标目，将全书分做十二集，每集又分上中下，并将214个部首按照笔画数目分属在十二集中。同部之字以笔画数目排列，少者在前，多者在后。

这部字典正集前面列有总目、检字、辨似、等韵等。正集后面附有备考、补遗等。总目列有214个部首的次第；检字收的是部首不明确或不易查检之字；辩似是将某些笔画相似的字列在一起，加以对照分辨；备考所收为不通用的僻字和音义考证不清之字；补遗则是正集漏收之字。

释字体例是先音后义。先列历代主要韵书的反切，再解释意义，每义之下一般都引古书书证。

此书疏漏秕误之处颇多，其后王引之作《字典考证》一书，考出《康熙字典》的错误 2588 条，多为引书或引文之误，使用时需加注意。

《康熙字典》虽然不甚完善，但收字之多为前所未有，一些在一般常用字典、词典中查检不出的难字、僻字，在这部字典中往往可以查到。又因它是“官书”，所以流传较广。影响很大，至今仍不失为一本有利用参考价值的工具书。

《康熙字典》除清刻本外，常见的有上海鸿宝斋石印本，书眉上附列篆体；商务印书馆铜版印本，书后附王引之《字典考证》。中化书局的影印精装本，则兼列篆文和《字典考证》，使用最为方便。

三、《中华大字典》

欧阳溥存等人编。1915 年由上海中华书局出版。收字四万八千多个，并删去旧字典中一些过于生僻的字，连同注释，全书共四百余万字，是辛亥革命后编辑出版的一部大字典。

用部首笔画法编制，编排体例略同《康熙字典》而调整了一些部首的排列顺序，书前列有检字表，依笔画编排，可供不熟悉字的部首偏旁者使用。

释义体例是先注反切，再注直音和韵部，反切以《集韵》为主，韵部依“平水韵”分为 106 部。释义按字义不同分列义项，每项另起行，逐次排列，解释也较扼要明晰。引用书证注明篇名，便于核对原文。

这部字典收字比《康熙字典》还多，义项收录较为完备，编辑体例也较精善，许多方面都针对《康熙字典》等旧字书的缺点而加以改进。但亦未免疏漏之处，如沿用旧说、释义不清、漏载引书篇名等等。而且，过于追求释义详备，也往往有一味堆砌有失归纳之嫌。所以，与《康熙字典》相比，虽略胜一筹，但并不能如编者的设想那样，完全取而代之，还是有优劣互见之处的。今天我们使用《康熙字典》和《中华大字典》，最好两书对观，取长补短，并参考《辞海》、《辞源》、《汉语大词典》、《汉语大字典》等以定取舍。特别是采用所引书证，须查对原书原文，以免延误。

1978年中华书局又将《中华大字典》据1935年本重印发行，大开本精装一册，之后又缩印为小开本精装二册，都比较便于使用。

四、《辞源》

《辞源》是由商务印书馆编印，1915年出版的大型词典。之后，几经修改，现在通行的是1979年至1983年出版的四册修订本。

全书共收单字12890个，复词84134条，共计97024条目。用繁体字排版，采用部首笔画法编制。也以十二地支将全书分为十二集以统摄214部首，同部之字按笔画为序，同笔画者依起笔形点、横、竖、撇、折为序。复音词或词组收在该词或词组的第一个字后，先按字数多少编排，字数相同者再依第二、三诸字的笔画和笔顺排列先后。每册末附“四角号码索引”，全书后附“单字汉语拼音索引”。

释义体例是先释单字音义，注音兼用汉语拼音、注音字母和反切，并注明古调类、韵部和声纽。再释复音词或词组的意义和用法。多义的单字和复音词都分条释义，逐条加引书证。

新版《辞源》收词止于鸦片战争（1840年），是专为解决阅读古籍时关于语词典故和有关古代文物典章制度等知识性疑难问题而编的，是一部古代汉语语文工具书。

《词源》收词丰富，释义较精当，引文详注出处，是学习和研究古代汉语重要的必备工具书。

五、《辞海》

《辞海》是中华书局1936年编印出版的一部综合性词典。之后，几经修改，现在通行的是1979年出版的三卷本新版《辞海》和据之缩印的一册精装本。

全书收单字（包括繁体字和异体字）14872个，一般语词和专科名词术语91706条，共计106578条目。

本书用简体字排版，相应的繁体字和异体字用小号黑体加〔 〕

号注于单字之后，并另列附见条，注明为“某的繁体字（或异体字)”。

编排体例与《辞源》略同，只是部首分为250个，笔顺次序为横、竖、撇、点、折，也不再以地支分为十二集。书前有“笔画查字表”，书末附“汉语拼音索引”，可查单字。

释义体例是先释单字音义，注音只用汉语拼音，比较冷僻的字加注直音。然后释复词或词组的意义、用法。多义的单字和复词、词组都分条释义，一般每一义项都加书证。

新版《词海》是一部大型的兼收普通语词和百科语词的综合性辞书。收词包括成语、典故、人物、著作、历史事件、古今地名、团体组织、各学科的名词术语等。收词底限截止至1978年12月，并拟此后每隔一段时间出版一卷“增补本”，目前已于1983年12月出版了第一卷“增补本”，收词截止至1981年12月，共收词目16600余条，仍然沿用《辞海》1979年版体例。

《辞海》与《辞源》收词重点、范围都有所不同，释义方面也往往各见短长，二书可对照使用，取长补短，不可偏废。

六、《汉语大字典》

汉语大字典编辑委员会编纂，湖北辞书出版社和四川辞书出版社合作出版。全书共八卷，分为八册。1986年10月开始出版第一卷，至1990年10月全部出齐。

《汉语大字典》收列楷书单字，单字下酌收少数复词。单字按“部首笔画法”编排。

部首以传统的《康熙字典》214部为基础，加以删并而成200部。部首按笔画多少顺序排列，同笔画的部首按一（横）、丨（竖）、丿（撇）、丶（点）、乙（折）五种笔形顺序排列。同部同笔画的单字也按照这种顺序。每卷卷首有“部首目录”和“检字表”，书末附有“分卷部首表”和“笔画检字表”。

《汉语大字典》是一部以解释汉字的形、音、义为主要任务的大型语言语文工具书。总计共列单字56000个左右（据《汉语大字典·前言》)，是迄今已出版的字典辞书中收字最多的一种。它注重形音义的密切配合，尽可能历史地、正确地反映汉字形音义的发展。在字形方面，于楷书单字条目下收列了能够反映形体演变关系的、有代表性的甲骨文、金文、小篆和隶书形体，并简要说明其结构的演变。在字音方面，它对所收列的楷书单字除注出现代读音外，还收列了中古的反切，标注了上古的韵部。在字义方面，不仅注重收列常用字的常用义，而且注意考释常用字的生僻义和生僻字的义项，还适当地收录了复音词中的词素义。有些名物用字，用文字难以描绘，或较罕见，则附插图以助释义。

《汉语大字典》收字最多，体例完善，释义较全，引证丰富，可供我们检索古书中的生字、僻字。而且，对于我们考释汉字的形体演变、字音沿革、字义系统以及汉字形音义三者关系等方面都有很大帮助。

七、《汉语大词典》

汉语大词典编辑委员会、汉语大词典编纂处编纂。全书正文十二卷，分为十二册。1986 年 11 月开始出版第一册，由上海辞书出版社出版。从第二册起，改由汉语大词典出版社出版。1993 年 11 月正文十二册出齐，1994 年 4 月出版《附录·索引》一册。

《汉语大词典》是一部大型的、历史性的汉语语文辞典。全书共收录词语 37 万 5 千余条，约 5 千万字，插图 2253 幅，是一部集古今汉语语词之大成的、规模空前的巨著。单字采用“部首笔画法”编排，在《康熙字典》214 个部首的基础上稍加改进，成 200 部，部首的归并和单字的编排方法基本与《汉语大字典》一致。第十三册附有“单字笔画索引”和“单字汉语拼音索引”。

《汉语大词典》只收汉语的一般语词，着重从语词的历史演变过程加以全面阐述。所收条目义项完备，释义确切，层次清楚，文字简练，符合辞书科学性、知识性、稳定性的要求。单字则以有文献例证者为限，没有例证的僻字、死字一般不收列。专科语词只收已经进入一般语词范围内的，以与其他专科辞书相区别。

《汉语大词典》的编辑方针为“古今兼收，源流并重”。所涉及的知识面极为广泛，与社会生活、古今习俗、中外文化乃至各种宗教教义，都发生纵向或横向联系。它的出版，对于提高中华民族的文化素质，发展社会主义科学、教育、文化事业，定将发挥积极而深远的作用。

八、《词诠》

杨树达著。成书于1928年。

全书收古汉语虚词五百多条，按注音字母顺序排列。书前附用部首笔画法编排的“部首目录”，可供不熟悉注音字母的人使用。

每释一词，先辩词类，再释意义和用法，并引书证，眉目清楚，系统性强，所用术语接近当代语法著作中的术语，通俗易懂，便于初学者使用。

本书自1928年初版后，几经再版，1979年中华书局出版发行了一册平装本，书后又附以汉语拼音音序法编制的“索引”，使用起来更加方便。

文选部分

侍坐[①]

（《论语·先进》节选）

子路、曾皙、冉有、公西华侍坐[②]。子曰[③]："以吾一日长乎尔，毋吾以也[④]。居则曰[⑤]：'不吾知也[⑥]'，如或知尔[⑦]，则何以哉[⑧]？"

子路率尔而对曰[⑨]："千乘之国[⑩]，摄乎大国之间[⑪]，加之以师旅[⑫]，因之以饥馑[⑬]；由也为之[⑭]，比及三年[⑮]，可使有勇[⑯]，且知方也[⑰]。"

夫子哂之[⑱]。

"求，尔何如？"

对曰："方六七十[⑲]，如五六十[⑳]，求也为之，比及三年，可使足民[㉑]。如其礼乐，以俟君子[㉒]。"

"赤，尔何如？"

对曰："非曰能之，愿学焉[㉓]。宗庙之事[㉔]，如会同[㉕]，端章甫[㉖]，愿为小相焉[㉗]。"

"点，尔何如？"

鼓瑟希[㉘]，铿尔[㉙]，舍瑟而作[㉚]，对曰："异乎三子者之撰[㉛]。"

子曰："何伤乎[㉜]？亦各言其志也！"

曰："莫春者[㉝]，春服既成[㉞]，冠者五六人[㉟]，童子六七人[㊱]，浴乎沂，风乎舞雩[㊲]，咏而归[㊳]。"

夫子喟然叹曰[㊴]："吾与点也[㊵]。"

三子者出，曾皙后[㊶]。曾皙曰："夫三子者之言何如？"

子曰："亦各言其志也已矣[㊷]！"

曰："夫子何哂由也？"

曰："为国以礼[㊸]，其言不让[㊹]，是故哂之。惟求则非邦也与[㊺]？安见方六七十、如五六十而非邦也者[㊻]？唯赤则非邦也与？宗宙、会同，非诸侯而何[㊼]？赤也为之小，孰能为之大[㊽]？"

注释：

① 本文选自《论语·先进》。 侍坐：是说弟子侍奉老师闲坐。

② 此四人均为孔子学生。 子路：姓仲名由，字子路，比孔子小九岁。曾皙（xī）：名点。是曾参的父亲，年岁小于子路而长于曾皙。 冉有：名求，字子有，比孔子小二十九岁。 公西华：复姓公西，名赤，字色华，比孔子小四十二岁。

③ 子：本是古代对男子的尊称，此处（以及《论语》中）的“子”特指孔子。

④ 这句是说：因为我比你们年岁大一点，就不用我了。（此处采用俞敏先生的说法。长乎乐：比你们年长。 乎：介词。毋吾以：否定句中宾语前置，即“毋以吾”。 以：动词，“用”的意思。

⑤ 居：指平时未出仕闲住的时候。

⑥ 不吾知：否定句中宾语前置，即“不知吾”，意思是不了解我。

⑦ 如果有人了解你。 或：不定代词，有的人。

⑧ 何以：即“以何”，疑问代词充当宾语，宾语前置。意为“用什么方法（来治理国家）呢”。 以：动词，“用”的意思。

⑨ 率尔：轻率、急忙的样子。 而：连词，连接状语和中心词，可不译。 对：回答。

⑩ 乘：指兵车，也是古代的一个战斗单位，车上三人，车下七十二个步兵组成一乘。

⑪ 摄：夹。

⑫ 加：加上。 之：代词，已虚化。 师旅：军队，此指他国的侵略军。

⑬ 因：指在……基础上紧跟着发生。 饥馑：此处泛指欠收的荒年。

⑭ 也：句中语气词。 为：治理。

⑮ 比及：等到。

⑯ 可使（百姓）产生勇气。“使”的后面省略了兼语。 勇：勇气。

⑰ 方：这里指礼义道德。

⑱ 哂（shěn）：微笑，略有一点讥讽的意思。

⑲ 方：方圆，即“见方”之义。

⑳ 如：或者。

㉑ 这句是说：可以使人民富足。 足：使……富足，使动用法。

㉒ 俟：等待。

㉓ 这句是说：不是说（我）可以做到，（我）愿意学习。 能：动词。

㉔ 指祭祀。

㉕ 会词：指诸侯朝见天子或彼此间相见聚会之事。

㉖ 端：玄端，古代的一种礼服。 章甫：古代的一种礼帽。按："端"与"章甫"在这里均用如动词，是穿礼服、戴礼帽参加会同等活动。

㉗ 小相：名词，则祭祀或会同时负责赞礼和司仪的低级官员。

㉘ 鼓：弹，古代将弹拨弦乐的动作也称为"鼓"。 瑟：乐器，有二十五弦。 希：稀。形容声音渐渐地小了，缓慢了。

㉙ 铿尔：象声词，形容推开瑟所发出的声音。

㉚ 舍：同捨，这里是推开的意思。 作：起来。

㉛ 和他们三人说的不一样。 撰：这里指好的言辞。

㉜ 这句是说：有什么妨碍呢？ 伤：这里表示妨碍的意思。

㉝ 莫：今天写作暮。暮春指夏历三月。

㉞ 既成：这里是已经穿定了的意思。按：由于已是暮春，人们普通穿起了春装，不用更换了，所以说"既成"。

㉟ 冠（guàn）者：成年人。古人男子二十岁行冠礼，表示从此就为成人了。

㊱ 童子：指还未行冠礼的年轻人。

㊲ 这句是说：在沂水中洗洗澡，在舞雩之下吹吹风。（按：此说采取了朱熹的意见。）

㊳ 咏：唱歌。

㊴ 喟（kuì）然：长叹的样子。

㊵ 与（yù）：动词，"同意"的意思。

㊶ 后：留在后面的意思。

㊷ 已矣：语气连用，可译为"罢了"。

㊸ 为国：治理国家。 以：用、凭借。

㊹ 让：谦让、谦虚。

㊺ 这句是说：难道求说的就不是治理国家（的大事）吗？ 惟：句首语气词。与：通欤。

㊻ 安：疑问代词，哪里，怎么。

㊼ 诸侯：这里指诸侯之事。

㊽ 这句是说：赤（只能）给他们当小相，谁能给他们当大相呢？ 为：动词，充当。按："为之小"、"为之大"两句结构相同，均为双宾语句。"之"为代词，代诸侯君主。

寡人之于国也[①]

（《孟子·梁惠王上》节选）

梁惠王曰[②]："寡人之于国也，尽心焉耳矣[③]。河内凶[④]，则移其民于河东[⑤]，移其粟于河内；河东凶亦然[⑥]。察邻国之政，无如寡人之用心者。邻国之民不加少[⑦]，寡人之民不加多，何也？"

注释：

① 本文选自《孟子·梁惠王上》。寡人：古代君王的自谦之称。

② 梁惠王：即魏惠王，名罃（yíng），惠是谥号。由于魏国迁都大梁，故又称梁惠王。

③ 这句话是说：我对于国家，也算是尽心了。 焉耳矣：语气词连用。

④ 河内：指今河南省黄河以北的地区。 凶：凶年，即指收成不好。

⑤ 河东：指黄河经河套南向的一段河东地区，在今山西省西部。

⑥ 然：代词，这样。按：指上文所说的移民移粟的方法。

⑦ 加：更加。

孟子对曰："王好战[①]，请以战喻[②]。填然鼓之[③]，兵刃既接[④]，弃甲曳兵而走[⑤]。或百步而后止[⑥]，或五十步而后止。以五十步笑百步，则何如？"

曰："不可，直不百步耳[⑦]，是亦走也。"

曰："王如知此，则无望民之多于邻国也。不违农时[⑧]，谷不可胜食也[⑨]；数罟不入洿池[⑩]，鱼鳖不可胜食也；斧斤以时入山林[⑪]，材木不可胜用也。谷与鱼鳖不可胜食，材木不可胜用，是使民养生丧死无憾也[⑫]。养生丧死无憾，王道之始也。五亩之宅[⑬]，树之以桑[⑭]，五十者可以衣帛矣[⑮]。鸡豚狗彘之畜[⑯]，无失其时，七十者可以食肉矣。百亩之田[⑰]，勿夺其时，数口之家可以无饥矣[⑱]。谨庠序之教[⑲]，申之以孝悌之义[⑳]，颁白者不负戴于道路矣[㉑]。七十者衣帛食肉、黎民不饥不寒[㉒]然而不王者[㉓]，未之有也[㉔]。狗彘食人食而不知检[㉕]，涂有饿殍而不知发[㉖]；人死，则曰：

‘非我也，岁也[27]。’是何异于刺人而杀之[28]，曰：‘非我也，兵也。’王无罪岁[29]，斯天下之民至焉[30]。”

注释：

① 好（hào）：喜欢，爱好。

② 这句是说：请允许我以战争为例给您讲明白。 喻：晓喻，晓解。

③ 填然：形容击鼓的声音。 鼓：动词，击鼓。 之：代词，已虚化。

④ 指已经交战。 既：已经。

⑤ 曳（yè）：拖着，拉着。 兵：兵器。 走：跑。这里指逃跑。

⑥ 或：有的人。 百步而后止：跑了一百步然后停止。

⑦ 直：只是、只。

⑧ 指不在农忙时节征调劳力去服役。 违：违背。

⑨ 胜（shēng）食：吃不完，吃不了。 胜：尽。

⑩ 数罟（ igǔ）：织得很细的鱼网。 洿池：池塘。

⑪ 斤：一种斧头。 以时：按一定的时节。

⑫ 养生：抚养活着的人。 丧死：安葬死去的人。按：古代儒家学者把这两件事看作是人生的头等大事。 憾：怨恨。

⑬ 王道：儒家学者所宣扬的治国之道。

⑭ 这句是说：在五亩宅居地的周围都种上桑树。 宅：这里指建宅的基地。按：古代实行井田制，农夫在居住的村落中和田亩中各能分得二亩半的建宅基地，故合称“五亩之宅”。在这两小块土地上，农夫可以种桑养蚕。 树：动词，种。 之：代词，这里指宅院。

⑮ 五十者：五十岁的人。 衣帛：穿丝帛织成的衣服。 衣：穿。名词活用为动词。

⑯ 豚：小猪。 彘：猪。

⑰ 百亩之田：指古代井田制每户分种的田亩。井田制是方九百亩为一井，按“井”字形画为九份，周围八份为私田，分给八户农夫耕种，每户百亩，收获归已。中间一份为公田，八户农夫轮流耕种，收获归公。每户农夫分得的“五亩之宅”中的一半，又是从公田中划分出来的。

⑱ 夺：剥夺。这里指在农忙之时征调农夫去服役。

⑲ 谨：谨慎，重视。 庠序之教：指学校教育。殷商时称学校为序，周时称学校为庠（xiáng）。

⑳ 申：反复再三地（进行）。 孝悌（tì）：孝指孝敬父母，悌指尊从兄长，这里古代提倡的伦理道德之一。

㉑ 颁白者：指头发花白的老者。 颁：通斑。 负戴：背负重物叫负，头顶重物叫戴，这里统指负担着东西走路。

㉒ 黎民：庶民百姓。

㉓ 然：代词，这样。 而：连词。 王：动词，称王。

㉔ 未之有：即“未有之”。 之：代词，指代上述“然而不王者”的情况，作动词“有”的宾语，因在否定句中，故置于动词谓语之前。

㉕ 检：节俭，收敛。

㉖ 涂：通“途”。 饿殍（piǎo）：饿死的人。 发：这里指打开粮仓济贫。

㉗ 这句是说：不是我的缘故，是年景的缘故。 岁：年景，即指收成的情况。

㉘ 刺：刺伤。 而：连词，并且。

㉙ 无：不要。这里是劝阻之词。 罪岁：怪罪年景。 罪：怪罪，归罪于……名词活用为动词。

㉚ 斯：代词，这样。 焉：“于之”的合音，作“至”的补语，“之”指魏国。

晋公子重耳之亡[1]

（《左传·僖公二十三年，二十四年》节选）

晋公子重耳之及于难也[2]，晋人伐诸蒲城[3]。蒲城人欲战，重耳不可[4]，曰：“保君父之命而享其生禄[5]，于是乎得人[6]。有人而校，罪莫大焉[7]。吾其奔也[8]。”遂奔狄[9]。从者狐偃、赵衰、颠颉、魏武子、司空季子[10]。狄人伐 咎如，获其二女叔隗、季隗[11]，纳诸公子[12]。公子取季隗[13]，生伯儵、叔刘；以叔隗妻赵衰[14]，生盾。将适齐[15]，谓季隗曰：“待我二十五年，不来而后嫁。”对曰：“我二十五年矣[16]，又如是而嫁[17]，则就木焉[18]。请待子。”处狄十二年而行。

注释：

① 重耳的父亲晋献公听信宠妃骊姬的谗言，逼迫太子申生自缢而死：重耳和夷吾（重耳的同母兄）同时离国逃难。历史上称这次事件为骊姬之乱。重耳在外流亡十九年，“艰难险阻，备尝之矣”。最后在秦国的支持下回到晋国，从怀公手里夺得了政权，这就是有名的晋文公。

② 及于难：等于说遭难。 及：赶上。 难，指骊姬之乱。

③ 诸："之于"的合音。 蒲城：重耳的封地，在今山西省隰县。

④ 不可：不允许。

⑤ 保：依仗，依靠。 生禄：这里指俸禄和爵位。

⑥ 得人：指拥有了自己的人。 人：这里指属于自己并拥护自己的人。

⑦ 这句话的意思是：有了人就同自己的父亲较量起来，罪过没有比这个更大的了。 校（jiào）：通较，较量、抗衡的意思。

⑧ 我还是逃走吧。 其：语气词。 奔：逃亡，出亡。

⑨ 狄：古代北方少数民族。重耳的母亲是狄人，故他逃往狄。

⑩ 从者：跟从（重耳逃亡）的人。 狐偃：重耳的舅舅，字子犯，又称舅犯。 赵衰（cuī）：晋大夫，字子余。 颠颉：晋大夫。 魏武子：晋大夫，名犨（chóu）。 司空季子：晋大夫，一名胥臣臼季。

⑪ 廧（qiáng）咎（gāo）如：狄族的一支。 隗（wěi）：姓。 叔、季：表示排行第三、第四。

⑫ 纳：贡献。在这里是送给重耳为妻的意思。

⑬ 取：通娶。

⑭ 妻：给……做妻，名词活用的动词。

⑮ 适：前往，去。

⑯ 这里的"二十五年"指二十五岁。

⑰ 如是：像这样。指等待重耳二十五岁，重耳不来，再嫁他人。

⑱ 就木：等于说进棺材。 木：这里指棺材。

过卫，卫文公不礼焉①。出于五鹿，乞食于野人②，野人与之块③。公子怒，欲鞭之。子犯曰："天赐也④。"稽首，受而载之⑤。

注释：

① 卫文公：卫国的国君，名燬（huǐ）。 不记焉：不按礼节对待重耳。 礼：名词用如动词。 焉："于之"的全音，可译为"对重耳"。

② 这句是说：从五鹿出来，向田间耕作的农夫讨饭吃。 五鹿：在今河北省濮阳县。

③ 块：这里指土块。（按：对此词的不同解释颇多，我们采取了通行的说法。）

④ （这）是上天赐予的。按：子犯的意思是，土块代表土地，象征着国土。农夫给你土块，就预示着你将拥有晋国。

⑤ 稽（qǐ）首：古代一种比较隆重的礼节，头叩在地上停留一会儿再起来。 受：接受，指接受了土块。

及齐，齐桓公妻之，有马二十乘[①]。公子安之[②]。从者以为不可。将行，谋于桑下。蚕妾在其上[③]，以告姜氏[④]。姜氏杀之，而谓公子曰："子有四方之志[⑤]，其闻之者，吾杀之矣。"公子曰："无之。"姜曰："行也！怀与安，实败名[⑥]。"公子不可。姜与子犯谋，醉而遣之[⑦]。醒，以戈逐子犯。

注释：

① 乘：四匹马拉一辆车叫一乘。

② 安之：意思是安心于现状。

③ 蚕妾：养蚕的女奴。 其：代词，代桑树。

④ 把（这件事）告诉了姜氏。 以：介词，后面省略了介词"之"。姜氏：重耳所娶的齐国女子。

⑤ 四方之志：周游四方之志，指重耳想离开齐国到其他地方去。

⑥ 这句的意思是：贪恋享受，安于现状，肯定会毁坏功名。

⑦ 这句是说：姜氏与子犯设计，把重耳灌醉了让他上路。

及曹，曹公共闻其骈胁[①]，欲观其裸[②]。浴，薄而观之[③]。僖负羁之妻曰[④]："吾观晋公子之从者，皆足以相国[⑤]。若以相，夫子必反其国[⑥]。反其国，必得志于诸侯[⑦]。得志于诸侯，而诛无礼[⑧]，曹其首也[⑨]。子盍蚤自贰焉[⑩]！"乃馈盘飧[⑪]，寘璧焉[⑫]。公子受飧反璧[⑬]。

及宋，宋襄公赠之以马二十乘。

注释：

① 曹共（gōng 音恭）公：曹国国君，名襄。 骈胁：指肋骨连如一骨。

② 裸：赤身露体。

③ 薄：迫近。这句是说，趁重耳洗浴之时，突然走近他而观看。

④ 僖负羁：曹大夫。

⑤ 相国：辅助国家。 相：帮助，辅助。

⑥ 若用［他们］为辅佐之臣，那个人（指重耳）一定能返回自己的国家。 以：介词，后面省略了宾语。 夫：指示代词。 子：古代对男子的

美称，此处指重耳。 反：通返。

⑦ 得志：实现自己的意思。

⑧ 诛：讨伐。 无礼：指无礼之国。

⑨ 曹国大概会是第一个吧。

⑩ 你为什么不尽早地表示出自己与曹君他们有所区别呢？ 盍：何不。骚：通早。 贰：不一致，有区别。

⑪ 馈：赠送。 盘飧（sūn）：用盘子装着的晚饭。 飧：晚饭。

⑫ 把璧放在饭中。 寘：放。按：依照古礼，臣与他国君臣不得有私交，所以把璧放在飧中，遮人耳目。 焉：于之。

⑬ 这句是说：重耳接受了饭，退还了璧。

及郑，郑文公亦不礼焉。叔詹谏曰[①]：“臣闻天子之所启，人弗及也[②]。晋公子有三焉[③]，天其或者将建诸[④]？君其礼焉！男女同姓，其生不蕃[⑤]。晋公子，姬出也，而至于今，一也[⑥]。离外之患[⑦]，而天不靖晋国[⑧]，殆将启之[⑨]，二也。有三士[⑩]，足以上人[⑪]，而从之，三也。晋、郑同侪[⑫]，其过子弟，固将礼焉[⑬]，况天之所启乎！”弗听。

注释：

① 叔詹：郑大夫。

② 我听说上天所赞助的人，别人是无法比得上的。 启：这里是“让他兴起”的意思，“启”是使动用法，与下文“天将兴之”的“兴”意同。

③ 晋公子有三条［有福的征兆］。

④ 其；语气词，表示推测、猜度的语气。 或者：表示不肯定。 建：立，指立为国君。 诸：“之乎”的合音字， “之”：代词，指重耳，做“建”的宾语。 “乎”：表示疑问的语气词。

⑤ 这句是说：同姓男女结婚，他们的后代不会蕃盛。

⑥ 这句是说：晋公子重耳是姬姓女子所生，而他能到今天，这是其一（即有福的三条征兆之一）。按：晋是姬姓之国，重耳的母亲是狄人，也姓姬。

⑦ 遭遇到逃亡在外的灾难。 离：通罹，遭遇。 外：这里指逃亡在外。

⑧ 上天不让晋国安宁。 靖：安宁，使动用法。

⑨ 殆：大概。

⑩ 三士：指狐偃、赵衰和贾佗。《国语·晋语》：“［重耳］父事狐偃，师事赵衰而长事贾佗。”

⑪ 上人：超过一般人。 上：用如动词。

⑫ 侪（chái）：等，类。这句是说，晋、郑是同等的国家。

⑬ 晋国的子弟路过郑国，本来就应该以礼相待。

及楚，楚子飨之[①]，曰："公子若反晋国，则何以报不穀[②]？"对曰："子、女、玉、帛[③]，则君有之；羽、毛、齿、革[④]，则君地生焉。其波及晋国者，君之余也。其何以报君？"曰："虽然[⑤]，何以报我？"对曰："若以君之灵，得反晋国[⑥]，晋、楚治兵[⑦]，遇于中原，其避君三舍[⑧]。若不获命[⑨]，其左执鞭弭[⑩]，右属櫜鞬[⑪]，以与君周旋[⑫]。"子玉请杀之[⑬]，楚子曰："晋公子广而俭，文而有礼[⑭]；其从者肃而宽，忠而能力[⑮]。晋侯无亲[⑯]，外内恶之。吾闻姬姓，唐叔之后，其后衰者也[⑰]，其将由晋公子乎[⑱]？天将兴之，谁能废之？违天，必有大咎[⑲]。"乃送诸秦[⑳]。

注释：

① 楚子：楚成王。楚国的爵位是"子"，故称"楚子"。 飨：宴请。

② 何以：以何，用什么。 不穀：古代君王的自称，表示谦虚。

③ 子、女：这里指男女奴隶。

④ 羽：鸟羽。 毛：兽毛。 齿：指象牙。 革：皮革。

⑤ 虽然：即便如此。 虽：连词，虽然。 然：代词，这样。

⑥ 如果靠着您的神灵，能够返回晋国。

⑦ 治兵：治理军队，指交战。

⑧ 其：语气词，表示委婉的语气。 辟：后来写作避，这里指后退。三舍：三十里。

⑨ 如果得不到您（退兵）的命令。就是说如果您仍要交战的话。

⑩ 鞭：马鞭。 弭：一种没有边缘的弓。

⑪ 属：佩戴。 櫜（gāo）：装箭的器具。 鞬：装弓的器具。

⑫ 周旋：这里指追随驰逐，即交战。

⑬ 子玉：楚名将，名得臣。 请：请求。

⑭ 广：志向远大。 俭：躬身俭约。 文：善于言辞。

⑮ 肃：严肃恭敬。 宽：宽厚容忍。 忠：忠诚。 能力：能效力。

⑯ 晋侯：指晋惠公夷语，是重耳的异母兄弟。 无亲：没有亲近的大臣。

⑰ 这句是说：我听说姬姓之国中，唐叔的后代（晋国）将会是最后衰

亡的。　唐叔：晋的始封祖。

⑱　其：语气词，表猜测，可译为“大概”。　由：由于。

⑲　咎：病。

⑳　诸：“之于”的合音。　之：代词，代重耳；于：介词。

秦伯纳女五人，怀嬴与焉[①]。秦匜沃盥[②]，既而挥之[③]。怒曰：“秦、晋匹也，何以卑我？”[④]公子惧，降服而囚[⑤]。他日，公享之。子犯曰：“吾不如衰之文也[⑥]，请使衰从。”公子赋《河水》[⑦]，公赋《六月》[⑧]。赵衰曰：“重耳拜赐！”[⑨]公子降[⑩]拜，稽首。公降一级而辞焉[⑪]。衰曰：“君称所以佐天子者命重耳，重耳敢不拜？”[⑫]

注释：

①　秦伯：秦穆公。秦在王爵中居伯位。　怀嬴：秦穆公的女儿，曾嫁给晋惠公的太子圉（即晋怀公，重耳的侄子）为妻。与焉：在其中，即在所纳的五人之中。

②　（怀嬴）捧匜倾水给重耳洗手。　奉：后来写作“捧”。　匜（yí）：盛水器。　沃：把水自上浇下。　盥：接水洗手而水下流于盘。按：古人洗手，一人持觇，把水浇在洗者的手上，下面有盘接水。

③　既：（洗）完毕。　挥之：向怀嬴挥手甩水。按：是说重耳洗完手后，不把手擦干，而向怀嬴挥掉手上的水，这很不礼貌。

④　怒曰：其主语是怀嬴。　匹：对等，是说秦、晋是对等的国家。卑我：以我为卑，即轻视我。　卑：意动用法。

⑤　这句是说（重耳）脱去上衣，把自己囚禁起来，表示谢罪。

⑥　衰之文：赵衰的文采。　文：指善于运用言辞的才能。

⑦　赋：即席朗诵。《河水》当作《沔水》，《诗·小雅》篇名。诗中说：“沔彼流水，朝宗于海。”重耳赋此诗是以海喻秦，表示对秦的尊敬和感激。

⑧　《六月》：《诗·小雅》篇名。这是一首歌颂尹吉甫辅佐周宣王征讨、以兴文武之业的诗。诗中有“以匡王国”、“以佐天子”、“以定王国”等句。秦穆公以此诗隐喻重耳，勉励他回国后佐天子，建功业。

⑨　拜赐：拜谢赐予的美言。

⑩　降：下台阶。

⑪　降一级：下了一级台阶。　辞：推辞，表示不敢接受重耳的重礼。

⑫　这句是说：您吟诵出佐助天子的重任［的诗名］命令重耳，重耳哪儿敢不拜谢？

二十四年，春，王正月[①]，秦伯纳之[②]。不书，不告入也[③]。及河[④]，子犯以璧授公子，曰："臣负羁绁从君巡于天下[⑤]，臣之罪甚多矣！臣犹知之，而况君乎？请由此亡[⑥]。"公子曰："所不与舅氏同心者，有如白水[⑦]！"投其璧于河。

注释：

① 二十四年：指僖公二十四年。 王：周天子。 正月：周历正月。按：《左传》用的是周历。

② 纳之：使之入。 纳：入，使动用法。

③ 这句是说：（《春秋经》上）没有记载（重耳回国之事），是因为（晋国）没有把重耳回国之事通知鲁国。按：这是《左传》作者对《春秋》条例的解释。

④ 河：黄河。当时秦晋以黄河为界。

⑤ 我牵头马服侍您巡行天下。 负羁绁：意思是牵马。 羁：马络头。绁（xiè）：马缰绳。

⑥ 请让我从此走掉吧。亡：出奔。

⑦ 这句是说：如果我不和舅舅同心，有白水作证。 所：等于说"若"，常用在假设句中（依王引之说）。这是一句誓词。

济河[①]，围令狐，入桑泉，取臼衰[②]。

二月，甲午[③]，晋师军于庐柳[④]。秦伯使公子絷如晋师[⑤]；师退，军于郇[⑥]。辛丑，狐偃及秦、晋之大夫盟于郇。壬寅，公子入于晋师。丙午，入于曲沃。丁未，朝于武宫[⑦]。戊申，使杀怀公于高梁[⑧]，不书，亦不告也。

注释：

① 济河：渡过黄河。

② 令狐、桑泉、臼衰：均为地名。

③ 甲午，以及下文的"辛丑"、"壬寅"、"丙午"、"丁未"、"戊申"均为古代记日的用语。一说甲午为初二，一说甲午为初一，则辛丑为十一日，壬寅为十二日，丙午为十六日，丁未为十七日，戊申为十八日；一说二月无甲午，连以下六个记日，并差一月。

④ 军：驻扎。 庐柳：地名，在今山西省临猗县北。

⑤ 秦伯派公子絷去晋国军中（陈说利害）。 如：往、到。

⑥ 郇（xuén）：地名，在今山西省临猗县西南。

⑦ 朝：朝拜。 武宫，重耳的祖父晋武公的神庙。古代君王即位时要朝拜祖庙。

⑧ 高梁：地名，在今山西省临汾市东南。 “使”的后面省略了兼语。

吕、郤畏偪[①]，将焚公宫而弑晋侯[②]。寺人披请见[③]，公使让之，且辞焉[④]，曰：“蒲城之役，君命一宿，女即至[⑤]。其后余从狄君以田渭滨[⑥]，女为惠公来求杀余[⑦]；命女三宿，女中宿至[⑧]。虽有君命，何其速也？夫祛犹在，女其行乎[⑨]？”对曰：“臣谓君之入也，其知之矣[⑩]，若犹未也[⑪]，又将及难。君命无二，古之制也[⑫]。除君之恶，唯力是视[⑬]。蒲人、狄人，余何有焉[⑭]？今君即位，其无蒲、狄乎[⑮]？齐桓公置射钩而使管仲相[⑯]；君若易之，何辱命焉[⑰]？行者甚众，岂唯刑臣[⑱]！”公见之，以难告[⑲]。三月，晋侯潜公秦伯于王城。己丑，晦，公宫火。瑕甥，郤芮不获公，乃如河上，秦伯诱而杀之[⑳]。

注释：

① 吕：即瑕甥，又称瑕吕饴甥、吕甥。 郤：即郤芮。二人均为晋惠公夷吾的旧臣。 畏偪：怕受到迫害。偪：同逼。

② 晋侯：即重耳。此时重耳已即居位，传文自此以下改称“晋侯”，或称“公”、“文公”。

③ 寺人：宦官。 披：宦官之名，字伯楚。《史记·晋世家》作“勃鞮”。

④ 让：责备。 辞：拒绝不见。

⑤ 这句话是说：蒲城那一仗，国君命你一夜赶到，你立刻就到了。一宿：一夜。 女：通汝，你。按：《僖公五年》载，晋献公让寺人披伐蒲，由于他到得非常快，重耳越墙逃跑，被斩下了一截袖口。

⑥ 田渭滨：在渭水岸边打猎。 田：打猎。 滨：河岸边。

⑦ 求杀余：想方设法杀掉我。

⑧ 命令你三夜赶到，你第二夜就到了。 中宿：第二夜。

⑨ 那个被你斩断的袖口还在，你还是离开走吧。 祛（qū）：袖口。行：离去。

⑩ 我以为您回国作国君，应该懂得了为君的道理。 谓：以为。 其：语气词。 知之：懂得了为君的道理。

⑪　未：这里指还没懂得。

⑫　对国君的命令不能有贰心，是自古以来的规矩。

⑬　这句话是说：除掉国君的仇人，要尽全力为之。　唯力是视：即“唯视力”，“视”的宾语“力”前置，“是”复指前置的宾语“力”。

⑭　大意是：[当年] 我站在国君（献公，惠公）的立场上，不过把你看作一个犯上的蒲人或狄人罢了，杀掉这样的人，对我有什么关系呢？　何有：有何。这是古人的习惯用语，此处是说，有什么关系，即没有关系。

⑮　蒲、狄：这里指和晋文公当年一样的反对国君的人。

⑯　置射钩：不理会射钩之事。　相：为相。按：管仲曾侍奉公子纠跟公小白（即齐桓公）为争王位而战于乾，管仲一箭射中了小白衣服上的带钩。后来恒公即君位，不记射钩之仇，重用管仲，终成春秋霸主。

⑰　这是说：您若改变齐桓公的做法，（即记我斩袪之仇），何劳您屈尊下命令呢（即我自己会走的）？

⑱　行者：离开晋国逃走的人。　刑臣：寺人披自称。因宦官受过宫刑，故称刑臣，意思是“刑余之臣”。　唯：只有。

⑲　以：介词，把。　难：指吕、郤计划焚公宫杀晋侯的事。

⑳　晦：每月的最后一天。　如：往。　河上：黄河边。

晋侯逆夫人嬴氏以归[①]。秦伯送卫于晋三千人[②]实纪纲之仆[③]。

注释：

①　逆：迎。嬴氏：指秦穆公女文嬴。不是上文的怀嬴，文嬴是正夫人。

②　卫：卫士。　送卫于晋：送给晋国卫士。

③　实：充任。　纪纲之仆：指得力能干的仆从。

初，晋侯之竖头须，守藏者也[①]。其出也，窃藏以逃，尽用以求纳之[②]。及入，求见[③]；公辞焉以沐[④]。谓仆人曰：“沐则心覆，心覆则图反[⑤]，宜吾不得见也[⑥]。居者为社稷之守，行者为羁絏之仆，其亦可也[⑦]。何必罪居者[⑧]？国君而雠匹夫[⑨]，惧者甚众矣。”仆人以告，公遽见之[⑩]。

注释：

①　竖：小臣。　头须：人名。　守藏者：看守财物的人。　藏

(zàng)：库藏。

② 大意是：在重耳出亡的时侯，头须偷出库中的财货逃跑了，把这些财货全部花在设法接纳重耳回国上。

③ 等到重耳返回晋国，头须请求接见。

④ 晋文公借口洗头推辞不见他。 沐：洗头。

⑤ 大意是：洗头时要低头，则心就要倾倒过来，心倾倒过来考虑问题也就违背常理了。按：这段话是头须说的。

⑥ 这句是谓语前置句，主语是"吾不得见"，谓语是"宜"。 宜：合适。

⑦ 这句是说：留在国中的人是看守国家的卫士，跟从逃亡的人是服役的臣仆，他们都是可以的吧。 可：表示肯定的意思。

⑧ 罪居者：责怪留在国中的人。 罪：动词，意动用法，认为……有罪的意思。

⑨ 雠匹夫：以匹夫为仇。 雠：仇。 匹夫：普通人。

⑩ 遽见：马上出见。

狄人归季隗于晋[①]，而请其二子[②]。文公妻赵衰[③]，生原同、屏括、楼婴。赵姬请逆盾与其母，子余辞。姬曰："得宠而忘旧，何以使人？必逆之！"固请[④]，许之。来[⑤]，以盾为才[⑥]，固请于公，以为嫡子，而使其三子下之[⑦]。以叔隗为内子[⑧]，而己下之。

注释：

① 归季隗于晋：使季隗归回到晋国。按：古代女子出嫁叫归，女子回婆家也叫归。

② 请其二子：请求留下他的两个儿子。 二子：指季隗所生的伯鯈和叔刘。

③ 文公把女儿（即下文的赵姬）嫁给赵衰作妻子。

④ 坚决地请求。

⑤ 来：主语是叔隗及其子赵盾，指母子来到晋国。

⑥ 认为赵盾有才干。此句及下各句的主语均为赵姬。

⑦ 三子：指赵姬自己生的原同、屏括、楼婴。 下之：指居于赵盾之下。

⑧ 内子：嫡妻。按：赵姬的事情并非这一年的事，这是史家因狄归季隗而连及叔隗，于是一并写在这里。

晋侯赏从亡者，介之推不言禄[①]，禄亦弗及[②]。推曰："献公之子九人，唯君在矣[③]！惠、怀无亲，外内弃之。天未绝晋，必将有主。主晋祀者[④]，非君而谁？天实置之[⑤]，而二三子以为己力，[⑥]不亦诬乎[⑦]？窃人之财，犹谓之盗；况贪天之功以为己力乎？下义其罪，上赏其奸[⑧]；上下相蒙，难与处矣[⑨]。其母曰："盍亦求之，以死谁怼[⑩]"对曰："尤而效之[⑪]，罪又甚焉！且出怨言，不食其食[⑫]。"其母曰："亦使知之，若何[⑬]？"对曰："言，身之文也[⑭]，身将隐，焉用文之？是求显也[⑮]。"其母曰："能如是乎？与女偕隐[⑯]。"遂隐而死。晋侯求之不获，以绵上为之田[⑰]，曰："以志吾过，且旌善人"[⑱]。

注释：

① 介之推：晋文公重耳的从臣。他在跟随重耳出亡时，在找不食物时，曾割自己的股肉给重耳吃。 不言禄：不说功禄之事，意思是没有主动要求封赏。

② 弗及：没有到他。意思是说没有给他。

③ 君：这里指晋文公。

④ 主：主持、掌管。封建社会中一国之祀要由国君掌管，因此主祀就意味着为君执政。

⑤ 实：肯定。 置：立，这里指立为君。

⑥二三子：几个人。这里指子犯等从者。

⑦ 诬：虚妄，荒谬。

⑧ 这句是说：在下面的人称赞他们的罪过（指贪天之功以为己功），在上面的人奖赏他们的奸佞之行。 义：名词的意动用法，"以……为义"的意思。

⑨ 蒙：蒙骗。 与处：在一起相处。

⑩ 这句的意思是：（如果不求，得不到俸禄），死了怨谁呢？ 以：因而。 怼（duì）：怨。

⑪ 尤：责备。 效：仿效。

⑫ 这句是说：再说已说出了怨言（指上文"上赏其奸，上下相蒙"等语），就不该享受人家的俸禄。 其：指晋文公。

⑬ 若何：怎么样。

⑭ 大意是：言辞是人身行动的文饰。下文"焉用文之"的"文"是动词，修饰的意思。

⑮ 是代词，指上文"亦使知之"的做法。 显：指让人知道，与"隐"相对。

⑯ 能做到这样吗？那我和你一起归隐。 是：代词，指介之推上述的言论。

⑰ 绵上：地名，在今山西省介休县东南四十里，介山之下。 为之田：作为他的祭田。

⑱ 志：标志。 过：过错。 旌：表彰。

信陵君列传[①]

（《史记·列传》选）

魏公子无忌者，魏昭王少子，而魏安厘王异母弟也[②]。昭王薨[③]，安厘王即位，封公子为信陵君[④]。

注释：

① 本文选自《史记》，也称《魏公子列传》。

② 而：连词，连接的前后两项为并列关系，可不译。 厘：读为 xī。

③ 薨（hōng）：古代诸侯之死称为薨。

④ 信陵：地名，是公子无忌的封地。当时习惯以封地为封号。

是时[①]，范雎亡魏相秦[②]，以怨魏齐故[③]，秦兵围大梁[④]，破魏华阳下军[⑤]，走芒卯[⑥]。魏王及公子患之[⑦]。

注释：

① 是：指示代词，这，这个。

② 范雎（jū，有的版本作“睢”）：魏国人，曾随魏大夫须贾出使齐国。齐襄王很赏识他，赐他酒食。须贾怀疑他里通外国，回国后向魏相魏齐报告。魏齐大怒，笞击近死。公元前 256 年范雎逃亡到了秦国，后任秦国宰相，亡魏：从魏国逃亡。相秦：在秦国任相。

③ 怨：怨恨。 故：缘故。

④ 大梁：地名，魏国的国都。即今河南省开封市。

⑤ 华阳下军：华阳城下的军队。 华阳：地名，在今河南新郑县附近。

⑥ 走：败走，即战败而逃。使动用法，“使……败走”的意思。 芒卯：人名，魏将。

⑦ 患：发愁，担心。 之：代词，代上述情况。

公子为人仁而下士[①]，士无贤不肖，皆谦而礼交之[②]，不敢以其富贵骄士[③]。士以此方数千里争往归之[④]，致食客三千人[⑤]。当是时，诸侯以公子贤，多客[⑥]，不敢加兵谋魏十余年[⑦]。

注释：

① 下士：对士谦恭有礼。 下：动词，这里指对人退让、尊敬的态度。

② 这句是说：士无论贤或者不贤，（他）都很谦敬而且依照礼节与他们交往。贤：品德好有才能。 不肖：原指儿子不像父亲那样有才能，这里引申为“不贤”。 礼：名词作状语，“以礼”的意思。

③ 其：自己的。 骄士：对士的态度很骄傲无礼。

④ 这句是说：因此方圆数千里的士争着归往他。 方数千里：指方圆数千里的地方。

⑤ 致：使动用法，使……致。 食客：指寄食于豪门贵族并为之服务的人。

⑥ 多客：有很多食客。

⑦ 加兵：这里指派遣军队（攻打魏国）。

公子与魏王博[①]，而北境传举烽[②]，言“赵寇至[③]，且入界”。魏王释博[④]，欲召大臣谋。公子止王曰：“赵王田猎耳[⑤]，非为寇也。”复博如故[⑥]。王恐，心不在博。居顷[⑦]，复从北方来传言曰：“赵王猎耳，非为寇也。”魏王大惊，曰：“公子何以知之？[⑧]”公子曰：“臣之客有能探得赵王阴事者[⑨]。赵王所为，客辄以报臣[⑩]，臣以此知之。”是后[⑪]，魏王畏公子之贤能，[⑫]不敢任公子以国政。

注释：

① 博：古代的一种棋类游戏。这里用如动词，下棋。

② 北境：北部边境。 举峰：古代一种报警的方法，将柴草点燃并高高吊起，以此报告敌军的入侵，一处一处相递而传。

③ 赵寇：指赵国军队。 寇：指从外部入侵的军队。

④ 释博：停止下棋。 释：停止，放下。

⑤ 田猎：打猎。

⑥ 复：又，继续。

⑦ 居顷：过了一会儿。 顷：形容时间短。

⑧ 何以知之：从哪儿知道这件事。 何以：即“以何”。

⑨ 阴事：私事。这里指不公开的事。

⑩ 辄：副词，立刻、就。

⑪ 是：代词，代这件事。

⑫ 畏：忌怕、厌恶。按：此句中“公子之贤能”充当“畏”的宾语。

魏有隐士曰侯嬴，年七十，家贫，为大梁夷门监者[①]。公子闻之，往请，欲厚遗之[②]。不肯受，曰：“臣修身洁行数十年[③]，终不以监门困故而受公子财。”公子于是乃置酒，大会宾客[④]。坐定，公子从车骑[⑤]，虚左[⑥]自迎夷门侯生[⑦]。侯生摄敝衣冠[⑧]，直上载公子上坐[⑨]，不让[⑩]欲以观公子。公子执辔愈恭[⑪]。侯生又谓公子曰：“臣有客在市屠中[⑫]，愿枉车骑过之[⑬]。”公子引车入市。侯生下见其客朱亥，俾倪[⑭]，故久立与其客语[⑮]，微察公子[⑯]。公子颜色愈和[⑰]。当是时，魏将相宗室宾客满堂，待公子举酒；市人皆观公子执辔，从骑皆窃骂侯生，侯生视公子色终不变[⑱]，乃谢客就车[⑲]。至家，公子引侯生坐上坐，偏赞宾客[⑳]。宾客皆惊。酒酣[㉑]，公子起为寿侯生前[㉒]。侯生因谓公子曰：[㉓]“今日嬴之为公子亦足矣[㉔]！嬴乃夷门抱关者也[㉕]，而公子亲枉车骑，自迎嬴于众人广坐之中，不宜有所过[㉖]，今公子故过之。然嬴欲就公子之名[㉗]，故久立公子车骑市中[㉘]，过客[㉙]，以观公子，公子愈恭。市人皆以嬴为小人，而以公子为长者能下士也[㉚]。”于是罢酒。侯生遂为上客[㉛]。侯生谓公子曰：“臣所过屠者朱亥，此子贤者，世莫能知，故隐屠间耳。”公子往，数请之[㉜]，朱亥故不复谢[㉝]，公子怪之。[㉞]

注释：

① 夷门监者：看守夷门的小吏。 夷门：大梁城的东门。

② 厚遗（wèi）：给很多很重的馈赠。 遗：馈赠。

③ 洁行：纯洁自己的品行。洁：形容词用如动词，使动用法，使……纯洁。

④ 会：会集。

⑤ 从车骑（jì）：率领车从。 从：使动用法，使……从。 骑：名词，骑马的人，即随从人员。

⑥ 虚左：空出左边的座位。古代乘车以左为尊、公子把左边的位子留

给侯嬴，表示对他的尊敬。

⑦ 自：亲自。 侯生：即侯嬴。称“生”，即“先生”的意思。

⑧ 摄：整理。 敝：破旧。

⑨ 径直上去坐在了公子的上座上。 载：这里是乘坐的意思。上坐：居上位的座位。

⑩ 没有谦让。

⑪ 执辔：手持韁绳。按：这是说公子亲自给侯生赶车，以示尊敬。

⑫ 客：这是指朋友。 市屠：集市上卖肉的地方。 屠：名词，屠宰场。

⑬ 顾：希望。 枉：曲。这里是客气话，是“使车骑受屈”的意思。过之：路过那里，意思是说去看望朱亥。

⑭ 俾倪（bì nì）：同睥睨，斜视。这里指悄悄地斜眼偷看。

⑮ 故：故意。 久立：长久地站着。

⑯ 微：隐微，意思是偷偷地。

⑰ 颜色：脸色、神色。 和：和悦。

⑱ 色：指神色、脸色。

⑲ 乃：才。 谢：告辞，辞别。 就车：以处指上车。 就：走向、走近的意思。

⑳ 这句是说：公子把侯生引到上坐上坐下，一一地介绍给各位宾客。偏：同遍，普遍地。 赞：告，介绍。

㉑ 酒酣：酒喝得十分尽兴。

㉒ 起：起身。 为寿：即祝寿。 侯生前：指走到侯生的面前。

㉓ 因：接着。 指在发生了上述情况之后。

㉔ 为公子：意思是难为公子，给公子出难题（参用王伯祥说）。

㉕ 抱关者：抱门栓的人，即守门人。 关：门栓。

㉖ 有所过：有所路过，意即再去绕路经过其他地方。

㉗ 就：成就。

㉘ 立：使动用法，使……立。 市中：即“于市中”，为“立”的补语。

㉙ 过客：指绕路经过朋友处。

㉚ 以……为：把……看作。 长者：有往之人。

㉛ 上客：上等门客。

㉜ 数：屡次，多次。

㉝ 故：这里是依旧、一直的意思。 谢：指回访、拜谢。

㉞ 怪：意动用法。认为很奇怪的意思。 之：代词、指朱亥的行为。

魏安厘王二十年[①]，秦昭王已破赵长平军[②]，又进兵围邯郸。公子姊为赵惠文王弟平原君夫人[③]，数遗魏王及公子书[④]，请救于魏[⑤]。魏王使将军晋鄙将十万众救赵。秦王使使者告魏王曰："吾攻赵，旦暮且下[⑥]，而诸侯敢救者，已拔赵[⑦]，必移兵先击之。"魏王恐，使人止晋鄙，留军壁邺[⑧]，名为救赵，实持两端以观望[⑨]。平原君使者冠盖相属于魏[⑩]，让魏公子曰[⑪]："胜所以自附为婚姻者[⑫]，以公子之高义，为能急人之困[⑬]。今邯郸旦暮降秦，而魏救不至，安在公子能急人之困也[⑭]！且公子纵轻胜[⑮]，弃之降秦[⑯]，独不怜公子姊邪?"公子患之，数请魏王，及宾客辩士说王万端[⑰]；魏王畏秦，终不听公子。公子自度终不能得之于王[⑱]，计不独生而令赵亡[⑲]，乃请宾客[⑳]，约车骑百余乘，欲以客往赴秦军[㉑]，与赵俱死。

注释：

① 即公元前257年。

② 长平：地名，在今山西省高平县附近。长平军：即任用赵括统帅的军队，被秦军打败。

③ 平原君：赵惠文王的弟弟赵胜的封号。 平原：地名，在今山东省平原县。

④ 遗（wèi）……书：给……送来信。

⑤ 向魏国求救。

⑥ 早晚就要攻下了。 且：将。

⑦ 已拔赵：攻下赵之后。 已：……之后。

⑧ 这句是说：让部队停止（去救赵）在邺地恐壁垒。 壁：名词用如动词，筑壁垒的意思。 邺：地名，魏地，在今河南安阳市附近。此处作"壁"的补语。

⑨ 持两端：抓住两头（指秦国和赵国），意思是保持中立。

⑩ 冠：指使者的帽子。 盖：指使者的车箱上的伞状遮阳盖。按：两词连用，此处指使者。 相属：一个接一个。

⑪ 让：责备。

⑫ 这是谦虚的说法，意思是与你们建立婚姻关系。

⑬ 这句是说：把公子的高尚的节义看作是能急人之困。 以……为……：把……当作……。

⑭ 安在：在哪里。按："安在"是全句的谓语，至于主语"公子能急人

之困”的前面。

⑮ 纵：纵使、即使。 轻：意动用法，以……为轻，意即轻视、看不起。

⑯ 这句的意思是：丢弃我，迫使我投降秦国。

⑰ 说王万端：意思是用很多理由去说服王。

⑱ 自度：自己估计。 得之于王；意思是在这件事上得到王的同意。

⑲ 计：考虑，打算。按“计”的宾语是“不独生而令赵亡”全体。

⑳ 请：这里是征请的意思。

㉑ 赴秦：奔向秦军。按：“赴”一般用来专指奔向危险的境地。

行过夷门，见侯生，具告所以欲死秦军状[1]，辞决而行[2]。侯生曰：“公子勉之矣[3]！老臣不能从。”公子行数里，心不快，曰：“吾所以待侯生者备矣[4]，天下莫不闻。今吾且死，而侯生曾无一言半辞送我[5]。我岂有所失哉!”复引车还问侯生[6]。侯生笑曰：“臣固知公子之还也。”[7]曰：“公子喜士，名闻天下。今有难，无他端[8]，而欲赴秦军，譬若以肉投馁虎[9]，何功之有哉[10]！尚安事客[11]？然公子遇臣厚[12]，公子往而臣不送，以是知公子恨之复返也[13]。”公子再拜，因问[14]。侯生乃屏人间语[15]，曰：“嬴闻晋鄙之兵符常在王卧内[16]，而如姬最幸[17]，出入王卧内[18]，力能窃之[19]。嬴闻如姬父为人所杀，如姬资之三年[20]。自王以下，欲求报其父仇，莫能得。如姬为公子泣[21]，公子使客斩其仇头，敬进如姬[22]。如姬之欲为公子死，无所辞，顾未有路耳[23]。公子诚一开口请如姬[24]，如姬必许诺，则得虎符，夺晋鄙军，北救赵而西却秦[25]，此五霸之伐也[26]。”公子从其计，请如姬，如姬果盗晋鄙兵符与公子。

注释：

① 这句是说：把准备到秦军中去拼死的情况全部告诉了（侯生）。状：情况。

② 决：同诀，诀别。

③ 勉：努力。 之：本是代词，指代这件事，已虚化为衬字。

④ 备：周全，完备。

⑤ 曾（zēng）：竟。

⑥ 引车：还车、回车。

⑦ 固：本来。

⑧ 他端：其他的办法。

⑨ 馁虎：饿虎。

⑩ 何功之有：有何功。宾语“何功”用代词“之”复指，置于动词“有”之前。

⑪ 这句是说：还为什么养门客呢？ 安：何，为什么。 事：动词，这里可译为“养”。

⑫ 遇：对待。 厚：这里是“情义重”的意思。

⑬ 恨：怨，不满。

⑭ 因：于是，接着。

⑮ 屏人：屏退开众人。 间（jiàn）语：悄悄。

⑯ 晋鄙之兵符：指可以与晋鄙手中的兵符合对起来的另一半兵符。按：兵符为古代调动军队的凭证，用金、玉、铜等物制成，上下级各执一半，合对上方可生效。 王卧内：王的卧室里。

⑰ 最幸：最受宠幸。按：这句是被动句。

⑱ 这句是说：（可以自由地）出入王的卧室。

⑲ 力：意思是“凭她的能力”。

⑳ 资之：指用钱财悬赏，求人报仇。

㉑ 为公子泣：对着公子哭。

㉒ 这句是说：（把仇人的头）恭敬地献给如姬。按：意思是向如姬报告已经杀掉了仇人。

㉓ 顾：只是。 路：门路，即指机会。

㉔ 诚：果真。 请如姬：意思是请求如姬（帮忙）。

㉕ 北：向北，方位名词充当状语。 西：向西，用法同“北”。 却：后退。这里是使动用法，“使……后退”的意思。

㉖ 五霸：指春秋时期秦穆公、齐桓公、晋文公等五位霸主。 伐：功业、业绩。

公子行，侯生曰：“将在外，主令有所不受，以便国家[①]。公子即合符[②]，而晋鄙不授公子兵[③]，而复请之[④]，事必危矣。臣客屠者朱亥可与俱[⑤]。此人力士。晋鄙听[⑥]，大善；不听，可使击之。”于是公子泣。侯生曰：“公子畏死邪？何泣也？”公子曰：“晋鄙嚄唶宿将[7]，往恐不听，必当杀之，是以泣耳，岂畏死哉!”于是公子请朱亥。朱亥笑曰：“臣乃市井鼓刀屠者[8]，而公子亲数存之[9]。所以不报谢者，以为小礼无所用。今公子有急，此乃臣效命之秋也[10]。”遂与公子俱。公子过谢侯生。侯生曰：“臣宜从[11]，老，不能。请数公子行日[12]，以至晋鄙军之日，北乡自刭以送公子[13]”。公子遂行。

注释：

① 便国家：有利于国家。 便：有利，适宜。

② 即：即使。

③ 不授公子兵：不给公子军权。 兵：这里指军权。按：此句是双宾语句式。

④ 这句是说：而又向（魏王）请示交出军权一事。 之：代词，指代交出军权一事。

⑤ 可与俱：可以和（您）一起前往。 俱：动词，这里是一起前往的意思。

⑥ 听：这里是听从的意思。

⑦ 嚄唶（huò zè）：这里是气势豪迈的意思。 宿将：老将。 宿：老成，久于其事。

⑧ 市井：做买卖的地方。 鼓刀：意思是耍刀，操刀。

⑨ 亲数存之：亲自多次问候我。 存：问候，看望。

⑩ 效命：舍命报效。 效：贡献、呈献。 秋：指时机。

⑪ 宜：应该。

⑫ 请：意思是请让我……

⑬ 北乡：向北。 乡：同“向”，朝着。 刭：用刀割颈。 以：连词，用来。

至邺，矫魏王令代晋鄙[1]。晋鄙合符，疑之，举手视公子曰：“今吾拥十万之众，屯于境上，国之重任。今单车来代之[2]，何如哉[3]?”欲无听[4]。朱亥袖四十斤铁椎[5]，椎杀晋鄙[5]。公子遂将晋鄙军。勒兵[7]，下令军中曰：“父子俱在军中，父归；兄弟俱在军中，兄归；独子无兄弟，归养[8]。”得选兵八万人[9]，进兵击秦军。秦军解去[10]，遂救邯郸，存赵。

赵王及平原君自迎公子于界。平原君负韊矢[11]，为公子先引[12]。赵王再拜曰：“自古贤人未有及公子也!”当此之时，平原君不敢自比于人[13]。

公子与侯生决[14]，至军，侯生果北乡自刭。

魏王怒公子之盗其兵符、矫杀晋鄙，公子亦自知也。已却秦存赵，使将将其军归魏[15]，而公子独与客留赵。

注释：

① 矫：假托、假称。 代晋鄙：指代替晋鄙统帅军队。

② 单车：一辆车。这里是指公子没有带兵将前来。

③ 何如：即如何，可译为"为什么"、"怎么回事"。 哉：表示疑问的语气词。

④ 无听：不听从。

⑤ 袖：指在袖子里藏着，名词用如动词。 椎（chuí）。同锤。

⑥ 椎杀：用铁锤杀。 椎：名词充当状语，用锤的意思。

⑦ 勒：统率，统领。

⑧ 指回家奉养父母。

⑨ 得：得到。 选兵：即精兵、经过挑选的兵卒。

⑩ 解去：指解除了围困而离去。

⑪ 负：背负。韊（lán）：装箭的袋子。按：古人以这一行的表示尊敬。

⑫ 先引：先导，即在前面引路。

⑬ 人：这里特指魏公子无忌。

⑭ 按：这段话是插叙在这之前发生的事。

⑮ 使将：命令将帅。 将其军：率领那些军队。

赵孝成王德公子之矫夺晋鄙兵而存赵[1]，乃与平原君计，以五城封公子。公子闻之，意骄矜而有自功之色[2]。客有说公子曰："物有不可忘[3]，或有不可不忘[4]。夫人有德于公子[5]，公子不可忘也；公子有德于人，愿公子忘之也。且矫魏王令，夺晋鄙兵以救赵，于赵则有功矣，于魏则未为忠臣也[6]。公子乃自骄而功之[7]，窃为公子不取也[8]。"于是公子立自责[9]，似若无所容者[10]。赵王埽除自迎[11]，执主人之礼[12]，引公子就西阶[13]。公子侧行辞让[14]，从东阶上。自言罪过：以负于魏、无功于赵[15]。赵王侍酒至暮[16]，口不忍献五城[17]，以公子退让也。公子竟留赵[18]。赵王以鄗为公子沟沐邑[19]，魏亦复以信陵奉公子[20]。公子留赵。

注释：

① 德：意动用法，以……为德，可译为感激。

② 意骄矜：是说心里很骄傲、自负。 自功：自己认为有功。 功：用如动词，有功。

③ 这句是说：事情中有不能忘记的。 物：事。

④ 或：有的。

⑤ 夫：发语词，可不译。 人：别人。 德：这里指恩惠、好处。

⑥ 未为：不算是。

⑦ 功之：把它当作功劳。 功：名词的意动用法，把……当作功。

⑧ 窃：私下里。按：古人在陈述自己的意见时，常常用“窃”。 为：认为。 不取：是不应该取的意思。

⑨ 立：立即。

⑩ 无所容：无地自容。

⑪ 埽除：打扫台阶。按：这里个动宾短语。 阶：宫殿的台阶。

⑫ 执：行。 主人之礼：指古代主人迎接宾客的礼仪。按：赵王本来是君，公子是别国之臣。但赵王为了表示感激和尊敬，以宾主之礼相见。

⑬ 此即“主人之礼”的一部分。 就：走向。按：古代礼仪，主人走东阶，客人走西阶，以示尊敬。如果客人谦让，表示不敢当，就也从东阶上。

⑭ 侧行：侧身而行，表示谦恭。

⑮ 以：因为。 负：辜负，对不起。

⑯ 待酒：陪着饮酒。

⑰ 口不忍：是说嘴里不好意思指出。

⑱ 竟：最终，最后。

⑲ 鄗（hào）：赵国地名，在今河北省赵县附近。汤沐邑：原指春秋时期天子在其王畿内赐给诸侯的一块供他们住宿、淋浴的地方，战国以后贵族收取赋税的私邑也称汤淋邑。 汤：热水。 沐：洗头。此处“汤”、“沐”连用，指沐浴。

⑳ 奉：这里是封给的意思。

公子闻赵有处士毛公藏于博徒[1]，薛公藏于卖浆家[2]。公子欲见两人，两人自匿，不肯见公子。公子闻所在，乃间步往[3]，从此两人游[4]，甚欢。平原君闻之，谓其夫人曰：“始吾闻夫人弟公子天下无双；今吾闻之，乃妄从博徒卖浆者游[5]。公子妄人耳[6]！”夫人以告公子。公子乃谢夫人去[7]，曰：“始吾闻平原君贤，故负魏王而救赵，以称平原君[8]。平原君之游[9]，徒豪举耳[10]，不求士也[11]。无忌自在大梁时，常闻此两人贤。至赵，恐不得见。以无忌从之游，尚恐其不我欲也[12]。今平原君乃以为羞[13]，其不足从游[14]！”乃装为去[15]。夫人具以语平原君[16]。平原君乃免冠谢[17]，固留公子[18]。平原君门下闻之，半去平原君归公子[19]。天下士复往归公子。公子倾平原君客[20]。

注释：

① 处士：指有才有德却不肯出来做官的隐居之士。　处：居，这里是隐居不出仕的意思。　博徒：赌徒。

② 浆：饮料。这里指酒。

③ 间（jiàn）：避开众人，即悄悄地。　步：步行。

④ 从：跟随。　游：交游。

⑤ 妄：胡乱、荒诞。

⑥ 妄人：行事荒诞、无知乱来的人。

⑦ 谢：辞别。　去：离去。

⑧ 这句是说：以此来满足平原君的心愿。　称（chèn）：合，遂。

⑨ 游：指与宾客结交往来的行为举动。

⑩ 徒：只，只不过。　豪举：豪放的举动。

⑪ 士：这里指有才有德之人。

⑫ 这句是说：还担心他们不愿意结交我。不我欲：即“不欲我”，否定句中宾语前置。

⑬ 乃：却，竟然。

⑭ 其：句首语气词，表示委婉语气。可译为“恐怕”、“大概”。　不足：不值得。　从游：即从之游，和他交往。

⑮ 装：动词，收拾行装。　为去：准备离去。

⑯ 具：全部。　以语平原君：把（这些话）告诉了平原君。按：“以”的后面省略了介绍宾语“之”。

⑰ 免冠：摘去帽子，即表示自己有罪。　谢：谢罪，道歉。

⑱ 固：坚决地。

⑲ 半去平原君：有一半离开了平原君。

⑳ 倾：斜。按：这里用天平作比，形容，公子门客的数量超过了平原君。

公子留赵十年不归。秦闻公子在赵，日夜出兵东伐魏。魏王患之，使使往请公子。公子恐其怒之[①]，乃诫门下[②]："有敢为魏王使通者[③]，死。"宾客皆背魏之赵[④]，莫敢劝公子归。毛公、薛公两人往见公子曰："公子所以重于赵、名闻诸侯者，徒以有魏也[⑤]。今秦攻魏，魏急而公子不恤[⑥]，使秦破大梁而夷先王之宗庙[⑦]，公子当何面目立天下乎？"语未及卒[⑧]，公子立变色，告车趣驾归救魏[⑨]。

注释：

① 怒之：对自己发怒。 之：指公子自己。

② 诫：告诫。 门下：这里指门客。

③ 这句是说：有敢为魏王使者通报的人。

④ 背魏之赵：背弃了魏国到赵国来。 之：到……来。

⑤ 仅仅是因为有魏国。 以：因为。

⑥ 急：急难。 恤：这里是顾惜、忧虑的意思。

⑦ 夷：平。这里指毁掉。按：在古代国之宗庙被毁掉是亡国的象征。

⑧ 卒：完，结束。

⑨ 告车：吩咐准备车。 趣（cù）驾：催促驾车。按：这句话接近使用了几个动词，并以行动的顺序排列，是连动句。

祭十二郎文[①]

韩 愈

年月日[②]，季父愈[③]，闻汝丧之七日，乃能衔哀致诚[④]，使建中远具时羞之奠[⑤]，告汝十二郎之灵。

呜呼！吾少孤[⑥]。及长，不省所怙[⑦]。惟兄嫂是依。中午，兄殁南方[⑧]，吾与汝俱幼，从嫂归葬河阳[⑨]。既又与汝就食江南[⑩]，零丁孤苦，未尝一日相离也。吾上有三兄，皆不幸早世[⑪]，承先人后者，在孙惟汝，在子惟吾。两世一身，形单影只[⑫]。嫂尝抚汝指吾而言曰："韩氏两世，惟此而已。"汝时尤小，当不复记忆。吾时虽能记忆，亦未知其言之悲也。

注释：

① 这篇是韩愈为他的侄子十二郎写的祭文。十二郎是韩愈的哥哥韩介的儿子、韩会的嗣子。韩愈自幼丧父，由兄嫂抚养成人，曾与十二郎长期生活在一起，感情极为深厚。十二郎名老成。

② 写祭文的时间，即贞元十九年（公元803年）五月二十六日。

③ 季父：叔父。

④ 衔：含。 致诚：表达诚挚的感情。

⑤ 建中：派去祭奠十二郎的家人。 具：备办。 时羞：应时食物。 奠：这里指供品。

⑥ 少孤：幼年丧父。按：韩愈三岁时，其父去世。

⑦ 直到长大，不清楚父亲的情况。 怙：本是"依仗"的意思，古人多以"所怙"指父亲。

⑧ 哥哥死在南方。此事找代宗大历二十年（公元777年）五月，大哥韩会被贬到韶州（今广东韶关市西南），后死于任所。韩愈当年仅十一岁。 殁：死亡。

⑨ 归葬河阳：把灵柩送回故里河阳安葬。 河阳：县名，在今河南孟县。

⑩ 就食：等于说谋食、谋生。 就：走向，归。按：德宗建中二年（公元781年），北方藩镇为乱，社会动荡不安，韩愈全家避难到宣州（今安徽宣城县），即所谓"就食江南"。

⑪ 早世：过早地去世。

⑫ 只：一个。与"单"为同义词。

吾年十九，始来京城[①]。其后四年，而归视汝。又四年，吾往河阳省坟墓[②]，遇汝从嫂丧来葬[③]。又二年，吾佐董丞相于汴州[④]，汝来省吾。止一岁[⑤]，请归取其孥[⑥]。明年，丞相薨[⑦]，吾去汴州，汝不果来[⑧]。是年，吾佐戎徐州[⑨]。使取汝者始行[⑩]，吾又罢去[⑪]，汝又不果来。吾念汝从于东，东亦客也，不可以久[⑫]。图久远者[⑬]，莫如西归。将成家而致汝[⑭]，呜呼，孰谓汝遽去吾而殁乎[⑮]？吾与汝俱少年[⑯]，以为虽暂相别，终当久相与处。故舍汝而旅食京师[⑰]，以求斗斛之禄[⑱]。诚知其如此[⑲]，虽万乘之公相[⑳]，吾不以一日辍汝而就也[㉑]！

注释：

① 按：韩愈于德宗贞元二年（公元 786 年）从宣州到长安。

② 省（xǐng）坟墓：拜扫祖坟。 省：视，看。

③ 碰上你护送嫂嫂的灵柩来归葬。

④ 董丞相：董晋。贞元十四年（公元 798 年）任宣武州节度使，驻汴州，曾任韩愈为节度摊官。 汴州：即今河南开封。

⑤ 止一岁：住了一年。 止：居，指在汴州居住。

⑥ 这句是说：请求回去接取自己的妻子儿女。 孥（nú）：妻子儿女。

⑦ 薨（hōng）：死亡。按：公侯死称薨，而唐代二品以上的官员死了也称薨。

⑧ 我离开了汴州，你没有来成。 去：离开。 不果：没有成为事实。

⑨ 佐戎：辅佐军事。按：贞元十四年，涂泗濠节度使张建封任韩愈为节度推官。

⑩ 派去接你的人刚出发。

⑪ 罢去：免官离去。贞元十六年（公元 800 年），张建封卒，韩愈离职回到洛阳。

⑫ 这句是说：我考虑你跟着流落在东边，在东边也是客居，不能够久留。 东：指徐州。

⑬ 考虑长远的话。 者：语气词。

⑭ 成家：安置家人。 成：这里指安置。 致汝：接你来。

⑮ 遽去吾：突然离开我。 遽：突然、急速。

⑯ 少年：年岁不大，还年轻。

⑰ 旅食：旅居以求生计。

⑱ 斗斛（hú）之禄：指微薄的俸禄。 斛：十斗。

⑲ 诚：如果。

⑳ 万乘之公相：指地位最高的官职。 公：公卿。 相：宰相。

㉑ 辍：放下，这里指离开。 就：指就职。

去年，孟东野往[1]，吾书与汝曰[2]：“吾年未四十，而视茫茫，而发苍苍[3]，而齿牙动摇。念诸父与诸兄，皆康鴡而早世[4]，如吾之衰者，共能久存乎？吾不可去，汝不肯来，恐旦暮死，而汝抱无涯之戚也[5]。”孰谓少者殁而长者存、鴡者夭而病者全乎[6]？鸣呼，其信然邪[7]？其梦邪？其传之非其真邪[8]？信也，吾兄之盛德而夭其嗣乎？汝之纯明而不克蒙其泽乎[9]？少者彊者而夭殁，长者衰者而存全乎？未可以为信也。梦也，传之非其真也，东野之书，耿兰之报[10]，何为而在吾侧也？呜呼！其信然矣！吾兄之盛德而夭其嗣矣！汝之纯明宜业其家者[11]，不克蒙其泽矣！所谓天者诚难测，而神者诚难明矣[12]。所谓理者不可推，而寿者不可知矣[13]！虽然，吾自今年来，苍苍者，可化而为白矣[14]；动摇者，或脱而落矣。毛血日益衰，志气日益微[15]，几何不从汝而死也[16]。死而有知，其几何离[17]！其无知，悲不几时，而不悲者无穷期矣[18]！汝之子始十岁，吾之子始五岁，少而强者不可保，如此孩提者[19]，又可冀其成立邪[20]？呜呼哀哉！呜呼哀哉！

注释：

① 孟东野：诗人，名郊，韩愈的好友。 往：去。按：此指孟东野去江南任溧阳尉之事。

② 书与汝：给你写信。 书：动词，写信。

③ 视：眼睛。 茫茫：形容昏花不明的样子。 苍苍：花白的样子。

④ 诸父、诸兄：指韩愈的叔叔、哥哥们。 康彊：健康强壮。彊：同强。

⑤ 这句是说：恐怕我一下子死去，而你将怀有无尽的悲伤。 旦暮：形容时间的短促。

⑥ 孰谓：谁想得到。 夭：年少而死。 全：促使，这里指活着。

⑦ 这是确实的吗？ 信：真实，确实。 邪：同“耶”。

⑧ 传：指传过来的消息。

⑨ 纯明：纯真聪明。 克：能够。 蒙：蒙受，承蒙。 泽：福泽。

⑩ 耿兰：家人姓名。

⑪ 宜：适合。 业：用如动词，这里指继承。

⑫ 诚：副词，表示确定语气，可译作“实在”。 明：明晓。

⑬ 寿：寿数。

⑭ 这句是说：斑白的头发，有些已经变得全白了。

⑮ 这句是说：身体一天比一天衰弱，精神一天不如一天。 益：更加。微：衰微。

⑯ 这句的意思是：我用不了多久，也会随着你死去。 几何：多久。

⑰ 这句是说：死之后如果有知觉，那么离别的日子并不会多。这是说自己也会很快死去而与十二郎相会。 其几何离：即“其离几何”。

⑱ 这句是说：如果没有知觉，悲痛也没有多长时间了，而不知悲痛的

时间是无穷无尽的。

⑲ 孩提：指幼小尚可怀抱的孩子。用在这里，是形容两人的孩子之小。

⑳ 冀：期望。 成立：长大自立。

汝去年书云[①]："比得软脚病[②]，往往而剧[③]。"吾曰："是疾也，江南之人常常有之。"未始以为忧也[④]。呜呼！其竟以此而殒其生乎[⑤]？抑别有疾而致斯乎[⑥]？汝之书，六月十七日也。东野云：汝殁以六月二日；耿兰之报无月日。盖东野之使者，不知问家人以月日[⑦]，如耿兰之报[⑧]，不知当言月日。东野与吾书，乃问使者，使者妄称以应之耳[⑨]。其然乎？其不然乎？今吾使建中祭汝，弔汝之孤与汝之乳母[⑩]。彼有食可守，以待终丧，则待终丧而取以来[⑪]。如不能守以终丧，则遂取以来[⑫]。其余奴婢，并令守汝丧。吾力能改葬，终葬汝于先人之兆，然后惟其所愿[⑬]。

注释：

① 书云：写信说。

② 比：最近。 软脚病：江南流行的一种比较严重的脚气病。

③ 往往：这里是"越来越"的意思。 剧：加重，厉害。

④ 未始：未尝。 忧：指值得担忧的事。

⑤ 竟：难道。 殒：丧失。

⑥ 这句是说：还是另外有病而到了这种地步呢？ 抑：表示选择的连词，还是。 斯：代词，指代年幼夭亡之事。

⑦ 问家人以月日：向家人打听你死亡的时间。 月日：指具体时间。

⑧ 如：而，连词。

⑨ 妄称以应之：随便一说来回答他。 应：应对。

⑩ 祈：慰问。古代称慰问死者的家人叫"吊"。

⑪ 有食：有饭吃，指有生活条件。 守：守满丧期。 终丧：度完丧期。 取：接。

⑫ 遂：立刻。

⑬ 我的能力能够给你改葬，最终要把你安葬在祖先的坟地中，然后才了却我的心愿。 兆：坟地。 惟：才，只。

呜呼！汝病吾不知时，汝殁吾不知日。生不能相养以共居[①]，殁不能抚汝以尽哀[2]；敛不凭其棺[3]，窆不临其穴[4]。吾行负神明[5]，而使汝夭。不孝不慈，而不得与汝相养以生，相守以死[6]。一在天之涯，一在地之角。生而影不与吾形相依[7]，死而魂不与吾梦相接[8]。吾实为之，其又何尤[9]。彼苍者天，曷其有极[10]。自今以往，吾其无意于人世矣[11]。当求数顷之田于伊、颍之上[12]，以待余年。教吾子与汝子，幸其成[13]；长吾女与汝女，待其嫁[14]，如此而已。呜呼！言有穷而情不可终，汝其知也邪？其不知也邪？呜呼哀哉！尚飨[15]。

注释：

① 相养：指相互照顾。 共居：一起生活。

② 抚汝以尽哀：抚摸着你的遗体放声痛苦来尽情表达我的哀伤。

③ 敛：后来写作殓，装殓，为死者更衣和安置死者入棺。 凭：依着，这里指靠近，亲临。

④ 窆（biǎn）：下葬： 临：临近。 穴：墓穴。

⑤ 负：违背。

⑥ 大意是：由于我对上不孝，对下不慈，致使我不能和你相互照顾着生活，又不能和你相互厮守着一块死去。

⑦ 大意是：活着时两人不能聚在一起形影相依。

⑧ 魂不与吾梦相接：是说十二郎的精灵不在梦中显现。 接：接触。

⑨ 这实在是我造成的，又抱怨什么呢?

⑩ 这句是说：苍天啊，（我的悲痛）哪里有尽头。按：此两句均出自《诗经》。

⑪ 无意于人世：以人世没有眷恋之意。 意：指眷恋之意。

⑫ 伊、颍之上：这里指韩愈的故乡。 伊：伊河，在今河南西部。颍：颍河，在今安徽西北部及河南东部。

⑬ 希望他们长大成才。 幸：希望。

⑭ 抚养我的女儿和你的女儿，准备她们出嫁。 长：使动用法，使……成长。

⑮ 尚飨（xiǎng）：意思是希望死者来享用祭品，祭文中常用于结尾。

段太尉逸事状[1]

柳宗元

太尉始为泾州刺史时[2]，汾阳王以副元帅居蒲[3]，王子晞为尚书[4]，领行营节度使[5]，寓军 州[6]，纵士卒无赖[7]。 人偷嗜暴恶者[8]，卒以货窜名军伍中[9]，则肆[10]志，吏不得问。日群行丐取于市[11]，不蛸[12]辄奋击，折人手足，椎釜鬲翁盎[13]，盈道上[14]，袒臂徐去，至撞杀孕妇人[15]。邠宁节度使白孝德以王故[16]，戚不敢言[17]。

注释：

① 段太尉：名秀实，字成公，唐汧（qiān）阳人。累官至泾原郑颍节度使、司农卿。德宗建中四年（公元 783 年），朱泚（cǐ）及，段秀实被杀。兴元元年（公元 784 年），追赠太尉。 逸事状：“状”是文体的一种，又称“行状”。“逸事状”是“状”的变体，只记录未经记载的逸事，至于死者的生平世系等，则不详细记载。柳宗元曾至邠（bīn）州探望叔父，得知段太慰逸事。在永州写成此文。

② 泾州：地名。 刺史：官名。隋朝以后刺史为一州的行政长官。

③ 汾阳王：郭子仪，郭因平安史之乱有功，被封为汾阳王。 汾阳：地名，在今山西省阳曲县。 以副元帅：以副元帅的身份。 蒲：地名，即蒲州，在今山西省永济县。

④ 王子晞：汾阳王的儿子郭晞。

⑤领：兼管。“领”为古代兼代官职的称谓。 行营：此处指军中大将的办事机关，即郭子仪的行营。 节度使：官名，总揽边境数州的军政、民政、财政和督察大权的官员。

⑥ 寓军：在官辖区外驻军。按：郭晞管辖区原在朔方，当时他率军援邠，遂在 州驻军，故说“寓军”。

⑦ 无赖：指奸诈刁赖、蛮横无耻的行为作风。

⑧ 邠人中懒惰、贪婪、凶残和品质败坏的人。 偷：懒惰。 嗜：贪婪。 暴：凶残。 恶：品质败坏。

⑨ 卒（cù）：通“猝”，急忙、急遽。 货：财货。 窜名军伍中：指自己的名字偷偷写进军籍之中。 窜：匿，藏。

⑩ 肆志：这里是为所欲为的意思。

⑪ 日：每天。 丐：这里是强要的意思。 取：强取。

⑫ 嗛（qiē）：满足。

⑬ 椎：同“槌”，动词，砸。 釜：小口的圆底锅。 鬲（lì）：似鼎但三足中空的煮饭用具。 瓮：一种陶制器皿。 盎：盆。按：此四物均指盛物的器皿。

⑭ 这句是说：把砸坏的器皿堆满道上。

⑮ 至：以至于。

⑯ 王：指汾阳王郭子仪。

⑰ 戚：同“慽”，发愁，忧伤。

太尉自州以状白府[①]，愿计事[②]。至则曰：“天子以生人付公理[③]，公见人被暴害，因恬然[④]，且大乱[⑤]，若何?”孝德曰：“愿奉教[⑥]。”太尉曰：“某为泾州[⑦]，甚适[⑧]，少事。今不忍人无寇暴死[⑨]，以乱天子边事。公诚以都虞侯命某者[⑩]，能为公已乱，使公之人不得害。”孝德曰：“幸甚[⑪]。”如太尉请[⑫]。

注释：

① 状：指用来向上陈述事情的文书。 白：禀告。 府：指 州节度使府，实即白孝德。

② 希望讨论这件事。

③ 生人：生民，即指黎民百姓。 付：交给。 公：指白孝德。 理：治理。

④ 仍然很安闲。 恬然：心安理得安闲的样子。

⑤ 且：将。

⑥ 奉教：接受您的指教。

⑦ 某：自称之词，相当于“我”。 为：治理，管辖。

⑧ 适：安适，意思是指没有困难，很合适。

⑨ 人无暴寇死：百姓在没有寇乱的情况下惨死。

⑩ 这句是说：假如您命名我为都虞俣的话。 督虞侯：军中的执法官。 者：语气助词，用在假设关系的复句之间。

⑪ 幸甚：太幸运了。 幸：表示谦敬之意。

⑫ 这句是说：同意了太尉的请求。 请：名词，请求。

既署一月[①]，晞军士十七人入市取酒[②]，又以刃刺酒翁、坏酿器[③]，酒流沟中。太尉列卒取十七人，皆断头注槊上[④]，植市门外[⑤]，晞一营大噪，尽甲[⑥]。孝德震恐，召太尉曰：“将奈何?”太慰曰：“无伤也[⑦]，请辞于军[⑧]。”孝德使数十人从太尉，太尉尽辞去。解佩刀，选老躄者一人持马[⑨]，至晞门下。甲者出[⑩]，太尉笑且入，曰：“杀一老卒，何甲也？吾戴吾头来矣。”甲者愕。因谕曰[11]："尚书固负若属邪[12]？副元帅固负若属邪？奈何欲以乱败郭氏[13]！为白尚书[14]，出听我言。"晞出见太尉，太尉曰："副元帅勋塞天地，当务始终[15]，今尚书恣卒为暴，暴且乱，乱天子边，欲谁归罪[16]？罪且及副元帅。今邠人恶子弟以货窜名军籍中，杀害人，如是不止[17]，几日不大乱[18]？大乱由尚书出，人皆曰尚书倚副元帅不戢士[19]。然则郭氏功名，其与存者几何[20]？"言未毕，晞再拜曰："公幸教晞以道[21]，恩甚大，愿奉军以从。"顾叱左右曰[22]："皆解甲散还火伍中[23]，敢哗者死。"太尉曰："吾未晡食[24]，请假设草具[25]。"既食，曰："吾疾作[26]，愿留宿门下。"命持马者去，旦日来。遂卧军中，晞不解衣，戒候卒击柝卫太尉[27]。旦，俱至孝德所，谢不能[28]，请改过。邠州由是无祸[29]。

注释：

① 署：摄官。这里指段太尉暂任督虞侯一职。
② 取酒：指抢酒，夺酒。
③ 坏：形容词用作动词，砸坏。
④ 断头：砍掉头颅。 注槊上：是说把人头系在槊上示众。 槊：长方。
⑤ 植：树立
⑥ 全都穿上铠甲。 甲：名词用如动词，穿上铠甲。
⑦ 没有关系。
⑧ 辞：这里是解说，解释的意思。
⑨ 老躄者：又老又跛的人。 躄：跛。 持马：牵马。
⑩ 甲者：穿铠甲的人。 甲：名词用如动词。
⑪ 谕：这里有"开导"的意思。
⑫ 固：真的，本来。 负：对不起。 若属：你们。
⑬ 奈何：为什么。 败郭氏：是说败坏郭家的名声。
⑭ 替我禀告尚书。按：尚书指郭晞。
⑮ 应该努力做到有始有终。 务：努力从事。
⑯ 即"欲归罪谁"，疑问代词充当宾语，宾语前置。
⑰ 如：像。 是：代词，这样。
⑱ 这句是说：还能有几天不发生大乱。意思是不久就要大乱。
⑲ 倚：倚仗。 戢：此处是管束、约束的意思。
⑳ 即："其存者几何欤"。 与：可看作句尾语气助词。（采扬伯峻解

《左传》说。）

㉑ 这句是说：多亏您用道义来教诲我。

㉒ 顾：回头。

㉓ 散还火伍中：散开回到队伍中去。 火伍：古代军队的编制名称，五人为伍，十人为火，故以“火伍”代指基层队伍。

㉔ 晡食：这里是吃晚饭的意思。

㉕ 假设：借用。 草具：粗劣的食具，这里代指粗劣的饭菜。

㉖ 我的病发作了。

㉗ 戒：命令。 候卒：负责警卫报时的卫兵。 击柝（tuò）：敲击木梆子。

㉘ 谢：告罪，承认过错。 不能：没有能力。

㉙ 由是：从此。 无祸：没有祸乱。

先是[①]，太尉在泾州为营田官[②]，泾大将焦令谌取人田[③]，自占数十顷，给与农[④]，曰：“且熟，归我半。”是岁大旱，野无草。农以告谌，谌曰：“我知入数而已[⑤]，不知旱也。”督责益急[⑥]。且饥死，无以偿[⑦]。即告太尉。太尉判状[⑧]，辞甚巽[⑨]，使人求谕谌[⑩]。谌盛怒，召农者曰：“我畏段某邪?，何敢言我!”取判铺背上[⑪]，以大杖击二十，垂死，舆来庭中[⑫]。太尉大泣曰：“乃我困汝[⑬]。”即自取水洗去血，裂裳衣疮[⑭]，手注善药[⑮]，旦夕自哺农者然后食。取骑马卖，市谷代偿[⑯]，使勿知。淮西寓军帅尹少荣，刚直士也，入见谌，大骂曰：“汝诚人邪？泾州野如赭[⑰]，人且饥死，而必得谷，又用大杖击无罪者。段公，仁信大人也，而汝不知敬。今段公唯一马，贱卖市谷入汝[⑱]，汝又取，不耻[⑲]。凡为人，傲天灾、犯大人、击无罪者[⑳]，又取仁者谷，使主人出无马，汝将何以视天地，尚不愧奴隶邪?[㉑]”谌虽暴抗[㉒]，然闻言则大愧，流汗不能食，曰：“吾终不可以见段公。”一夕自恨死[㉓]。

注释：

① 先是：以前。

② 营田官：管理垦田的官。

③ 取人田：夺取别人的土地。

④ 这句是说：租给农夫（耕种）。

⑤ 入数：指应该给焦令谌本人的数额。

⑥ 督责：督察责求

⑦ 没有办法偿还。无以：没有……用来……。按：此句与上句“且饥死”及下句“即告太尉”的主语均为农者。

⑧ 判状：写判决书。

⑨ 巽：恭顺，客气。

⑩ 求：请求。谕：告诉。按：这句是说把判决书的内容告诉焦令谌。

⑪ 判：指判决书。 铺背上：指铺在农者的背上。

⑫ 舆：抬。

⑬ 此句是说：实在是我害了你。

⑭ 裂裳：撕下衣服。 衣疮：（用撕下的衣服）包扎伤口。 衣：名词用如动词，包扎的意思。

⑮ 手：亲手，用手。名词充当状语。 注：敷。

⑯ 市谷：买谷物。 代偿：代农者偿还。

⑰ 野如赭：田野（旱得）像赤土。

⑱ 入汝：意思是偿还给你。

⑲ 不耻：不以为耻。

⑳ 这句话似乎没有说完，或有脱文，或是为了描写出尹少荣的激动的口气。 傲：轻视。 犯：冒犯。 大人：指仁厚长者，即段秀实。

㉑ 不愧奴隶：即不愧于奴隶，意思是说连奴隶也不如。

㉒ 暴：暴燥。 抗：通“亢”，强横，刚暴。

㉓ 自恨死：因自恨而死。

及太尉自泾州以司农征[①]，戒其族[②]：“过岐，朱泚幸致货币[③]，慎勿纳[④]。”及过，泚固致大绫三百匹[⑤]。太尉婿韦晤坚拒，不得命[⑥]。至都，太尉怒曰：“果不用吾言！”[⑦]晤谢曰：“处贱[⑧]，无以拒也。”太尉曰：“然终不以在吾第[⑨]。”以如司农治事堂[⑩]，棲之梁木上。泚反[⑪]，太尉终[⑫]，吏以告泚。泚取视，其故封识具存[⑬]。

太尉逸事如右[⑭]。

注释：

① 及：等到。 从司农征：从司农的职务被征君（到京城），即被征召到京城任司农。

② 族：家属，家族。

③ 朱泚：唐朝官员，德宗时被任命为太尉，后因谋反被杀。 幸：万一。 致：送来。

④ 慎：相当于“千万”。

⑤ 固：一定要，硬要。 大绫：一种比较贵重的丝织品。

⑥ 不得命：没有得到（对方的）允许。意思是说无法拒绝。 命：指对方的话或要求。

⑦ 不用：没有听从。

⑧ 意思是说处在低贱的位置上，即指官职、地位低。

⑨ 不以在吾第：意思是说不能放在我的住宅里。 第：住宅。

⑩ 如：送，送到。 治事堂：办公的庭堂。

⑪ 反：谋反。指朱泚反叛朝廷。

⑫ 终故去。按：朱泚反叛时，段秀实曾当面叱骂朱泚，并用手板打他，因此被杀害。

⑬ 故：原有的。封识（zhì）：指写了字的封条。 识：标记。

⑭ 右：以前写文章的格式是自右自左直行书写。“如右”相当现在说的“如上”。

元和九年月日，永州司马员外置同正员柳宗元谨上史馆[①]。今之称太尉大节者[②]，出入以为武人一时奋不虑死[③]，以取名天下，少右太尉之所立如是[④]。宗元尝出入岐周邠斄间[⑤]，过真定[⑥]，北上马岭[⑦]，历亭障堡戍[⑧]。窃好问老校退卒[⑨]，能言其事。太尉为人姁姁[⑩]，常低首拱手行步，言气卑弱，未尝以色待物[⑪]。人视之，儒者也。遇不可[⑫]，必达其志[⑬]，决非偶然者[⑭]。会州刺史崔公来[⑮]，言信行直[⑯]，备得太尉遗事，覆校无疑[⑰]。或恐尚逸坠[⑱]，未集太史氏[⑲]，敢以状私于执事[⑳]。谨状[㉑]。

注释：

① 这一整句是写状的一种格式，写明时间，写状人的姓名和官职。永州司马员外置同正员：这是柳宗元当时的官职，是正定员之外设置的与正员待遇相同的官。

② 称：称说、称赞。

③ 这句是说：无非认为是武人一时的奋勇不考虑生死。 出入：不外

乎，无非。

④　所立如是：所建立的（业绩）如上所述。

⑤　岐周邠斄（tái）：均为地名。　周：在今陕西省岐山县。　斄：同“邰”，在今陕西省武功县境。　间：之间。

⑥　真定：地名。一说作“真宁”，即今甘肃省真宁县。

⑦　马岭：山名，在今甘肃省庆阳县西北。

⑧　历：经过，路过。　亭障堡戍：指各种防御工事。　亭障：古代在边塞修筑的御敌的堡垒。障，也写作“鄣”。　堡：土筑的小城。　戍：指驻防地的营垒。

⑨　窃：私下，私自。按：古人用“窃”表示谦指自己。　老校：年老的低级军官。　退卒：退伍的士兵。

⑩　姁姁（xūxū）：和蔼、和悦的样子。

⑪　以色待物：指用傲慢的神色对待人。　色：特指傲慢的神色。　物：人。

⑫　指遇到看不过去的事。

⑬　达其志：指实现他的想法。

⑭　这句的意思是说段秀实的所作所为，乃至最后的“奋不虑死”，都不是偶然的。

⑮　会：恰逢。　崔公：崔能。“公”为尊称。

⑯　言信：言谈诚信。　行直：行为正直。

⑰　覆：反复校对。“覆”通“复”。

⑱　逸坠：逸失散落。

⑲　这句是说：没有集中到史官手中。　太史氏：史官。作“专集”的补语。

⑳　这句是说：我大胆地把这篇状私自交给您。　私：私自交给。　执事：指韩愈。

㉑　谨：谦辞。　状：动词，写了这篇状。

后　记

《汉语基础》自学考试教材是根据全国高等教育自学考试小学教育专业（专科）考试计划的要求编写的。1998 年 12 月，全国高等教育自学考试指导委员会教育类专业委员会召开会议对本教材初稿进行了讨论审定。

本教材由北京师范大学陈绂、白荃教授主编。参加本书编写的人员有（以章节先后为序）：张安生（宁夏大学）第一章；岑玉珍（中国人民大学）第二章；白荃（北京师范大学）第三章；刘经建（宁夏大学）第四章；贺友龄（中国人民警官大学）第五、八章；陈绂（北京师范大学）第六、七章，本教材由北京师范大学杨庆惠教授、中国人民大学郭先珍教授、刘广和教授审稿，并提出修订意见。

本书最后由全国高等教育自学考试指导委员会教育类专业委员会主任王英杰教授审定。

全国高等教育自学考试指导委员会
教　育　类　专　业　委　员　会
1999 年 3 月

附

汉语基础
自学考试大纲

全国高等教育自学考试指导委员会　制定

出版前言

为了适应社会主义现代化建设培养人才的需要，我国在20世纪80年代初建立了高等教育自学考试制度，经过近20年的发展，高等教育自学考试已成为我国高等教育基本制度之一。高等教育自学考试是个人自学，社会助学和国家考试相结合的一种新的高等教育形式，是我国高等教育体系的一个组成部分。实行高等教育自学考试制度，是落实宪法规定的“鼓励自学成才”的重要措施，是提高中华民族思想道德和科学文化素质的需要，也是造就和选拔人才的一种途径。应考者通过规定的考试课程并经思想品德鉴定达到毕业要求的，可以获得毕业证书，国家承认学历并按照规定享有与普通高等学校毕业生同等的有关待遇。

从80年代初期开始，各省、自治区、直辖市先后成立了高等教育自学考试委员会，开展了高等教育自学考试工作，为国家培养造就了大批专门人才。为科学合理地制定高等教育自学考试标准，提高教育质量，全国高等教育自学考试指导委员会（以下简称全国考委）组织各方面专家对高等教育自学考试专业设置进行了调整，统一了专业设置标准，全国考委陆续制定了几十个专业考试计划。在此基础上，各专业委员会按照专业考试计划的要求，从造就和选拔人才的需要出发，编写了相应专业的课程自学考试大纲，进一步规定了课程学习和考试的内容与范围，有利于社会助学，使自学要求明确，考试标准规范化，具体化。

全国考委根据国务院发布的《高等教育自学考试暂行条例》，参照教育部拟定的普通高等学校有关课程的教学大纲，结合自学考试的特点，组织制定了《汉语基础自学考试大纲》，现经教育部批准，颁发试行。

《汉语基础自学考试大纲》是该课程编写教材和自学辅导书的

依据，也是个人自学，社会助学和国家考试（课程命题）的依据，各地应认真贯彻执行。

全国高等教育自学考试指导委员会

1999 年 3 月

I 课程性质与设置目的

“汉语基础”课是高等教育自学考试小学教育专业（专科）的指定选修课，是为了配合对汉语言文字基本知识与理论的讲授，检验自学应试者运用这些基本知识与理论的能力而设置的一门基础课程。

本课程的目的是为了提高自学者现代汉语、古代汉语及汉字的知识水平，培养他们理解、分析和使用汉语汉字的能力，以适应小学教育对教师的要求和实际工作的需要。通过本课程的学习，使学习者掌握现代汉语、古代汉语以及汉字的基本体系和基本概念，并提高阅读古代作品的能力。使他们在自己的教学工作、尤其是语文教学工作中，能灵活地运用学到的汉语汉字知识，提高自己的教学水平。

本课程的基本要求：(1) 现代汉语部分：通过对教材的学习，要求学习者了解现代汉语的知识框架，较系统地掌握现代汉语语音、词汇、语法和修辞知识，并能正确分析现代汉语的语言现象。(2) 古代汉语部分：要求学习者掌握有关古代汉语的语法、词汇知识，特别是古今汉语不同的部分；要求学习者了解有关汉字的基本知识。除了这些理论知识外，古代汉语部分还特别要求学习者通过本课程的学习，能阅读有新式标点的古文。

Ⅱ　课程内容与考核目标

第一篇　现代汉语

第一章　语　音

一、学习目的和要求

通过本章的学习，较系统地掌握现代汉语语音方面的基础知识，具有分析普通话语音和一定的方音辨正的能力，熟练掌握汉语拼音方案，能说比较标准的普通话。

二、课程内容

第一节　语音概说

（一）语音的性质

语音的概念。语音的自然属性。语音的社会属性。

（二）语音单位

音节、语素。元音、辅音、音位。声母、韵母、声调。

（三）记音符号

汉语拼音方案。国际音标。

第二节　声　母

（一）声母的性质

辅音声母和零声母。普通话辅音声母的本音和呼读音。辅音的发音条件。

（二）声母的分类

声母按发音部位分类。声母按发音方法分类。

第三节　韵　母

（一）韵母的性质

韵母的构成。元音的发音条件。

（二）韵母的分类

单韵母。复韵母。鼻韵母。

（三）韵母的“四呼”和结构分析

开口呼、齐齿呼、合口呼、撮口呼。韵头、韵腹、韵尾。

第四节　声　调

（一）调值和调类

调值。五度标记法。调类。

（二）普通话的声调

阴平、阳平、上声、去声。

第五节　音　节

（一）普通话的音节结构

普通话音节的构成部分。普通话音节结构的特点。

（二）普通话的声韵组合规则

普通话的声韵组合规则。普通话声韵组合方面的特点。

（三）音节拼写规则

Y、W 的使用。隔音符号的使用。iou、uei、uen 的省写。u 上两点的省写。声调符号的标写。音节的连写。音节字母的大写。

第六节　音　变

（一）音变（语音流变）的概念

（二）变调

上声的变调。“一”的变调。“不”的变调。

（三）轻声

轻声的语音变化。轻声词。轻声的作用。

（四）儿化

什么是儿化。儿化韵的音变规则。儿化韵的作用。

（五）语气词“啊”的变化

第七节 方音辨正

（一）现代汉语方言的分类

（二）声母辨正

zh、ch、sh 和 z、c、s 的分辨。n 和 l 的分辨。f 和 h 的分辨。

（三）韵母辨正

前鼻尾韵和后鼻尾韵的分辨。撮口呼的发音。o、uo、e 的分辨。

（四）声调辨正

北方话与普通话在声调方面的差异。其他方言与普通话在声调方面的差异。

第八节 异读词的规范问题

（一）异读词及其与多音字的区别

（二）异读词产生的原因

语音演变。文白异读。方音渗透。讹误。

（三）异读词的审音工作

第九节 语 调

（一）狭义的语调和广义的语调

（二）停顿

停顿的含义。结构停顿。心理停顿。

（三）重音

重音的含义。结构重音。逻辑重音。

（四）句调

平调。降调。升调。曲折调。

三、考核知识点

（一）语音概说
（二）声母
（三）韵母
（四）声调
（五）音节
（六）音变
（七）方音辨正
（八）异读词的规范问题
（九）语调

四、考核要求

（一）语音概说

1. 识记：（1）语音的含义；（2）音高、音强、音长、音色的含义；（3）发音器官各个部位的名称；（4）音节、语素、元音、辅音、音位、声母、韵母、声调等各个语音单位的名称和含义。

2. 领会：（1）语音的自然属性；（2）语音的社会属性；（3）音节和语素的关系；（4）元音和辅音的区别；（5）音位与音素的的区别及其关系；（6）汉语拼音方案创制目的和功用。

3. 简单应用：（1）举例说明语音与其它声音的区别；（2）举例说明音节与语素、语素与音位、元音与辅音之间的关系和区别。

（二）声母

1. 识记：（1）辅音声母和零声母音节的含义；（2）普通话辅音声母的本音和呼读音的发音；（3）发音部位和发音方法；（4）按发音部位分出的各类声母及其范围；（5）按发音方法分出的各类声母及其范围。

2. 领会：（1）各类声母在发音条件上的特点和彼此之间的区别；（2）各个声母的具体发音条件。

3. 简单应用：（1）具体说明普通话各个声母的发音条件；（2）辨别不同的声母在发音条件上的共同点和不同点。

（三）韵母

1. 识记：（1）韵母的构成；（2）韵母的分类以及各类韵母的范围；（3）元音舌位图和八个标准元音的舌位图；（4）“四呼”的含义；（5）韵头（介音）、韵腹、韵尾的含义。

2. 领会：（1）元音的发音条件；（2）各类韵母在发音条件上的特点和彼此之间的不同；（3）各个韵母的具体发音条件。

3. 简单应用：（1）具体说明普通话各个韵母的发音条件；（2）辨析不同韵母在发音条件上的共同点和不同点。

（四）声调

1. 识记：（1）调值的含义；（2）五度标记法；（3）调类的含义；（4）普通话四个调类的名称、特点和调值；（5）汉语拼音方案规定的声调符号。

2. 领会：普通话四个调类的区别。

3. 简单应用：（1）给汉字音节注上声调；（2）分辨不同汉字的调类、调值和高低升降的特点。

（五）音节

1. 识记：（1）普通话音节的构成部分（详见普通话音节结构表）；（2）普通话声韵组合规则（详见普通话声韵组合关系简表）；（3）音节拼写规则。

2. 领会：（1）普通话音节结构的特点；（2）普通话声韵组合的特点。

3. 简单应用：（1）分析普通话音节的结构；（2）辨别音节声韵组合的正误；（3）辨别音节拼写的正误。

（六）音变

1. 识记：（1）语音流变的含义；（2）变调的含义；（3）上声变调的规律；（4）“一”变调的规律；（5）轻声的含义；（6）由非轻声到轻声的变化规律；（7）儿化的含义；（8）儿化韵的标记；（9）“啊”的音变规则。

2. 领会：（1）轻声的作用；（2）儿化的作用。

3. 简单应用：（1）根据变调规律，判断某个音节的实际声调；（2）辨别一段语句中哪些字应读轻声；（3）根据儿化及“啊”的音变规律，给语句当中的儿化音节及发生了音变的“啊”注音。

（七）方音辨正

1. 识记：（1）现代汉语方言的分类；（2）各组易混的声母在方言中相混的情况；（3）各组易混的韵母在方言中相混的情况；（4）普通话与北方话及其它方言在声调方面的差异。

2. 领会：（1）纠正由于方言的影响所造成的各组声母、韵母相混的方法；（2）纠正由于方言的影响所造成的声调问题的方法。

3. 综合应用：说明某个汉字的声母、韵母或声调在普通话和学习者自己的方言之间的异同。

（八）异读词的规范问题

1. 识记：（1）异读词的含义；（2）异读词与多音字的区别；（3）异读词产生的原因。

2. 简单应用：掌握异读词的规范读音。

（九）语调

1. 识记：（1）语调的两种含义；（2）停顿的含义和分类；（3）重音的含义和分类；（4）句调的含义和种类。

2. 综合应用：说明某一段语句中的各种停顿、重音和句调。

第二章　词　汇

一、学习目的和要求

通过本章的学习，了解词的构成，明确词义的性质和词与词之间的意义联系，认识现代汉语词汇的体系及其特点，提高理解、分析、运用和解释词语的能力。

二、课程内容

第一节　词与词汇

（一）词

词的定义。词和语素的区别。词和短语的区别。

（二）词汇

词汇的含义。词与词汇的关系。词汇的范围。

第二节　词的构成

（一）构词单位——语素

语素的定义。语素的分类。

（二）语素、词和字的关系

语素和汉字的关系。词和汉字的关系。

（三）词的构造

单音词、双音词、多音词。单纯词、合成词。单纯词的类型：单音节的和双音节的或多音节的（包括几种特殊的形式）。合成词的构造方式：复合式、附加式、重叠式。

第三节　词义、词与词之间的意义联系

（一）词义的性质

词义的含义。词与概念的关系。词义的客观性、主观性、概括性、社会性。

（二）词义的发展变化

词义的扩大、缩小、移位。

（三）多义词

词的多义性及其在运用中的单义性。词的基本义、引申义和比喻义。

（四）同音词

同音词的定义及两种形式。同音词和多义词的区别。同音词在语言中的作用。

（五）同义词

同义词的定义及种类。同义词的辨析。同义词在语言中的作用。

（六）反义词

反义词的定义。关于反义词要注意的几个问题。反义词在语言中的作用。

第四节　现代汉语词汇的构成

（一）基本词汇

基本词。基本词汇。根词。基本词汇的特点。

（二）一般词汇

一般词汇及其特点。一般词汇与基本词汇的关系。

（三）古语词

文言词。历史词。古语词在语言表达中的作用。

（四）方言词

方言词的含义。

（五）外来词

外来词的含义。外来词的类型。

（六）行业词语的含义

第五节　熟　语

（一）熟语

熟语的性质。熟语与一般短语和句子的区别。熟语的范围。

（二）成语

成语的性质、特征。成语的结构类型。成语的来源。成语的作用。运用成语需要注意的问题。

（三）谚语

谚语的性质和种类。谚语和成语的区别。

（四）歇后语

歇后语的形式和类型。

（五）惯用语

惯用语的性质、特点。惯用语和成语的异同。

三、考核知识点

（一）词与词汇

（二）词的构成

（三）词义

（四）词与词之间的意义联系

（五）现代汉语词汇的构成

（六）熟语

四、考核要求

（一）词与词汇

1. 识记：（1）词的定义；（2）词汇的含义；（3）词汇的范围。

2. 领会：（1）词和语素的区别；（2）词和短语的区别。

3. 简单应用：辨别词和短语。

（二）词的构成

1. 识记：（1）语素的含义；（2）语素的分类；（3）单音词、双音词、多音词的含义；（4）单纯词和合成词的含义。

2. 领会：（1）各类语素的特点，特别是自由语素、半自由语素和不自由语素的特点；（2）语素、词和字的关系；（3）单纯词的类型；（4）合成词的构造方式。

3. 简单应用：（1）根据词的定义和语素的定义，辨别词和语素；（2）辨别单纯词和合成词；（3）辨别不同类型的单纯词；（4）辨别不同构造方式的合成词。

（三）词义

1. 识记：（1）词义的含义；（2）词义的发展变化情况；（3）单义词和多义词的含义；（4）词的基本义、引申义和比喻义的含义。

2. 领会：（1）词的四种性质；（2）多义词的几个意义之间的联系；（3）词的比喻义与修辞上的比喻的差别。

3. 简单应用：区别多义词的基本义、引申义、比喻义。

（四）词与词之间的意义联系

1. 识记：（1）同音词的含义及两种形式；（2）同义词的含义及种类；（3）反义词的含义。

2. 领会：（1）同音词和多义词的区别；（2）同音词在语言中的作用；（2）同义词的辨析；（4）关于反义词要注意的几个问题。

3. 简单应用：辨析同义词。

（五）现代汉语词汇的构成

1. 识记：（1）基本词的含义；（2）基本词汇的含义；（3）根词的含义；（4）一般词汇的含义；（5）古语词的两种类型；（6）外来词的含义和类型。

2. 领会：（1）基本词汇的特点；（2）一般词汇的特点；（3）基本词汇与一般词汇的关系；（4）古语词在语言表达中的作用。

（六）熟语

1. 识记：（1）熟语的性质和范围；（2）成语的性质、结构类型、来源；（3）谚语的性质和种类；（4）歇后语的形式和类型；（5）惯用语的性质。

2. 领会：（1）熟语与一般短语和句子的区别；（2）成语的特征和作用；（3）运用成语需要注意的问题；（4）谚语和成语的区别；（5）惯用语和成语的异同。

第三章　语　法

一、学习目的和要求

通过本章的学习，理解语法的概念和性质，系统地掌握现代汉语的语法规律，从而具有分析语句的结构和纠正语法错误的能力。

二、课程内容

第一节　语法概说

（一）“语法”概念的两个含义

（二）语法的性质：抽象性、稳固性、民族性和系统性

（三）语法的四级单位：语素、词、短语和句子

（四）古今汉语语法在词法和句法两个方面的差异

第二节　词　类

（一）词类和词性

词类的含义。词性的含义。

（二）划分词类的四条标准

1. 词与词的组合能力；2. 词的句法功能；3. 广义的词的形态；4. 词汇的类别意义。

（三）实词和虚词

实词和虚词的区别。实词包括名词、动词、形容词、代词、数词、量词、副词、象声词，虚词包括介词、连词、助词、叹词。各类词的语法特点和功能。如何区分名词、动词、形容词。

（四）词的兼类与活用。

第三节　短 语

（一）短语的定义

（二）短语的结构类型

联合短语、偏正短语、述宾短语、述补短语、主谓短语、同位短语、连谓短语、兼语短语、“的”字短语、介宾短语、方位短语、数量短语、固定短语。

（三）短语的功能类型

名词性短语、动词性短语、形容词性短语、谓词性短语。

（四）复杂短语

复杂短语和简单短语的区别。复杂短语的层次分析。

第四节　句子的类型

（一）句子的语气分类

陈述句、疑问句、祈使句、感叹句。

（二）句子的结构分类

单句和复句。主谓句和非主谓句。主谓句根据谓语的性质可分为动词谓语句、形容词谓语句、名词谓语句、主谓谓语句；根据是否省略了主语或谓语又可分为完全句和省略句。非主谓句又可分为无主句和独语句。

第五节　单 句

（一）句子成分概说

句子成分的概念。句子成分（指一般成分）分为八种：主语、谓语、述语、宾语、补语、定语、状语、中心语。这八种句子成分并不处在同一平面上，而是两两相对逐层组合起来的。分析句子的方法：图解法和划线法。

（二）主语和谓语

主语和谓语的概念。主语的构成。主语的意义类型。谓语的构成。主语和谓语的位置。

（三）述语和宾语、补语

述语的概念及其构成。宾语的概念及其构成。宾语的意义类型。补语的概念及其构成。补语的类型。补语和宾语并存时的位置。鉴别宾语和补语的方法。

（四）定语和状语

定语和状语的概念。定语的构成和类型。定语和结构助词“的”的使用。多层定语的分析和排列顺序。状语的构成和类型。多层状语的分析和排列顺序。状语的位置。句首状语和主语的区别。

（五）中心语

中心语的概念。定语后的中心语和状语后的中心语。主语中心语、宾语中心语和谓语中心语。

（六）独立语

独立语的四种类型：插入语（包括八个小类）、呼应语、感叹语、象声语。

第六节　几种特殊的单句句型

（一）主谓谓语句

主谓谓语句的基本格式和类型。

（二）连谓句

连谓句的特点和类型。

（三）兼语句

兼语句的特点和类型。兼语句与连谓句的区别。兼语句与主谓短语作宾语的句子的区别。

（四）双宾句

双宾句的特点和构成。

（五）存现句

存现句的基本格式和特点。

（六）“有”字句

“有”字句的语法特点和类型。

（七）“是”字句

“是”字句的语法特点和类型。“的”字短语作宾语的句子和

“是……的”结构作谓语的句子。

（八）“把”字句

“把”字句的作用和特点。

（九）“被”字句

“被”字句的作用。“被”字句的格式。“被”字句的特点。“被”字句与“把”字句的转换关系。

第七节　复句

（一）复句的定义和特点

（二）区分单句和复句的标准

（三）分句主语的异同和隐现

（四）复句的类型

根据分句间的语法关系，复句可以先分为联合复句和偏正复句两大类型。根据分句间的语义关系，两大类型的分句还可以分为若干小类。联合复句包括并列复句、连贯复句、递进复句、选择复句、解说复句。偏正复句包括转折复句、因果复句、条件复句、假设复句、连锁复句、目的复句。

（五）多重复句和紧缩复句

一重复句和多重复句。多重复句的分析。紧缩复句与单句及一般复句的区别。紧缩复句的种类。

第八节　常见的语法错误

（一）词的运用中常见的语法错误

（二）单句结构中常见的语法错误

（一）复句运用中常见的语法错误

第九节　标点符号

（一）点号和标号的作用。

（二）各种标点符号的用法。

三、考核知识点

（一）语法概述

（二）词类

（三）短语

（四）句子的类型

（五）单句的句子成分

（六）几种特殊的单句句型

（七）复句

（八）常见的语法错误

（九）标点符号

四、考核要求

（一）语法概说

1. 识记：（1）“语法”概念的两个含义；（2）语法的四级单位及其含义。

2. 领会：语法的四种性质。

（二）词类

1. 识记：（1）词类和词性的不同含义；（2）现代汉语中有那几类实词、哪几类虚词。

2. 领会：（1）划分词类的标准；（2）各类词的语法特点和功能；（3）词的兼类现象；（4）词类活用现象。

3. 简单应用：根据各类词的语法特点和功能对具体某个词的词性作出正确的判断。

（三）短语

1. 识记：（1）短语的含义；（2）短语的结构类型；（3）短语的功能类型。

2. 领会：复杂短语和简单短语的区别。

3. 简单应用：对复杂短语进行层次分析。

（四）句子的类型

1. 识记：(1) 句子的语气分类；(2) 句子的结构分类。

2. 简单应用：判断句子的语气类型或结构类型。

（五）单句的句子成分

1. 识记：(1) 句子成分的含义；(2) 各种句子成分的含义、构成、在句中的位置。

2. 领会：(1) 各种句子成分之间的关系；(2) 分析句子的两种方法；(3) 鉴别宾语和补语的方法；(4) 句首状语和主语的区别。

3. 简单应用：用图解法或加线法对句子进行分析。

（六）几种特殊的单句句型

1. 识记：(1) 各种句型的基本格式；(2) 各种句型的下位分类（如果有的话）。

2. 领会：各种句型的特点或特征。

（七）复句

1. 识记：(1) 复句的含义；(2) 区分单句、复句的标准；(3) 分句主语隐现的几种情况；(4) 复句的各种类型及其所使用的关联词语；(5) 多重复句的含义；(6) 紧缩复句的含义。

2. 领会：(1) 复句的特点；(2) 各种类型复句的特点及构成；(3) 分析多重复句的步骤和方法；(4) 紧缩复句跟单句及一般复句的区别。

3. 简单应用：(1) 辨别某个复句属于哪种类型；(2) 对多重复句进行层次分析。

（八）常见的语法错误

1. 识记：各种语法错误的类型及其名称。

2. 综合运用：判断并改正各种语法错误。

（九）标点符号

1. 识记：点号和标号的作用。

2. 领会：各种标点符号的用法。

3. 简单应用：(1) 给没有标点符号的文句加上标点符号；(2) 改正文句中错误的标点符号。

第四章　修　　辞

一、学习目的和要求

通过本章的学习，理解修辞的概念，认识修辞在语言中的积极作用，了解并掌握词语锤炼、句式选择和常用辞格的有关知识，以提高综合运用修辞知识来分析和鉴赏语言的能力。

二、课程内容

第一节　修辞概说

（一）修辞的两个含义
（二）修辞与词汇、语法的关系
（三）修辞在语言中的积极作用
（四）修辞学的内容范围

第二节　词语的锤炼

（一）词语锤炼的含义
（二）词语锤炼的几种方法

第三节　句式的选择

（一）句式选择的含义
（二）一些常用的句式
长句和短句。主动句和被动句。肯定句和否定句。变式句。

第四节　辞　格

（一）辞格的概念

（二）辞格的运用

比喻。借代。比拟。夸张。双关。拈连。仿词。排比。层递。对偶。顶真。反问。辞格的综合运用。

三、考核知识点

（一）修辞概说

（二）词语的锤炼

（三）句式的选择

（四）辞格

四、考核要求

（一）修辞概说

1. 识记：（1）修辞的两个含义；（2）修辞在语言中的积极作用。

2. 领会：修辞与词汇、语法的关系。

（二）词语的锤炼

1. 识记：（1）词语锤炼的含义；（2）词语锤炼的三种方法。

2. 领会：词语锤炼的各种方法在语言表达中的积极作用。

3. 简单应用：分析某个语言判断中所采用的词语锤炼的方法及其表达效果。

（三）句式的选择

1. 识记：（1）句式选择的含义；（2）常用句式的名称及其含义。

2. 领会：各种句式的表达效果和适用的场合。

3. 简单应用：分析某个语言判断中选用的句式及其表达效果。

（四）辞格

1. 识记：（1）辞格的含义；（2）比喻的含义和比喻的种类；（3）借代的含义和类型；（4）比拟的含义和种类；（5）夸张的含义和种类；（6）双关的含义和类型；（7）拈连的含义；（8）仿词的含

义；(9) 排比的含义和类型；(10) 层递的含义和种类；(11) 对偶的含义和类型；(12) 顶真的含义；(13) 反问的含义和类型；(14) 辞格的兼用的含义；(15) 辞格的连用的含义。

2. 领会：(1) 上述各种辞格的构成特点；(2) 各种辞格的修辞作用；(3) 运用比喻、比拟、夸张等辞格时应注意的方面。

3. 简单应用：指出某个语言片段中所使用的辞格并分析其表达效果。

4. 综合应用：从综合运用的角度，分析篇章中所运用的辞格及其表达效果。

第二篇　古代汉语

第五章　汉　　字

一、学习目的和要求

通过本章的学习，了解汉字的产生及其发展演变的规律；明确汉字的本质特征以及汉字与汉语之间的关系；掌握汉字的形体结构；掌握利用字形解说词义的基本规律；了解汉字的规范工作。

二、课程内容

第一节　汉字的产生和发展

（一）汉字的起源

汉字的形体来源于原始记事图画。汉字并非一人一时所造。

（二）汉字产生的年代

汉字是世界上最古老的文字之一。在我国第一个奴隶制国家夏代，已经发展为文字体系的汉字就已经产生了，至今至少已有四千多年的历史。

（三）汉字的书体演变

古文字阶段：甲骨文、金文、篆书。

今文字阶段：隶书、楷书。

古今文字在形体表意上的主要差异。

（四）汉字字数的发展

自古至今，汉字的字数不断增加。

第二节　汉字的特点

（一）汉字具有委的表意性

汉字利用特定的形体标记语意，具有很强的表意性。在几千年的发展中，汉字的以形表意的基本特点没有改变。汉字也兼有表音的倾向。

（二）汉字是音节一语素文字

单音节词中，一个汉字代表一个音节，一个音节代表一个词。

双音节词中，一个音节往往只能标志一个语素。

连绵词中，两个汉字对应一个语素。

（三）汉字的形音义关系

形与音：一音多形；一形多音。

形与义：主要是指汉字的初形与它的本义之间的关系，这种关系是紧密的，有的具体而明显，有的只表示意义范畴。

假借字的形与义之间毫无联系。

汉字形义联系的约定性体现在不同的方面。

音与义：语素中的音义关系，必然会在汉字中得到一定的反应。音义之间的关系随着语言的发展逐渐由偶然到必然。音近义通现象。

第三节　汉字的形体结构

（一）传统的“六书”说

古代文献中对“六书”说的记载。“六书”的具体内容和各自的特点。六书”说的意义和局限性。

（二）因形求义和古书阅读

词有本义、引申义和假借义。词的本义是字形所表示的初始意义，阅读古书时，可以利用因形求义的方法判定词义。因形求义的条件。

第四节　古今字、异体字、繁简字

（一）古今字

古今字的形成与定义。古字与今字之间的关系。典型的古今字字例。

（二）异体字

异体字的定义。造成异体字的原因。异体字之间的关系。

（三）繁简字

繁简字的概念。历史上文字的繁简变化。繁体字与简化字之间的对应关系。

第五节　汉字的规范与正字法

（一）汉字的规范

汉字必须有一定的规范。历史上，汉字曾不断地进行规范。目前对汉字形体的规范主要体现在三个方面。

（二）汉字的正字法

正字法的定渝。正字法的要求。注意纠正错别字。

三、考核知识点

（一）汉字的起源

（二）汉字的书体演变

（三）汉字的特点

（四）汉字的形、音、义关系

（五）“六书”说

（六）因形求义与古书阅读

（七）古今字

（八）异体字

（九）繁简字

四、考核要求

（一）汉字的起源

1. 识记：汉字的形体来源于原始记事图画。

2. 领会：汉字并非一人一时所造。

（二）汉字的书体演变

1. 识记：（1）古文字包括甲骨文、金文和篆书（大篆、小篆）；（2）今文字包括隶书和楷书。

2. 领会：古文字与今文字在形体上的主要差异。

（三）汉字的特点

1. 识记：汉字是音节一语素文字。

2. 领会：表音文字与表意文字的主要区别。

（四）汉字的形、音、义关系

1. 识记：（1）汉字形与音的关系：一音多形、一形多音；（2）汉字形与义的关系。

2. 领会：汉字音与义的关系。

3. 综合应用：从汉字形、音、义的关系入手较全面地分析汉字的特点。

（五）“六书”说

1. 识记：“六书”的名称及前四书的形体特点。

2. 领会：“六书”说产生的时代及其意义与局限性。

3. 简单应用：根据汉字的形体特征指明该汉字属于“六书”中的哪一书。

（六）因形求义与古文阅读

1. 识记：因形求义的条件。

2. 领会：（1）因形求义的原则；（2）词的众多义项中本义是字形所表示的初始意义。

3. 综合应用：根据“六书”说分析汉字的形体、并由此判断它所表示的词义，提高自己阅读古文的能力。

（七）古今字

1. 识记：（1）古今字的定义。（2）古今字之间在表达意义上的同与异。

2. 领会：古今字产生的原因。

3. 简单应用：正确分辨古今字。

（八）异体字

1. 识记：（1）异体字的定义。（2）异体字在表达意义上的特点。

2. 领会：异体字产生的原因。

3. 简单应用：正确分辨异体字。

4. 综合应用：准确区分古今字和异体字。

（九）繁简字

1. 识记：繁简字的定义。

2. 领会：繁简字的对应关系。

3. 简单应用：掌握一些较为复杂的现代简化字与繁体字之间的对应关系。

第六章　词　汇

一、学习目地和要求

通过本章的学习，了解古今词汇的继承发展关系，明确古今汉语在构词法上的差异，理解古汉语以单音节词为主的特点，正确分辨古汉语中的复音词和词组，掌握复音词中的单纯词和复合词的特点，准确分析古今词义的异同，了解词的本义、引申义以及寻求的方法，了解词的假借现象。

二、课程内容

第一节　古今汉语词汇的继承和发展

词汇处在经常的变化中。古今词汇的变化是有序的、存在着一条演变的轨迹。

（一）新词的产生

社会的发展变化推动了新词的产生。

（二）旧词的消亡

旧事物的不断消亡造成了一些词的自然消亡。

（三）基本词汇的保留与发展

基本词汇是词汇中最稳定的部分，从古至今，其意义没有太大的变化。基本词汇中的一些词在使用范围、词义的宽窄等方面古今之间仍存在着一定的差异。

（四）古今汉语词汇发展的总趋势

词汇总量由少到多、不断地增加着。词的表达功能越来越精密：多义词的不同义项分别由几个不同的词分担；一个词所概括的宽泛的概念也由几个不同的词分担。

第二节　古今汉语构词形式的异同

（一）古代汉语以单音节词为主

以单音节词为主还是以双音节词为主，是古今汉语的在构词上的主要区别。双音节词并不是爆发式地增加的。古汉语中，一些单音节词连用，构成比较固定的词组。

（二）古汉语中的复音词

古汉语中也有复音词。一类是单纯词：包括迭音词和连绵词，连绵词指的是由两个音节连缀成义而不能分割的词。连绵词的特点。另一类是复合词，是指由两个语素按照一定的构词法组合而成的词。复合词的特点。

第三节　古今汉语词义的异同

（一）古今词义的差异

古今共同使用、而在意义上又有差异的词是我们学习古代汉语的难点。举例说明古今词义的差异。

（二）古今词义演变的规律

古今词义的演变有两种情况：一是基本意义的改变；一是词义系统的变化：义项的增加、义项的减少。

第四节　词的本义、引申义

词是多义的。词的各义项之间并不是平等并列的关系，其中，一个是本义，其它是引申义。

（一）词的本义以及对本义的考察

本义就是一个词的原始意义。本义，一方面反映出初期的造字意图；另一方面又确实是在古代文献中被使用过的意义。考查本义具有非常重要的作用。主要依据记录该词 的字形结构并结合古代文献资料的使用情况来考察本义。

（二）词的引申义以及对引申义的掌握

词义引申的总体规律是概念的具体与抽象的相互转化，比喻等修辞手法的运用也可能导致词义的引申。词义的引申具有多向性、多重性和系统性。在一定的语言环境中，一个词也可能具有假借义。

三、考核知识点

（一）古今汉语词汇的继承和发展

（二）古今汉语在构词上的主要区别

（三）古代汉语中的复音词一（单纯词）

（四）古代汉语中的复音词二（复合词）

（五）古今汉语词义的差异及其演变的规律

（六）词的本义以及考察本义的作用

（七）考察本义的方法

（八）词的引申义及其引申的规律

（九）词义引申的特点

四、考核要求

（一）古今汉语词汇的继承和发展

1. 识记：古今汉语词汇发展的总趋势。

2. 领会：古今汉语词汇的继承和发展的三种情况。

（二）古今汉语在构词上的主要区别

1. 识记：现代汉语是双音节词、而在古代汉语中是短语的典型词例。

2. 领会：举例说明古代汉语以单音节词为主。

（三）古代汉语中的复音词一（单纯词）

1. 识记：(1) 古代汉语中的单纯词包括迭音词和连绵词；(2) 连绵词的定义和特点（举例）。

2. 领会：单纯词是古汉语中复音词的一种。

（四）古代汉语中的复音词二（复合词）

1. 识记：(1) 复合词的定义和特点；(2) 偏义复合词在表达意义上的特点。

2. 简单应用：正确分辨复合词和词组。

（五）古今汉语词义的差异及其演变的规律

1. 识记：古今含义有差异的典型词例。

2. 领会：古今词义演变的规律：基本意义的变化和词义系统的变化。

3. 简单应用：正确分析典型词例古今含义演变的情况。

（六）词的本义以及考察本义的作用

1. 识记：（1）词一般是多义的。词的众多义项中有本义和引申义之分；（2）举例说明什么是本义；（3）本义的特点。

2. 领会：举例说明考察本义的作用。

（七）考察本义的方法

1. 识记：（1）必须依据古文字形考察本义；（2）如何依据形声字的声符考察本义。

2. 领会：考察本义必须有文献材料作依据。

3. 简单应用：利用文字形体考察典型词例的本义。

（八）词的引申义及其引申的规律

1. 识记：（1）词义引申是一种有规律的运动；（2）举例说明什么是词的引申义。

2. 领会：词义引申的总体规律就是概念的具体与抽象的相互转化。比喻、象征等修辞手法的运用也可能导致词义的引申。

3. 简单应用：分析典型词例的引申义。

（九）词义引申的特点

1. 识记：（1）词义引申的不同方向造成了引申的多向性；（2）词义引申的无止境造成了引申的多重性；（3）词的众多引申义形成一个完整的系统。

2. 领会：任何引申义都带有本义的痕迹。

3. 简单应用：描述典型词例的引申轨迹。

4. 综合应用：根据文字形体和本义、引申义的特点确定文句中的词所表示的含义是该词的本义、引申义还是假借义。

第七章　语　　法

一、学习目的和要求

通过本章的学习，清楚地了解古代汉语在语法方面的与现代汉语的差异。掌握古代汉语常用虚词的语法特征及其用法；准确分析词类活用现象以及古汉语中较为特殊的主谓关系和动宾关系；熟练划分句子成分，并能借助语法分析正确理解文意。

二、课程内容

第一节　虚词

虚词是古代汉语语法的重要组成部分。古代汉语虚词系统的划分与现代汉语不完全一致。古汉语虚词的字和词也不是一对一的关系。

（一）之、其、是、者、所、或、莫、孰、何、焉

这是一组以代词为主要用法的古汉语虚词。其中有人称代词、指示代词和疑问代词。

1. 之——代词“之”。助词“之”。

2. 其——代词“其”。语气词“其”。

3. 是——代词。

4. 者、所——代词“者”与“所”。语气词“者”。

5. 或、莫——代词“或”与“莫”。副词“或”与“莫”。

6. 孰、何——疑问代词。

7. 焉——代词“焉”。语气词“焉”。

（二）以、与、为、于、乎

这是一组以介词为主要用法的虚词。

1. 以——介词“以”。连词“以”。

2. 与——介词“与”。连词“与”。

3. 为——介词“为”。连词“为”。

4. 于——介词“于”。

5. 乎——介词“乎”。语气词“乎”。

（三）俱、皆、悉、乃

这是一组以副词为主要用法的虚词。

1. 俱、皆、乃——表示范围的副词。

2. 乃——副词“乃”。连词“乃”。

（四）而、则、然

这是一组以连词为主要用法的虚词。

1. 而——连词“而”。代词“而”（代第二人称）。

2. 则——连词“则”。副词”则“。

3. 然——连词“然”。代词“然”。

（五）也、矣、耳、哉、耶

这是一组以语气词为主要用法的虚词。

1. 也矣耳——语气词。

2. 哉——语气词。

3. 耶——语气词。

第二节　实　词

古代汉语的实词与现代汉语的实词在词类划分、各词类的语法功能等方面大体一致。但它们之间也存在着差异。

（一）名词的特殊用法

1. 名词作谓语

2. 名词作状语

（二）动词的特殊意义

1. 被动意义：有标志的被动句。没有结构标志的被动句。

2. 使动意义

3. 其他特殊的动宾关系

（三）词类活用

1. 名词活用为动词：活用为一般动词。使动用法。意动用法。

2. 形容词活用为动词：活用为一般动词。使动用法。意动用法。

3. 数词活用为动词。

4. 词类活用与词的兼类。

第三节　句 法

古今汉语在句子的成分及其顺序上大体一致。其不同主要表现在宾语的位置和成分的省略上。

（一）宾语的位置

1. 疑问句中，疑问代词作宾语，宾语前置。

2. 否定句中，代词作宾语，宾语前置。

3. 宾语用“之”或“是”复指，宾语连同复指的代词一起前置。

（二）省略

1. 谓语的省略

2. 介词宾语的省略

3. 兼语的省略

（三）固定结构

1. 如……何、若……何、奈……何、如何、若何、奈何

2. 何……为、何以……为

3. 有以、无以

4. 不亦……乎、无乃……乎、得无……乎

5. 孰与

要求掌握以上固定结构的用法及其所表示的意义。

三、知识考核点

（一）古汉语虚词的主要特点

（二）二十七个虚字

（三）名词充当谓语

（四）名词充当状语

（五）动词的被动用法

（六）动词的使动用法

（七）特殊的动宾关系

（八）名词活用为一般动词

（九）名词的使动用法

（十）名词的意动用法

（十一）形容词活用为一般动词

（十二）形容词的使动用法

（十三）形容词的意动用法

（十四）数词活用为动词

（十五）词类活用与词的兼类

（十六）宾语的位置

（十七）句子成分的省略

（十八）几种固定结构

四、考核要求

（一）古汉语虚词的主要特点

1. 识记：古汉语虚词的字和词不是一对一的关系。

2. 领会：古汉语虚词的分类与现代汉语虚词的分类不甚相同。

（二）二十七个虚字

1. 识记：每个虚字所对应的词类、各词类的语法功能及其今译。

2. 简单应用：较全面地分析句中的虚词（包括词类、语法功能、今译）。

（三）名词充当谓语

1. 识记：古汉语判断句的句型。

2. 领会：有些由名词充当谓语的句子具有一定的描写性质。

3. 简单应用：准确翻译古代汉语判断句。

（四）名词充当状语

1. 识记：名词可以充当状语，是古今汉语在语法上的差异之一。

2. 领会：(1) 名词状语在句中所起的作用；(2) 表示时间的名词充当状语时所表示的意义。

3. 简单应用：准确判断句中的名词状语并正确地翻译为现代汉语。

（五）动词的被动用法

1. 识记：(1) 古汉语中被动句的标志；(2) 古汉语中一些被动句没有结构标志。

2. 领会：古汉语的被动句、尤其是没有结构标志的被动句的意义。

3. 简单应用：准确判断古汉语的被动句并正确地翻译成现代汉语。

（六）动词的使动用法

1. 识记：(1) 使动用法的实质；(2) 在古汉语中，不及物动词和一些及物动词都可以具有使动意义。

2. 领会：判断动词的使动用法主要依靠对文意的理解。

3. 简单应用：准确判断动词的使动用法并正确地翻译成现代汉语。

（七）特殊的动宾关系

1. 识记：(1) 古汉语中，简单的动宾形式可以表达较为复杂的逻辑关系；(2) 典型的具有特殊动宾关系的例句。

2. 领会：古代汉语中的动宾关系可能具有较为复杂的逻辑关系。

3. 简单应用：正确理解和翻译具有特殊动宾关系的文句。

（八）名词活用为一般动词

1. 识记：(1) 名词可以活用为一般动词；(2) 名词活用为一般动词的典型例句。

2. 领会：名词活用为一般动词后所表示的意义。

3. 简单应用：正确判断活用为一般动词的名词并准确地将其翻译成现代汉语。

（九）名词的使动用法

1. 识记：(1) 名词的使动用法的实质；(2) 名词的使动用法的典型例句。

2. 领会：名词活用为动词的使动用法后所表示的意义。

3. 简单应用：正确判断具有使动用法的名词并准确地将其翻译成现代汉语。

（十）名词的意动用法

1. 识记：(1) 名词的意动用法的实质；(2) 名词的意动用法的典型例句。

2. 领会：名词活用为动词的意动用法后所表示的意义。

3. 简单应用：正确判断具有意动用法的名词并准确地将其翻译成现代汉语。

（十一）形容词活用为一般动词

1. 识记：形容词可以用为一般动词。

2. 领会：形容词活用为一般动词后所表示的意义。

3. 简单应用：正确地判断活用为一般动词的形容词并准确地将其翻译成现代汉语。

（十二）形容词的使动用法

1. 识记：(1) 形容词使动用法的实质；(2) 形容词使动用法的典型例句。

2. 领会：形容词活用为动词的使动用法后所表示的意义。

3. 简单应用：正确判断具有使动用法的形容词并准确地将其翻译成现代汉语。

（十三）形容词的意动用法

1. 识记：(1) 形容词意动用法的实质；(2) 形容词意动用法的典型例句。

2. 领会：形容词活用为动词的意动用法后所表示的意义。

3. 简单应用：正确判断具有意动用法的形容词并准确地将其翻译成现代汉语。

（十四）数词活用为动词

1. 识记：数词活用为动词的典型例句。

2. 领会：数词活用为动词后所变表示的意义。

3. 简单应用：正确判断活用为动词的数词并准确的将其翻译成现代汉语。

（十五）词类活用与词的兼类

1. 识记：词类活用与词的兼类是两种不同的语言现象。

2. 领会：词类活用与词的兼类的区别。

3. 简单应用：正确区分词类活用与词的兼类。

（十六）宾语（包括动词宾语和介词宾语）的位置

1. 识记：(1) 宾语（包括动词宾语和介词宾语）前置的条件；(2) 宾语（包括动词宾语和介词宾语）前置的典型例句。

2. 简单应用：准确找出句中的宾语（包括动词宾语和介词宾语）。

（十七）句子成分的省略

1. 识记：(1) 句子成分省略的几种特殊情况：谓语的省略、介词宾语的省略、兼语的省略；(2) 省略句子成分的典型例句。

2. 领会：以上几种句子成分省略的条件。

3. 简单应用：准确判断文句中被省略了的成分并在译文中恰当补出。

4. 综合应用：正确划分句子成分（按：这一要求是针对全章而言的。）

（十八）几种固定结构

1. 识记：几种固定结构及其所表示的意义。

2. 领会：固定结构应作为一个整体理解。

3. 简单应用：正确理解用固定结构组成的句子并准确地将其翻译成现代汉语。

第八章　字典、词典的使用

一、学习目的和要求

通过本章的学习，初步了解我国字典、词典的编排体例与查检方法。掌握有关的常用字典、词典的基本知识。

二、课程内容

第一节　字典、词典的编排与查检

工具书的种类很多。字典和词典是最常见、常用的两种不尽相同的工具书。字典、词典都是依照一定的规则编排的。

（一）义类法

（二）形序法

1. 部首法

2. 笔画、笔顺法

3. 四角号码法

（三）音序法

1. 按声、韵、调的次序编排。

2. 按“注音字母”的次序编排。

3. 按“汉语拼音方案”的字母顺序编排。

第二节　常用字典、词典简介

（一）《说文解字》产生的时代及其地位。该书的作者及其编排原则和特点。

（二）《康熙字典》产生的时代及其编排体例。

（三）《中华大字典》的编排体例。

（四）《辞源》的编排体例和收词特点。
（五）《辞海》的编排体例和收词特点。
（六）《汉语大字典》的编排体例和主要特点。
（七）《汉语大词典》的编排体例和主要特点。
（八）《词诠》的作者和编排体例。

三、考核知识点

字典、词典的编排与主要查检方法

四、考核要求

字典、辞典的编排与查检
1. 识记：编排字典、词典的主要方法。
2. 领会：学会运用不同的方法查检字典、词典。

Ⅲ 有关说明与实施要求

为使本大纲的规定在个人自学、社会助学和考试命题中能更有效地发挥指导和规范作用，现对有关问题作出说明，并提出具体的实施要求。

一、关于课程内容与考核目标

本大纲是根据全国高等教育自学考试小学教育专业（专科）考试计划的要求，对“汉语基础”的课程内容、考核知识点作出明确规定，并使考核要求具体化的文件。它是个人自学、社会助学、国家考试命题的依据，也是编写教材和自学辅导书的依据。

大纲中规定的课程内容和考核知识点，教材里都作了全面、系统的反映。由于教材内容是大纲所规定的课程内容和扩展与发挥，其内容也就更为详尽，甚至包括了大纲中未规定的少量内容，但这只是出于理论体系的完整的需要，不在考核的范围之内。

大纲中规定的考核目标包括考核知识点和考核要求。明确考核目标的目的，在于使自学者能够进一步明确考试内容和要求，更有目的地系统学习教材；使考试命题的范围更加明确，并能准确地安排试题的知识能力层次和确定难易程度。

本大纲在考核目标中，按照识记、领会、应用三个层次规定了学生应达到的能力层次要求。三个能力层次是递进等级关系。各能力层次的含义是：

识记：能知道有关的名词、概念、知识的含义，并能准确认识和表述。

领会：在识记的基础上，能全面把握本课程中的基本概念、基本规律、基本方法，能掌握有关概念、规律、方法的区别与联系。

应用：在领会的基础上，根据汉语各方面的基本规律，运用基本概念、基本方法来解决有关的理论问题和实际问题。其中“简单应用”是指在领会的基础上，能用学过的一两个知识点分析和解决简单问题；“综合应用”是指在简单应用的基础上，用学过的多个知识点，综合分析和解决比较复杂的问题。

二、关于学习教材与主要参考书

学习教材：

全国高等教育自学考试指导委员会组编，陈绂、白荃主编：《汉语基础》，北京，中国人民大学出版社，1999。

推荐参考书：

黄伯荣、廖序东主编：《现代汉语》（增订本），北京，高等教育出版社，1991。

王力主编：《古代汉语》（修订本），北京，中华书局，1996。

三、自学方法指导

（一）在全面系统学习的基础上掌握基本知识、基本理论和基本方法。对应当识记的基本概念、知识，要在理解的基础上记忆，应该利用例句来帮助理解和记忆；其次，要认识各章节之间的联系，注意辨别相近的概念和问题，注意古代汉语和现代汉语本身的不同以及教材中这两部分对相同或相近问题的不同的处理；再次，要在全面学习的基础上搞清各章节的重点和难点，着重掌握各种分析方法，举一反三，推而广之。

（二）要理论联系实际。在现代汉语方面，这主要体现在：

1. 在理论指导之下做各种练习（可利用本教材配套的辅导书和参考书中的练习题），从而加深对书上所讲理论和规律的理解；

2. 运用所学的理论知识，经常自觉地用以指导自己的阅读、言谈和写作。

在古汉语方面，主要体现在：

1. 在理论指导之下多读古代文选；

2. 要多做翻译练习（指古文译成现代文）。

四、对社会助学的要求

（一）社会助学者应根据本大纲规定的课程内容和考核目标，认真钻研指定教材，对自学应试者进行切实有效的辅导，引导他们避免自学中的各种偏向，把握社会助学的正确方向。

（二）要正确处理基础知识和应用能力的关系，努力引导自学者将识记、领会和应用联系起来，把基础知识和理论转化为应用能力，在全面辅导的基础上着重培养和提高自学应考者分析问题和解决问题的能力。

（三）正确处理重点和一般的关系。课程内容有重点语一般之分，但考试是全面的，重点与一般是相互联系的。社会助学者应指导自学考生全面系统地学习教材，掌握全部考试内容和考核知识点，在此基础上再突出重点。切忌孤立地抓重点，猜题押题。

五、关于命题考试的若干规定

（一）本课程的命题考试，应根据本大纲所规定的考试内容和考核目标来确定考试范围和具体内容要求，不要任意扩大或缩小考试范围，提高或降低考核要求。考试命题要覆盖到各章，并适当突出重点章节。

（二）本课程在考试中对不同能力层次要求的分数比例一般为：识记占 20%，领会占 30%，简单应用占 30%，综合应用占 20%。

（三）试题的难度分为易、较易、较难、难四个等级。每份试卷中，不同难度试题的分数比例大致为：易占 20%，较易占 30%，较难占 30%，难占 20%。必须注意试题难度等级与能力层次不是同一个概念，在各能力层次的试题中都会存在不同难度的内容，切勿混淆。

（四）试题中现代汉语部分的分数占 60%，古代汉语部分的分数占 40%。

（五）本课程考试试卷采用的题型一般有单项选择题、多项选择题、名词解释题、归类题、简答题、分析题、改错题、翻译题等。题型形式可参见本大纲附录。

（六）本课程采用闭卷的方式，时间为150分钟。

附录　题型举例

一、单项选择题（从下列答案中选出一个正确答案并将其标记字母填在题内括号中）

汉语普通话的声母 zh 是（　　）。

A. 舌尖前、不送气、清、塞擦音

B. 舌尖后、不送气、清、塞擦音

C. 舌尖后、不送气、清、塞擦音

D. 舌面、不送气、清、塞擦音

二、多项选择题（从下列答案中将正确的 2～4 项全部选出并把它们的标记字母填在题内括号中）

在“公子怪之”这句话中，“怪”是（　　）。

A. 责怪的意思　B. 奇怪的意思　C. 意动用法　D. 使动用法　E. 词类活用

三、名词解释题

1. 韵腹

2. 会意字

四、归类题

将下列词按它们在现代汉语词类中的的所属类别归类，并将它们的标号分别写在各词类名称后边。

①客气　②忽然　③可见　④担心　⑤呢　⑥由　⑦程序　⑧着　⑨视野　⑩加速　⑪按照　⑫大肆　⑬既然　⑭索性

名词：　　动词：　　形容词：　　副词：

介词：　　连词：　　助词：

五、简答题

1. 词的比喻义和修辞上的比喻有何不同？

2. 举例说明如何寻找词的本义。

六、分析题

1. 用划线法分析下面句子的句子成分。

鲁迅是在文化战线上，代表全民族的大多数，向着敌人冲锋陷阵的最正确、最勇敢、最坚决、最忠实、最热忱的空前的民族英雄。

2. 从综合运用的角度分析下文中所运用的辞格及其表达效果。

这种感情像红松那样，根深蒂固，狂风吹不动，暴雨浸不败，千秋万载永不凋谢。

3. 分析下面句中带点的词（包括词性、语法功能、今译）。

夫三子者之言何如?

七、改错题（改正下列病句并说明理由）

1. 我国的人口是世界上最多的国家。

2. 虽然长征路上有许多艰难险阻，都挡不住红军战士北上抗日的脚步。

八、翻译题

把下列文言文翻译成现代汉语：

（注：因教材中的文选篇目过少，所以考题会超出教材的内容）

老吾老，以及人之老；幼吾幼，以及人之幼：天下可运于掌。《诗》云："刑于寡妻，至于兄弟，以御于家邦。"言举斯心加诸彼而已。故推恩足以保四海，不推恩无以保妻子。古之人所以大过人者，无他焉，善推其所为而已矣。今恩足以及禽兽，而功不至于百姓者，独何与？权，然后知轻重；度，然后知长短。物皆然，心为甚。王请度之！抑王兴甲兵，危士臣，构怨于诸侯，然后快于心与？

后　　记

《汉语基础自学考试大纲》是根据全国高等教育自学考试指导委员会于 1998 年 3 月制定的小学教育专业（专科）考试计划的要求编写的。1998 年 12 月全国考委教育类专业委员会召开会议，对本大纲初稿进行了讨论审查；12 月底经主审复审定稿。

本大纲由北京师范大学陈绂、白荃执笔。参加本大纲审稿并提出宝贵修改意见的专家有：北京师范大学杨庆蕙、中国人民大学郭先珍、刘广和。

本大纲最后由全国高等教育自学考试指导委员会教育类专业委员会王英杰教授审定。

全国高等教育自学考试指导委员会
教　育　类　专　业　委　员　会
1999 年 3 月